WISSEN FÜR DIE PRAXIS

Weiterführend empfehlen wir:

FOKUS Sozialrecht
www.fokus-sozialrecht.de

Wir freuen uns über Ihr Interesse an diesem Buch. Gerne stellen wir Ihnen zusätzliche Informationen zu diesem Programmsegment zur Verfügung.

Bitte sprechen Sie uns an:

E-Mail: WALHALLA@WALHALLA.de

http://www.WALHALLA.de

WALHALLA Fachverlag · Haus an der Eisernen Brücke · 93042 Regensburg

Telefon 0941 5684-0 · Telefax 0941 5684-1 11

WALHALLA

Thomas Knoche

Grundlagen – SGB XI: Soziale Pflegeversicherung

Textausgabe mit praxisorientierter Einführung

4., aktualisierte Auflage

Bibliografische Information der Deutschen Nationalbibliothek
Die Deutsche Nationalbibliothek verzeichnet diese Publikation in der Deutschen Nationalbibliographie, detaillierte bibliographische Daten sind im Internet über www.dnb.de abrufbar.

Zitiervorschlag:
Thomas Knoche, Grundlagen – SGB XI: Soziale Pflegeversicherung
Walhalla Fachverlag, Regensburg 2026

Walhalla
Mediengruppe

WALHALLA – eine Marke der Walhalla Mediengruppe

4. Auflage
Rechtsstand: Januar 2026

Kontakt bei Fragen zur Produktsicherheit:
Walhalla u. Praetoria Verlag GmbH & Co. KG, Haus an der Eisernen Brücke, 93042 Regensburg, E-Mail: produktsicherheit@walhalla.de, Telefon: 0941 5684-0

Produktion: Walhalla Mediengruppe, Regensburg
Umschlaggestaltung: grubergrafik, Augsburg
Printed in Germany
ISBN 978-3-8029-7224-9

Schnellübersicht

Vorwort

Die Pflegebedürftigkeit von Menschen jeden Alters wird immer mehr zur Herausforderung in Deutschland. Deshalb trat Anfang 1995 die beitragsfinanzierte Pflegeversicherung als jüngster Zweig der Sozialversicherung in Kraft. Ihr Ziel ist es, dem Pflegebedürftigen die Führung eines selbstbestimmten, menschenwürdigen Lebens vorrangig in seinem häuslichen Umfeld zu ermöglichen.

Seitdem hat die Pflegeversicherung maßgeblich zu einer Verbesserung der Versorgung pflegebedürftiger Menschen und zur Unterstützung pflegender Angehöriger beigetragen. Pflegebedürftigen und ihren Familien hilft sie, die finanziellen Aufwendungen und Belastungen zu tragen, die mit der Krankheit oder der Behinderung einhergehen.

Pflegebedürftigkeit betrifft alle Bevölkerungsgruppen. Sie kann plötzlich, etwa durch einen Unfall, oder schleichend, z. B. als Krankheitsfolge, eintreten. Auch Menschen mit Behinderungen haben oft Anspruch auf Leistungen aufgrund von Pflegebedürftigkeit. In Deutschland gibt es derzeit rund fünf Millionen Menschen, die von Pflegebedürftigkeit betroffen sind. Die Tendenz ist steigend. Mit dieser demografischen Entwicklung erreicht das Thema „Pflege" sowohl auf der individuellen als auch auf der gesellschaftlichen Ebene einen immer höheren Stellenwert.

Um diese Herausforderungen zu meistern, wurde die Pflegeversicherung in den letzten Jahren geändert bzw. stufenweise reformiert, zuletzt durch das Gesetz zur Befugniserweiterung und Entbürokratisierung in der Pflege vom 22.12.2025 (BGBl. I Nr. 371).

Die vorliegende Einführung (Kapitel 1 bis 4) erläutert die Grundlagen der sozialen Pflegeversicherung auf aktuellem Rechtsstand.

In Kapitel 5 stehen die gesetzlichen Grundlagen auf Rechtsstand 01.01.2026 zum Nachlesen zur Verfügung.

Thomas Knoche

Abkürzungen

Abkürzung	Bedeutung
Abs.	Absatz
EEE	einrichtungseinheitlicher Eigenanteil
ff.	fortfolgend(e)
FPfZG	Familienpflegezeitgesetz
i. V. m.	in Verbindung mit
MD	Medizinischer Dienst (bis 2021: MDK)
NBI	Neues Begutachtungsinstrument
PflegeZG	Pflegezeitgesetz
PG	Pflegegrad
PUEG	Pflegeunterstützungs- und -entlastungsgesetz
SGB	Sozialgesetzbuch
SGB I	Sozialgesetzbuch – Erstes Buch (Allgemeiner Teil)
SGB III	Sozialgesetzbuch – Drittes Buch (Arbeitsförderung)
SGB V	Sozialgesetzbuch – Fünftes Buch (Gesetzliche Krankenversicherung)
SGB VI	Sozialgesetzbuch – Sechstes Buch (Gesetzliche Rentenversicherung)
SGB VII	Sozialgesetzbuch – Siebtes Buch (Gesetzliche Unfallversicherung)
SGB XI	Sozialgesetzbuch – Elftes Buch (Soziale Pflegeversicherung)
SGB XII	Sozialgesetzbuch – Zwölftes Buch (Sozialhilfe)
z. B.	zum Beispiel

1 Pflegebedürftigkeit und Leistungsübersicht

1

Versicherungsrechtliche Voraussetzungen

Mitgliedschaft

Die soziale Pflegeversicherung leistet nur an Mitglieder der Versicherung. Grundsätzlich ist jeder, der Mitglied einer gesetzlichen Krankenkasse ist, auch Mitglied in der gesetzlichen Pflegeversicherung (§ 1 Abs. 2 SGB XI). Die gilt sowohl für Pflichtversicherte (siehe Katalog in § 20 SGB XI) als auch für freiwillig Versicherte. Wie in den anderen Sparten der Sozialversicherung gilt das Prinzip der Familienversicherung. So sind Ehegatten und Kinder von Versicherten in der Pflegeversicherung mitversichert. Für die Mitversicherung der Kinder gelten Einkommens- und Altersgrenzen (§ 25 Abs. 2 SGB XI).

Personen, die aufgrund ihrer Lebens-, Einkommens- oder Beschäftigungsverhältnisse nicht mehr zum Personenkreis der Pflicht- oder Familienversicherten zählen, können die Weiterversicherung in der Pflegeversicherung beantragen (§ 26 SGB XI).

Bei Beziehern von Sozialleistungen (Bürgergeld, Sozialhilfe) zahlt der Träger (Jobcenter, Sozialamt) die Beiträge zur gesetzlichen Kranken- und Pflegeversicherung; Privatversicherte erhalten einen Zuschuss.

Endet die Mitgliedschaft durch Tod, erlöschen Ansprüche auf Kostenerstattung nicht, wenn sie innerhalb von zwölf Monaten nach dem Tod des Berechtigten geltend gemacht werden (§ 35 SGB XI). Das gilt insbesondere bei Kurzzeitpflege, bei Angeboten zur Unterstützung im Alltag, beim Entlastungsbetrag und bei Pflegehilfsmittel. Hier geht der Berechtigte in der Regel in Vorleistung und erhält nachfolgend bei Vorlage der Rechnungsbelege von der Pflegeversicherung eine Erstattung der Kosten.

Vorversicherungszeit

Für den Bezug von Leistungen aus der Pflegeversicherung ist eine bestimmte Vorversicherungszeit erforderlich (§ 33 Abs. 2 SGB XI). Anspruch auf Leistungen besteht, wenn der Versicherte in den letzten zehn Jahren vor der Antragstellung mindestens zwei Jahre als Mitglied versichert oder familienversichert war. Zeiten der Weiterversicherung während eines Auslandsaufenthalts (§ 26 Abs. 2 SGB XI) werden bei der Ermittlung der erforderlichen Vorversicherungszeit mitberücksichtigt. Für versicherte Kinder gilt die Vorversicherungszeit als erfüllt, wenn ein Elternteil sie erfüllt.

Beitragsfinanzierung

Die Pflegeversicherung ist beitragsfinanziert (§ 55 SGB XI). Der Beitragssatz liegt seit 01.01.2026 grundsätzlich bei 3,6 Prozent des Bruttoeinkommens. Eine Ausnahme gibt es bei kinderlosen Versicherten: Sie müssen – alleine – einen Zuschlag leisten. Dieser Beitragszuschlag für Kinderlose beläuft sich auf 0,6 Prozent der beitragspflichtigen Einnahmen.

Eine weitere Ausnahme gilt für Versicherte mit mehr als einem Kind, denn seit 01.07.2023 gelten für Eltern unterschiedliche Beitragssätze in der Pflegeversicherung, je nachdem, wie viele Kinder sie haben. Ab dem zweiten Kind unter 25 Jahren gilt nun je Kind einen Abschlag in Höhe von 0,25 Beitragssatzpunkten. Dies gilt bis zum fünften Kind. Ab dem fünften Kind bleibt es bei einer Entlastung in Höhe eines Abschlags von insgesamt bis zu 1,0 Beitragssatzpunkten. Der Abschlag gilt bis zum Ablauf des Monats, in dem das jeweilige Kind das 25. Lebensjahr vollendet hat.

Der Arbeitgeberanteil beträgt unabhängig von der Anzahl der zu berücksichtigenden Kinder stets 1,7 Prozent. Diese paritätische Beitragsfinanzierung gilt (fast) im ganzen Bundesgebiet – mit Ausnahme des Freistaates Sachsen: dort muss der Arbeitgeber stets nur 1,2 Prozent des Pflegeversicherungsbeitrags übernehmen; sächsische Arbeitnehmer müssen also einen höheren Arbeitnehmerbeitrag zahlen. Hintergrund dieser Sonderregelung ist, dass 1995 zur Finanzierung der neu geschaffenen Pflegeversicherung ein gesetzlicher Feiertag (Buß- und Bettag) gestrichen wurde – außer eben in Sachsen. Dies wird nun nach wie vor durch einen höheren Beitrag kompensiert (vgl. § 58 Abs. 3 SGB XI).

Es gelten somit folgende Beitragssätze:

- Mitglieder ohne Kinder = 4,20 % (Arbeitnehmer-Anteil: 2,40 %)
- Mitglieder mit 1 Kind = 3,60 % (Arbeitnehmer-Anteil: 1,80 %)
- Mitglieder mit 2 Kindern = 3,35 % (Arbeitnehmer-Anteil: 1,55 %)
- Mitglieder mit 3 Kindern = 3,10 % (Arbeitnehmer-Anteil: 1,30 %)
- Mitglieder mit 4 Kindern = 2,85 % (Arbeitnehmer-Anteil: 1,05 %)
- Mitglieder ab 5 Kindern = 2,60 % (Arbeitnehmer-Anteil: 0,80 %)

Teilleistungssystem

Die Pflegeversicherung ist als ein sogenanntes Teilleistungssystem konzipiert, was zur Begrenzung der Versicherungsleistungen auf gesetzlich festgesetzte Höchstbeträge führt. Ein darüber hinausgehender Bedarf an Pflegeleistungen muss aus eigenem Einkommen oder Vermögen finanziert werden; ist dies nicht möglich, werden notwendige Leistungen durch die Sozialhilfe im Rahmen der Hilfe zur Pflege sichergestellt.

Wichtig: Das Sozialamt prüft, ob es unterhaltspflichtige Dritte, meist die Kinder, gibt. Ist das der Fall, fordert sie die Aufwendungen zurück. Mit dem Angehörigenentlastungsgesetz wurde Anfang 2020 für Unterhaltspflichtige eine entscheidende Verbesserung eingeführt: Auf ihr Einkommen wird seitdem erst ab einem Jahresbetrag von mehr als 100.000 Euro zurückgegriffen.

Antragspflicht, Beratungsanspruch

Leistungen der Pflegeversicherung werden nur auf Antrag gewährt! Die Pflegeversicherung wird also nicht automatisch auf den Versicherten zukommen.

Unverzüglich nach Eingang eines Antrags auf Leistungen sind die Pflegekassen verpflichtet, den Pflegebedürftigen kostenlos zu informieren, insbesondere über:

- die unentgeltliche Pflegeberatung (§ 7a SGB XI)
- die nächstgelegenen Pflegestützpunkte (§ 7c SGB XI)
- die Leistungs- und Preisvergleichslisten der zugelassenen Pflegeeinrichtungen und Dienstleister für niedrigschwellige Betreuungs- und Entlastungsleistungen (diese Listen müssen auf Anforderung zugesandt werden, bei vielen Kassen sind diese auch auf der Homepage abrufbar)

Neben dieser Informationspflicht besteht auch ein Beratungsanspruch des Versicherten, wenn er erstmals einen Antrag stellt, aber auch bei späteren Folgeanträgen. Gleiches gilt, wenn der Versicherte gegenüber der Pflegekasse den Bedarf einer Begutachtung zur Feststellung der Pflegebedürftigkeit erklärt (§ 7b SGB XI).

Dem Pflegebedürftigen ist in diesen Fällen ein Angebot auf eine Beratung innerhalb von zwei Wochen nach Antragstellung zu machen. Dazu kann die Pflegekasse einen konkreten Beratungstermin und eine

Kontaktperson benennen oder einen Beratungsgutschein für eine Beratungsstelle ausstellen. Auf Wunsch des Pflegebedürftigen darf der Termin zur Beratung aber auch außerhalb der Zweiwochenfrist liegen und/oder in der häuslichen Umgebung des Versicherten stattfinden. Auch über diese Optionen muss die Pflegekasse informieren.

Mitwirkungspflichten

Der Pflegebedürftige, der Leistungen der Pflegeversicherung beantragt hat oder bereits erhält, muss – wie im Sozialleistungsrecht üblich – mitwirken. Er muss also dazu beitragen, dass der Antrag bearbeitet werden kann bzw. dass nur Leistungen gewährt werden, die ihm in der jeweiligen Lebenssituation zustehen. Die Mitwirkungspflichten sind – übergreifend für alle Sozialleistungen – im Ersten Buch Sozialgesetzbuch (SGB I; dort in den §§ 60 ff.) geregelt, insbesondere:

- Angabe aller leistungserheblichen Tatsachen (z. B. Beispiel Name, Alter, Pflegegrad, Bezug anderer Sozialleistungen)
- Änderungen in den Verhältnissen, die für den Bezug der Leistung erheblich sind (z. B. gesundheitliche Verbesserungen)
- Benennung und – wenn gewünscht – Vorlage von Beweismitteln (z. B. Gutachten)
- Persönliches Erscheinen auf Verlangen der Pflegekasse
- Untersuchungspflicht
- Unterziehung einer Heilbehandlung

Kommt der Versicherte den Mitwirkungspflichten nicht oder nicht vollständig nach, kann die Pflegekasse die Leistung bis zur Nachholung ganz oder teilweise versagen oder entziehen (vgl. § 66 SGB I). Über diese Folgen muss die Kasse den Versicherten schriftlich informieren und ihm für die Nachholung seiner Mitwirkungspflicht eine angemessene Frist setzen.

Die Mitwirkungspflicht ist nicht grenzenlos, sie muss sich im Rahmen des Verhältnismäßigen halten. Die Grenzen zeigt § 65 SGB I auf. Danach muss die Mitwirkungspflicht nicht erfüllt werden, wenn

- sie in keinem angemessenen Verhältnis zu der in Anspruch genommenen Pflegeversicherungsleistung steht, der finanzielle und zeitliche Aufwand für den Pflegebedürftigen also höher ist als der Nutzen der Leistung;

- ihre Erfüllung dem Betroffenen aus einem wichtigen (körperlichen, seelischen, geistigen, familiären oder sozialen) Grund nicht zugemutet werden kann;
- die Pflegekasse sich mit einem geringeren Aufwand als der Pflegebedürftige die erforderliche Kenntnis beschaffen kann;
- bei Untersuchungen oder einer Behandlung ein Schaden für das Leben oder die Gesundheit mit hoher Wahrscheinlichkeit nicht ausgeschlossen werden kann oder für den Versicherten mit erheblichen Schmerzen verbunden ist.

Der Pflegebedürftigkeitsbegriff

Als pflegebedürftig werden in § 14 SGB XI Personen definiert, die aufgrund gesundheitlich bedingter Beeinträchtigungen ihrer Selbstständigkeit oder ihrer Fähigkeiten nach Maßgabe der im SGB XI abschließend festgelegten Bereiche (sog. Module) und deren Kriterien der Hilfe durch andere bedürfen. Der Hilfebedarf muss auf den in den Kriterien beschriebenen, gesundheitlich bedingten Beeinträchtigungen der Selbstständigkeit oder der Fähigkeiten beruhen. Andere Ursachen für einen Hilfebedarf bleiben außer Betracht.

Die Beeinträchtigungen der Selbstständigkeit oder der Fähigkeiten werden personenbezogen und unabhängig vom jeweiligen (Wohn-)Umfeld in einem Begutachtungstermin (siehe unten „Feststellung der Pflegebedürftigkeit“) ermittelt.

Pflegebedürftigkeit wird dann über die gesetzliche Versicherung abgesichert, wenn sie längerfristig und nicht nur gelegentlich besteht. Eine zeitliche Untergrenze bilden Beeinträchtigungen, die voraussichtlich für mindestens sechs Monate vorliegen.

Wichtig: Die Entscheidung über das Bestehen einer voraussichtlichen längerfristigen Pflegebedürftigkeit kann bereits vor Ablauf von sechs Monaten getroffen werden. Voraussetzung ist, dass die Dauerhaftigkeit vorhersehbar ist. Dauerhaftigkeit ist auch dann gegeben, wenn die verbleibende Lebensspanne möglicherweise weniger als sechs Monate beträgt.

Ob eine Pflegebedürftigkeit vorliegt, prüft ein Gutachter. Dieser wird von der Pflegekasse beauftragt, sobald dort vom Versicherten Leistungen der Pflegeversicherung beantragt wurden. Bei gesetzlich

Versicherten wird der Medizinische Dienst (bis 2021 als „MDK" bekannt) beauftragt, bei Privatversicherten die Firma Medicproof.

Ergibt die Prüfung des Gutachters, dass Defizite in der Selbstständigkeit bzw. in den Fähigkeiten vorliegen, stellt er zusätzlich fest, in welchem Maße diese beeinträchtigt sind. Nach einem festen Prüf- und Punktesystem (dem Begutachtungsinstrument NBI) ermittelt er den Pflegegrad. Dieser Pflegegrad wiederum entscheidet darüber, welche Leistungen bzw. in welcher Höhe Leistungen bewilligt werden.

Zur Ermittlung der Pflegebedürftigkeit und des Pflegegrades werden die in § 14 Abs. 2 SGB XI aufgelisteten sechs Bereiche (sog. Module) näher betrachtet:

1. **Mobilität**
   Zu bewertende Kriterien innerhalb dieses Moduls: Positionswechsel im Bett, Halten einer stabilen Sitzposition, Umsetzen, Fortbewegen innerhalb des Wohnbereichs, Treppensteigen
2. **Kognitive und kommunikative Fähigkeiten**
   Zu bewertende Kriterien innerhalb dieses Moduls: Erkennen von Personen aus dem näheren Umfeld, örtliche Orientierung, zeitliche Orientierung, Erinnern an wesentliche Ereignisse oder Beobachtungen, Steuern von mehrschrittigen Alltagshandlungen, Treffen von Entscheidungen im Alltagsleben, Verstehen von Sachverhalten und Informationen, Erkennen von Risiken und Gefahren, Mitteilen von elementaren Bedürfnissen, Verstehen von Aufforderungen, Beteiligen an einem Gespräch
3. **Verhaltensweisen und psychische Problemlagen**
   Zu bewertende Kriterien innerhalb dieses Moduls: Erkennen von Personen aus dem näheren Umfeld, örtliche Orientierung, zeitliche Orientierung, Erinnern an wesentliche Ereignisse oder Beobachtungen, Steuern von mehrschrittigen Alltagshandlungen, Treffen von Entscheidungen im Alltagsleben, Verstehen von Sachverhalten und Informationen, Erkennen von Risiken und Gefahren, Mitteilen von elementaren Bedürfnissen, Verstehen von Aufforderungen, Beteiligen an einem Gespräch
4. **Selbstversorgung**
   Zu bewertende Kriterien innerhalb dieses Moduls: Waschen des vorderen Oberkörpers, Körperpflege im Bereich des Kopfes, Waschen des Intimbereichs, Duschen und Baden einschließlich Waschen der Haare, An- und Auskleiden des Oberkörpers, An- und Auskleiden des Unterkörpers, mundgerechtes Zubereiten der Nah-

rung und Eingießen von Getränken, Essen, Trinken, Benutzen einer Toilette oder eines Toilettenstuhls, Bewältigen der Folgen einer Harninkontinenz und Umgang mit Dauerkatheter und Urostoma, Bewältigen der Folgen einer Stuhlinkontinenz und Umgang mit Stoma, Ernährung parental oder über Sonde, Bestehen gravierender Probleme bei Sonde, Bestehen gravierender Probleme bei der Nahrungsaufnahme bei Kindern bis zu 18 Monaten, die einen außergewöhnlich pflegeintensiven Hilfebedarf auslösen

5. **Bewältigung von und selbstständiger Umgang mit krankheits- oder therapiebedingten Anforderungen und Belastungen**
   Zu bewertende Kriterien innerhalb dieses Moduls:
   a) Medikation, Injektionen, Versorgung intravenöser Zugänge, Absaugen und Sauerstoffgabe, Einreibungen sowie Kälte- und Wärmeanwendungen, Messung und Deutung von Körperzuständen, körpernahe Hilfsmittel
   b) Verbandswechsel und Wundversorgung, Versorgung mit Stoma, regelmäßige Einmalkatheterisierung und Nutzung von Abführmethoden, Therapiemaßnahmen in häuslicher Umgebung
   c) zeit- und technikintensive Maßnahmen in häuslicher Umgebung, Arztbesuche, Besuche anderer medizinischer oder therapeutischer Einrichtungen, zeitlich ausgedehnte Besuche medizinischer oder therapeutischer Einrichtungen, Besuch von Einrichtungen zur Frühförderung bei Kindern sowie
   d) das Einhalten einer Diät oder anderer krankheits- oder therapiebedingter Verhaltensvorschriften
6. **Gestaltung des Alltagslebens und sozialer Kontakte**
   Zu bewertende Kriterien innerhalb dieses Moduls: Gestaltung des Tagesablaufs und Anpassung an Veränderungen, Ruhen und Schlafen, Sichbeschäftigen, Vornehmen von in die Zukunft gerichteten Planungen, Interaktion mit Personen im direkten Kontakt, Kontaktpflege zu Personen außerhalb des direkten Umfelds

Die fünf Pflegegrade

Ausschlaggebend für die Einstufung in den jeweiligen Pflegegrad (PG) ist die Beeinträchtigung der Selbstständigkeit oder Fähigkeiten.

Pflegegrad (PG)	Beeinträchtigung der Selbstständigkeit oder Fähigkeiten
PG **1**	Geringe
PG **2**	Erhebliche
PG **3**	Schwere
PG **4**	Schwerste
PG **5**	Schwerste mit besonderen Anforderungen an die pflegerische Versorgung

Bei der Ermittlung des Pflegegrades wird der Grad der Selbstständigkeit bzw. der Fähigkeiten in den sechs oben genannten Lebensbereichen (Modulen) ermittelt.

Der Gutachter prüft dabei das Ausmaß der Einschränkung in diesen Bereichen (Modulen) und nimmt eine Gesamtbewertung vor. Dann erfolgt die Einstufung in einen der fünf Pflegegrade.

Die in § 14 SGB XI festgelegten Lebensbereiche (Module) korrespondieren also mit der Festlegung der Pflegegrade; diese wird anhand der in § 15 SGB XI und seiner Anlagen 1 und 2 festgelegten Vorgaben vorgenommen:

- **Schritt 1:** Zuordnung von Einzelpunkten in den Modulen 1 bis 6 nach der **Anlage 1** zu § 15 SGB XI
- **Schritt 2:** Zusammenrechnen der Einzelpunkte und Gewichtung der Gesamtpunkte im jeweiligen Modul gemäß der **Anlage 2** zu § 15 SGB XI sowie Zusammenrechnen der gewichteten Punkte

Modul	Modulinhalt	Gewichtung
Modul 1	Mobilität	10 %
Module 2 und 3	Kognitive und kommunikative Fähigkeiten, Verhaltensweisen und psychische Probleme	15 %
Modul 4	Selbstversorgung	40 %

Modul	Modulinhalt	Gewichtung
Modul 5	Bewältigung von und selbständiger Umgang mit krankheits- oder therapiebedingten Anforderungen und Belastungen	20 %
Modul 6	Gestaltung des Alltagslebens, soziale Kontakte	15 %

- **Schritt 3:** Das Gesamtergebnis der gewichteten Punkte wird dem jeweiligen Pflegegrad nach § 15 Abs. 3 SGB XI zugeordnet.

PG	Einstufung der Beeinträchtigung	Gesamtpunkte
PG 1	geringe Beeinträchtigungen der Selbstständigkeit oder der Fähigkeiten	ab 12,5 bis unter 27
PG 2	erhebliche Beeinträchtigungen der Selbstständigkeit oder der Fähigkeiten	ab 27 bis unter 47,5
PG 3	schwere Beeinträchtigungen der Selbstständigkeit oder der Fähigkeiten	ab 47,5 bis unter 70
PG 4	schwerste Beeinträchtigungen der Selbstständigkeit oder der Fähigkeiten	ab 70 bis unter 90
PG 5	schwerste Beeinträchtigungen der Selbstständigkeit oder der Fähigkeiten mit besonderen Anforderungen an die pflegerische Versorgung	ab 90 bis 100

Diese Schritte sind gesetzlich vorgegeben, der Spitzenverband Bund der Pflegekassen hat zudem in „Richtlinien zum Verfahren der Feststellung von Pflegebedürftigkeit sowie zur pflegefachlichen Konkretisierung der Inhalte des Begutachtungsinstruments nach dem Elften Buch des Sozialgesetzbuches (Begutachtungs-Richtlinien – BRi)" genau definiert, was unter den einzelnen Kritierien je Modul zu verstehen ist und wie diese nach der Einteilung „selbstständig", „überwiegend selbstständig", „überwiegend unselbstständig" und „unselbstständig" bzw. „Fähigkeit vorhanden/unbeeinträchtigt", „Fähigkeit größtenteils vorhanden", „Fähigkeit in geringem Maße vorhanden", „Fähigkeit nicht vorhanden" (vgl. Anlage 1 zu § 15 SGB XI) zu bewerten sind.

Das Verfahren zur Feststellung der Pflegebedürftigkeit

Normale Frist zur Begutachtung

Nach Antragstellung durch den Versicherten beauftragt die Pflegekasse den Medizinischen Dienst (MD; bis 2021 besser bekannt als MDK) oder andere unabhängige Gutachter mit der Prüfung, ob die Voraussetzungen der Pflegebedürftigkeit erfüllt sind und welcher Pflegegrad vorliegt. Die voraussichtliche Dauer der Pflegebedürftigkeit ist ebenso zu ermitteln. Darüber hinaus sind auch Feststellungen darüber zu treffen, ob und in welchem Umfang Maßnahmen zur Beseitigung, Minderung oder Verhütung einer Verschlimmerung der Pflegebedürftigkeit einschließlich der Leistungen zur medizinischen Rehabilitation geeignet, notwendig und zumutbar sind; insoweit haben Versicherte einen Anspruch gegen den zuständigen Träger auf Leistungen zur medizinischen Rehabilitation.

Nach § 18a Abs. 2 SGB XI soll die Begutachtung im Wohnbereich des Antragstellers erfolgen. Dazu muss der Antragsteller sein Einverständnis erklären. Wird die Einwilligung nicht gegeben, kann die Pflegekasse die beantragten Leistungen verweigern.

Der Begutachtungstermin muss innerhalb von 20 Arbeitstagen nach Ihrem Antrag durchgeführt werden. Wird diese Frist nicht eingehalten, muss die Pflegekasse dem Antragsteller mindestens drei unabhängige Gutachter nennen. Der Antragsteller muss dann einen davon auswählen und die Pflegekasse innerhalb einer Woche entsprechend informieren.

Verkürzte Frist zur Begutachtung

Die Frist von 20 Arbeitstagen kann auch kürzer sein. Befindet der Pflegebedürftige im Krankenhaus oder in einer stationären Rehabilitationseinrichtung kann die Frist für den Begutachtungstermin auch stark verkürzt sein; § 18a Abs. 5 SGB XI spricht hier von unverzüglich bzw. innerhalb von 5 Arbeitstagen (sog. Eilbegutachtung), wenn die dort genannten Voraussetzungen erfüllt sind:

- Es liegen Hinweise vor, dass eine Begutachtung in der Einrichtung zur Sicherstellung der ambulanten oder stationären Weiterversorgung und Betreuung erfolgen muss, oder

- es wurde Pflegezeit gegenüber dem Arbeitgeber der Pflegeperson angekündigt bzw. Familienpflegezeit mit dem Arbeitgeber der Pflegeperson vereinbart.

Die kürzere Frist zur Durchführung der Begutachtung gilt auch für den Fall, dass sich der Antragsteller in einem Hospiz befindet oder ambulant palliativ versorgt wird.

Eine verkürzte Begutachtungsfrist von 10 Arbeitstagen gibt § 18a Abs. 6 SGB XI vor, wenn

- der Antragsteller im häuslichen Umfeld gepflegt wird, ohne palliativ versorgt zu werden und
- die Inanspruchnahme von Pflegezeit nach gegenüber dem Arbeitgeber der pflegenden Person angekündigt oder mit dem Arbeitgeber eine Familienpflegezeit vereinbart wurde.

Bei der verkürzten Begutachtungsfrist muss die Empfehlung des Gutachters nur eine Aussage darüber treffen, ob überhaupt eine Pflegebedürftigkeit vorliegt und wenn ja, ob mindestens der Pflegegrad 2 erfüllt ist. Eine abschließende Beurteilung, insbesondere welcher Pflegegrad vorliegt, wird nachgeholt.

Begutachtung nach Aktenlage

In Ausnahmefällen ist es auch möglich, dass das Gutachten nach Aktenlage erfolgt. Dies ist etwa der Fall, wenn eine persönliche Begutachtung

- unzumutbar ist (z. B. bei stationärer Hospizversorgung oder ambulanter Palliativpflege),
- unnötig ist, weil sich bereits aus der Aktenlage eindeutig ergibt, dass die Voraussetzungen des beantragten Pflegegrades erfüllt sind (z. B. schwerste Einschränkungen durch fortgeschrittene Krankheiten wie ALS).

Frist zur Bearbeitung, Entscheidung

Dem Antragsteller soll die Entscheidung der Pflegekasse spätestens 25 Arbeitstage nach Antragseingang schriftlich mitgeteilt werden (§ 18c Abs. 1 Satz 1 SGB XI); innerhalb dieser 25 Arbeitstage haben also folgende Arbeitsschritte zu erfolgen:

- Die Pflegekasse beauftragt einen Gutachter mit der Prüfung, ob Pflegebedürftigkeit vorliegt.

1

- Der Gutachter vereinbart einen Termin für die persönliche Begutachtung mit dem Antragsteller.
- Der Begutachtungstermin findet statt.
- Der Gutachter verfasst sein Gutachten und sendet es an die Pflegekasse.
- Die Pflegekasse entscheidet über den Antrag und versendet das Schreiben mit der Entscheidung über das Vorliegen einer Pflegebedürftigkeit und den erreichten Pflegegrad.

Es kann vorkommen, dass die Entscheidung nicht innerhalb dieser Frist erfolgt. Nach § 18c Abs. 5 SGB XI muss die Pflegekasse dann grundsätzlich für jede begonnene Woche der Fristüberschreitung einen Betrag von 70 Euro an den Antragsteller zahlen – sofern die Bearbeitungsfrist für Anträge auf Feststellung der Pflegebedürftigkeit oder Anträge auf einen höheren Pflegegrad von 25 Arbeitstagen nicht eingehalten ist und die Pflegekasse die Verzögerung zu verantworten hat. Eine Auszahlung hat dann innerhalb von 15 Arbeitstagen nach Fristablauf zu geschehen. Das gilt auch, wenn eine der verkürzten Begutachtungsfristen (5 Arbeitstage, 10 Arbeitstage) durch den MD nicht eingehalten wird. Ein Anspruch auf diese „Strafzahlung" besteht allerdings dann nicht, wenn der Antragsteller bereits in vollstationärer Pflege ist und mindestens einen Pflegegrad 2 hat.

Wurde der Antrag auf einen Pflegegrad abgelehnt, so können Versicherte Widerspruch einlegen. In der Praxis kommt dies nicht selten vor, jeder fünfte Antrag wird zunächst einmal abgelehnt (laut Bericht des GKV-Spitzenverbands vom 31.08.2025). Dazu muss eine Frist von einem Monat nach Zugang der Entscheidung der Pflegekasse vom Versicherten eingehalten werden.

Wurde der Antrag auf einen Pflegegrad abgelehnt, so können Versicherte Widerspruch einlegen. In der Praxis kommt dies nicht selten vor, jeder fünfte Antrag wird zunächst einmal abgelehnt (laut Bericht des GKV-Spitzenverbands vom 31.08.2025). Dazu muss eine Frist von einem Monat nach Zugang der Entscheidung der Pflegekasse vom Versicherten eingehalten werden.

Grundsätze des Leistungsrechts, Leistungsübersicht

Bei den Leistungen der Pflegeversicherung wird unterschieden zwischen Dienst-, Sach- und Geldleistungen für den Bedarf an körperbezogenen Pflegemaßnahmen, pflegerischen Betreuungsmaßnahmen und Hilfen bei der Haushaltsführung sowie Kostenerstattung, soweit sie im SGB XI vorgesehen ist (§4 SGB XI). Hinzu kommen bei teilstationärer Pflege, Kurzzeitpflege und vollstationärer Pflege die Leistungen der medizinischen Behandlungspflege.

Die Pflegekassen und die Leistungserbringer haben sicherzustellen, dass die Leistungen nach allgemein anerkanntem Stand medizinisch-pflegerischer Erkenntnisse erbracht werden.

In der Pflegeversicherung geht man von den Grundsätzen „Vorrang der häuslichen Pflege" und „Vorrang von Prävention und medizinischer Rehabilitation" aus (§§3 und 5 SGB XI). Den Pflegebedürftigen soll es dadurch ermöglicht werden, möglichst lange in ihrer häuslichen Umgebung zu bleiben – mit der Konsequenz, dass zunächst auf die Pflegebereitschaft von Angehörigen und Nachbarn abgestellt wird (vgl. §3 Satz 1 SGB XI). Damit einher geht die Verpflichtung der Pflegeversicherung, diesen Personenkreis zu unterstützen und zum Kompetenzerwerb beizutragen, z.B. durch Pflegeberatung (§7a SGB XI), durch die bei Bezug von Pflegegeld abzurufenden Beratungseinsätze (§37 Abs. 3 SGB XI) und die Durchführung von Pflegekursen (§45 SGB XI).

Die Leistungen der Pflegeversicherung tragen dazu bei, der oder dem Pflegebedürftigen ein möglichst selbstbestimmtes und selbstständiges Leben zu ermöglichen. Die Pflegebedürftigen können im Rahmen von Notwendigkeit und Wirtschaftlichkeit zwischen den aufgrund eines Versorgungsvertrages mit den Pflegekassen zugelassenen ambulanten und stationären Pflegeeinrichtungen wählen. Auch religiösen Bedürfnissen und den Bedürfnissen nach einer kultursensiblen Pflege ist Rechnung zu tragen; Wünsche nach gleichgeschlechtlicher Pflege sind nach Möglichkeit zu berücksichtigen (§§1 und 2 SGB XI).

Die Pflege soll auch die Aktivierung des Pflegebedürftigen zum Ziel haben, um vorhandene Fähigkeiten zu erhalten und, soweit dies möglich ist, verlorene Fähigkeiten zurückzugewinnen (§2 Abs. 1 Satz 2 SGB XI). Um der Gefahr einer Vereinsamung des Pflegebedürftigen entgegenzuwirken, sollen bei der Leistungserbringung auch die Bedürfnisse des Pflegebedürftigen nach Kommunikation berücksichtigt werden.

Pflege schließt Sterbebegleitung mit ein (§ 28 Abs. 4 SGB XI).

Leistungen bei Pflegegrad 1

Grundsätzlich werden die Leistungen der Pflegeversicherung für die Pflegegrade 2 bis 5 gewährt. Zum Zweck der Erhaltung und Wiederherstellung der Selbstständigkeit und der Vermeidung schwererer Pflegebedürftigkeit wurde im Jahr 2017 im Rahmen einer großen Pflegereform der Pflegegrad 1 für Pflegebedürftige geschaffen, bei denen in der Begutachtung nur eine „geringe Beeinträchtigung der Selbstständigkeit" festgestellt wurde (zwischen 12,5 und unter 27 Punkten, siehe oben). Dies sind Personen, die nur sehr wenig personelle Unterstützung benötigen (z. B. Teilhilfe bei Selbstversorgung, Verlassen der Wohnung, Haushaltsführung). Oft sind dies somatisch beeinträchtigte Menschen, die keine oder nur sehr geringe körperliche Beeinträchtigungen haben. In § 28a SGB XI werden die möglichen Leistungen abschließend aufgezählt:

- Pflegeberatung (§§ 7a, 7b SGB XI)
- Beratung in der eigenen Häuslichkeit (§ 37 Abs. 3 SGB XI)
- Versorgung mit Pflegehilfsmitteln (§ 40 SGB XI)
- Wohnumfeld verbessernde Maßnahmen (§ 40 SGB XI)
- ergänzende Unterstützungsleistungen bei Nutzung digitaler Pflegeanwendungen (§§ 39a, 40a und 40b SGB XI)
- Versorgung, wenn die Pflegeperson Vorsorge- oder Rehabilitationsleistungen (z. B. Kur) in Anspruch nimmt (§ 42b SGB XI)
- monatlicher Zuschuss bei vollstationärer Pflege (§ 43 Abs. 3 SGB XI)
- zusätzliche Betreuung und Aktivierung in stationären Pflegeeinrichtungen (§ 43b SGB XI)
- zusätzliche Leistungen bei Pflegezeit und kurzzeitiger Arbeitsverhinderung (§ 44a SGB XI)
- Pflegekurse für Angehörige und ehrenamtliche Pflegepersonen (§ 45 SGB XI)
- zusätzliche Leistungen in ambulant betreuten Wohngruppen (§ 45f SGB XI)
- Anschubfinanzierung zur Gründung einer ambulant betreuten Wohngruppe (§ 45g i. V. m. § 28 Abs. 1 SGB XI)

- Leistungen in gemeinschaftlichen Wohnformen mit Verträgen zur pflegerischen Versorgung gemäß § 92c SGB XI (§ 45h SGB XI)

Zudem wird ein Entlastungsbetrag für Angebote zur Unterstützung im Alltag von monatlich bis zu 131 Euro als Kostenerstattungsanspruch gewährt (§ 45b SGB XI). Pflegebedürftige mit Pflegegrad 1 können diesen Betrag auch für Leistungen ambulanter Pflegedienste der körperbezogenen Pflegemaßnahmen einsetzen (z. B. Hilfe beim Duschen). Wohnen Pflegebedürftige mit Pflegegrad 1 in einer vollstationären Einrichtung, erhalten sie die 131 Euro als monatlichen Zuschuss (§ 43 Abs. 3 SGB XI); zudem haben sie wie alle Versicherten Anspruch auf zusätzliche Betreuung und Aktivierung.

Leistungen bei Pflegegrad 2 bis 5

Die Pflegeversicherung gewährt folgende Leistungen (Katalog in § 28 SGB XI):

Leistungen bei häuslicher Pflege (vgl. auch Kapitel 2):

- Pflegesachleistung/häusliche Pflegehilfe (§ 36 SGB XI)
- Pflegegeld für selbst beschaffte Pflegehilfen (§ 37 SGB XI)
- zusätzliche Leistungen für Pflegebedürftige in ambulant betreuten Wohngruppen (§ 38a SGB XI)
- häusliche Pflege bei Verhinderung der Pflegeperson (§ 39 SGB XI)
- Pflegehilfsmittel und wohnumfeldverbessernde Maßnahmen sowie ergänzende Unterstützung bei Nutzung bzw. beim Leistungseinsatz von digitalen Pflegeanwendungen (§§ 39a, 40, 40a und 40b SGB XI)

Leistungen bei stationärer Pflege (vgl. auch Kapitel 3):

- Tagespflege und Nachtpflege (§ 41 SGB XI)
- Kurzzeitpflege (§ 42 SGB XI)
- Versorgung, wenn die Pflegeperson Vorsorge- oder Rehabilitationsleistungen (z. B. Kur) in Anspruch nimmt (§ 42b SGB XI)
- vollstationäre Pflege (§ 43 SGB XI)
- Pauschalleistung für die Pflege von Menschen mit Behinderungen (§ 43a SGB XI)
- zusätzliche Betreuung und Aktivierung in stationären Pflegeeinrichtungen (§ 43b SGB XI)

Leistungen für pflegende Angehörige, Pflegepersonen (vgl. Kapitel 4):

- Leistungen zur sozialen Sicherung der Pflegepersonen (§ 44 SGB XI)
- zusätzliche Leistungen bei Pflegezeit und kurzzeitiger Arbeitsverhinderung (§ 44a SGB XI)
- Pflegekurse (§ 45 SGB XI)
- Umwandlung des ambulanten Sachleistungsbetrags, Angebote zur Unterstützung im Alltag (§ 45a SGB XI)
- Entlastungsbetrag (§ 45b SGB XI)
- zusätzliche Leistungen für Pflegebedürftige in ambulant betreuten Wohngruppen (§ 45f SGB XI) - Leistungen in gemeinschaftlichen Wohnformen mit Verträgen zur pflegerischen Versorgung gemäß § 92c SGB XI (§ 45h SGB XI)

Diese Leistungen können teilweise auch als Persönliches Budget nach § 29 SGB IX mit der Pflegekasse ausgehandelt werden (§ 35a SGB IX).

2 Leistungen bei häuslicher Pflege

2

Pflegesachleistung (ambulante Dienste)

Als Pflegesachleistungen gelten alle pflegerischen Hilfen, die im häuslichen Umfeld von professionellen Kräften der ambulanten Pflegedienste geleistet werden, inbesondere:

- körperbezogene Pflegemaßnahmen, z. B. Körperpflege, Ernährung, Förderung der Bewegungsfähigkeit
- pflegerische Betreuungsleistungen, z. B. Hilfen beim Beschäftigen wie Lesen oder Basteln, Tagesablauf planen, Aufrechterhalten von sozialen Kontakten, Unterstützung beim Spazierengehen oder sonstigen Freizeitbeschäftigungen außer Haus
- Hilfen bei der Haushaltsführung, z. B. Einkaufen, Anträge ausfüllen, Putzen der Wohnung, Kochen, Waschen, Bügeln
- Beratung der Pflegebedürftigen und ihrer Angehörigen, Unterstützung bei der Vermittlung von Hilfsdiensten (z. B. Essen auf Rädern, Notruf) oder Organisation von Fahrdiensten

Auch Leistungen der häuslichen Krankenpflege können von den ambulanten Pflegediensten erbracht werden, wie z. B. Verbandswechsel, Medikamentengabe, Injektionen. Diese Leistungen müssen aber mit der gesetzlichen Krankenversicherung abgerechnet werden; sie gehören nicht in das „Set" der Leistungen der Pflegeversicherung.

Monatlich kann je nach Pflegegrad (PG) folgender Höchstbetrag gezahlt werden (Stand 01.01.2026):

Pflegegrad (PG)	monatlich
PG 2	796 EUR
PG 3	1.497 EUR
PG 4	1.859 EUR
PG 5	2.299 EUR

Darüber hinaus kann auch der Entlastungsbetrag in Höhe von bis zu 131 Euro im Monat für Leistungen ambulanter Pflegedienste eingesetzt werden (siehe ausführlicher in Kapitel 4).

Wird der Leistungsbetrag für ambulante Pflegesachleistungen nicht ausgeschöpft, kann der nicht verbrauchte Betrag auch verwendet werden, um eine zusätzliche Kostenerstattung für Angebote zur Unterstützung im Alltag zu beantragen. Es dürfen hier maximal 40 Prozent des jeweiligen ambulanten Sachleistungsbetrags umgewandelt werden (§ 45a Abs. 4 SGB XI).

Pflegegeld für selbstbeschaffte Pflegehilfen

Anstelle der Pflegesachleistung können Pflegebedürftige auch eine Geldleistung, das sogenannte Pflegegeld, wählen (§ 37 SGB XI). Diese Geldleistung soll Kosten für eine selbstbeschaffte Pflegekraft abdecken. Hier geht der Gesetzgeber davon aus, dass diese Person dem Pflegebedürftigen nahesteht und der Pflegebedarf mit einem geringeren Betrag als für die Dienstleistung abgegolten werden kann. Es gelten folgende Höchstbeträge (Stand 01.01.206):

Pflegegrad (PG)	monatlich
PG 2	347 EUR
PG 3	599 EUR
PG 4	800 EUR
PG 5	990 EUR

Voraussetzung für den Anspruch auf Pflegegeld ist, dass der Pflegebedürftige mit dem Geld seinen Bedarf an erforderlicher Grundpflege und hauswirtschaftlicher Versorgung durch eine Pflegeperson in geeigneter Weise selbst sicherstellt:

- Die Pflege findet in der häuslichen Umgebung statt (zuhause beim Pflegebedürftigen oder im Haushalt eines Angehörigen).
- Die Pflege wird von einer selbstbeschafften Pflegeperson bzw. Pflegekraft übernommen.
- Es ist gewährleistet, dass die Pflege im notwendigen Umfang stattfindet.

Wer Pflegegeld bekommt, muss regelmäßig den Nachweis darüber erbringen, dass die Pflege gewährleistet bzw. oben dargestellte Punkte erfüllt sind. Dieser Beratungsbesuch (sog. Beratungseinsatz, § 37 Abs. 3 SGB XI) ist seit 01.01.2026 für die Pflegegrade 2 bis 5 halbjährlich abzurufen. Pflegebedürftige der Pflegegrade 4 und 5 dürfen diesen Beratungsbesuch aber auch vierteljährlich in Anspruch nehmen (bis 31.12.2025 war dies bei diesen Pflegegraden 4 und 5 verpflichtend).

Dieser Beratungseinsatz kann durch einen ambulanten Pflegedienst oder eine Sozialstation erbracht und nachgewiesen werden. Eine Pflegefachkraft prüft dabei, ob die Pflege sichergestellt ist, und meldet den Besuch und das Ergebnis der Pflegekasse. Der Beratungseinsatz ist für den Versicherten kostenlos, er wird von der Pflegekasse bezahlt.

Wichtig: Bekommt die Pflegekasse keinen Nachweis, ist sie berechtigt, das Pflegegeld zu kürzen. Falls mehrfach kein Nachweis vorliegt, kann die Pflegekasse die Zahlung ganz einstellen.

Kombination von Geld- und Sachleistung

Nimmt der Pflegebedürftige ab Pflegegrad 2 Pflegesachleistungen nach § 36 Abs. 3 SGB XI nur teilweise in Anspruch, erhält er daneben ein anteiliges Pflegegeld nach § 37 SGB XI. Dies ergibt sich aus § 38 SGB XI.

Das Pflegegeld vermindert sich in diesem Fall anteilig im Verhältnis zum Wert der in Anspruch genommenen ambulanten Sachleistungen.

Wer auf diese Weise Sachleistung und Geldleistung kombinieren will, muss sich für eine bestimmte Aufteilung zwischen den beiden Leistungsarten entscheiden und ist an seine Entscheidung für sechs Monate gebunden. Diese Bindungsfrist gilt nicht, wenn der Pflegebedürftige nur noch Pflegesachleistung oder nur noch Pflegegeld in Anspruch nehmen will, also Leistungswechsel stattfinden soll. In diesem Fall genügt es, dies der Pflegekasse anzuzeigen.

Pflegegeld kann auch mit der Kurzzeitpflege (§ 42 SGB XI) bzw. Verhinderungspflege (§ 39 SGB XI) kombiniert werden. Dabei wird anteiliges Pflegegeld für bis zu acht Wochen je Kalenderjahr in Höhe der Hälfte der vor Beginn der Kurzzeit- oder Verhinderungspflege geleisteten Höhe fortgewährt.

Häusliche Pflege bei Verhinderung der Pflegeperson

Häusliche Pflege ohne Angehörige oder ehrenamtlich Pflegende ist nicht möglich. Fallen diese aus, kann das über die Leistung der Verhinderungspflege (auch Ersatzpflege genannt) ausgeglichen werden (§ 39 SGB XI). Voraussetzungen:

- Es handelt sich um eine Pflegeperson, die nicht erwerbsmäßig pflegt (vgl. Definition in § 19 SGB XI).
- Es liegt zum Zeitpunkt der Verhinderung mindestens ein Pflegegrad 2 vor.
- Es liegt ein Verhinderungsgrund vor: Erholungsurlaub, Krankheit oder andere Gründe (z. B. beruflicher Lehrgang), weshalb die Pflege von der Pflegeperson nicht durchgeführt werden kann.

Sind diese Voraussetzungen erfüllt, besteht für die Dauer von bis zu 8 Wochen (56 Kalendertage) je Kalenderjahr ein Anspruch auf Verhinderungspflege gegenüber der Pflegekasse des Pflegebedürftigen.

Die Verhinderungspflege ist keine Sachleistung, sondern eine Leistung der Kostenerstattung. Sie muss daher nicht vorher beantragt werden, das geht bei sehr kurzfristigen Verhinderungen oft auch gar nicht.

Zum 01.07.2025 trat die zweite Stufe des Pflegeunterstützungs- und -entlastungsgesetzes (PUEG) in Kraft. Die bislang getrennten Budgets für Verhinderungs- und Kurzzeitpflege sind seitdem zu einem gemeinsamen Jahresbetrag von bis zu 3.539 Euro zusammengeführt (vgl. § 42a SGB XI). Pflegebedürftige ab Pflegegrad 2 können diesen Betrag flexibel für beide Leistungsarten nutzen, abhängig von ihrem individuellen Bedarf.

Ersatzpflege durch Verwandte

Im Rahmen der Verhinderungspflege ist zwischen einer nicht erwerbsmäßigen und einer erwerbsmäßigen Verhinderungspflege zu unterscheiden. So kann die Verhinderungspflege entweder durch eine private, nicht erwerbsmäßig pflegende Person (z. B. Angehörige, Nachbarn, Bekannte) und oder durch eine zugelassene Pflegeeinrichtung (z. B. ambulante Pflegedienste, familienentlastende Dienste) sowie andere Dienste (z. B. Dorfhelfer, Betriebshilfsdienste) erbracht werden.

Wird die Verhinderungspflege von einer Pflegeperson durchgeführt, die mit dem Pflegebedürftigen bis zum zweiten Grad verwandt oder verschwägert ist oder mit ihm in häuslicher Gemeinschaft lebt, kann davon ausgegangen werden, dass die Verhinderungspflege nicht erwerbsmäßig ausgeübt wird.

Nach § 1589 BGB gehören zu den Verwandten des Pflegebedürftigen bis zum zweiten Grad:

- Eltern
- Kinder (auch ehelich erklärte oder angenommene Kinder)
- Großeltern
- Enkelkinder
- Geschwister

Mit dem Pflegebedürftigen bis zum zweiten Grad verschwägert sind (§ 1590 BGB):

- Stiefeltern
- Stiefkinder
- Stiefenkelkinder (Enkelkinder des Ehegatten)
- Schwiegereltern
- Schwiegerkinder (Schwiegersohn und Schwiegertochter)
- Schwiegerenkel (Ehegatte der Enkelkinder)
- Großeltern der Ehegatten
- Stiefgroßeltern
- Schwager/Schwägerin

In diesen Fällen orientiert sich der maximale Leistungsumfang der Pflegeversicherung an den Pflegegeldsätzen. Das bedeutet, dass für 56 Tage insgesamt das 2-fache Pflegegeld des jeweiligen Pflegegrades zur Deckung der Kosten erstattet wird. Weitere nachgewiesene und im Zusammenhang mit der Verhinderungspflege entstandene Aufwendungen (z. B. Verdienstausfall, Fahrtkosten) können zusätzlich erstattet werden. Der Gemeinsame Jahresbetrag nach § 42a SGB XI darf aber nicht überschritten werden.

Weiterzahlung von Pflegegeld

Während der Zeit der Verhinderungspflege wird das Pflegegeld nach § 37 Abs. 2 SGB XI für einen Zeitraum von bis zu 8 Wochen (= 56 Kalendertage) je Kalenderjahr grundsätzlich zur Hälfte weitergezahlt. Eine Kürzung des Pflegegeldes erfolgt jedoch nicht für den ersten und den letzten Tag der Ersatzpflege. Der Pflegebedürftige erhält an diesen beiden Tagen das volle Pflegegeld.

Außerdem wird das volle Pflegegeld nach § 37 SGB XI für den gesamten Zeitraum der Verhinderungspflege weitergezahlt, wenn nur eine stundenweise Verhinderung der Pflegeperson von weniger als acht Stunden am Tag vorliegt.

Pflegehilfsmittel, digitale Pflegeanwendungen und wohnumfeldverbessernde Maßnahmen

Pflegehilfsmittel

Pflegebedürftige der Pflegegrade 1 bis 5 haben Anspruch auf Versorgung mit Pflegehilfsmitteln nach §40 Abs. 1 bis 3 und 5 SGB XI. Diese sollen die Pflege im häuslichen Bereich erleichtern, Beschwerden lindern oder eine selbstständige Lebensführung des Pflegebedürftigen ermöglichen. Zu den Pflegehilfsmitteln gehören Produkte,

- die nach §40 Abs. 2 SGB XI zum Verbrauch bestimmt sind (z. B. Einmalhandschuhe, Mundschutz, Schutzschürze, Desinfektionsmittel) oder
- im Sinne des §40 Abs. 3 SGB XI technische Hilfsmittel sind (z. B. Pflegebett, Pflegestuhl, Hausnotrufsystem, Toilettenstuhl).

Nach §40 Abs. 2 SGB XI kann ein monatlicher Höchstbetrag für die Erstattung der Kosten beim Einsatz zum Verbrauch bestimmter Hilfsmittel in Höhe von bis zu 42 Euro bei der Pflegekasse geltend gemacht werden. Manche Apotheken oder Reha-Lieferanten bieten die Möglichkeit an, dass man über sie die Pflegehilfsmittel bezieht. Sie rechnen dann direkt mit der Pflegekasse ab.

Technische Pflegehilfsmittel müssen bei der Pflegekasse beantragt werden. Möglich ist auch, dass im Begutachtungstermin zur Feststellung der Pflegebedürftigkeit der Gutachter einen Bedarf feststellt. In diesem Fall werden diese Informationen an die Pflegekasse weitergeleitet und als Antrag gewertet. Gleiches gilt, wenn die bei Bezug von Pflegegeld durchzuführende Beratung nach §37 Abs. 3 SGB XI die Notwendigkeit eines technischen Pflegehilfsmittels ergibt.

Auch Pflegefachkräfte können im Rahmen der häuslichen Pflegehilfe nach §36 SGB XI oder beim Beratungseinsatz bei Bezug von Pflegegeld nach §37 Abs. 3 SGB XI eine konkrete Empfehlung zur Hilfsmittelversorgung abgeben (vgl. §40 Abs. 6 SGB XI). Diese Empfehlung soll dem Antrag auf das entsprechende Pflegehilfsmittel beigefügt werden und nicht älter als zwei Wochen sein. In diesem Fall wird für das Pflegehilfsmittel die Notwendigkeit vermutet.

2

Digitale Pflegeanwendungen und ergänzende Unterstützung bei deren Nutzung

Pflegebedürftige der Pflegegrade von 1 bis 5 haben nach § 40a SGB XI einen Anspruch auf eine Versorgung mit digitalen Pflegeanwendungen. Dies sind nach § 40a SGB XI Computerprogramme bzw. Anwendungen – sogenannte Apps (engl. Application Software) –, die von den Pflegebedürftigen oder in der Interaktion von Pflegebedürftigen, Angehörigen und zugelassenen ambulanten Pflegeeinrichtungen genutzt werden können, um Beeinträchtigungen der Selbstständigkeit oder der Fähigkeiten des Pflegebedürftigen zu mindern und einer Verschlimmerung der Pflegebedürftigkeit entgegenzuwirken. Sie sollen dabei helfen, den Pflegealltag besser zu bewältigen.

Die Übernahme der Kosten wird direkt bei der Pflegekasse beantragt. Eine ärztliche Verordnung ist nicht erforderlich. Die Erstattung durch die Pflegekasse hängt vielmehr davon ab, dass die App im Verzeichnis für digitale Pflegeanwendungen aufgenommen wurde. Dieses Verzeichnis wird vom Bundesamt für Arzneimittel und Medizinprodukte geführt. Die Pflegekasse übernimmt folgende Kosten pro Kalendermonat:

- Aufwendungen für digitale Pflegeanwendungen von bis 40 Euro und
- ergänzende Unterstützungsleistungen durch ambulante Pflegeeinrichtungen nach § 39a SGB XI bis zur Höhe von insgesamt 30 Euro.

Wohnumfeldverbessernde Maßnahmen

Zum Wohnungsumbau können die Pflegebedürftigen der Pflegegrade 1 bis 5 einen Zuschuss je Maßnahme in Höhe von bis zu 4.180 Euro bei der Pflegekasse beantragen (vgl. § 40 Abs. 4 SGB XI). Leben mehrere Pflegebedürftige zusammen, so kann je Pflegebedürftigem ein Zuschuss in Höhe von bis zu 4.180 Euro geltend gemacht werden; der Gesamtzuschuss ist jedoch nach oben auf 16.720 Euro gedeckelt.

Die Entscheidung über die Zuschussgewährung liegt im Ermessen der Pflegekasse. Sie prüft, ob es sich um eine wohnumfeldverbessernde Maßnahme handelt, die

- die häusliche Pflege überhaupt erst ermöglicht,
- die häusliche Pflege erheblich erleichtert oder

- zu einer größtmöglichen Wiederherstellung der selbstständigen Lebensführung des Pflegebedürftigen führt.

Beispiele sind hier eine Türverbreiterung, die Beseitigung von Türschwellen, der Einbau einer Dusche oder eines Treppenlifts.

Die Pflegekasse gewährt einen Zuschuss nur für die jeweilige Maßnahme, bezogen auf die Ist-Pflegesituation. Ausschlaggebend ist daher die Pflegesituation zum Zeitpunkt der Zuschussgewährung. So werden zum Beispiel die Verbreiterung der Tür und der Einbau eines Treppenlifts nicht als getrennte Verbesserungsmaßnahmen gewertet, sondern als eine zuschussfähige Maßnahme. Nur wenn sich die Pflegesituation nach der Zuschussgewährung ändert oder ein Umzug zur Verbesserung der Wohnsituation des Pflegebedürftigen erforderlich ist, kann ein neuer Antrag gestellt werden.

Leistungen in ambulant betreuten Wohngruppen

Ambulant betreute Wohngruppen können Pflegebedürftigen, die nicht mehr in ihrem eigenen Haushalt leben können, eine Alternative zur Unterbringung in einer stationären Einrichtung bieten.

Nach § 45f SGB XI haben Pflegebedürftige aller Pflegegrade einen pauschalen Anspruch auf einen Wohngruppenzuschlag in Höhe von jeweils 224 Euro pro Monat. Dieser Zuschlag wird für die gemeinschaftliche Beauftragung einer Person verwendet, die allgemeine organisatorische, verwaltende, betreuende oder das Gemeinschaftsleben fördernde Tätigkeiten verrichtet oder hauswirtschaftliche Unterstützung leistet. Dabei muss diese Person nicht rund um die Uhr anwesend sein. Sie muss auch keine ausgebildete Pflegekraft sein. Es reicht, wenn sie bei einem Pflegedienst beschäftigt ist.

Die Zahlung des Wohngruppenzuschlags für jede berechtigte Person setzt ferner voraus, dass sie

- mit mindestens zwei und höchstens elf weiteren Personen in einer gemeinsamen Wohngruppe mit häuslicher pflegerischer Versorgung lebt (die Höchstgrenze einer Wohngruppe liegt also bei zwölf Personen)
- und davon mindestens zwei Personen pflegebedürftig sind, also eine Einstufung in einen Pflegegrad bereits erfolgt ist.

Mindestens drei Pflegebedürftige (Pflegegrad 2 bis 5) in der Wohngruppe müssen zudem Pflegesachleistungen, Pflegegeld oder Kombinationsleistungen erhalten oder Angebote zur Unterstützung im Alltag oder den Entlastungsbetrag beziehen.

Anschubfinanzierung für eine Wohngruppe

Zur Förderung von ambulant betreuten Wohngruppen können die nach §45f SGB XI Anspruchsberechtigten bei einer gemeinsamen Gründung für die altersgerechte oder barrierearme Umgestaltung der vorhandenen Wohnung einmalig einen Betrag von bis zu 2.613 Euro pro Person geltend machen (§45g Abs. 1 SGB XI). Der Gesamtbetrag ist je Wohngruppe auf 10.452 Euro begrenzt. Er wird bei mehr als vier Anspruchsberechtigten anteilig auf die Versicherungsträger der Anspruchsberechtigten aufgeteilt.

Der Anspruch auf Anschubförderung endet nach §45g Abs. 2 SGB XI mit Ablauf des Monats, in dem das Bundesamt für Soziale Sicherung den Pflegekassen und dem Verband der privaten Krankenversicherung e. V. mitteilt, dass mit der Förderung eine Gesamthöhe von 30 Millionen Euro erreicht worden ist. Eine solche Mitteilung hat es bisher noch nicht gegeben; der Fördertopf ist also noch nicht ausgeschöpft.

Leistungen in gemeinschaftlichen Wohnformen

Mit Wirkung zum 01.01.2026 wird in §45h SGB XI die neue Versorgungsform „Leistungen in gemeinschaftlichen Wohnformen mit Verträgen zur pflegerischen Versorgung gemäß §92c SGB XI" eingeführt. Sie soll eine Versorgungslücke zwischen ambulanter und stationärer Pflege schließen.

Gemeint ist eine Pflegeform, bei der Pflegebedürftige

- in einer gemeinschaftlichen Wohnform leben, die keine vollstationäre Pflegeeinrichtung ist,
- ambulant gepflegt werden und
- zusätzlich Unterstützung für Organisation und Alltag erhalten.

Deshalb werden diese Wohnformen auch als „stambulant" (= stationär + ambulant) bezeichnet. Beispiele sind Senioren-WGs, ambulant betreute Wohngemeinschaften, gemeinschaftliche Wohnprojekte mit Pflegeanbindung.

Diese gemeinschaftlichen Wohnformen dienen ausschließlich der pflegerischen Versorgung. Nicht vom Geltungsbereich des §45h SGB XI umfasst sind daher:

- vollstationäre Pflegeeinrichtungen
- Krankenhäuser
- stationäre Einrichtungen, in denen nicht Pflege, sondern andere Zwecke im Vordergrund stehen: medizinischen Vorsorge oder Rehabilitation, Teilhabe am Arbeitsleben, Teilhabe an Bildung, soziale Teilhabe, schulische Ausbildung oder Erziehung von Menschen mit Behinderungen (z. B. Reha-Kliniken, Mutter-/Vater-Kind-Kuren, Werkstätten für Menschen mit Behinderungen mit Internat/Wohnbereich, berufliche Reha-Einrichtungen mit stationärer Unterbringung, Förderschulen mit angeschlossenem Wohnheim, Ausbildungsstätten mit Wohnangebot, heilpädagogische Einrichtungen)
- Räumlichkeiten, in denen das Wohnen von Menschen mit Behinderungen und Leistungen der Eingliederungshilfe im Vordergrund steht (z. B. besondere Wohnformen nach dem Bundesteilhabegesetz, Wohngruppen mit Assistenzleistungen, therapeutisch begleitete Wohnformen)

§45h SGB XI ermöglicht zusätzliche Leistungen, wenn die pflegebedürftige Person

- in einer gemeinschaftlichen Wohnform lebt
- und ein Vertrag über die pflegerische Versorgung gemäß §92c SGB XI besteht (z. B. mit einem ambulanten Pflegedienst).

Die Pflegebedürftigen (Pflegegrad 1 bis 5) erhalten einen pauschalen Zuschuss in Höhe von 450 Euro je Kalendermonat zur Sicherstellung einer selbstbestimmten Pflege.

Darüber hinaus können folgende Leistungen in Anspruch genommen werden:

- Pflegeberatung (§7a SGB XI)
- Pflegehilfsmittel (§40 Abs. 1 und Abs. 2 SGB XI)
- digitale Pflegeanwendungen sowie Unterstützung bei deren Nutzung (§§39a, 40a, 40b SGB XI)
- zusätzliche Leistungen bei Pflegezeit und kurzzeitiger Arbeitsverhinderung (§44a SGB XI)
- Pflegekurse für Angehörige und ehrenamtliche Pflegepersonen (§45 SGB XI)

Pflegebedürftige der Pflegegrade 2 bis 5 haben darüberhinaus je Kalendermonat Anspruch auf körperbezogene Pflegemaßnahmen, pflegerische Betreuungsmaßnahmen und Hilfen bei der Haushaltsführung als Sachleistung gemäß § 36 SGB XI. Wenn der Sachleistungsbetrag nur teilweise in Anspruch genommen wird, besteht Anspruch auf anteiliges Pflegegeld (§ 38 Satz 1 und 2 i. V. m. § 37 SGB XI).

Bei Pflegebedürftigen der Pflegegrade 2 bis 5 besteht auch Anspruch auf Leistungen zur sozialen Absicherung der Pflegeperson gemäß § 44 SGB XI sowie auf Kurzzeitpflege (§ 42 SGB XI).

3 Leistungen bei stationärer Pflege

3

Tages- und Nachtpflege

Kann die häusliche Pflege eines Pflegebedürftigen nicht in ausreichendem Umfang sichergestellt werden, besteht ein zeitlich nicht begrenzter Anspruch auf teilstationäre Pflege in Einrichtungen der Tages- oder Nachtpflege (§ 41 SGB XI).

Dies gilt insbesondere in Fällen

- einer kurzfristigen Verschlimmerung der Pflegebedürftigkeit,
- der Ermöglichung einer (Teil-)Erwerbsfähigkeit für die Pflegeperson,
- einer beabsichtigten teilweisen Entlastung der Pflegeperson,
- einer nur für einige Stunden am Tag notwendigen ständigen Beaufsichtigung des Pflegebedürftigen.

Unter Tagespflege versteht man die zeitweise Betreuung im Tagesverlauf in einer Pflegeeinrichtung. Hier werden pflegebedürftige Menschen betreut, die aufgrund ihrer körperlichen, geistigen oder seelischen Beeinträchtigungen nicht allein in ihrer Wohnung leben können und tagsüber Unterstützung brauchen, ansonsten aber von ihren Angehörigen oder anderen Personen zuhause gepflegt werden.

Bei der Nachtpflege werden pflegebedürftige Menschen, die Hilfestellungen beim Zubettgehen, Aufstehen und bei Maßnahmen der Körperpflege benötigen, in Nachtpflegeeinrichtungen betreut. Diese Möglichkeit wird oft von dementen Personen genutzt, die einen gestörten Tag-Nacht-Rhythmus haben. Wenn diese in einer Nachtpflege untergebracht sind, können die Angehörigen durchschlafen und sich tagsüber wieder um ihre verwirrten Angehörigen kümmern.

Die Leistungen der Tages- und Nachtpflege werden für Pflegebedürftige der Pflegegrade 2 bis 5 gewährt (Stand 01.01.2026):

Pflegegrad (PG)	monatlich bis zu
PG 2	721 EUR
PG 3	1.357 EUR
PG 4	1.685 EUR
PG 5	2.085 EUR

Pflegebedürftige des Pflegegrades 1 können den Entlastungsbetrag nach § 45b Abs. 1 Satz 1 SGB XI in Höhe von bis zu 131 Euro monatlich zur Kostenerstattung von Leistungen der Tages- und Nachtpflege verwenden.

Die monatlichen Pflegeleistungen werden bei den Pflegegraden 2 bis 5 grundsätzlich direkt von der Einrichtung der Tages- oder Nachtpflege gegenüber der Pflegekasse abgerechnet. Dagegen müssen Pflegebedürftige des Pflegegrades 1 zunächst die Leistungen der Tages- und Nachtpflege selbst bezahlen und können erst dann die entstandenen Kosten bei der Pflegekasse in Höhe von bis zu 131 Euro monatlich geltend machen.

Die monatlichen Leistungsbeträge sollen die

- pflegebedingten Aufwendungen (körperbezogene Pflegemaßnahmen, z.B. Hilfe beim Aufstehen, Setzen, Hinlegen, Toilettengang, Zerteilen von Lebensmitteln in mundgerechte Bissen, Unterstützung bei Essen und Trinken),
- pflegerische Betreuung (z.B. Basteln, Singen, Gymnastik, Gedächtnisspiele, Spaziergänge) und
- medizinische Behandlungspflege (z.B. Medikamente geben, Insulin spritzen, Blutzucker messen),

die in der teilstationären Pflegeeinrichtung entstehen, decken. Außerdem sind die Fahrtkosten zur Pflegeeinrichtung Bestandteil der monatlichen Leistungen. Sie werden nicht gesondert abgerechnet.

Die Kosten der Unterkunft und der Verpflegung sowie die Investitionskosten der Einrichtung sind nicht Bestandteil der Pflegeversicherung. Sie müssen privat finanziert werden, können jedoch durch den Entlastungsbetrag nach §45b Abs. 1 Satz 1 SGB XI in Höhe von bis zu 131 Euro monatlich wenigstens teilweise ausgeglichen werden.

Wird die Tages- und Nachtpflege monatlich nicht in Anspruch genommen, verfällt sie. Es gibt keine Übertragung auf einen anderen Zeitraum oder die Möglichkeit der Verrechnung mit anderen Leistungen.

Wichtig: Die Leistungen der Tages- und Nachtpflege können neben der ambulanten Pflegesachleistung oder dem Pflegegeld in vollem Umfang in Anspruch genommen werden.

Kurzzeitpflege

Kann für Pflegebedürftige der Pflegegrade 2 bis 5 die häusliche Pflege zeitweise nicht, noch nicht oder nicht im erforderlichen Umfang erbracht werden und reicht auch teilstationäre Pflege (Tages-, Nachtpflege, § 41 SGB XI) nicht aus, besteht Anspruch auf Pflege in einer vollstationären Einrichtung, die Kurzzeitpflege (§ 42 SGB XI) anbietet.

Dies gilt:

- für eine Übergangszeit im Anschluss an eine stationäre Behandlung des Pflegebedürftigen oder
- in sonstigen Krisensituationen, in denen vorübergehend häusliche oder teilstationäre Pflege nicht möglich oder nicht ausreichend ist.

Pflegebedürftige mit Pflegegrad 1 können auch hier den Entlastungsbetrag nach § 45b Abs. 1 Satz 1 SGB XI in Höhe von bis zu 131 Euro monatlich für Leistungen der Kurzzeitpflege einsetzen (vgl. § 28a Abs. 2 SGB XI).

Die Kurzzeitpflege ist nur – wie der Name schon sagt – für einen kurzen Zeitraum gedacht. In § 42 Abs. 2 SGB XI wird die Zeit auf 8 Wochen (= 56 Kalendertage) beschränkt.

Zum 01.07.2025 trat die zweite Stufe des Pflegeunterstützungs- und -entlastungsgesetzes (PUEG) in Kraft. Die bislang getrennten Budgets für Verhinderungs- und Kurzzeitpflege sind seitdem zu einem gemeinsamen Jahresbetrag von bis zu 3.539 Euro zusammengeführt (vgl. § 42a SGB XI). Pflegebedürftige ab Pflegegrad 2 können diesen Betrag flexibel für beide Leistungsarten nutzen, abhängig von ihrem individuellen Bedarf.

Vollstationäre Pflege

Pflegebedürftige der Pflegegrade 2 bis 5 haben nach § 43 SGB XI einen Anspruch auf vollstationäre Pflege (z. B. im Pflegeheim). Die Notwendigkeit zum Umzug in ein Heim tritt insbesondere dann auf, wenn dem Pflegebedürftigen eine Pflegeperson fehlt und er nicht alleine zurechtkommt oder wenn die Wohnsituation des Pflegebedürftigen eine Pflege nicht zulässt, weil etwa die Wohnung nicht pflegegerecht umgebaut werden kann.

Die Pflegekasse zahlt nach § 43 Abs. 2 SGB XI für pflegebedingte Aufwendungen einschließlich der Aufwendungen für die Betreuung und für Leistungen der medizinischen Behandlungspflege pro Kalendermonat folgende Höchstbeträge (Stand 01.01.2026):

Pflegegrad (PG)	monatlich
PG 2	805 EUR
PG 3	1.319 EUR
PG 4	1.855 EUR
PG 5	2.096 EUR

Wählen Pflegebedürftige des Pflegegrades 1 die vollstationärer Pflege, so erhalten sie zu den pflegebedingten Aufwendungen einschließlich der Aufwendungen für Betreuung und die Aufwendungen für Leistungen der medizinischen Behandlungspflege einen Zuschuss in Höhe von 131 Euro monatlich.

Gegebenenfalls werden von der Pflegekasse auch noch zusätzliche Betreuungsleistungen nach § 43b SGB XI bezahlt, wenn der Heimbetreiber eine entsprechende Vereinbarung mit der Pflegekasse hat.

Nicht alle Aufwendungen der vollstationären Pflege werden durch die oben genannten Leistungsbeträge abgedeckt. Vielmehr muss der Pflegebedürftige neben den Kosten für Unterkunft und Verpflegung sowie Investitionskosten einen einrichtungseinheitlichen Eigenanteil (EEE) für anerkannte pflegebedingten Kosten privat finanzieren.

Der einrichtungseinheitliche Eigenanteil wird zwischen den Pflegekassen und dem Anbieter vereinbart und ist von allen Bewohnern eines Pflegeheimes mit den Pflegegraden 2 bis 5 in gleicher Höhe zu zahlen. Da seit Einführung des Eigenanteils im Jahr 2017 zu bemerken ist, dass dieser stark anwächst und die Kosten für den Pflegebedürftigen immer höher (und damit nicht mehr bezahlbar) werden, hat der Gesetzgeber mit § 43c SGB XI Mitte 2021 eine Zuschussmöglichkeit geschaffen. Wie hoch der Zuschuss ist, den die Pflegekasse zahlen muss, hängt zum einen davon ab, wie lange der Pflegebedürftige im Heim wohnt, und zum anderen von der Höhe des einrichtungseinheitlichen Eigenanteils im jeweiligen Pflegeheim; daran misst sich eine prozentuale Kostenbeteiligung (Stand 01.01.2026):

Aufenthaltsdauer	Zuschuss zum EEE
bis einschließlich 12 Monate	15 Prozent
mehr als 12 Monate	30 Prozent
mehr als 24 Monate	50 Prozent
mehr als 36 Monate	75 Prozent

Zusätzliche Betreuung und Aktivierung

§43b SGB XI enthält einen Anspruch der Pflegebedürftigen aller Pflegegrade von 1 bis 5 gegenüber der Pflegekasse auf Maßnahmen der zusätzlichen Betreuung und Aktivierung in teil- und vollstationären Einrichtungen. Zu den aktivierenden Alltagsaktivitäten gehören etwa Veranstaltung von Gesellschaftsspielen, Malen und Basteln, Spaziergänge, Vorlesen, Tanzen.

Die Pflegekasse zahlt jedoch nur dann, wenn die Pflegeeinrichtung mit der Kasse eine entsprechende Vereinbarung abgeschlossen hat.

4 Leistungen für Pflegepersonen, pflegende Angehörige

Begriff „Pflegeperson"

Im SGB XI arbeitet der Gesetzgeber mit zwei Begriffen: dem „Angehörigen" und der „Pflegeperson". Das kann, muss aber nicht immer dieselbe Person sein. Je nachdem, welcher Begriff verwendet wird, ergeben sich unterschiedliche Leistungen und Ansprüche.

Den Begriff der Pflegeperson regelt § 19 SGB XI: Pflegepersonen sind danach Personen,

4

- die nicht erwerbsmäßig
- einen Pflegebedürftigen im Sinne des § 14 SGB XI
- in seiner häuslichen Umgebung (eigener Haushalt, Haushalt der Pflegeperson, Wohngruppe) pflegen.

Eine Pflegetätigkeit gilt dabei als nicht erwerbsmäßig, wenn die Pflegeperson für die Pflegetätigkeit keine Vergütung erhält.

Der Pflegekasse des Pflegebedürftigen muss bekannt sein, wer als Pflegeperson nach § 19 SGB XI die Pflege und Betreuung des Versicherten übernimmt. Nur so kann sie ihrer Pflicht nachkommen, die in der Renten- und Unfallversicherung sowie der Arbeitslosenversicherung zu versichernde Pflegeperson den zuständigen Renten- und Unfallversicherungsträgern sowie der Bundesagentur für Arbeit zu melden (vgl. dazu den Abschnitt Soziale Sicherung). Denn nach ausdrücklichem Wortlaut in § 19 Satz 2 SGB XI erhält eine Pflegeperson Leistungen zur sozialen Sicherung, wenn sie

- eine oder mehrere pflegebedürftige Personen wenigstens zehn Stunden wöchentlich,
- verteilt auf regelmäßig mindestens zwei Tage in der Woche,

pflegt.

Wer Pflegeperson ist und wie viele Pflegetage bzw. Pflegestunden zum Einsatz kommen, wird im Begutachtungstermin zur Einstufung vom Gutachter abgefragt.

Der Gutachter stellt während der Begutachtung fest, ob die Pflegeperson die für die Rentenversicherung erforderliche Mindestpflegezeit von zehn Stunden für die Pflege von einer oder mehreren Personen erreichen wird. Bei der Begutachtung soll dies in einem persönlichen Gespräch mit den Betroffenen erörtert werden. Diese Angaben werden dann an die Pflegekasse weitergegeben.

Wichtig: Kommen im Laufe der Pflege weitere Pflegepersonen dazu, sollten diese der Pflegekasse unbedingt gemeldet werden. Nur so ist gewährleistet, dass ggf. vorliegende soziale Sicherungssysteme zum Einsatz kommen bzw. die Pflegekasse eine Meldung beim jeweiligen Sozialversicherungsträger vornehmen kann.

Mögliche Auszeiten vom Beruf für die Pflege

Mit den Reformen der Pflegeversicherung in den letzten Jahren wurde die ambulante Pflege, insbesondere auch die häusliche Pflege durch Angehörige, gestärkt. Verbunden damit war, die Rahmenbedingungen für die Vereinbarkeit von Beruf und familiärer Pflege zu verbessern. Von daher wurden zwei Gesetze geschaffen, die Auszeiten vom Beruf für die Pflege unterstützen:

Mit dem **Pflegezeitgesetz (PflegeZG)** wurde eine Möglichkeit geschaffen, dass sich Arbeitnehmer aufgrund einer Pflegesituation für gewisse Zeiten von ihrer Arbeitsleistung freistellen lassen können. Es gibt dabei zwei Varianten:

- Kurzzeitige Arbeitsverhinderung mit einer Freistellungsmöglichkeit bis zu zehn Tagen
- Pflegezeit mit einer Freistellungsmöglichkeit bis zu sechs Monaten; bei der Pflegezeit gibt es noch zwei „Unterarten“:
  - Sterbebegleitung mit einer Freistellungsmöglichkeit bis zu drei Monaten
  - Pflege eines minderjährigen Kindes (auch außerhäuslich)

Mit dem **Familienpflegezeitgesetz (FPfZG)** kann die Arbeitszeit 24 Monate lang reduziert werden; es handelt sich um eine Art Zeitkontenmodell.

Pflegezeit und Familienpflegezeit können miteinander kombiniert werden bzw. aufbauend aufeinander genommen werden. Die Gesetze müssen also in der Zusammenschau gesehen werden.

Kurzzeitige Arbeitsverhinderung, Pflegeunterstützungsgeld

Berufstätige Familienmitglieder müssen zeitnah und zügig reagieren können, wenn nach Akutereignissen ein Pflegebedarf plötzlich auftritt. Aus diesem Grund hat der Gesetzgeber die Freistellungsmöglichkeit „Kurzzeitige Arbeitsverhinderung“ in § 2 Abs. 1 PflegeZG geschaffen.

Danach haben Beschäftigte das Recht, bis zu zehn Arbeitstagen von ihrer Arbeit fernzubleiben, wenn sie

- für einen pflegebedürftigen nahen Angehörigen
- in einer akuten Pflegesituation

die bedarfsgerechte Pflege organisieren oder die pflegerische Versorgung übernehmen.

Das Recht, der Arbeit bis zu zehn Tagen fernzubleiben, kann nur pro Pflegefall – also pro Pflegebedürftigem – ausgeübt werden. Die zehn Tage müssen dabei nicht vollständig genommen werden.

Eine gesetzliche Vorgabe zur Mindestgröße der Firma, in welcher der Beschäftigte arbeitet, gibt es nicht. Das bedeutet, jeder Beschäftigte kann bei Vorliegen der genannten Voraussetzungen für bis zu zehn Arbeitstage seiner Arbeit fernbleiben; dies gilt auch in Kleinbetrieben.

Der Beschäftigte muss dem Arbeitgeber die kurzzeitige Arbeitsverhinderung und deren voraussichtliche Dauer unverzüglich, also ohne schuldhaftes Zögern, mitteilen. Die Information an den Arbeitgeber muss erfolgen, sobald der Beschäftigte in der Lage ist, die Pflegesituation und die Dauer der Organisationsaufgaben bzw. den akuten Versorgungszeitraum einzuschätzen. Da die kurzzeitige Arbeitsverhinderung durch Akutereignisse verursacht wird und nicht in jedem Fall bereits eine Begutachtung zur Feststellung der Pflegebedürftigkeit vorliegt, hat der Beschäftigte dem Arbeitgeber zudem auf Verlangen eine ärztliche Bescheinigung vorzulegen.

Pflegeunterstützungsgeld als Entgeltersatzleistung bei kurzzeitiger Arbeitsverhinderung

Beschäftigte haben bei einer kurzzeitigen Arbeitsverhinderung Anspruch auf einen Ausgleich für entgangenes Arbeitsentgelt (§ 2 Abs. 3 PflegeZG i. V. m. § 44a Abs. 3 SGB XI). Dieser Anspruch wird als Pflegeunterstützungsgeld bezeichnet. Er besteht ebenfalls für bis zu zehn Arbeitstage – allerdings nur pro Kalenderjahr.

Voraussetzung für die Leistungsgewährung ist, dass der betroffene Arbeitnehmer für den jeweiligen Zeitraum keinen Anspruch auf Entgeltfortzahlung des Arbeitgebers und Kranken- oder Verletztengeld bei Erkrankung oder Unfall eines Kindes aus der Kranken- oder Unfallversicherung hat.

Das Pflegeunterstützungsgeld wird nicht aus der Versicherung des Beschäftigten, sondern aus der Pflegeversicherung des Pflegebedürftigen gezahlt. Ein elektronischer Datenaustausch besteht daher in der Regel zwischen dem Arbeitgeber und der zuständigen Pflegekasse nicht. Das Pflegeunterstützungsgeld wird damit zwingend nur auf Antrag gewährt. Der Antrag ist unverzüglich bei der Pflegekasse oder dem privaten Versicherungsunternehmen des Pflegebedürftigen zu stellen.

Die Berechnung des Pflegeunterstützungsgeldes orientiert sich dabei an den Regeln für das sogenannte Kinder-Krankengeld (§ 45 Abs. 2 Satz 3 bis 5 SGB V): 90 Prozent des Nettoentgelts, sofern das gesamte Bruttoeinkommen beitragspflichtig zur Kranken- und Pflegeversicherung ist, bzw. 70 Prozent bei höheren Einkommen oder bei Selbstständigen.

Soziale Absicherung der Pflegepersonen

Für Pflegepersonen, die einen Pflegebedürftigen mit mindestens Pflegegrad 2 nicht-erwerbsmäßig pflegen, werden von der Pflegekasse des Pflegebedürftigen Leistungen zur sozialen Sicherung erbracht. Dazu gehören Leistungen der Rentenversicherung (vgl. § 44 Abs. 1 SGB XI), der Unfallversicherung (vgl. § 44 Abs. 2a SGB XI) sowie der Arbeitsförderung nach dem SGB III (vgl. § 44 Abs. 2b SGB XI).

Rentenversicherungsbeiträge

Die Pflegekasse des Pflegebedürftigen zahlt die Beiträge zur gesetzlichen Rentenversicherung, wenn

- die Pflegetätigkeit bei den pflegerischen Maßnahmen zum Beispiel in Form von Mobilitäts-, Selbstversorgungs- oder Betreuungsmaßnahmen sowie Hilfen bei der Haushaltführung mindestens 10 Stunden wöchentlich, verteilt auf regelmäßig mindestens zwei Tage in der Woche, beträgt und
- die Pflege in der häuslichen Umgebung wie der eigenen Wohnung, auch in einem Altenheim oder im Haushalt, in dem der Pflegebedürftige aufgenommen wurde,

stattfindet.

Die Ausübung des Berufes der Pflegeperson ist neben der Pflegetätigkeit in einem begrenzten Umfang von maximal 30 Stunden wöchentlich zulässig.

Für Pflegepersonen, die nach dem Recht der Rentenversicherung versicherungsfrei sind, werden keine Rentenbeiträge abgeführt (z. B. Bezieher von Altersrenten).

Wichtig: Der Medizinische Dienst oder ein anderer von der Pflegekasse beauftragter Gutachter stellt bei der Begutachtung der Pflegebedürftigkeit fest, wer in welchem Umfang als Pflegeperson die Pflege unterstützt. Die Pflegekasse wendet sich dann automatisch an die Pflegeperson, um weitere Angaben zur Rentenversicherung zu erfahren.

Unfallversicherung

Die Pflegeperson ist während ihrer Tätigkeit in der gesetzlichen Unfallversicherung versichert und erhält bei einem Unfall während der Pflegetätigkeit sämtliche Leistungen der Unfallversicherung, insbesondere ärztliche Behandlung, Arzneimittel, Physiotherapie, Verletztengeld, Versichertenrente, Hilfe im Haushalt.

Diese Versicherung ist beitragsfrei. Sie setzt jedoch wie bei der Rentenversicherung voraus, dass die Pflegeperson eine oder mehrere Pflegebedürftige wenigstens 10 Stunden wöchentlich, verteilt auf regelmäßig mindestens zwei Tage in der Woche, in der häuslichen Umgebung pflegt.

Die Unfallversicherung erfasst für die Pflegeperson folgende Bereiche:

- Pflegeunfälle als Arbeitsunfälle, die im Zusammenhang mit den pflegerischen Maßnahmen oder der Hilfe bei der Haushaltsführung im Sinne des § 18 Abs. 5a SGB XI stehen, wenn sie überwiegend dem Pflegebedürftigen zugutekommen
- Wegeunfälle, also das Hin- und Zurückfahren zur Pflegetätigkeit
- Krankheiten, die während der Pflegetätigkeit entstehen und als Berufskrankheiten anerkannt sind

Beiträge zur Arbeitslosenversicherung, Leistungen der Arbeitsförderung

Nach § 44 Abs. 2b SGB XI besteht zugunsten der Pflegeperson, die einen Pflegebedürftigen der Pflegegrade 2 bis 5 pflegt und dafür aus dem Beruf aussteigt oder den Leistungsbezug aus der Arbeitslosenversicherung unterbricht, eine Pflicht der Pflegekasse zur Zahlung von Beiträgen in die Arbeitslosenversicherung nach dem Dritten Buch Sozialgesetzbuch (SGB III). Die Beiträge zur Arbeitslosenversicherung werden nach § 345 SGB III auf 50 Prozent der monatlichen Bezugsgröße der Sozialversicherung festgesetzt.

Die Arbeitslosenversicherung der Pflegeperson setzt nicht voraus, dass sie sich während dieser Zeit in Pflegezeit nach dem Pflegezeitgesetz befindet. Zu beachten ist aber, dass nach § 26 Abs. 2b SGB III unmittelbar vor der Pflegetätigkeit eine Versicherungspflicht in der Arbeitslosenversicherung oder ein Anspruch auf Entgeltersatzleistungen nach dem SGB III (z. B. Arbeitslosengeld) bestanden haben muss. Außerdem muss die nicht erwerbsmäßige Pflegeperson, wie bei der Renten- und Unfallversicherung, eine oder mehrere Pflegebedürftige wenigstens 10 Stunden wöchentlich, verteilt auf regelmäßig mindestens zwei Tage in der Woche, in der häuslichen Umgebung pflegen (vgl. § 26 Abs. 2b SGB III).

Die Pflegeperson hat nach Beendigung ihrer Pflegetätigkeit einen Anspruch auf Arbeitslosengeld und Leistungen der aktiven Arbeitsförderung, wie zum Beispiel Berufsberatung oder berufliche Weiterbildungen.

Pflegekurse für Angehörige und Ehrenamtliche

Mit der Pflege übernehmen Angehörige große Verantwortung sich und dem Pflegebedürftigen gegenüber. Neben dem Meistern psychischer und physischer Belastungen gibt es viel Organisatorisches, Pflegerisches und auch Rechtliches zu lernen. Diese Unterstützung jeden Tag zu leisten, kann als weniger belastend erfahren werden, wenn die pflegenden Angehörigen und die anderen an ehrenamtlicher Pflege interessierten Personen hierzu fachlich qualifizierte Hilfestellungen erhalten haben. Aus diesem Grund wurde in § 45 SGB XI eine Verpflichtung der Pflegekassen eingeführt, für Angehörige und sonstige an einer ehrenamtlichen Pflegetätigkeit interessierten Personen unentgeltlich Schulungskurse durchzuführen.

Für Pflegepersonen nach § 19 SGB XI ist dieser Anspruch noch weiter gefasst: Auf Wunsch sind auch Einzelschulungen in der häuslichen Umgebung des Pflegebedürftigen durchzuführen. Damit kann auf die individuelle Pflegesituation im alltäglichen Wohnumfeld eingegangen und nach Verbesserungsmöglichkeiten für alle Beteiligten gesucht werden.

Wichtig: Damit eine Schulung zuhause beim Pflegebedürftigen durchgeführt werden kann, bedarf es der schriftlichen Einwilligung des Pflegebedürftigen. Ist der Pflegebedürftige einwilligungsunfähig, ist die Einwilligung des hierzu Berechtigten (z. B. Bevollmächtigter durch Vorsorgevollmacht, gesetzlicher Betreuer) einzuholen.

Entlastungsbetrag, Angebote zur Unterstützung im Alltag

§ 45b SGB XI regelt den Entlastungsbetrag für Pflegebedürftige mit Pflegegrad 1 bis 5. Er soll helfen, dass Pflegebedürftige ihren Alltag, ihre Haushaltsführung oder die Organisation benötigter Hilfeleistungen selbstbestimmter gestalten und planen können. Damit soll gleichzeitig erreicht werden, dass die häufig sehr hohe Belastung der Pflegepersonen, insbesondere die der pflegenden Angehörigen, reduziert wird.

Grundvoraussetzung ist, dass eine häusliche Pflegesituation vorliegt, die Pflege also zuhause, im Haushalt der Pflegeperson oder einem Haushalt, in dem der Pflegebedürftige aufgenommen wurde, stattfindet.

Der Entlastungsbetrag beträgt für alle Pflegegrade 131 Euro monatlich und ist als monatlicher Anspruch ausgestaltet; er entsteht jeweils zu Beginn des Monats.

Wird der monatliche Leistungsbetrag nicht oder nicht vollständig in Anspruch genommen, kann der nicht beanspruchte Teil in den Folgemonaten des Kalenderjahres berücksichtigt, also „aufgesammelt" werden.

Der monatliche Entlastungsbetrag muss also im Monat nicht voll ausgeschöpft werden. Der nicht verbrauchte Betrag kann in den folgenden Monaten des Kalenderjahres genutzt werden. Zudem ist eine Übertragung des nicht verbrauchten Gesamtbetrags in das folgende Kalenderjahr bis zum Stichtag 30.06. möglich (§ 45b Abs. 1 Satz 5 SGB XI). Nach diesem Stichtag verfallen nicht verbrauchte Entlastungsbeträge.

Der Entlastungsbetrag ist als Kostenerstattungsanspruch ausgestaltet. Der Pflegebedürftige muss also zunächst in Vorleistung zu gehen. Damit Aufwendungen erstattet werden, muss der Pflegebedürftige die Belege (Rechnung bzw. Quittung) der in Anspruch genommenen Leistung bei der Pflegekasse einreichen.

Verwendet werden kann der Entlastungsbetrag auch als Zuschuss für Leistungen

- der Tages- oder Nachtpflege,
- der Kurzzeitpflege,
- der ambulanten Pflegedienste (Pflegesachleistungen) in Bezug auf körperbezogene Pflegemaßnahmen und Hilfen bei der Haushaltsführung; in den Pflegegraden 2 bis 5 dürfen damit jedoch keine Leistungen im Bereich der Selbstversorgung mitfinanziert werden,
- der nach Landesrecht anerkannten Angebote zur Unterstützung im Alltag.

Angebote zur Unterstützung im Alltag

Zu Angeboten zur Unterstützung im Alltag (§45a SGB XI) gehören:

- **Betreuungsangebote**, in denen insbesondere Ehrenamtliche unter pflegefachlicher Anleitung die Betreuung von Pflegebedürftigen übernehmen, etwa bei einer Tagesbetreuung in Kleingruppen oder auch als Einzelbetreuung
- **Entlastungsangebote für Pflegende**, die zur gezielten Entlastung und beratenden Unterstützung von pflegenden Angehörigen und vergleichbar nahestehenden Pflegepersonen gedacht sind, beispielsweise Pflegebegleiter, die Partner des Pflegebedürftigen emotional unterstützen und für eine bessere Vernetzung und Organisation mit anderen Angeboten sorgen
- **Entlastungsangebote für Pflegebedürftige**, die sie bei der Bewältigung von allgemeinen oder pflegebedingten Anforderungen des Alltags oder im Haushalt sowie bei der eigenverantwortlichen Organisation von Hilfeleistungen unterstützen, zum Beispiel in Form Alltagsbegleitern, die zum Einkauf oder zum Gottesdienst begleiten, Vorlesen, mit dem Pflegebedürftigen spazierengehen

Umwandlungsmöglichkeit

Für Pflegebedürftige in häuslicher Pflege mit mindestens Pflegegrad 2, die Pflegesachleistungen nach §36 SGB XI erhalten, bietet §45a Abs. 4 SGB XI zudem eine Umwandlungsmöglichkeit im Bereich der Unterstützungsleistungen im Alltag an. Danach kann der Pflegebedürftige bei Ausschöpfung des Entlastungsbetrags je Kalendermonat zusätzlich bis maximal 40 Prozent der ihm zustehenden Pflegesachleistungen für Angebote zur Unterstützung im Alltag geltend machen. Voraussetzung dafür ist, dass er für den entsprechenden Leistungsbetrag seinen Anspruch auf ambulante Pflegesachleistung noch nicht voll ausgeschöpft hat. Dabei ist aber zu beachten, dass die körperbezogenen Pflegemaßnahmen und pflegerischen Betreuungsmaßnahmen sowie Hilfen bei der Haushaltsführung des Pflegebedürftigen sichergestellt sein müssen.

Die Verwendung von bis zu 40 Prozent der Pflegesachleistungen für Angebote zur Unterstützung im Alltag muss für denselben Abrechnungsmonat geltend gemacht werden. Eine vorherige Antragstellung zur Inanspruchnahme der Umwandlung ist nicht erforderlich. Vielmehr erfolgt die Kostenerstattung von der Pflegekasse gegen Vorlage entsprechender Belege.

5 Gesetzliche Grundlagen

Sozialgesetzbuch (SGB) Elftes Buch (XI) – Soziale Pflegeversicherung – (SGB XI)

Vom 26. Mai 1994 (BGBl. I S. 1014)

Zuletzt geändert durch
Gesetz zur Befugniserweiterung und Entbürokratisierung in der Pflege
vom 22. Dezember 2025 (BGBl. I Nr. 371)

Inhaltsübersicht

5

5

5

5

Erstes Kapitel
Allgemeine Vorschriften

§ 1 Soziale Pflegeversicherung

(1) Zur sozialen Absicherung des Risikos der Pflegebedürftigkeit wird als neuer eigenständiger Zweig der Sozialversicherung eine soziale Pflegeversicherung geschaffen.

(2) $_{1}$In den Schutz der sozialen Pflegeversicherung sind kraft Gesetzes alle einbezogen, die in der gesetzlichen Krankenversicherung versichert sind. $_{2}$Wer gegen Krankheit bei einem privaten Krankenversicherungsunternehmen versichert ist, muß eine private Pflegeversicherung abschließen.

(3) Träger der sozialen Pflegeversicherung sind die Pflegekassen; ihre Aufgaben werden von den Krankenkassen (§ 4 des Fünften Buches) wahrgenommen.

(4) Die Pflegeversicherung hat die Aufgabe, Pflegebedürftigen Hilfe zu leisten, die wegen der Schwere der Pflegebedürftigkeit auf solidarische Unterstützung angewiesen sind.

(5) In der Pflegeversicherung sollen geschlechtsspezifische Unterschiede bezüglich der Pflegebedürftigkeit von Männern und Frauen und ihrer Bedarfe an Leistungen berücksichtigt und den Bedürfnissen nach einer kultursensiblen Pflege nach Möglichkeit Rechnung getragen werden.

(6) $_{1}$Die Ausgaben der Pflegeversicherung werden durch Beiträge der Mitglieder und der Arbeitgeber finanziert. $_{2}$Die Beiträge richten sich nach den beitragspflichtigen Einnahmen der Mitglieder. $_{3}$Für versicherte Familienangehörige und eingetragene Lebenspartner (Lebenspartner) werden Beiträge nicht erhoben.

(7) Ein Lebenspartner einer eingetragenen Lebenspartnerschaft gilt im Sinne dieses Buches als Familienangehöriger des anderen Lebenspartners, sofern nicht ausdrücklich etwas anderes bestimmt ist.

§ 2 Selbstbestimmung

(1) $_{1}$Die Leistungen der Pflegeversicherung sollen den Pflegebedürftigen helfen, trotz ihres Hilfebedarfs ein möglichst selbständiges und selbstbestimmtes Leben zu führen, das der Würde des Menschen entspricht. $_{2}$Die Hilfen sind darauf auszurichten, die körperlichen, geistigen und seelischen Kräfte der Pflegebedürftigen, auch in Form der aktivierenden Pflege, wiederzugewinnen oder zu erhalten.

(2) $_{1}$Die Pflegebedürftigen können zwischen Einrichtungen und Diensten verschiedener Träger wählen. $_{2}$Ihren Wünschen zur Gestaltung der Hilfe soll, soweit sie angemessen sind, im Rahmen des Leistungsrechts entsprochen werden. $_{3}$Wünsche der Pflegebedürftigen nach gleichgeschlechtlicher Pflege haben nach Möglichkeit Berücksichtigung zu finden.

(3) $_{1}$Auf die religiösen Bedürfnisse der Pflegebedürftigen ist Rücksicht zu nehmen. $_{2}$Auf ihren Wunsch hin sollen sie stationäre Leistungen in einer Einrichtung erhalten, in der sie durch Geistliche ihres Bekenntnisses betreut werden können.

(4) Die Pflegebedürftigen sind auf die Rechte nach den Absätzen 2 und 3 hinzuweisen.

§ 3 Vorrang der häuslichen Pflege

$_{1}$Die Pflegeversicherung soll mit ihren Leistungen vorrangig die häusliche Pflege und die Pflegebereitschaft der Angehörigen und Nachbarn unterstützen, damit die Pflegebedürftigen möglichst lange in ihrer häuslichen Umgebung bleiben können. $_{2}$Leistungen der teilstationären Pflege und der Kurzzeitpflege gehen den Leistungen der vollstationären Pflege vor.

§ 4 Art und Umfang der Leistungen

(1) $_{1}$Die Leistungen der Pflegeversicherung sind Dienst-, Sach- und Geldleistungen für den Bedarf an körperbezogenen Pflegemaßnahmen, pflegerischen Betreuungsmaßnahmen und Hilfen bei der Haushaltsführung sowie Kostenerstattung, soweit es dieses Buch vorsieht. $_{2}$Art und Umfang der Leistungen richten sich nach der Schwere der Pflegebedürftigkeit und danach, ob häusliche, teilstationäre oder vollstationäre Pflege in Anspruch genommen wird.

(2) $_{1}$Bei häuslicher und teilstationärer Pflege ergänzen die Leistungen der Pflegeversicherung die familiäre, nachbarschaftliche oder sonstige ehrenamtliche Pflege und Betreuung. $_{2}$Bei teil- und vollstationärer Pflege werden die Pflegebedürftigen von Aufwendungen entlastet, die für ihre Versorgung nach Art und Schwere der Pflegebedürftigkeit erforderlich sind (pflegebedingte Aufwendungen), die Aufwendungen für Unterkunft und Verpflegung tragen die Pflegebedürftigen selbst.

(3) Pflegekassen, Pflegeeinrichtungen und Pflegebedürftige haben darauf hinzuwirken, daß die Leistungen wirksam und wirtschaftlich erbracht und nur im notwendigen Umfang in Anspruch genommen werden.

§ 5 Prävention in Pflegeeinrichtungen und in der häuslichen Pflege, Vorrang von Prävention und medizinischer Rehabilitation

(1) $_{1}$Die Pflegekassen sollen Leistungen zur Prävention in stationären Pflegeeinrichtungen nach § 71 Absatz 2 für in der sozialen Pflegeversicherung Versicherte erbringen, indem sie unter Beteiligung der versicherten Pflegebedürftigen und der Pflegeeinrichtung Vorschläge zur Verbesserung der gesundheitlichen Situation und zur Stärkung der gesundheitlichen Ressourcen und Fähigkeiten ent-

wickeln sowie deren Umsetzung unterstützen. $_{2}$Die Pflichten der Pflegeeinrichtungen nach § 11 Absatz 1 bleiben unberührt. $_{3}$Der Spitzenverband Bund der Pflegekassen legt unter Einbeziehung unabhängigen Sachverstandes die Kriterien für die Leistungen nach Satz 1 fest, insbesondere hinsichtlich Inhalt, Methodik, Qualität, wissenschaftlicher Evaluation und der Messung der Erreichung der mit den Leistungen verfolgten Ziele.

(1a) $_{1}$Die Pflegekassen sollen den Zugang zu den in § 20 Absatz 4 Nummer 1 des Fünften Buches genannten Leistungen der Krankenkassen zur verhaltensbezogenen Prävention für in der sozialen Pflegeversicherung versicherte Pflegebedürftige in häuslicher Pflege unterstützen, indem sie Vorschläge zur Verbesserung der gesundheitlichen Situation und zur Stärkung der gesundheitlichen Ressourcen und Fähigkeiten der Pflegebedürftigen entwickeln sowie die Umsetzung dieser Vorschläge unterstützen. $_{2}$Bei der Entwicklung und Umsetzung dieser Vorschläge sind Pflegebedürftige sowie, falls sie im Einzelfall an der Versorgung mitwirken, ambulante Pflegeeinrichtungen zu beteiligen. $_{3}$Teil der Umsetzung soll sein:

1. die fachliche Beratung zur Information und Sensibilisierung der Versicherten und ihrer Angehörigen sowie ihrer Pflegepersonen bezüglich der Möglichkeiten, die mittels Gesundheitsförderung und Prävention zur Verbesserung der gesundheitlichen Situation und zur Stärkung der gesundheitlichen Ressourcen und Fähigkeiten bestehen, sowie
2. eine Präventionsempfehlung durch Pflegefachpersonen oder durch gemäß § 7a Absatz 3 Satz 2 qualifizierte Pflegeberaterinnen und Pflegeberater.

$_{4}$Zur Unterstützung der in Satz 3 genannten Umsetzung sollen die Pflegekassen eine Bedarfserhebung hinsichtlich präventiver und gesundheitsfördernder Maßnahmen durchführen. $_{5}$Im Zusammenhang mit einer Beratung nach den §§ 7a und 7c, mit einer Leistungserbringung nach § 36 oder mit einem Beratungsbesuch nach § 37 Absatz 3 kann eine Empfehlung für die in § 20 Absatz 4 Nummer 1 des Fünften Buches genannten Leistungen zur verhaltensbezogenen Prävention ausgesprochen werden. $_{6}$Die Bedarfserhebung, die Beratung und die Präventionsempfehlung sollen frühestmöglich nach Feststellung der Pflegebedürftigkeit unter Berücksichtigung der Empfehlungen nach § 18b und auch während fortbestehender Pflegebedürftigkeit erfolgen. $_{7}$Die Pflichten der Pflegeeinrichtungen nach § 11 Absatz 1 bleiben unberührt. $_{8}$Der Spitzenverband Bund der Pflegekassen legt unter Einbeziehung unabhängigen Sachverstandes die Kriterien für die Verfahren nach den Sätzen 1 bis 3 fest, insbesondere hinsichtlich des Inhalts, der Methodik, der Qualität, der wissenschaftlichen Evaluation und der Messung der Erreichung der mit den Maßnahmen verfolgten Ziele.

(2) $_{1}$Die Ausgaben der Pflegekassen für die Wahrnehmung ihrer Aufgaben nach den Absätzen 1 und 1a sollen insgesamt im Jahr 2016 für jeden ihrer Versicherten einen Betrag von 0,30 Euro umfassen. $_{2}$Die Ausgaben sind in den Folgejahren entsprechend der prozentualen Veränderung der monatlichen Bezugsgröße nach § 18 Absatz 1 des Vierten Buches anzupassen. $_{3}$Sind in einem Jahr die Ausgaben rundungsbedingt nicht anzupassen, ist die unterbliebene Anpassung bei der Berechnung der Anpassung der Ausgaben im Folgejahr zu berücksichtigen.

(3) $_{1}$Bei der Wahrnehmung ihrer Aufgaben nach den Absätzen 1 und 1a sollen die Pflegekassen zusammenarbeiten und kassenübergreifende Leistungen zur Prävention erbringen. $_{2}$Erreicht eine Pflegekasse den in Absatz 2 festgelegten Betrag in einem Jahr nicht, stellt sie die nicht verausgabten Mittel im Folgejahr dem Spitzenverband Bund der Pflegekassen zur Verfügung, der die Mittel nach einem von ihm festzulegenden Schlüssel auf die Pflegekassen zur Wahrnehmung der Aufgaben nach den Absätzen 1 und 1a verteilt, die Kooperationsvereinbarungen zur Durchführung kassenübergreifender Leistungen geschlossen haben. $_{3}$Auf die zum Zwecke der Vorbereitung und Umsetzung der Kooperationsvereinbarungen nach Satz 2 gebildeten Arbeitsgemeinschaften findet § 94 Absatz 1a Satz 2 und 3 des Zehnten Buches keine Anwendung.

(4) Die Pflegekassen wirken unbeschadet ihrer Aufgaben nach den Absätzen 1 und 1a bei den zuständigen Leistungsträgern darauf hin, dass frühzeitig alle geeigneten Leistungen zur Prävention, zur Krankenbehandlung und zur medizinischen Rehabilitation eingeleitet werden, um den Eintritt von Pflegebedürftigkeit zu vermeiden.

(5) Die Pflegekassen beteiligen sich an der nationalen Präventionsstrategie nach den §§ 20d bis 20f des Fünften Buches mit den Aufgaben nach den Absätzen 1 bis 2.

(6) Die Leistungsträger haben im Rahmen ihres Leistungsrechts auch nach Eintritt der Pflegebedürftigkeit ihre Leistungen zur medizinischen Rehabilitation und ergänzenden Leistungen in vollem Umfang einzusetzen und darauf hinzuwirken, die Pflegebedürftigkeit zu überwinden, zu mindern sowie eine Verschlimmerung zu verhindern.

§ 6 Eigenverantwortung

(1) Die Versicherten sollen durch gesundheitsbewußte Lebensführung, durch frühzeitige Beteiligung an Vorsorgemaßnahmen und durch aktive

Mitwirkung an Krankenbehandlung und Leistungen zur medizinischen Rehabilitation dazu beitragen, Pflegebedürftigkeit zu vermeiden.

(2) Nach Eintritt der Pflegebedürftigkeit haben die Pflegebedürftigen an Leistungen zur medizinischen Rehabilitation und der aktivierenden Pflege mitzuwirken, um die Pflegebedürftigkeit zu überwinden, zu mindern oder eine Verschlimmerung zu verhindern.

§ 7 Aufklärung, Auskunft

(1) Die Pflegekassen haben die Eigenverantwortung der Versicherten durch Aufklärung und Auskunft über eine gesunde, der Pflegebedürftigkeit vorbeugende Lebensführung zu unterstützen und auf die Teilnahme an gesundheitsfördernden Maßnahmen hinzuwirken.

(2) 1Die Pflegekassen haben die Versicherten und ihre Angehörigen und Lebenspartner in den mit der Pflegebedürftigkeit zusammenhängenden Fragen, insbesondere über die Leistungen der Pflegekassen sowie über die Leistungen und Hilfen anderer Träger, in für sie verständlicher Weise zu informieren und darüber aufzuklären, dass ein Anspruch besteht auf die Übermittlung

1. des Gutachtens des Medizinischen Dienstes oder eines anderen von der Pflegekasse beauftragten Gutachters sowie
2. der gesonderten Präventions- und Rehabilitationsempfehlung gemäß § 18c Absatz 4.

2Mit Einwilligung des Versicherten haben der behandelnde Arzt, das Krankenhaus, die Rehabilitations- und Vorsorgeeinrichtungen sowie die Sozialleistungsträger unverzüglich die zuständige Pflegekasse zu benachrichtigen, wenn sich der Eintritt von Pflegebedürftigkeit abzeichnet oder wenn Pflegebedürftigkeit festgestellt wird. 3Die zuständige Pflegekasse informiert die Versicherten unverzüglich nach Eingang eines Antrags auf Leistungen nach diesem Buch insbesondere über ihren Anspruch auf die unentgeltliche Pflegeberatung nach § 7a, den nächstgelegenen Pflegestützpunkt nach § 7c sowie die Leistungs- und Preisvergleichsliste nach Absatz 3. 4Ebenso gibt die zuständige Pflegekasse Auskunft über die in ihren Verträgen zur integrierten Versorgung nach § 92b Absatz 2 getroffenen Festlegungen, insbesondere zu Art, Inhalt und Umfang der zu erbringenden Leistungen und der für die Versicherten entstehenden Kosten, und veröffentlicht diese Angaben auf einer eigenen Internetseite.

(3) 1Zur Unterstützung der pflegebedürftigen Person bei der Ausübung ihres Wahlrechts nach § 2 Absatz 2 sowie zur Förderung des Wettbewerbs und der Überschaubarkeit des vorhandenen Angebots hat die zuständige Pflegekasse der antragstellenden Person auf Anforderung unverzüglich und in geeigneter Form eine Leistungs- und Preisvergleichsliste zu übermitteln; die Leistungs- und Preisvergleichsliste muss für den Einzugsbereich der antragstellenden Person, in dem die pflegerische Versorgung und Betreuung gewährleistet werden soll, die Leistungen und Vergütungen der zugelassenen Pflegeeinrichtungen, die Angebote zur Unterstützung im Alltag nach § 45a sowie Angaben zur Person des zugelassenen oder anerkannten Leistungserbringers enthalten. 2Die Landesverbände der Pflegekassen erstellen eine Leistungs- und Preisvergleichsliste nach Satz 1, aktualisieren diese einmal im Quartal und veröffentlichen sie auf einer eigenen Internetseite. 3Die Liste hat zumindest die jeweils geltenden Festlegungen der Vergütungsvereinbarungen nach dem Achten Kapitel sowie die im Rahmen der Vereinbarungen nach Absatz 4 übermittelten Angaben zu Art, Inhalt und Umfang der Angebote sowie zu den Kosten in einer Form zu enthalten, die einen regionalen Vergleich von Angeboten und Kosten und der regionalen Verfügbarkeit ermöglicht. 4Auf der Internetseite nach Satz 2 sind auch die nach § 115 Absatz 1a veröffentlichten Ergebnisse der Qualitätsprüfungen und die nach § 115 Absatz 1b veröffentlichten Informationen zu berücksichtigen. 5Die Leistungs- und Preisvergleichsliste ist der Pflegekasse sowie dem Verband der privaten Krankenversicherung e. V. für die Wahrnehmung ihrer Aufgaben nach diesem Buch und zur Veröffentlichung nach Absatz 2 Satz 4 und 5 vom Landesverband der Pflegekassen durch elektronische Datenübertragung zur Verfügung zu stellen. 6Die Landesverbände der Pflegekassen erarbeiten Nutzungsbedingungen für eine zweckgerechte, nicht gewerbliche Nutzung der Angaben nach Satz 1 durch Dritte; die Übermittlung der Angaben erfolgt gegen Verwaltungskostenersatz, es sei denn, es handelt sich bei den Dritten um öffentlich-rechtliche Stellen.

(4) 1Im Einvernehmen mit den zuständigen obersten Landesbehörden vereinbaren die Landesverbände der Pflegekassen gemeinsam mit den nach Landesrecht zuständigen Stellen für die Anerkennung der Angebote zur Unterstützung im Alltag nach den Vorschriften dieses Buches das Nähere zur Übermittlung von Angaben im Wege elektronischer Datenübertragung insbesondere zu Art, Inhalt und Umfang der Angebote, Kosten und regionaler Verfügbarkeit dieser Angebote einschließlich der Finanzierung des Verfahrens für die Übermittlung. 2Träger weiterer Angebote, in denen Leistungen zur medizinischen Vorsorge und Rehabilitation, zur Teilhabe am Arbeitsleben oder Leben in der Gemeinschaft, zur schulischen Ausbildung oder Erziehung kranker oder behinderter Kinder, zur Alltagsunterstützung

5

und zum Wohnen im Vordergrund stehen, können an Vereinbarungen nach Satz 1 beteiligt werden, falls sie insbesondere die Angaben nach Satz 1 im Wege der von den Parteien nach Satz 1 vorgesehenen Form der elektronischen Datenübertragung unentgeltlich bereitstellen. 3Dazu gehören auch Angebote der Träger von Leistungen der Eingliederungshilfe, soweit diese in der vorgesehenen Form der elektronischen Datenübermittlung kostenfrei bereitgestellt werden. 4Der Spitzenverband Bund der Pflegekassen gibt Empfehlungen für einen bundesweit einheitlichen technischen Standard zur elektronischen Datenübermittlung ab. 5Die Empfehlungen bedürfen der Zustimmung der Länder.

§ 7a Pflegeberatung

(1) 1Personen, die Leistungen nach diesem Buch erhalten, haben Anspruch auf individuelle Beratung und Hilfestellung durch einen Pflegeberater oder eine Pflegeberaterin bei der Auswahl und Inanspruchnahme von bundes- oder landesrechtlich vorgesehenen Sozialleistungen sowie sonstigen Hilfsangeboten, die auf die Unterstützung von Menschen mit Pflege-, Versorgungs- oder Betreuungsbedarf ausgerichtet sind (Pflegeberatung); Anspruchsberechtigten soll durch die Pflegekassen vor der erstmaligen Beratung unverzüglich ein zuständiger Pflegeberater, eine zuständige Pflegeberaterin oder eine sonstige Beratungsstelle benannt werden. 2Für das Verfahren, die Durchführung und die Inhalte der Pflegeberatung sind die Richtlinien nach § 17 Absatz 1a maßgeblich. 3Aufgabe der Pflegeberatung ist es insbesondere,

1. den Hilfebedarf unter Berücksichtigung der Ergebnisse der Begutachtung durch den Medizinischen Dienst sowie, wenn die nach Satz 1 anspruchsberechtigte Person zustimmt, die Ergebnisse der Beratung in der eigenen Häuslichkeit nach § 37 Absatz 3 systematisch zu erfassen und zu analysieren,
2. einen individuellen Versorgungsplan mit den im Einzelfall erforderlichen Sozialleistungen und gesundheitsfördernden, präventiven, kurativen, rehabilitativen oder sonstigen medizinischen sowie pflegerischen und sozialen Hilfen zu erstellen,
3. auf die für die Durchführung des Versorgungsplans erforderlichen Maßnahmen einschließlich deren Genehmigung durch den jeweiligen Leistungsträger hinzuwirken, insbesondere hinsichtlich einer Empfehlung zur medizinischen Rehabilitation gemäß § 18b Absatz 1 Satz 1 Nummer 2 und Absatz 2,
4. die Durchführung des Versorgungsplans zu überwachen und erforderlichenfalls einer veränderten Bedarfslage anzupassen,
5. bei besonders komplexen Fallgestaltungen den Hilfeprozess auszuwerten und zu dokumentieren sowie
6. über Leistungen zur Entlastung der Pflegepersonen zu informieren.

4Der Versorgungsplan wird nach Maßgabe der Richtlinien nach § 17 Absatz 1a erstellt und umgesetzt; er beinhaltet insbesondere Empfehlungen zu den im Einzelfall erforderlichen Maßnahmen nach Satz 3 Nummer 3, Hinweise zu dem dazu vorhandenen örtlichen Leistungsangebot sowie zur Überprüfung und Anpassung der empfohlenen Maßnahmen. 5Bei Erstellung und Umsetzung des Versorgungsplans ist Einvernehmen mit dem Hilfesuchenden und allen an der Pflege, Versorgung und Betreuung Beteiligten anzustreben. 6Soweit Leistungen nach sonstigen bundes- oder landesrechtlichen Vorschriften erforderlich sind, sind die zuständigen Leistungsträger frühzeitig mit dem Ziel der Abstimmung einzubeziehen. 7Eine enge Zusammenarbeit mit anderen Koordinierungsstellen, insbesondere den Ansprechstellen der Rehabilitationsträger nach § 12 Absatz 1 Satz 3 des Neunten Buches, ist sicherzustellen. 8Ein Anspruch auf Pflegeberatung besteht auch dann, wenn ein Antrag auf Leistungen nach diesem Buch gestellt wurde und erkennbar ein Hilfe- und Beratungsbedarf besteht. 9Es ist sicherzustellen, dass im jeweiligen Pflegestützpunkt nach § 7c Pflegeberatung im Sinne dieser Vorschrift in Anspruch genommen werden kann und die Unabhängigkeit der Beratung gewährleistet ist.

(2) 1Auf Wunsch einer anspruchsberechtigten Person nach Absatz 1 Satz 1 erfolgt die Pflegeberatung auch gegenüber ihren Angehörigen oder weiteren Personen oder unter deren Einbeziehung. 2Sie erfolgt auf Wunsch einer anspruchsberechtigten Person nach Absatz 1 Satz 1 in der häuslichen Umgebung oder in der Einrichtung, in der diese Person lebt. 3Die Pflegeberatung kann auf Wunsch einer anspruchsberechtigten Person nach Absatz 1 Satz 1 durch barrierefreie digitale Angebote der Pflegekassen ergänzt werden und in diesem Rahmen mittels barrierefreier digitaler Anwendungen erfolgen, bei denen im Fall der Verarbeitung personenbezogener Daten die dafür geltenden Vorschriften zum Datenschutz eingehalten und die Anforderungen an die Datensicherheit nach dem Stand der Technik gewährleistet werden. 4Bei der Durchführung der Beratung als Videokonferenz gelten die nach § 365 Absatz 1 Satz 1 des Fünften Buches vereinbarten Anforderungen an die technischen Verfahren zu Videosprechstunden. 5Für digitale Angebote sowie andere digitale Anwendungen nach dieser Vorschrift gelten die Anforderungen, die der Spitzenverband Bund der Pflegekassen in seiner Richtlinie nach § 17 Absatz 1a zur Durchfüh-

rung von Beratungen für den Datenschutz und die Datensicherheit bestimmt hat. $_{6}$Ein Versicherter kann einen Leistungsantrag nach diesem oder dem Fünften Buch auch gegenüber dem Pflegeberater oder der Pflegeberaterin stellen. $_{7}$Der Antrag ist unverzüglich der zuständigen Pflege- oder Krankenkasse zu übermitteln, die den Leistungsbescheid unverzüglich dem Antragsteller und zeitgleich dem Pflegeberater oder der Pflegeberaterin zuleitet. $_{8}$Erfolgt die individuelle Beratung nach Absatz 1 Satz 1 mittels barrierefreier digitaler Anwendungen, bleibt der Anspruch der Versicherten auf eine Beratung nach Satz 2 unberührt.

(3) $_{1}$Die Anzahl von Pflegeberatern und Pflegeberaterinnen ist so zu bemessen, dass die Aufgaben nach Absatz 1 im Interesse der Hilfesuchenden zeitnah und umfassend wahrgenommen werden können. $_{2}$Die Pflegekassen setzen für die persönliche Beratung und Betreuung durch Pflegeberater und Pflegeberaterinnen entsprechend qualifiziertes Personal ein, insbesondere Pflegefachpersonen, Sozialversicherungsfachangestellte oder Sozialarbeiter mit der jeweils erforderlichen Zusatzqualifikation. $_{3}$Der Spitzenverband Bund der Pflegekassen gibt unter Beteiligung der in § 17 Absatz 1a Satz 2 genannten Parteien Empfehlungen zur erforderlichen Anzahl, Qualifikation und Fortbildung von Pflegeberaterinnen und Pflegeberatern ab.

(4) $_{1}$Die Pflegekassen im Land haben Pflegeberater und Pflegeberaterinnen zur Sicherstellung einer wirtschaftlichen Aufgabenwahrnehmung in den Pflegestützpunkten nach Anzahl und örtlicher Zuständigkeit aufeinander abgestimmt bereitzustellen und hierüber einheitlich und gemeinsam Vereinbarungen zu treffen. $_{2}$Die Pflegekassen können diese Aufgabe auf die Landesverbände der Pflegekassen übertragen. $_{3}$Kommt eine Einigung bis zu dem in Satz 1 genannten Zeitpunkt ganz oder teilweise nicht zustande, haben die Landesverbände der Pflegekassen innerhalb eines Monats zu entscheiden; § 81 Abs. 1 Satz 2 gilt entsprechend. $_{4}$Die Pflegekassen und die gesetzlichen Krankenkassen können zur Aufgabenwahrnehmung durch Pflegeberater und Pflegeberaterinnen von der Möglichkeit der Beauftragung nach Maßgabe der §§ 88 bis 92 des Zehnten Buches Gebrauch machen; § 94 Absatz 1 Nummer 8 gilt entsprechend. $_{5}$Die durch die Tätigkeit von Pflegeberatern und Pflegeberaterinnen entstehenden Aufwendungen werden von den Pflegekassen getragen und zur Hälfte auf die Verwaltungskostenpauschale nach § 46 Abs. 3 Satz 1 angerechnet.

(5) $_{1}$Zur Durchführung der Pflegeberatung können die privaten Versicherungsunternehmen, die die private Pflege-Pflichtversicherung durchführen, Pflegeberater und Pflegeberaterinnen der Pflegekassen für die bei ihnen versicherten Personen nutzen. $_{2}$Dies setzt eine vertragliche Vereinbarung mit den Pflegekassen über Art, Inhalt und Umfang der Inanspruchnahme sowie über die Vergütung der hierfür je Fall entstehenden Aufwendungen voraus. $_{3}$Soweit Vereinbarungen mit den Pflegekassen nicht zustande kommen, können die privaten Versicherungsunternehmen, die die private Pflege-Pflichtversicherung durchführen, untereinander Vereinbarungen über eine abgestimmte Bereitstellung von Pflegeberatern und Pflegeberaterinnen treffen.

(6) Pflegeberater und Pflegeberaterinnen sowie sonstige mit der Wahrnehmung von Aufgaben nach Absatz 1 befasste Stellen, insbesondere

1. nach Landesrecht für die wohnortnahe Betreuung im Rahmen der örtlichen Altenhilfe und für die Gewährung der Hilfe zur Pflege nach dem Zwölften Buch zu bestimmende Stellen,
2. Unternehmen der privaten Kranken- und Pflegeversicherung,
3. Pflegeeinrichtungen und Einzelpersonen nach § 77,
4. Mitglieder von Selbsthilfegruppen, ehrenamtliche und sonstige zum bürgerschaftlichen Engagement bereite Personen und Organisationen sowie
5. Agenturen für Arbeit und Träger der Grundsicherung für Arbeitsuchende,

dürfen Sozialdaten für Zwecke der Pflegeberatung nur verarbeiten, soweit dies zur Erfüllung der Aufgaben nach diesem Buch erforderlich oder durch Rechtsvorschriften des Sozialgesetzbuches oder Regelungen des Versicherungsvertrags- oder des Versicherungsaufsichtsgesetzes angeordnet oder erlaubt ist.

(7) $_{1}$Die Landesverbände der Pflegekassen vereinbaren gemeinsam und einheitlich mit dem Verband der privaten Krankenversicherung e. V., den nach Landesrecht bestimmten Stellen für die wohnortnahe Betreuung im Rahmen der Altenhilfe und den zuständigen Trägern der Sozialhilfe sowie mit den kommunalen Spitzenverbänden auf Landesebene Rahmenverträge über die Zusammenarbeit in der Beratung. $_{2}$Zu den Verträgen nach Satz 1 sind die Verbände der Träger weiterer nicht gewerblicher Beratungsstellen auf Landesebene anzuhören, die für die Beratung Pflegebedürftiger und ihrer Angehörigen von Bedeutung sind. $_{3}$Die Landesverbände der Pflegekassen vereinbaren gemeinsam und einheitlich mit dem Verband der privaten Krankenversicherung e. V. und dem zuständigen Träger der Sozialhilfe auf dessen Verlangen eine ergänzende Vereinbarung zu den Verträgen nach Satz 1 über die Zusammenarbeit in der örtlichen Beratung im Gebiet des Kreises oder der kreisfreien Stadt für den Bereich der örtlichen Zuständigkeit des Trägers der Sozialhilfe.

(8) ₁Die Pflegekassen stellen eine angemessene Beratung ihrer Versicherten sicher. ₂Die Pflegekassen im Land können hierfür einheitlich und gemeinsam Vereinbarungen zur kassenartenübergreifenden Organisation der Pflegeberatung im Land und zur Abstimmung und Zuordnung der Beratungsstrukturen zu bestimmten räumlichen Einzugsbereichen treffen; sie können diese Aufgabe auch an die Landesverbände der Pflegekassen übertragen. ₃Die Pflegekassen können sich zur Wahrnehmung ihrer Beratungsaufgaben nach diesem Buch aus ihren Verwaltungsmitteln an der Finanzierung und arbeitsteiligen Organisation von Beratungsaufgaben anderer Träger beteiligen; die Neutralität und Unabhängigkeit der Beratung sind zu gewährleisten. ₄Die Pflegekassen können ihre Beratungsaufgaben nach diesem Buch auch ganz oder teilweise auf Dritte übertragen; § 80 des Zehnten Buches bleibt unberührt.

(9) ₁Der Spitzenverband Bund der Pflegekassen legt dem Bundesministerium für Gesundheit alle drei Jahre, erstmals zum 30. Juni 2020, einen unter wissenschaftlicher Begleitung zu erstellenden Bericht vor über

1. die Erfahrungen und Weiterentwicklung der Pflegeberatung und Pflegeberatungsstrukturen nach den Absätzen 1 bis 4, 7 und 8, § 7b Absatz 1 und 2 und § 7c und
2. die Durchführung, Ergebnisse und Wirkungen der Beratung in der eigenen Häuslichkeit sowie die Fortentwicklung der Beratungsstrukturen nach § 37 Absatz 3 bis 8.

₂Er kann hierfür Mittel nach § 8 Absatz 3 einsetzen.

§ 7b Pflicht zum Beratungsangebot und Beratungsgutscheine

(1) ₁Die Pflegekasse hat dem Versicherten unmittelbar nach Eingang eines erstmaligen Antrags auf Leistungen nach diesem Buch oder des erklärten Bedarfs einer Begutachtung zur Feststellung der Pflegebedürftigkeit oder weiterer Anträge auf Leistungen nach den §§ 36 bis 38, 40 Absatz 1 und 4, den §§ 40b, 41, 42b, 43, 44a, 45, 45f bis 45h, 87a Absatz 2 Satz 1 und § 115 Absatz 4 entweder

1. unter Angabe einer Kontaktperson einen konkreten Beratungstermin anzubieten, der spätestens innerhalb von zwei Wochen nach Antragseingang durchzuführen ist, oder
2. einen Beratungsgutschein auszustellen, in dem Beratungsstellen benannt sind, bei denen er zu Lasten der Pflegekasse innerhalb von zwei Wochen nach Antragseingang eingelöst werden kann; § 7a Absatz 4 Satz 5 ist entsprechend anzuwenden.

₂Dabei ist ausdrücklich auf die Möglichkeiten des individuellen Versorgungsplans nach § 7a hinzuweisen und über dessen Nutzen aufzuklären. ₃Die Beratung richtet sich nach § 7a. ₄Auf Wunsch des Versicherten hat die Beratung in der häuslichen Umgebung stattzufinden und kann auch nach Ablauf der in Satz 1 genannten Frist durchgeführt werden; über diese Möglichkeiten hat ihn die Pflegekasse aufzuklären. ₅Die Sätze 1 bis 4 finden auch Anwendung bei der erstmaligen Beantragung von Leistungen nach § 40 Absatz 2, den §§ 39 sowie 42 jeweils in Verbindung mit § 42a, nach § 45a Absatz 4 und § 45b.

(2) ₁Die Pflegekasse hat sicherzustellen, dass die Beratungsstellen die Anforderungen an die Beratung nach § 7a einhalten. ₂Die Pflegekasse schließt hierzu allein oder gemeinsam mit anderen Pflegekassen vertragliche Vereinbarungen mit unabhängigen und neutralen Beratungsstellen, die insbesondere Regelungen treffen für

1. die Anforderungen an die Beratungsleistung und die Beratungspersonen,
2. die Haftung für Schäden, die der Pflegekasse durch fehlerhafte Beratung entstehen, und
3. die Vergütung.

(2a) ₁Sofern kommunale Gebietskörperschaften, von diesen geschlossene Zweckgemeinschaften oder nach Landesrecht zu bestimmende Stellen

1. für die wohnortnahe Betreuung im Rahmen der örtlichen Altenhilfe oder
2. für die Gewährung der Hilfe zur Pflege nach dem Zwölften Buch

Pflegeberatung im Sinne von § 7a erbringen, sind sie Beratungsstellen, bei denen Pflegebedürftige nach Absatz 1 Satz 1 Nummer 2 Beratungsgutscheine einlösen können; sie haben die Empfehlungen nach § 7a Absatz 3 Satz 3 zu berücksichtigen und die Pflegeberatungs-Richtlinien nach § 17 Absatz 1a zu beachten. ₂Absatz 2 Satz 1 findet keine Anwendung. ₃Die Pflegekasse schließt hierzu allein oder gemeinsam mit anderen Pflegekassen mit den in Satz 1 genannten Stellen vertragliche Vereinbarungen über die Vergütung. ₄Für die Verarbeitung der Sozialdaten gilt § 7a Absatz 6 entsprechend.

(3) ₁Stellen nach Absatz 1 Satz 1 Nummer 2 dürfen personenbezogene Daten nur verarbeiten, soweit dies für Zwecke der Beratung nach § 7a erforderlich ist und der Versicherte oder sein gesetzlicher Vertreter eingewilligt hat. ₂Zudem ist der Versicherte oder sein gesetzlicher Vertreter zu Beginn der Beratung darauf hinzuweisen, dass die Einwilligung jederzeit widerrufen werden kann.

(4) Die Absätze 1 bis 3 gelten für private Versicherungsunternehmen, die die private Pflege-Pflichtversicherung durchführen, entsprechend.

§ 7c Pflegestützpunkte, Verordnungsermächtigung

(1) 1Zur wohnortnahen Beratung, Versorgung und Betreuung der Versicherten richten die Pflegekassen und Krankenkassen Pflegestützpunkte ein, sofern die zuständige oberste Landesbehörde dies bestimmt. 2Die Einrichtung muss innerhalb von sechs Monaten nach der Bestimmung durch die oberste Landesbehörde erfolgen. 3Kommen die hierfür erforderlichen Verträge nicht innerhalb von drei Monaten nach der Bestimmung durch die oberste Landesbehörde zustande, haben die Landesverbände der Pflegekassen innerhalb eines weiteren Monats den Inhalt der Verträge festzulegen; hierbei haben sie auch die Interessen der Ersatzkassen und der Landesverbände der Krankenkassen wahrzunehmen. 4Hinsichtlich der Mehrheitsverhältnisse bei der Beschlussfassung ist § 81 Absatz 1 Satz 2 entsprechend anzuwenden. 5Widerspruch und Anfechtungsklage gegen Maßnahmen der Aufsichtsbehörden zur Einrichtung von Pflegestützpunkten haben keine aufschiebende Wirkung.

(1a) 1Die für die Hilfe zur Pflege zuständigen Träger der Sozialhilfe nach dem Zwölften Buch sowie die nach Landesrecht zu bestimmenden Stellen der Altenhilfe können auf Grund landesrechtlicher Vorschriften von den Pflegekassen und Krankenkassen den Abschluss einer Vereinbarung zur Einrichtung von Pflegestützpunkten verlangen. 2Ist in der Vereinbarung zur Einrichtung eines Pflegestützpunktes oder in den Rahmenverträgen nach Absatz 6 nichts anderes vereinbart, werden die Aufwendungen, die für den Betrieb des Pflegestützpunktes erforderlich sind, von den Trägern des Pflegestützpunktes zu gleichen Teilen unter Berücksichtigung der anrechnungsfähigen Aufwendungen für das eingesetzte Personal getragen.

(2) 1Aufgaben der Pflegestützpunkte sind

1. umfassende sowie unabhängige Auskunft und Beratung zu den Rechten und Pflichten nach dem Sozialgesetzbuch und zur Auswahl und Inanspruchnahme der bundes- oder landesrechtlich vorgesehenen Sozialleistungen und sonstigen Hilfsangebote einschließlich der Pflegeberatung nach § 7a in Verbindung mit den Richtlinien nach § 17 Absatz 1a,
2. Koordinierung aller für die wohnortnahe Versorgung und Betreuung in Betracht kommenden gesundheitsfördernden, präventiven, kurativen, rehabilitativen und sonstigen medizinischen sowie pflegerischen und sozialen Hilfs- und Unterstützungsangebote einschließlich der Hilfestellung bei der Inanspruchnahme der Leistungen,
3. Vernetzung aufeinander abgestimmter pflegerischer und sozialer Versorgungs- und Betreuungsangebote.

2Auf vorhandene vernetzte Beratungsstrukturen ist zurückzugreifen. 3Die Pflegekassen haben jederzeit darauf hinzuwirken, dass sich insbesondere die

1. nach Landesrecht zu bestimmenden Stellen für die wohnortnahe Betreuung im Rahmen der örtlichen Altenhilfe und für die Gewährung der Hilfe zur Pflege nach dem Zwölften Buch,
2. im Land zugelassenen und tätigen Pflegeeinrichtungen,
3. im Land tätigen Unternehmen der privaten Kranken- und Pflegeversicherung

an den Pflegestützpunkten beteiligen. 4Die Krankenkassen haben sich an den Pflegestützpunkten zu beteiligen. 5Träger der Pflegestützpunkte sind die beteiligten Kosten- und Leistungsträger. 6Die Träger

1. sollen Pflegefachpersonen in die Tätigkeit der Pflegestützpunkte einbinden,
2. haben nach Möglichkeit Mitglieder von Selbsthilfegruppen sowie ehrenamtliche und sonstige zum bürgerschaftlichen Engagement bereite Personen und Organisationen in die Tätigkeit der Pflegestützpunkte einzubinden,
3. sollen interessierten kirchlichen sowie sonstigen religiösen und gesellschaftlichen Trägern und Organisationen sowie nicht gewerblichen, gemeinwohlorientierten Einrichtungen mit öffentlich zugänglichen Angeboten und insbesondere Selbsthilfe stärkender und generationenübergreifender Ausrichtung in kommunalen Gebietskörperschaften die Beteiligung an den Pflegestützpunkten ermöglichen,
4. können sich zur Erfüllung ihrer Aufgaben dritter Stellen bedienen,
5. sollen im Hinblick auf die Vermittlung und Qualifizierung von für die Pflege und Betreuung geeigneten Kräften eng mit dem Träger der Arbeitsförderung nach dem Dritten Buch und den Trägern der Grundsicherung für Arbeitsuchende nach dem Zweiten Buch zusammenarbeiten.

(3) Die an den Pflegestützpunkten beteiligten Kostenträger und Leistungserbringer können für das Einzugsgebiet der Pflegestützpunkte Verträge zur wohnortnahen integrierten Versorgung schließen; insoweit ist § 92b mit der Maßgabe entsprechend anzuwenden, dass die Pflege- und Krankenkassen gemeinsam und einheitlich handeln.

(4) 1Der Pflegestützpunkt kann bei einer im Land zugelassenen und tätigen Pflegeeinrichtung errichtet werden, wenn dies nicht zu einer unzulässigen Beeinträchtigung des Wettbewerbs zwischen den Pflegeeinrichtungen führt. 2Die für den Betrieb des Pflegestützpunktes erforderlichen Aufwendungen werden von den Trägern der Pflegestützpunkte unter Berücksichtigung der anrechnungsfähigen Aufwen-

5

dungen für das eingesetzte Personal auf der Grundlage einer vertraglichen Vereinbarung anteilig getragen. $_{3}$Die Verteilung der für den Betrieb des Pflegestützpunktes erforderlichen Aufwendungen wird mit der Maßgabe vereinbart, dass der auf eine einzelne Pflegekasse entfallende Anteil nicht höher sein darf als der von der Krankenkasse, bei der sie errichtet ist, zu tragende Anteil. $_{4}$Soweit sich private Versicherungsunternehmen, die die private Pflege-Pflichtversicherung durchführen, nicht an der Finanzierung der Pflegestützpunkte beteiligen, haben sie mit den Trägern der Pflegestützpunkte über Art, Inhalt und Umfang der Inanspruchnahme der Pflegestützpunkte durch privat Pflege-Pflichtversicherte sowie über die Vergütung der hierfür je Fall entstehenden Aufwendungen Vereinbarungen zu treffen; dies gilt für private Versicherungsunternehmen, die die private Krankenversicherung durchführen, entsprechend.

(5) Im Pflegestützpunkt tätige Personen sowie sonstige mit der Wahrnehmung von Aufgaben nach Absatz 1 befasste Stellen, insbesondere

1. nach Landesrecht für die wohnortnahe Betreuung im Rahmen der örtlichen Altenhilfe und für die Gewährung der Hilfe zur Pflege nach dem Zwölften Buch zu bestimmende Stellen,
2. Unternehmen der privaten Kranken- und Pflegeversicherung,
3. Pflegeeinrichtungen und Einzelpersonen nach § 77,
4. Mitglieder von Selbsthilfegruppen, ehrenamtliche und sonstige zum bürgerschaftlichen Engagement bereite Personen und Organisationen sowie
5. Agenturen für Arbeit und Träger der Grundsicherung für Arbeitsuchende,

dürfen Sozialdaten nur verarbeiten, soweit dies zur Erfüllung der Aufgaben nach diesem Buch erforderlich oder durch Rechtsvorschriften des Sozialgesetzbuches oder Regelungen des Versicherungsvertrags- oder des Versicherungsaufsichtsgesetzes angeordnet oder erlaubt ist.

(6) $_{1}$Sofern die zuständige oberste Landesbehörde die Einrichtung von Pflegestützpunkten bestimmt hat, vereinbaren die Landesverbände der Pflegekassen mit den Landesverbänden der Krankenkassen sowie den Ersatzkassen und den für die Hilfe zur Pflege zuständigen Trägern der Sozialhilfe nach dem Zwölften Buch und den kommunalen Spitzenverbänden auf Landesebene Rahmenverträge zur Arbeit und zur Finanzierung der Pflegestützpunkte. $_{2}$Bestandskräftige Rahmenverträge gelten bis zum Inkrafttreten von Rahmenverträgen nach Satz 1 fort. $_{3}$Die von der zuständigen obersten Landesbehörde getroffene Bestimmung zur Einrichtung von Pflegestützpunkten sowie die Empfehlungen nach Absatz 9 sind beim Abschluss der Rahmenverträge zu berücksichtigen. $_{4}$In den Rahmenverträgen nach Satz 1 sind die Strukturierung der Zusammenarbeit mit weiteren Beteiligten sowie die Zuständigkeit insbesondere für die Koordinierung der Arbeit, die Qualitätssicherung und die Auskunftspflicht gegenüber den Trägern, den Ländern und dem Bundesversicherungsamt zu bestimmen. $_{5}$Ferner sollen Regelungen zur Aufteilung der Kosten unter Berücksichtigung der Vorschriften nach Absatz 4 getroffen werden. $_{6}$Die Regelungen zur Kostenaufteilung gelten unmittelbar für die Pflegestützpunkte, soweit in den Verträgen zur Errichtung der Pflegestützpunkte nach Absatz 1 nichts anderes vereinbart ist.

(7) $_{1}$Die Landesregierungen werden ermächtigt, Schiedsstellen einzurichten. $_{2}$Diese setzen den Inhalt der Rahmenverträge nach Absatz 6 fest, sofern ein Rahmenvertrag nicht innerhalb der in der Rechtsverordnung nach Satz 6 zu bestimmenden Frist zustande kommt. $_{3}$Die Schiedsstelle besteht aus Vertretungen der Pflegekassen und der für die Hilfe zur Pflege zuständigen Träger der Sozialhilfe nach dem Zwölften Buch in gleicher Zahl sowie einem unparteiischen Vorsitzenden und zwei weiteren unparteiischen Mitgliedern. $_{4}$Für den Vorsitzenden und die unparteiischen Mitglieder können Stellvertretungen bestellt werden. $_{5}$§ 76 Absatz 3 und 4 gilt entsprechend. $_{6}$Die Landesregierungen werden ermächtigt, durch Rechtsverordnung das Nähere über die Zahl, die Bestellung, die Amtsdauer, die Amtsführung, die Erstattung der baren Auslagen und die Entschädigung für den Zeitaufwand der Mitglieder der Schiedsstelle, die Geschäftsführung, das Verfahren, die Frist, nach deren Ablauf die Schiedsstelle ihre Arbeit aufnimmt, die Erhebung und die Höhe der Gebühren sowie über die Verteilung der Kosten zu regeln.

(8) $_{1}$Abweichend von Absatz 7 können die Parteien des Rahmenvertrages nach Absatz 6 Satz 1 einvernehmlich eine unparteiische Schiedsperson und zwei unparteiische Mitglieder bestellen, die den Inhalt des Rahmenvertrages nach Absatz 6 innerhalb von sechs Wochen nach ihrer Bestellung festlegen. $_{2}$Die Kosten des Schiedsverfahrens tragen die Vertragspartner zu gleichen Teilen.

(9) Der Spitzenverband Bund der Pflegekassen, der Spitzenverband Bund der Krankenkassen, die Bundesarbeitsgemeinschaft der überörtlichen Träger der Sozialhilfe und die Bundesvereinigung der kommunalen Spitzenverbände können gemeinsam und einheitlich Empfehlungen zur Arbeit und zur Finanzierung von Pflegestützpunkten in der gemeinsamen Trägerschaft der gesetzlichen Kranken- und Pflegekassen sowie der nach Landesrecht zu bestimmenden Stellen der Alten- und Sozialhilfe vereinbaren.

§ 8 Gemeinsame Verantwortung

(1) Die pflegerische Versorgung der Bevölkerung ist eine gesamtgesellschaftliche Aufgabe.

(2) $_{1}$Die Länder, die Kommunen, die Pflegeeinrichtungen und die Pflegekassen wirken unter Beteiligung des Medizinischen Dienstes eng zusammen, um eine leistungsfähige, regional gegliederte, ortsnahe und aufeinander abgestimmte ambulante und stationäre pflegerische Versorgung der Bevölkerung zu gewährleisten. $_{2}$Sie tragen zum Ausbau und zur Weiterentwicklung der notwendigen pflegerischen Versorgungsstrukturen bei; das gilt insbesondere für die Ergänzung des Angebots an häuslicher und stationärer Pflege durch neue Formen der teilstationären Pflege und Kurzzeitpflege sowie für die Vorhaltung eines Angebots von die Pflege ergänzenden Leistungen zur medizinischen Rehabilitation. $_{3}$Sie unterstützen und fördern darüber hinaus die Bereitschaft zu einer humanen Pflege und Betreuung durch hauptberufliche und ehrenamtliche Pflegekräfte sowie durch Angehörige, Nachbarn und Selbsthilfegruppen und wirken so auf eine neue Kultur des Helfens und der mitmenschlichen Zuwendung hin.

(3) $_{1}$Der Spitzenverband Bund der Pflegekassen kann aus Mitteln des Ausgleichsfonds der Pflegeversicherung mit 5 Millionen Euro im Kalenderjahr Maßnahmen wie Modellvorhaben, Studien, wissenschaftliche Expertisen und Fachtagungen zur Weiterentwicklung der Pflegeversicherung, insbesondere zur Entwicklung neuer qualitätsgesicherter Versorgungsformen für Pflegebedürftige, durchführen und mit Leistungserbringern vereinbaren. $_{2}$Dabei sind vorrangig modellhaft in einer Region Möglichkeiten eines personenbezogenen Budgets sowie neue Wohnkonzepte für Pflegebedürftige zu erproben. $_{3}$Bei der Vereinbarung und Durchführung von Modellvorhaben kann im Einzelfall von den Regelungen des Siebten Kapitels sowie von § 36 und zur Entwicklung besonders pauschalierter Pflegesätze von § 84 Abs. 2 Satz 2 abgewichen werden. $_{4}$Mehrbelastungen der Pflegeversicherung, die dadurch entstehen, dass Pflegebedürftige, die Pflegegeld beziehen, durch Einbeziehung in ein Modellvorhaben höhere Leistungen als das Pflegegeld erhalten, sind in das nach Satz 1 vorgesehene Fördervolumen einzubeziehen. $_{5}$Soweit die in Satz 1 genannten Mittel im jeweiligen Haushaltsjahr nicht verbraucht wurden, können sie in das Folgejahr übertragen werden. $_{6}$Die Modellvorhaben sind auf längstens fünf Jahre zu befristen. $_{7}$Der Spitzenverband Bund der Pflegekassen bestimmt Ziele, Dauer, Inhalte und Durchführung der Maßnahmen; dabei sind auch regionale Modellvorhaben einzelner Länder zu berücksichtigen. $_{8}$Die Maßnahmen sind mit dem Bundesministerium für Gesundheit abzustimmen. $_{9}$Soweit finanzielle Interessen einzelner Länder berührt werden, sind diese zu beteiligen. $_{10}$Näheres über das Verfahren zur Auszahlung der aus dem Ausgleichsfonds zu finanzierenden Fördermittel regeln der Spitzenverband Bund der Pflegekassen und das Bundesamt für Soziale Sicherung durch Vereinbarung. $_{11}$Für die Modellvorhaben ist eine wissenschaftliche Begleitung und Auswertung vorzusehen. $_{12}$§ 45c Absatz 5 Satz 6 gilt entsprechend.

(3a) $_{1}$Der Spitzenverband Bund der Pflegekassen kann aus Mitteln des Ausgleichsfonds der Pflegeversicherung mit 3 Millionen Euro im Kalenderjahr Modellvorhaben, Studien und wissenschaftliche Expertisen zur Entwicklung oder Erprobung innovativer Versorgungsansätze unter besonderer Berücksichtigung einer kompetenzorientierten Aufgabenverteilung des Personals in Pflegeeinrichtungen durchführen und mit Leistungserbringern vereinbaren. $_{2}$Bei Modellvorhaben, die den Einsatz von zusätzlichem Personal in der Versorgung durch die Pflegeeinrichtung erfordern, können die dadurch entstehenden Personalkosten in das nach Satz 1 vorgesehene Fördervolumen einbezogen werden. $_{3}$Bei der Vereinbarung und Durchführung von Modellvorhaben kann im Einzelfall von den Regelungen des Siebten Kapitels abgewichen werden. $_{4}$Pflegebedürftige dürfen durch die Durchführung der Modellvorhaben nicht belastet werden. $_{5}$Soweit die in Satz 1 genannten Mittel im jeweiligen Haushaltsjahr nicht verbraucht werden, können sie in das folgende Haushaltsjahr oder unter entsprechender Erhöhung des zur Verfügung stehenden Betrages auf die Mittel nach Absatz 3b Satz 5 für den Bereitstellungszeitraum nach Absatz 3b Satz 5 übertragen werden. $_{6}$Die Modellvorhaben sind auf längstens fünf Jahre zu befristen. $_{7}$Der Spitzenverband Bund der Pflegekassen bestimmt im Einvernehmen mit dem Bundesministerium für Gesundheit Ziele, Dauer, Inhalte und Durchführung der Modellvorhaben. $_{8}$Das Nähere über das Verfahren zur Auszahlung der aus dem Ausgleichsfonds zu finanzierenden Fördermittel regeln der Spitzenverband Bund der Pflegekassen und das Bundesamt für Soziale Sicherung durch Vereinbarung. $_{9}$Der Spitzenverband Bund der Pflegekassen hat eine wissenschaftliche Begleitung und Auswertung der Modellvorhaben im Hinblick auf die Erreichung der Ziele der Modellvorhaben nach allgemein wissenschaftlichen Standards zu veranlassen. $_{10}$Über die Auswertung der Modellvorhaben ist von unabhängigen Sachverständigen ein Bericht zu erstellen. $_{11}$Der Bericht ist zu veröffentlichen. $_{12}$§ 45c Absatz 5 Satz 6 gilt entsprechend.

(3b) $_{1}$Der Spitzenverband Bund der Pflegekassen stellt durch die Finanzierung von Studien, Modellprojekten und wissenschaftlichen Expertisen die wissenschaftlich gestützte Begleitung der Einführung und Weiterentwicklung des wissenschaftlich fundierten Verfahrens zur einheitlichen Bemessung des Personalbedarfs in Pflegeeinrichtungen nach qualitativen und quantitativen Maßstäben, das nach § 113c Satz 1 in der am 1. Januar 2016 geltenden Fassung für vollstationäre Pflegeeinrichtungen entwickelt und erprobt wurde, und die wissenschaftlich gestützte Weiterentwicklung der ambulanten Versorgung sicher. $_{2}$Das Bundesministerium für Gesundheit setzt dazu ein Begleitgremium ein. $_{3}$Aufgabe des Begleitgremiums ist es, den Spitzenverband Bund der Pflegekassen, das Bundesministerium für Gesundheit und das Bundesministerium für Familie, Senioren, Frauen und Jugend bei der Umsetzung des Verfahrens zur einheitlichen Bemessung des Personalbedarfs für vollstationäre Pflegeeinrichtungen sowie bei der Weiterentwicklung der ambulanten Versorgung fachlich zu beraten und zu unterstützen. $_{4}$Der Spitzenverband Bund der Pflegekassen bestimmt im Einvernehmen mit dem Bundesministerium für Gesundheit und dem Bundesministerium für Familie, Senioren, Frauen und Jugend sowie nach Anhörung des Begleitgremiums Ziele, Dauer, Inhalte und Durchführung der Maßnahmen nach Satz 1. $_{5}$Dem Spitzenverband Bund der Pflegekassen werden zur Finanzierung der Maßnahmen nach Satz 1 in den Jahren 2021 bis 2026 bis zu 12 Millionen Euro aus dem Ausgleichsfonds zur Verfügung gestellt. $_{6}$Das Nähere über das Verfahren zur Auszahlung der Mittel regeln der Spitzenverband Bund der Pflegekassen und das Bundesamt für Soziale Sicherung durch Vereinbarung. $_{7}$Der Einsatz von zusätzlichem Personal in vollstationären Pflegeeinrichtungen und die dadurch entstehenden Personalkosten bei der Teilnahme an Modellprojekten nach Satz 1 sollen in das Fördervolumen nach Satz 5 einbezogen werden. $_{8}$Pflegebedürftige dürfen durch die Durchführung von Maßnahmen nach Satz 1 nicht belastet werden.

(3c) $_{1}$Der Spitzenverband Bund der Pflegekassen fördert gemeinsam mit dem Spitzenverband Bund der Krankenkassen wissenschaftliche Expertisen zur konkreten Ausgestaltung und Weiterentwicklung der Inhalte von Leistungen nach diesem und nach dem Fünften Buch, die durch Pflegefachpersonen jeweils abhängig von ihren Kompetenzen erbracht werden können. $_{2}$Der Spitzenverband Bund der Pflegekassen und der Spitzenverband Bund der Krankenkassen bestimmen im Einvernehmen mit dem Bundesministerium für Gesundheit und unter Beteiligung des Bundesministeriums für Bildung, Familie, Senioren, Frauen und Jugend nach Anhörung der maßgeblichen Organisationen der Pflegeberufe auf Bundesebene die Dauer, Inhalte und das Nähere zur Durchführung von wissenschaftlichen Expertisen nach Satz 1. $_{3}$Die Beauftragung der Erstellung wissenschaftlicher Expertisen erfolgt im Einvernehmen mit dem Bundesministerium für Gesundheit unter Beteiligung des Bundesministeriums für Bildung, Familie, Senioren, Frauen und Jugend. $_{4}$Bei der Beauftragung der Erstellung wissenschaftlicher Expertisen sowie bei ihrer Durchführung ist sicherzustellen, dass die Auftragnehmer die fachliche Expertise der maßgeblichen Organisationen der Pflegeberufe auf Bundesebene in geeigneter Art und Weise einbeziehen. $_{5}$Weitere relevante Fachexpertinnen und Fachexperten sowie Fachorganisationen sollen an der Erstellung der Expertisen beteiligt werden. $_{6}$Für die Umsetzung der Aufgaben nach den Sätzen 1 bis 5 werden dem Spitzenverband Bund der Pflegekassen aus dem Ausgleichsfonds der Pflegeversicherung für die Jahre 2026 bis 2031 Fördermittel von insgesamt 10 Millionen Euro bereitgestellt. $_{7}$Die gesetzlichen Krankenkassen tragen an den Ausgaben für die Fördermittel einen Anteil von 50 Prozent; § 150 Absatz 4 Satz 3 und 4 gilt entsprechend. $_{8}$Das Nähere über das Verfahren zur Auszahlung der Mittel regeln der Spitzenverband Bund der Pflegekassen sowie der Spitzenverband Bund der Krankenkassen und das Bundesamt für Soziale Sicherung durch Vereinbarung.

(4) $_{1}$Aus den Mitteln des Ausgleichsfonds der Pflegeversicherung ist ebenfalls die Finanzierung der qualifizierten Geschäftsstelle nach § 113b Absatz 6 und der wissenschaftlichen Aufträge nach § 113b Absatz 4 und 4a sicherzustellen. $_{2}$Absatz 5 Satz 2 und 3 gilt entsprechend. $_{3}$Sofern der Verband der privaten Krankenversicherung e. V. als Mitglied im Qualitätsausschuss nach § 113b vertreten ist, beteiligen sich die privaten Versicherungsunternehmen, die die private Pflege-Pflichtversicherung durchführen, mit einem Anteil von 10 Prozent an den Aufwendungen nach Satz 1. $_{4}$Der Finanzierungsanteil nach Satz 3, der auf die privaten Versicherungsunternehmen entfällt, kann von dem Verband der privaten Krankenversicherung e. V. unmittelbar an das Bundesamt für Soziale Sicherung zugunsten des Ausgleichsfonds der Pflegeversicherung nach § 65 geleistet werden.

(5) $_{1}$Aus den Mitteln des Ausgleichsfonds der Pflegeversicherung ist die Finanzierung der gemäß § 113 Absatz 1b Satz 1 beauftragten, fachlich unabhängigen Institution sicherzustellen. $_{2}$Die Vertragsparteien nach § 113 und das Bundesversicherungsamt vereinbaren das Nähere über das Verfahren zur Auszahlung der aus dem Ausgleichsfonds zu finanzierenden Mittel. $_{3}$Die jeweilige Auszahlung bedarf der Genehmigung durch das Bundesministerium für Gesundheit.

(5a) $_{1}$Aus den Mitteln des Ausgleichsfonds der Pflegeversicherung ist die Finanzierung der Geschäftsstelle nach § 82c Absatz 6 sicherzustellen. 2Das Nähere über das Verfahren zur Auszahlung der aus dem Ausgleichsfonds zu finanzierenden Mittel regeln der Spitzenverband Bund der Pflegekassen und das Bundesamt für Soziale Sicherung durch Vereinbarung.

(6) (weggefallen)

(7) 1Aus den Mitteln des Ausgleichsfonds der Pflegeversicherung werden in den Jahren 2019 bis 2024 jährlich bis zu 100 Millionen Euro bereitgestellt, um Maßnahmen der Pflegeeinrichtungen zu fördern, die das Ziel haben, die Vereinbarkeit von Pflege, Familie und Beruf für ihre in der Pflege tätigen Mitarbeiterinnen und Mitarbeiter zu verbessern. 2Die Maßnahmen nach Satz 1 werden in den Jahren 2025 bis 2030 mit den in den Jahren 2023 und 2024 nicht in Anspruch genommenen Fördermitteln aus dem Ausgleichsfonds der Pflegeversicherung gefördert. 3Das verfügbare Fördervolumen in den Jahren 2025 bis 2030 wird zudem um die für Modellvorhaben nach § 123 beanspruchten Mittel des Ausgleichfonds verringert. 4Förderfähig sind alle Maßnahmen der Pflegeeinrichtungen, die das Ziel haben, die Vereinbarkeit von Pflege, Familie und Beruf, insbesondere für ihre in der Pflege und Betreuung tätigen Mitarbeiterinnen und Mitarbeiter zu verbessern; dazu gehören insbesondere

1. individuelle und gemeinschaftliche Betreuungsangebote, die auf die besonderen Arbeitszeiten von Pflegekräften ausgerichtet sind, sowie weitere Maßnahmen zur Entlastung insbesondere der in der Pflege und Betreuung tätigen Mitarbeiterinnen und Mitarbeiter,
2. Maßnahmen zur Rückgewinnung von Pflege- und Betreuungspersonal,
3. Maßnahmen zur Verbesserung der Arbeitszeitgestaltung und Dienstplangestaltung, einschließlich Maßnahmen im Zusammenhang mit lebensphasengerechten Arbeitszeitmodellen, Personalpools sowie weiteren betrieblichen Ausfallkonzepten,
4. Maßnahmen zur Verbesserung der Kommunikation mit und zwischen den Beschäftigten,
5. Maßnahmen zur personzentrierten und kompetenzorientierten Personalentwicklung unter Berücksichtigung der Pflegeprozessverantwortung von Pflegefachpersonen, einschließlich der Entwicklung und Umsetzung von Delegationskonzepten, der Personalqualifizierung und der Führung,
6. Maßnahmen zur Verbesserung der Kommunikation mit Kunden,
7. Maßnahmen zur Schaffung einer familienfreundlichen Unternehmenskultur sowie
8. Maßnahmen zur betrieblichen Integration von Pflege- und Betreuungspersonal aus dem Ausland.

5Die Maßnahmen im Sinne des Satzes 1 umfassen jeweils alle erforderlichen Maßnahmen zur betrieblichen Umsetzung, insbesondere die Bedarfsanalyse, Konzeptentwicklung, Personal- und Organisationsentwicklung, Schulung und Weiterbildung der Führungskräfte und Beschäftigten sowie die Begleitung der Umsetzung. 6Ab dem 1. Juli 2023 sind folgende jährliche Förderzuschüsse möglich:

1. bei Pflegeeinrichtungen mit bis zu 25 Mitarbeiterinnen und Mitarbeitern, die Leistungen in der Pflege oder Betreuung von Pflegebedürftigen erbringen, in Höhe von bis zu 10 000 Euro; dabei werden bis zu 70 Prozent der durch die Pflegeeinrichtung für eine Maßnahme verausgabten Mittel gefördert;
2. bei Pflegeeinrichtungen ab 26 Mitarbeiterinnen und Mitarbeitern, die Leistungen in der Pflege oder Betreuung von Pflegebedürftigen erbringen, in Höhe von bis zu 7500 Euro; dabei werden bis zu 50 Prozent der durch die Pflegeeinrichtung für eine Maßnahme verausgabten Mittel gefördert.

7Die Landesverbände der Pflegekassen stellen die sachgerechte Verteilung der Mittel sicher. 8Die in den Sätzen 1 und 2 genannten Beträge sollen unter Berücksichtigung der Zahl der Pflegeeinrichtungen auf die Länder aufgeteilt werden. 9Antrag und Nachweis sollen einfach ausgestaltet sein. 10Pflegeeinrichtungen können in einem Antrag die Förderung von zeitlich und sachlich unterschiedlichen Maßnahmen beantragen. 11Soweit eine Pflegeeinrichtung den Förderhöchstbetrag nach Satz 6 innerhalb eines Kalenderjahres nicht in Anspruch genommen hat und die für das Land, in dem die Pflegeeinrichtung ihren Sitz hat, in diesem Kalenderjahr bereitgestellte Gesamtfördersumme noch nicht ausgeschöpft ist, erhöht sich der mögliche Förderhöchstbetrag für diese Pflegeeinrichtung im nachfolgenden Kalenderjahr um den aus dem Vorjahr durch die Pflegeeinrichtung nicht in Anspruch genommenen Betrag. 12Der Spitzenverband Bund der Pflegekassen erlässt im Einvernehmen mit dem Verband der privaten Krankenversicherung e. V. nach Anhörung der Verbände der Leistungserbringer auf Bundesebene, erstmals bis zum 31. März 2019, Richtlinien über das Nähere der Voraussetzungen, Ziele, Inhalte und Durchführung der Förderung sowie zu dem Verfahren zur Vergabe der Fördermittel durch eine Pflegekasse. 13Die Richtlinien bedürfen der Genehmigung des Bundesministeriums für Gesundheit. 14Die Genehmigung gilt als erteilt, wenn die Richtlinien nicht innerhalb eines Monats, nachdem sie dem Bundesministerium für Gesundheit vorgelegt worden sind, beanstandet werden. 15Das Bundesministerium für Gesundheit kann im Rahmen der Richtlinienprüfung vom Spitzenverband Bund der Pflegekassen zusätzliche Informationen und ergänzende Stellungnahmen anfordern; bis zu deren Eingang ist der Lauf der Frist nach Satz 14 unterbrochen. $_{16}$Beanstandungen des Bundesministeriums für Gesundheit sind innerhalb der von ihm gesetzten Frist zu beheben. $_{17}$Die Genehmigung kann vom Bundesministerium für Gesundheit mit Auflagen verbunden werden.

(8) $_{1}$Aus den Mitteln des Ausgleichsfonds der Pflegeversicherung wird in den Jahren 2019 bis 2030 ein einmaliger Zuschuss für jede ambulante und stationäre Pflegeeinrichtung bereitgestellt, um digitale Anwendungen, insbesondere zur Entlastung der Pflegekräfte, zur Verbesserung der pflegerischen Versorgung sowie für eine stärkere Beteiligung der Pflegebedürftigen zu fördern. $_{2}$Förderfähig sind Anschaffungen von digitaler oder technischer Ausrüstung sowie damit verbundene Schulungen, die beispielsweise Investitionen in die IT- und Cybersicherheit, das interne Qualitätsmanagement, die Erhebung von Qualitätsindikatoren, verbesserte Arbeitsabläufe und Organisation bei der Pflege und die Zusammenarbeit zwischen Ärzten und stationären Pflegeeinrichtungen unterstützen. $_{3}$Förderfähig sind auch die Aus-, Fort- und Weiterbildungen sowie Schulungen zu digitalen Kompetenzen von Pflegebedürftigen und Pflegekräften in der Langzeitpflege. $_{4}$Gefördert werden bis zu 40 Prozent der durch die Pflegeeinrichtung verausgabten Mittel. $_{5}$Pro Pflegeeinrichtung ist höchstens ein einmaliger Zuschuss in Höhe von 12 000 Euro möglich. $_{6}$Der Spitzenverband Bund der Pflegekassen beschließt im Einvernehmen mit dem Verband der privaten Krankenversicherung e. V. nach Anhörung der Verbände der Leistungserbringer auf Bundesebene bis zum 31. Oktober 2023 Richtlinien über das Nähere der Voraussetzungen und zu dem Verfahren der Gewährung des Zuschusses, der durch eine Pflegekasse ausgezahlt wird. $_{7}$Die Richtlinien bedürfen der Genehmigung des Bundesministeriums für Gesundheit. $_{8}$Die Genehmigung gilt als erteilt, wenn die Richtlinien nicht innerhalb eines Monats, nachdem sie dem Bundesministerium für Gesundheit vorgelegt worden sind, beanstandet werden. $_{9}$Das Bundesministerium für Gesundheit kann im Rahmen der Richtlinienprüfung vom Spitzenverband Bund der Pflegekassen zusätzliche Informationen und ergänzende Stellungnahmen anfordern; bis zu deren Eingang ist der Lauf der Frist nach Satz 8 unterbrochen. $_{10}$Beanstandungen des Bundesministeriums für Gesundheit sind innerhalb der von ihm gesetzten Frist zu beheben. $_{11}$Die Genehmigung kann vom Bundesministerium für Gesundheit mit Auflagen verbunden werden.

(9) $_{1}$Die privaten Versicherungsunternehmen, die die private Pflege-Pflichtversicherung durchführen, beteiligen sich mit einem Anteil von 7 Prozent an den Kosten, die sich gemäß den Absätzen 5, 7 und 8 jeweils ergeben. $_{2}$Der jeweilige Finanzierungsanteil, der auf die privaten Versicherungsunternehmen entfällt, kann von dem Verband der privaten Krankenversicherung e. V. unmittelbar an das Bundesversicherungsamt zugunsten des Ausgleichsfonds der Pflegeversicherung nach § 65 geleistet werden. $_{3}$Einmalig können die privaten Versicherungsunternehmen, die die private Pflege-Pflichtversicherung durchführen, für bestehende Vertragsverhältnisse die Prämie für die private Pflege-Pflichtversicherung anpassen, um die Verpflichtungen zu berücksichtigen, die sich aus den Sätzen 1 und 2 ergeben. $_{4}$§ 155 Absatz 1 des Versicherungsaufsichtsgesetzes ist anzuwenden. $_{5}$Dem Versicherungsnehmer ist die Neufestsetzung der Prämie unter Hinweis auf die hierfür maßgeblichen Gründe in Textform mitzuteilen. $_{6}$§ 203 Absatz 5 des Versicherungsvertragsgesetzes und § 205 Absatz 4 des Versicherungsvertragsgesetzes gelten entsprechend.

(10) Der Spitzenverband Bund der Pflegekassen, der Verband der privaten Krankenversicherung e. V. und das Bundesversicherungsamt regeln das Nähere über das Verfahren zur Bereitstellung der notwendigen Finanzmittel zur Finanzierung der Maßnahmen nach den Absätzen 6 bis 8 aus dem Ausgleichsfonds der Pflegeversicherung sowie zur Feststellung und Erhebung der Beträge der privaten Versicherungsunternehmen, die die private Pflege-Pflichtversicherung durchführen, nach Absatz 9 Satz 1 und 2 durch Vereinbarung.

§ 8a Gemeinsame Empfehlungen zur pflegerischen Versorgung

(1) $_{1}$Für jedes Land oder für Teile des Landes wird zur Beratung über Fragen der Pflegeversicherung ein Landespflegeausschuss gebildet. $_{2}$Der Ausschuss kann zur Umsetzung der Pflegeversicherung einvernehmlich Empfehlungen abgeben. $_{3}$Die Landesregierungen werden ermächtigt, durch Rechtsverordnung das Nähere zu den Landespflegeausschüssen zu bestimmen; insbesondere können sie die den Landespflegeausschüssen angehörenden Organisationen unter Berücksichtigung der Interessen aller an der Pflege im Land Beteiligten berufen.

(2) $_{1}$Sofern nach Maßgabe landesrechtlicher Vorschriften ein Ausschuss zur Beratung über sektorenübergreifende Zusammenarbeit in der Versorgung von Pflegebedürftigen (sektorenübergreifender Landespflegeausschuss) eingerichtet worden ist, entsenden die Landesverbände der Pflegekassen und der Krankenkassen sowie die Ersatzkassen, die Kassenärztlichen Vereinigungen und die Landeskrankenhausgesellschaften Vertreter in diesen

Ausschuss und wirken an der Abgabe gemeinsamer Empfehlungen mit. 2Soweit erforderlich, ist eine Abstimmung mit dem Landesgremium nach § 90a des Fünften Buches herbeizuführen.

(3) Sofern nach Maßgabe landesrechtlicher Vorschriften regionale Ausschüsse insbesondere zur Beratung über Fragen der Pflegeversicherung in Landkreisen und kreisfreien Städten eingerichtet worden sind, entsenden die Landesverbände der Pflegekassen Vertreter in diese Ausschüsse und wirken an der einvernehmlichen Abgabe gemeinsamer Empfehlungen mit.

(4) 1Die in den Ausschüssen nach den Absätzen 1 und 3 vertretenen Pflegekassen, Landesverbände der Pflegekassen sowie die sonstigen in Absatz 2 genannten Mitglieder wirken in dem jeweiligen Ausschuss an einer nach Maßgabe landesrechtlicher Vorschriften vorgesehenen Erstellung und Fortschreibung von Empfehlungen zur Sicherstellung der pflegerischen Infrastruktur (Pflegestrukturplanungsempfehlung) mit. 2Sie stellen die hierfür erforderlichen Angaben bereit, soweit diese ihnen im Rahmen ihrer gesetzlichen Aufgaben verfügbar sind und es sich nicht um personenbezogene Daten handelt. 3Die Mitglieder nach Satz 1 berichten den jeweiligen Ausschüssen nach den Absätzen 1 bis 3 insbesondere darüber, inwieweit diese Empfehlungen von den Landesverbänden der Pflegekassen und der Krankenkassen sowie den Ersatzkassen, den Kassenärztlichen Vereinigungen und den Landeskrankenhausgesellschaften bei der Erfüllung der ihnen nach diesem und dem Fünften Buch übertragenen Aufgaben berücksichtigt wurden.

(5) Empfehlungen der Ausschüsse nach den Absätzen 1 bis 3 zur Weiterentwicklung der Versorgung sind von den Vertragsparteien nach dem Siebten Kapitel beim Abschluss der Versorgungs- und Rahmenverträge und von den Vertragsparteien nach dem Achten Kapitel beim Abschluss der Vergütungsverträge zu beachten.

§ 9 Aufgaben der Länder

1Die Länder sind verantwortlich für die Vorhaltung einer leistungsfähigen, zahlenmäßig ausreichenden und wirtschaftlichen pflegerischen Versorgungsstruktur. 2Das Nähere zur Planung und zur Förderung der Pflegeeinrichtungen wird durch Landesrecht bestimmt. 3Die Länder können bestimmen, ob eine kommunale Pflegestrukturplanung vorzusehen ist und inwieweit die Empfehlungen der Ausschüsse nach § 8a Absatz 3, sofern diese bestehen, als Bestandteil der kommunalen Pflegestrukturplanung anzusehen sind. 4Durch Landesrecht kann auch bestimmt werden, ob und in welchem Umfang eine im Landesrecht vorgesehene und an der wirtschaftlichen Leistungsfähigkeit der Pflegebedürftigen orientierte finanzielle Unterstützung der Pflegebedürftigen bei der Tragung der ihnen von den Pflegeeinrichtungen berechneten betriebsnotwendigen Investitionsaufwendungen oder eine finanzielle Unterstützung der Pflegeeinrichtungen bei der Tragung ihrer betriebsnotwendigen Investitionsaufwendungen als Förderung gilt. 5Zur finanziellen Förderung der Investitionskosten der Pflegeeinrichtungen sollen Einsparungen eingesetzt werden, die den Trägern der Sozialhilfe durch die Einführung der Pflegeversicherung entstehen.

§ 10 Berichtspflichten des Bundes und der Länder

(1) Die Bundesregierung berichtet den gesetzgebenden Körperschaften des Bundes ab 2029 im Abstand von vier Jahren über die Entwicklung der Pflegeversicherung und den Stand der pflegerischen Versorgung in der Bundesrepublik Deutschland.

(2) Die Länder berichten dem Bundesministerium für Gesundheit jährlich bis zum 30. Juni über Art und Umfang der finanziellen Förderung der Pflegeeinrichtungen im vorausgegangenen Kalenderjahr sowie über die mit dieser Förderung verbundenen durchschnittlichen Investitionskosten für die Pflegebedürftigen.

§ 11 Rechte und Pflichten der Pflegeeinrichtungen

(1) 1Die Pflegeeinrichtungen pflegen, versorgen und betreuen die Pflegebedürftigen, die ihre Leistungen in Anspruch nehmen, entsprechend dem allgemein anerkannten Stand medizinisch-pflegerischer Erkenntnisse. 2Dies schließt die Pflegeprozessverantwortung von Pflegefachpersonen für die Erbringung von Leistungen nach diesem Buch ein. 3Pflegefachpersonen im Sinne dieses Gesetzes sind Personen, die über eine Erlaubnis nach den §§ 1 oder 58 Absatz 1 oder 2 des Pflegeberufegesetzes oder § 64 des Pflegeberufegesetzes verfügen. 4Inhalt und Organisation der Leistungen haben eine humane und aktivierende Pflege unter Achtung der Menschenwürde zu gewährleisten.

(1a) 1Die Pflegeeinrichtungen sind verpflichtet, die Mitarbeiterinnen und Mitarbeiter sowie betriebliche Interessenvertretungen in die Entwicklung von einrichtungsspezifischen Konzepten zur Delegation von Leistungen von Pflegefachpersonen auf Pflegefachassistenzpersonen sowie auf Pflegehilfskräfte und anderes Personal, das Leistungen der Pflege oder Betreuung von Pflegebedürftigen erbringt, einzubeziehen. 2Die Mitarbeiterinnen und Mitarbeiter sind über vorhandene Konzepte zu informieren und im Bedarfsfall zu schulen.

(2) 1Bei der Durchführung dieses Buches sind die Vielfalt der Träger von Pflegeeinrichtungen zu wahren sowie deren Selbständigkeit, Selbstverständnis

5

und Unabhängigkeit zu achten. 2Dem Auftrag kirchlicher und sonstiger Träger der freien Wohlfahrtspflege, kranke, gebrechliche und pflegebedürftige Menschen zu pflegen, zu betreuen, zu trösten und sie im Sterben zu begleiten, ist Rechnung zu tragen. 3Freigemeinnützige und private Träger haben Vorrang gegenüber öffentlichen Trägern.

(3) Die Bestimmungen des Wohn- und Betreuungsvertragsgesetzes bleiben unberührt.

§ 12 Aufgaben der Pflegekassen

(1) 1Die Pflegekassen sind für die Sicherstellung der pflegerischen Versorgung ihrer Versicherten verantwortlich. 2Sie arbeiten dabei mit allen an der pflegerischen, gesundheitlichen und sozialen Versorgung Beteiligten eng zusammen und wirken, insbesondere durch Pflegestützpunkte nach § 7c, auf eine Vernetzung der regionalen und kommunalen Versorgungsstrukturen hin, um eine Verbesserung der wohnortnahen Versorgung pflege- und betreuungsbedürftiger Menschen zu ermöglichen. 3Die Pflegekassen bilden zur Durchführung der ihnen gesetzlich übertragenen Aufgaben örtliche und regionale Arbeitsgemeinschaften.

(2) 1Die Pflegekassen stellen ihnen zur Verfügung stehende nicht personenbezogene Versorgungsdaten zur Entwicklung der regionalen pflegerischen Versorgungssituation regelmäßig den zuständigen Gebietskörperschaften zur Unterstützung bei ihren Aufgaben nach § 9 bereit. 2Dabei sind auch relevante nicht personenbezogene Daten der Krankenkassen sowie die Informationen nach § 73a Absatz 2 zu berücksichtigen. 3Die Aufgabe nach Satz 1 kann auch auf die Landesverbände der Pflegekassen übertragen werden. 4Der Spitzenverband Bund der Pflegekassen, die Länder und die kommunalen Spitzenverbände auf Bundesebene vereinbaren unter Beteiligung der Bundesarbeitsgemeinschaft der überörtlichen Träger der Sozialhilfe und der Eingliederungshilfe Empfehlungen zu Umfang und Struktur der Daten, zu geeigneten Indikatoren, zum Turnus der Evaluationen, zur Kostentragung und zur Datenaufbereitung. 5Die Empfehlungen bedürfen der Zustimmung des Bundesministeriums für Gesundheit im Benehmen mit dem Bundesministerium für Arbeit und Soziales. 6Sie sind dem Bundesministerium für Gesundheit bis zum 1. Oktober 2026 vorzulegen.

(3) 1Die Pflegekassen wirken mit den Trägern der ambulanten und der stationären gesundheitlichen und sozialen Versorgung partnerschaftlich zusammen, um die für den Pflegebedürftigen zur Verfügung stehenden Hilfen zu koordinieren. 2Sie stellen insbesondere über die Pflegeberatung nach § 7a sicher, dass im Einzelfall häusliche Pflegehilfe, Behandlungspflege, ärztliche Behandlung, spezialisierte Palliativversorgung, Leistungen zur Prävention, zur medizinischen Rehabilitation und zur Teilhabe nahtlos und störungsfrei ineinandergreifen. 3Die Pflegekassen nutzen darüber hinaus das Instrument der integrierten Versorgung nach § 92b und wirken zur Sicherstellung der haus-, fach- und zahnärztlichen Versorgung der Pflegebedürftigen darauf hin, dass die stationären Pflegeeinrichtungen Kooperationen mit niedergelassenen Ärzten eingehen oder § 119b des Fünften Buches anwenden.

§ 13 Verhältnis der Leistungen der Pflegeversicherung zu anderen Sozialleistungen

(1) Den Leistungen der Pflegeversicherung gehen folgende Entschädigungsleistungen wegen Pflegebedürftigkeit vor:

1. Entschädigungsleistungen nach dem Vierzehnten Buch und nach den Gesetzen, die eine entsprechende Anwendung des Vierzehnten Buches vorsehen,
2. Entschädigungsleistungen aus der gesetzlichen Unfallversicherung,
3. Entschädigungsleistungen aus öffentlichen Kassen auf Grund gesetzlich geregelter Unfallversorgung oder Unfallfürsorge und
4. Entschädigungsleistungen nach dem Soldatenentschädigungsgesetz.

vor.

(2) 1Die Leistungen nach dem Fünften Buch einschließlich der Leistungen der häuslichen Krankenpflege nach § 37 des Fünften Buches bleiben unberührt. 2Dies gilt auch für krankheitsspezifische Pflegemaßnahmen, soweit diese im Rahmen der häuslichen Krankenpflege nach § 37 des Fünften Buches zu leisten sind.

(3) 1Die Leistungen der Pflegeversicherung gehen den Fürsorgeleistungen zur Pflege

1. nach dem Zwölften Buch,
2. nach dem Lastenausgleichsgesetz, dem Reparationsschädengesetz und dem Flüchtlingshilfegesetz

vor, soweit dieses Buch nichts anderes bestimmt. 2Leistungen zur Pflege nach diesen Gesetzen sind zu gewähren, wenn und soweit Leistungen der Pflegeversicherung nicht erbracht werden oder diese Gesetze dem Grunde oder der Höhe nach weitergehende Leistungen als die Pflegeversicherung vorsehen. 3Die Leistungen der Eingliederungshilfe für Menschen mit Behinderungen nach dem Neunten Buch, die Leistungen zur Teilhabe nach dem Vierzehnten Buch, die Leistungen der Eingliederungshilfe nach dem Soldatenentschädigungsgesetz und die Leistungen der Eingliederungshilfe nach dem Achten Buch bleiben unberührt, sie sind im Verhältnis zur Pflegeversicherung nicht nachrangig; die notwendige Hilfe in den Einrichtungen und Räumlichkeiten nach § 71 Abs. 4 ist einschließlich der Pflegeleistungen zu gewähren.

(4) 1Treffen Leistungen der Pflegeversicherung und Leistungen der Eingliederungshilfe zusammen, vereinbaren mit Zustimmung des Leistungsberechtigten die zuständige Pflegekasse und der für die Eingliederungshilfe zuständige Träger,

1. dass im Verhältnis zum Pflegebedürftigen der für die Eingliederungshilfe zuständige Träger die Leistungen der Pflegeversicherung auf der Grundlage des von der Pflegekasse erlassenen Leistungsbescheids zu übernehmen hat,
2. dass die zuständige Pflegekasse dem für die Eingliederungshilfe zuständigen Träger die Kosten der von ihr zu tragenden Leistungen zu erstatten hat sowie
3. die Modalitäten der Übernahme und der Durchführung der Leistungen sowie der Erstattung.

2Die bestehenden Wunsch- und Wahlrechte der Leistungsberechtigten bleiben unberührt und sind zu beachten. 3Die Ausführung der Leistungen erfolgt nach den für den zuständigen Leistungsträger geltenden Rechtsvorschriften. 4Soweit auch Leistungen der Hilfe zur Pflege nach dem Zwölften Buch zu erbringen sind, ist der für die Hilfe zur Pflege zuständige Träger zu beteiligen. 5Der Spitzenverband Bund der Pflegekassen beschließt gemeinsam mit der Bundesarbeitsgemeinschaft der überörtlichen Träger der Sozialhilfe bis zum 1. Januar 2018 in einer Empfehlung Näheres zu den Modalitäten der Übernahme und der Durchführung der Leistungen sowie der Erstattung und zu der Beteiligung des für die Hilfe zur Pflege zuständigen Trägers. 6Die Länder, die kommunalen Spitzenverbände auf Bundesebene, die Bundesarbeitsgemeinschaft der Freien Wohlfahrtspflege, die Vereinigungen der Träger der Pflegeeinrichtungen auf Bundesebene, die Vereinigungen der Leistungserbringer der Eingliederungshilfe auf Bundesebene sowie die auf Bundesebene maßgeblichen Organisationen für die Wahrnehmung der Interessen und der Selbsthilfe pflegebedürftiger und behinderter Menschen sind vor dem Beschluss anzuhören. 7Die Empfehlung bedarf der Zustimmung des Bundesministeriums für Gesundheit und des Bundesministeriums für Arbeit und Soziales.

(4a) Bestehen im Einzelfall Anhaltspunkte für ein Zusammentreffen von Leistungen der Pflegeversicherung und Leistungen der Eingliederungshilfe, bezieht der für die Durchführung eines Teilhabeplanverfahrens oder Gesamtplanverfahrens verantwortliche Träger mit Zustimmung des Leistungsberechtigten die zuständige Pflegekasse in das Verfahren beratend mit ein, um die Vereinbarung nach Absatz 4 gemeinsam vorzubereiten.

(4b) Die Regelungen nach Absatz 3 Satz 3, Absatz 4 und 4a werden bis zum 1. Juli 2019 evaluiert.

(5) 1Die Leistungen der Pflegeversicherung bleiben als Einkommen bei Sozialleistungen und bei Leistungen nach dem Asylbewerberleistungsgesetz, deren Gewährung von anderen Einkommen abhängig ist, unberücksichtigt; dies gilt nicht für das Pflegeunterstützungsgeld gemäß § 44a Absatz 3. 2Satz 1 gilt entsprechend bei Vertragsleistungen aus privaten Pflegeversicherungen, die der Art und dem Umfang nach den Leistungen der sozialen Pflegeversicherung gleichwertig sind. 3Rechtsvorschriften, die weitergehende oder ergänzende Leistungen aus einer privaten Pflegeversicherung von der Einkommensermittlung ausschließen, bleiben unberührt.

(6) 1Wird Pflegegeld nach § 37 oder eine vergleichbare Geldleistung an eine Pflegeperson (§ 19) weitergeleitet, bleibt dies bei der Ermittlung von Unterhaltsansprüchen und Unterhaltsverpflichtungen der Pflegeperson unberücksichtigt. 2Dies gilt nicht

1. in den Fällen des § 1361 Abs. 3, der §§ 1579, 1603 Abs. 2 und des § 1611 Abs. 1 des Bürgerlichen Gesetzbuchs,
2. für Unterhaltsansprüche der Pflegeperson, wenn von dieser erwartet werden kann, ihren Unterhaltsbedarf ganz oder teilweise durch eigene Einkünfte zu decken und der Pflegebedürftige mit dem Unterhaltspflichtigen nicht in gerader Linie verwandt ist.

Zweites Kapitel Leistungsberechtigter Personenkreis, Verfahren zur Feststellung der Pflegebedürftigkeit und Berichtspflichten, Begriff der Pflegeperson

§ 14 Begriff der Pflegebedürftigkeit

(1) 1Pflegebedürftig im Sinne dieses Buches sind Personen, die gesundheitlich bedingte Beeinträchtigungen der Selbständigkeit oder der Fähigkeiten aufweisen und deshalb der Hilfe durch andere bedürfen. 2Es muss sich um Personen handeln, die körperliche, kognitive oder psychische Beeinträchtigungen oder gesundheitlich bedingte Belastungen oder Anforderungen nicht selbständig kompensieren oder bewältigen können. 3Die Pflegebedürftigkeit muss auf Dauer, voraussichtlich für mindestens sechs Monate, und mit mindestens der in § 15 festgelegten Schwere bestehen.

5

(2) Maßgeblich für das Vorliegen von gesundheitlich bedingten Beeinträchtigungen der Selbständigkeit oder der Fähigkeiten sind die in den folgenden sechs Bereichen genannten pflegefachlich begründeten Kriterien:

1. Mobilität: Positionswechsel im Bett, Halten einer stabilen Sitzposition, Umsetzen, Fortbewegen innerhalb des Wohnbereichs, Treppensteigen;
2. kognitive und kommunikative Fähigkeiten: Erkennen von Personen aus dem näheren Umfeld, örtliche Orientierung, zeitliche Orientierung, Erinnern an wesentliche Ereignisse oder Beobachtungen, Steuern von mehrschrittigen Alltagshandlungen, Treffen von Entscheidungen im Alltagsleben, Verstehen von Sachverhalten und Informationen, Erkennen von Risiken und Gefahren, Mitteilen von elementaren Bedürfnissen, Verstehen von Aufforderungen, Beteiligen an einem Gespräch;
3. Verhaltensweisen und psychische Problemlagen: motorisch geprägte Verhaltensauffälligkeiten, nächtliche Unruhe, selbstschädigendes und autoaggressives Verhalten, Beschädigen von Gegenständen, physisch aggressives Verhalten gegenüber anderen Personen, verbale Aggression, andere pflegerelevante vokale Auffälligkeiten, Abwehr pflegerischer und anderer unterstützender Maßnahmen, Wahnvorstellungen, Ängste, Antriebslosigkeit bei depressiver Stimmungslage, sozial inadäquate Verhaltensweisen, sonstige pflegerelevante inadäquate Handlungen;
4. Selbstversorgung: Waschen des vorderen Oberkörpers, Körperpflege im Bereich des Kopfes, Waschen des Intimbereichs, Duschen und Baden einschließlich Waschen der Haare, An- und Auskleiden des Oberkörpers, An- und Auskleiden des Unterkörpers, mundgerechtes Zubereiten der Nahrung und Eingießen von Getränken, Essen, Trinken, Benutzen einer Toilette oder eines Toilettenstuhls, Bewältigen der Folgen einer Harninkontinenz und Umgang mit Dauerkatheter und Urostoma, Bewältigen der Folgen einer Stuhlinkontinenz und Umgang mit Stoma, Ernährung parenteral oder über Sonde, Bestehen gravierender Probleme bei der Nahrungsaufnahme bei Kindern bis zu 18 Monaten, die einen außergewöhnlich pflegeintensiven Hilfebedarf auslösen;
5. Bewältigung von und selbständiger Umgang mit krankheits- oder therapiebedingten Anforderungen und Belastungen:
   a) in Bezug auf Medikation, Injektionen, Versorgung intravenöser Zugänge, Absaugen und Sauerstoffgabe, Einreibungen sowie Kälte- und Wärmeanwendungen, Messung und Deutung von Körperzuständen, körpernahe Hilfsmittel,
   b) in Bezug auf Verbandswechsel und Wundversorgung, Versorgung mit Stoma, regelmäßige Einmalkatheterisierung und Nutzung von Abführmethoden, Therapiemaßnahmen in häuslicher Umgebung,
   c) in Bezug auf zeit- und technikintensive Maßnahmen in häuslicher Umgebung, Arztbesuche, Besuche anderer medizinischer oder therapeutischer Einrichtungen, zeitlich ausgedehnte Besuche medizinischer oder therapeutischer Einrichtungen, Besuch von Einrichtungen zur Frühförderung bei Kindern sowie
   d) in Bezug auf das Einhalten einer Diät oder anderer krankheits- oder therapiebedingter Verhaltensvorschriften;
6. Gestaltung des Alltagslebens und sozialer Kontakte: Gestaltung des Tagesablaufs und Anpassung an Veränderungen, Ruhen und Schlafen, Sichbeschäftigen, Vornehmen von in die Zukunft gerichteten Planungen, Interaktion mit Personen im direkten Kontakt, Kontaktpflege zu Personen außerhalb des direkten Umfelds.

(3) Beeinträchtigungen der Selbständigkeit oder der Fähigkeiten, die dazu führen, dass die Haushaltsführung nicht mehr ohne Hilfe bewältigt werden kann, werden bei den Kriterien der in Absatz 2 genannten Bereiche berücksichtigt.

§ 15 Ermittlung des Grades der Pflegebedürftigkeit, Begutachtungsinstrument

(1) $_{1}$Pflegebedürftige erhalten nach der Schwere der Beeinträchtigungen der Selbständigkeit oder der Fähigkeiten einen Grad der Pflegebedürftigkeit (Pflegegrad). $_{2}$Der Pflegegrad wird mit Hilfe eines pflegefachlich begründeten Begutachtungsinstruments ermittelt.

(2) $_{1}$Das Begutachtungsinstrument ist in sechs Module gegliedert, die den sechs Bereichen in § 14 Absatz 2 entsprechen. $_{2}$In jedem Modul sind für die in den Bereichen genannten Kriterien die in Anlage 1 dargestellten Kategorien vorgesehen. $_{3}$Die Kategorien stellen die in ihnen zum Ausdruck kommenden verschiedenen Schweregrade der Beeinträchtigungen der Selbständigkeit oder der Fähigkeiten dar. $_{4}$Den Kategorien werden in Bezug auf die einzelnen Kriterien pflegefachlich fundierte Einzelpunkte zugeordnet, die aus Anlage 1 ersichtlich sind. $_{5}$In jedem Modul werden die jeweils erreichbaren Summen aus Einzelpunkten nach den in Anlage 2 festgelegten Punktbereichen gegliedert. $_{6}$Die Summen der Punkte werden nach den in ihnen zum Ausdruck kommenden Schweregraden der Beeinträchtigungen der Selbständigkeit oder der Fähigkeiten wie folgt bezeichnet:

1. Punktbereich 0: keine Beeinträchtigungen der Selbständigkeit oder der Fähigkeiten,
2. Punktbereich 1: geringe Beeinträchtigungen der Selbständigkeit oder der Fähigkeiten,
3. Punktbereich 2: erhebliche Beeinträchtigungen der Selbständigkeit oder der Fähigkeiten,
4. Punktbereich 3: schwere Beeinträchtigungen der Selbständigkeit oder der Fähigkeiten und
5. Punktbereich 4: schwerste Beeinträchtigungen der Selbständigkeit oder der Fähigkeiten.

7Jedem Punktbereich in einem Modul werden unter Berücksichtigung der in ihm zum Ausdruck kommenden Schwere der Beeinträchtigungen der Selbständigkeit oder der Fähigkeiten sowie der folgenden Gewichtung der Module die in Anlage 2 festgelegten, gewichteten Punkte zugeordnet. 8Die Module des Begutachtungsinstruments werden wie folgt gewichtet:

1. Mobilität mit 10 Prozent,
2. kognitive und kommunikative Fähigkeiten sowie Verhaltensweisen und psychische Problemlagen zusammen mit 15 Prozent,
3. Selbstversorgung mit 40 Prozent,
4. Bewältigung von und selbständiger Umgang mit krankheits- oder therapiebedingten Anforderungen und Belastungen mit 20 Prozent,
5. Gestaltung des Alltagslebens und sozialer Kontakte mit 15 Prozent.

(3) 1Zur Ermittlung des Pflegegrades sind die bei der Begutachtung festgestellten Einzelpunkte in jedem Modul zu addieren und dem in Anlage 2 festgelegten Punktbereich sowie den sich daraus ergebenden gewichteten Punkten zuzuordnen. 2Den Modulen 2 und 3 ist ein gemeinsamer gewichteter Punkt zuzuordnen, der aus den höchsten gewichteten Punkten entweder des Moduls 2 oder des Moduls 3 besteht. 3Aus den gewichteten Punkten aller Module sind durch Addition die Gesamtpunkte zu bilden. 4Auf der Basis der erreichten Gesamtpunkte sind pflegebedürftige Personen in einen der nachfolgenden Pflegegrade einzuordnen:

1. ab 12,5 bis unter 27 Gesamtpunkten in den Pflegegrad 1: geringe Beeinträchtigungen der Selbständigkeit oder der Fähigkeiten,
2. ab 27 bis unter 47,5 Gesamtpunkten in den Pflegegrad 2: erhebliche Beeinträchtigungen der Selbständigkeit oder der Fähigkeiten,
3. ab 47,5 bis unter 70 Gesamtpunkten in den Pflegegrad 3: schwere Beeinträchtigungen der Selbständigkeit oder der Fähigkeiten,
4. ab 70 bis unter 90 Gesamtpunkten in den Pflegegrad 4: schwerste Beeinträchtigungen der Selbständigkeit oder der Fähigkeiten,
5. ab 90 bis 100 Gesamtpunkten in den Pflegegrad 5: schwerste Beeinträchtigungen der Selbständigkeit oder der Fähigkeiten mit besonderen Anforderungen an die pflegerische Versorgung.

(4) 1Pflegebedürftige mit besonderen Bedarfskonstellationen, die einen spezifischen, außergewöhnlich hohen Hilfebedarf mit besonderen Anforderungen an die pflegerische Versorgung aufweisen, können aus pflegefachlichen Gründen dem Pflegegrad 5 zugeordnet werden, auch wenn ihre Gesamtpunkte unter 90 liegen. 2Der Medizinische Dienst Bund konkretisiert in den Richtlinien nach § 17 Absatz 1 die pflegefachlich begründeten Voraussetzungen für solche besonderen Bedarfskonstellationen.

(5) 1Bei der Begutachtung sind auch solche Kriterien zu berücksichtigen, die zu einem Hilfebedarf führen, für den Leistungen des Fünften Buches vorgesehen sind. 2Dies gilt auch für krankheitsspezifische Pflegemaßnahmen. 3Krankheitsspezifische Pflegemaßnahmen sind Maßnahmen der Behandlungspflege, bei denen der behandlungspflegerische Hilfebedarf aus medizinisch-pflegerischen Gründen regelmäßig und auf Dauer untrennbarer Bestandteil einer pflegerischen Maßnahme in den in § 14 Absatz 2 genannten sechs Bereichen ist oder mit einer solchen notwendig in einem unmittelbaren zeitlichen und sachlichen Zusammenhang steht.

(6) 1Bei pflegebedürftigen Kindern wird der Pflegegrad durch einen Vergleich der Beeinträchtigungen ihrer Selbständigkeit und ihrer Fähigkeiten mit altersentsprechend entwickelten Kindern ermittelt. 2Im Übrigen gelten die Absätze 1 bis 5 entsprechend.

(7) Pflegebedürftige Kinder im Alter bis zu 18 Monaten werden abweichend von den Absätzen 3, 4 und 6 Satz 2 wie folgt eingestuft:

1. ab 12,5 bis unter 27 Gesamtpunkten in den Pflegegrad 2,
2. ab 27 bis unter 47,5 Gesamtpunkten in den Pflegegrad 3,
3. ab 47,5 bis unter 70 Gesamtpunkten in den Pflegegrad 4,
4. ab 70 bis 100 Gesamtpunkten in den Pflegegrad 5.

(8) 1Der Spitzenverband Bund der Pflegekassen legt dem Bundesministerium für Gesundheit bis zum 30. Juni 2026 unter Beteiligung des Verbandes der privaten Krankenversicherung e. V. und des Medizinischen Dienstes Bund einen Bericht vor. Der Bericht ist auf unabhängiger wissenschaftlicher Grundlage zu erstellen und hat Folgendes zu umfassen:

1. die Darstellung der Erfahrungen der Pflegekassen und der Medizinischen Dienste mit dem Begutachtungsinstrument nach den Absätzen 1 bis 7, einschließlich der Beurteilung der Wirkung

5

der zur Ermittlung des Grades der Pflegebedürftigkeit zu verwendenden Bewertungssystematik, sowie Vorschläge zur möglichen Weiterentwicklung des Begutachtungsinstruments,

2. eine auf wissenschaftlicher Grundlage durchzuführende Untersuchung der Entwicklung der Zahl der Pflegebedürftigen seit 2017 unter Berücksichtigung insbesondere von
   a) medizinisch-pflegerischen Aspekten,
   b) demographischen Faktoren und
   c) sozioökonomischen Einflüssen.

2Der Spitzenverband Bund der Pflegekassen kann für die Erstellung des Berichts Mittel nach § 8 Absatz 3 einsetzen.

§ 16 Verordnungsermächtigung

5

1Das Bundesministerium für Gesundheit wird ermächtigt, im Einvernehmen mit dem Bundesministerium für Familien, Senioren, Frauen und Jugend und dem Bundesministerium für Arbeit und Soziales durch Rechtsverordnung mit Zustimmung des Bundesrates Vorschriften zur pflegefachlichen Konkretisierung der Inhalte des Begutachtungsinstruments nach § 15 sowie zum Verfahren der Feststellung der Pflegebedürftigkeit nach den §§ 18 bis 18c zu erlassen. 2Es kann sich dabei von unabhängigen Sachverständigen beraten lassen.

§ 17 Richtlinien des Medizinischen Dienstes Bund; Richtlinien der Pflegekassen

(1) 1Der Medizinische Dienst Bund erlässt mit dem Ziel, eine einheitliche Rechtsanwendung zu fördern, im Benehmen mit dem Spitzenverband Bund der Pflegekassen Richtlinien zur pflegefachlichen Konkretisierung der Inhalte des Begutachtungsinstruments nach § 15 sowie zum Verfahren der Feststellung der Pflegebedürftigkeit nach den §§ 18 bis 18c (Begutachtungs-Richtlinien). 2Er hat dabei die Vereinigungen der Träger der Pflegeeinrichtungen auf Bundesebene, den Verband der privaten Krankenversicherung e. V., die Bundesarbeitsgemeinschaft der überörtlichen Träger der Sozialhilfe, die kommunalen Spitzenverbände auf Bundesebene und die maßgeblichen Organisationen der Pflegeberufe auf Bundesebene zu beteiligen. 3Ihnen ist unter Übermittlung der hierfür erforderlichen Informationen innerhalb einer angemessenen Frist vor der Entscheidung Gelegenheit zur Stellungnahme zu geben. 4Die Stellungnahmen sind in die Entscheidung einzubeziehen. 5Die maßgeblichen Organisationen für die Wahrnehmung der Interessen und der Selbsthilfe der pflegebedürftigen und behinderten Menschen wirken nach Maßgabe der nach § 118 Absatz 2 erlassenen Verordnung beratend mit. 6§ 118 Absatz 1 Satz 2 gilt entsprechend. 7Wird schriftlichen Anliegen der in Satz 5 genannten Organisationen nicht gefolgt, sind ihnen auf Verlangen die Gründe dafür schriftlich mitzuteilen.

(1a) 1Der Spitzenverband Bund der Pflegekassen erlässt unter Beteiligung des Medizinischen Dienstes Bund Richtlinien zur einheitlichen Durchführung der Pflegeberatung nach § 7a (Pflegeberatungs-Richtlinien). 2An den Pflegeberatungs-Richtlinien sind die Länder, der Verband der Privaten Krankenversicherung e. V., die Bundesarbeitsgemeinschaft der überörtlichen Träger der Sozialhilfe, die kommunalen Spitzenverbände auf Bundesebene, die Bundesarbeitsgemeinschaft der freien Wohlfahrtspflege sowie die Verbände der Träger der Pflegeeinrichtungen auf Bundesebene zu beteiligen. 3Den maßgeblichen Organisationen der Pflegeberufe auf Bundesebene, unabhängigen Sachverständigen sowie den maßgeblichen Organisationen für die Wahrnehmung der Interessen und der Selbsthilfe der pflegebedürftigen und behinderten Menschen sowie ihren Angehörigen ist Gelegenheit zur Stellungnahme zu geben. 4Darüber hinaus ergänzt der Spitzenverband Bund der Pflegekassen unter Beteiligung des Medizinischen Dienstes Bund, der Kassenärztlichen Bundesvereinigung, der kommunalen Spitzenverbände auf Bundesebene und der Länder bis zum 31. Juli 2020 die Pflegeberatungs-Richtlinien um Regelungen für eine einheitliche Struktur eines elektronischen Versorgungsplans nach § 7a Absatz 1 Satz 2 Nummer 2 und für dessen elektronischen Austausch sowohl mit der Pflegekasse als auch mit den beteiligten Ärzten und Ärztinnen und Pflegeeinrichtungen sowie mit den Beratungsstellen der Kommunen sowie bis zum 31. Dezember 2021 um Regelungen zur Nutzung von digitalen Anwendungen nach § 7a Absatz 2 einschließlich der Festlegungen über technische Verfahren und der Bestimmung von digitalen Anwendungen zur Durchführung der Beratungen. 5Die Pflegeberatungs-Richtlinien sind für die Pflegeberater und Pflegeberaterinnen der Pflegekassen, der Beratungsstellen nach § 7b Absatz 1 Satz 1 Nummer 2 sowie der Pflegestützpunkte nach § 7c unmittelbar verbindlich. 6Die Festlegungen über technische Verfahren nach Satz 4 sind im Einvernehmen mit der oder dem Bundesbeauftragten für den Datenschutz und die Informationsfreiheit und dem Bundesamt für Sicherheit in der Informationstechnik zu treffen.

(1b) 1Der Medizinische Dienst Bund erlässt im Benehmen mit dem Spitzenverband Bund der Pflegekassen Richtlinien zur Feststellung des Zeitanteils, für den die Pflegeversicherung bei ambulant versorgten Pflegebedürftigen, die einen besonders hohen Bedarf an behandlungspflegerischen Leistungen haben und die Leistungen der häuslichen Pflegehilfe nach § 36 und der häuslichen Krankenpflege nach § 37 Absatz 2 des Fünften Buches oder die Leistungen der häuslichen Pflegehilfe nach § 36 und der außerklinischen Intensivpflege nach § 37c des Fünften Buches beziehen, die hälftigen Kosten zu tragen hat. $_2$Von den Leistungen der häuslichen Pflegehilfe nach § 36 sind dabei nur Maßnahmen der körperbezogenen Pflege zu berücksichtigen. $_3$Im Übrigen gilt § 17 Absatz 1 Satz 2 bis 6 entsprechend.

(1c) $_1$Der Medizinische Dienst Bund erlässt mit dem Ziel, die Dienstleistungsorientierung für die Versicherten im Begutachtungsverfahren zu stärken, unter fachlicher Beteiligung der Medizinischen Dienste verbindliche Richtlinien zur Dienstleistungsorientierung im Begutachtungsverfahren. $_2$Die auf Bundesebene maßgeblichen Organisationen für die Wahrnehmung der Interessen und der Selbsthilfe der pflegebedürftigen und behinderten Menschen sind zu beteiligen. $_3$Die Richtlinien regeln insbesondere

1. allgemeine Verhaltensgrundsätze für alle unter der Verantwortung der Medizinischen Dienste am Begutachtungsverfahren Beteiligten,
2. die Pflicht der Medizinischen Dienste zur individuellen und umfassenden Information des Versicherten über das Begutachtungsverfahren, insbesondere über den Ablauf, die Rechtsgrundlagen und Beschwerdemöglichkeiten,
3. die regelhafte Durchführung von Versichertenbefragungen und
4. ein einheitliches Verfahren zum Umgang mit Beschwerden, die das Verhalten der Mitarbeiter der Medizinischen Dienste oder das Verfahren bei der Begutachtung betreffen.

(2) $_1$Die Richtlinien nach den Absätzen 1, 1a, 1b und 1c werden erst wirksam, wenn das Bundesministerium für Gesundheit sie genehmigt. $_2$Die Genehmigung gilt als erteilt, wenn die Richtlinien nicht innerhalb eines Monats, nachdem sie dem Bundesministerium für Gesundheit vorgelegt worden sind, beanstandet werden. $_3$Beanstandungen des Bundesministeriums für Gesundheit sind innerhalb der von ihm gesetzten Frist zu beheben.

§ 17a Richtlinien zur Empfehlung von Pflegehilfsmitteln und Hilfsmitteln nach § 40 Absatz 6

(1) $_1$Der Spitzenverband Bund der Pflegekassen legt bis zum 31. Juli 2026 in Richtlinien Folgendes fest:

1. in welchen Fällen und für welche Pflegehilfsmittel und Hilfsmittel, die den Zielen von § 40 Absatz 1 Satz 1 dienen, die Notwendigkeit oder die Erforderlichkeit der Versorgung mit Pflegehilfsmitteln oder Hilfsmitteln, die von Pflegefachpersonen, gestaffelt nach Qualifikationsniveau, empfohlen werden, nach § 40 Absatz 6 Satz 2 vermutet wird sowie
2. das Nähere zum Verfahren der Empfehlung gemäß § 40 Absatz 6 durch die Pflegefachperson bei der Antragstellung.

$_2$Dabei ist der nach § 73d Absatz 1 Satz 1 Nummer 2 des Fünften Buches vereinbarte Katalog zu beachten. $_3$Den maßgeblichen Organisationen der Pflegeberufe auf Bundesebene ist unter Übermittlung der hierfür erforderlichen Informationen innerhalb einer angemessenen Frist vor der Entscheidung über die Inhalte der Richtlinien Gelegenheit zur Stellungnahme zu geben; die Stellungnahmen sind in die Entscheidung einzubeziehen.

(2) $_1$Die Richtlinien werden erst wirksam, wenn das Bundesministerium für Gesundheit sie genehmigt. $_2$Die Genehmigung gilt als erteilt, wenn die Richtlinien nicht innerhalb eines Monats, nachdem sie dem Bundesministerium für Gesundheit vorgelegt worden sind, beanstandet werden. $_3$Beanstandungen des Bundesministeriums für Gesundheit sind innerhalb der von ihm gesetzten Frist zu beheben. $_4$Die Richtlinien sind alle drei Jahre zu überprüfen und in geeigneten Zeitabständen an den allgemein anerkannten Stand medizinisch-pflegerischer Erkenntnisse anzupassen; für diese Verfahren gilt Absatz 1 Satz 3 entsprechend.

(3) $_1$Der Spitzenverband Bund der Pflegekassen evaluiert die in den Richtlinien festgelegten Verfahren in fachlicher und wirtschaftlicher Hinsicht, insbesondere hinsichtlich der Auswirkungen auf die Qualität und Sicherheit der Versorgung und hinsichtlich Wirtschaftlichkeitsaspekten, unter Beteiligung des Medizinischen Dienstes Bund sowie der maßgeblichen Organisationen der Pflegeberufe auf Bundesebene. $_2$Der Spitzenverband Bund der Pflegekassen legt dem Bundesministerium für Gesundheit bis zum 31. Dezember 2029 einen Bericht über die Ergebnisse der Evaluation vor.

§ 18 Beauftragung der Begutachtung

(1) $_1$Die Pflegekassen beauftragen den Medizinischen Dienst oder andere unabhängige Gutachterinnen und Gutachter mit der Prüfung, ob bei der zu begutachtenden Person die Voraussetzungen der Pflegebedürftigkeit erfüllt sind und welcher Pflegegrad vorliegt. $_2$Sie übermitteln die Aufträge zur Feststellung von Pflegebedürftigkeit an den Medizinischen Dienst oder an die von ihnen beauftragten Gutachterinnen und Gutachter. $_3$Die Übermittlung eines Auftrags hat innerhalb von drei Arbeitstagen ab Eingang des Antrags auf Pflegeleistungen nach § 33 Absatz 1 Satz 1 in gesicherter elektronischer Form zu erfolgen; eine davon abweichende Form der Auftragsübermittlung ist bis einschließlich 30. November 2023 zulässig. $_4$Der Medizinische Dienst Bund regelt im Benehmen mit dem Spitzenverband Bund der Pflegekassen in den Richtlinien

nach § 17 Absatz 1 bis spätestens zum 31. Oktober 2023, welche Unterlagen zwingend zur Beauftragung der Feststellung von Pflegebedürftigkeit erforderlich sind.

(2) $_{1}$Die Pflegekassen können den Medizinischen Dienst oder andere unabhängige Gutachterinnen und Gutachter mit der Prüfung beauftragen, für welchen Zeitanteil die Pflegeversicherung bei ambulant versorgten Pflegebedürftigen, die einen besonders hohen Bedarf an behandlungspflegerischen Leistungen haben und die Leistungen der häuslichen Pflegehilfe nach § 36 und der häuslichen Krankenpflege nach § 37 Absatz 2 des Fünften Buches beziehen oder die Leistungen der häuslichen Pflegehilfe nach § 36 und der außerklinischen Intensivpflege nach § 37c des Fünften Buches beziehen, die hälftigen Kosten zu tragen hat. $_{2}$Von den Leistungen der häuslichen Pflegehilfe nach § 36 sind nur Maßnahmen der körperbezogenen Pflege zu berücksichtigen. $_{3}$Bei der Prüfung des Zeitanteils sind die Richtlinien nach § 17 Absatz 1b zu beachten.

(3) $_{1}$Die Pflegekasse ist verpflichtet, dem Antragsteller eine Liste zu übersenden, in der mindestens drei unabhängige Gutachterinnen oder Gutachter zur Auswahl benannt werden,

1. wenn nach Absatz 1 unabhängige Gutachterinnen oder Gutachter mit der Prüfung beauftragt werden sollen oder
2. wenn innerhalb von 20 Arbeitstagen ab Antragstellung keine Begutachtung erfolgt ist.

$_{2}$Der Antragsteller ist auf die Qualifikation und auf die Unabhängigkeit der benannten Gutachterinnen und Gutachter hinzuweisen. $_{3}$Hat sich der Antragsteller für eine benannte Gutachterin oder einen benannten Gutachter entschieden, wird dem Wunsch entsprochen. $_{4}$Der Antragsteller hat der Pflegekasse seine Entscheidung innerhalb einer Woche ab Kenntnis der Namen der Gutachterinnen und Gutachter mitzuteilen, ansonsten kann die Pflegekasse eine Gutachterin oder einen Gutachter aus der übersandten Liste beauftragen. $_{5}$Satz 1 Nummer 2 findet keine Anwendung, wenn die Pflegekasse die Verzögerung nicht zu vertreten hat.

(4) $_{1}$Die Pflegekassen und die Krankenkassen sowie die Leistungserbringer sind verpflichtet, dem Medizinischen Dienst oder den von der Pflegekasse beauftragten Gutachterinnen und Gutachtern die für die Begutachtung erforderlichen Unterlagen vorzulegen und Auskünfte zu erteilen, soweit diese jeweils für die Begutachtung erforderlich sind. $_{2}$Die Pflegekassen haben die Unterlagen in gesicherter elektronischer Form weiterzuleiten; eine davon abweichende Form der Weiterleitung der Unterlagen ist bis einschließlich 30. November 2023 zulässig. $_{3}$Für die Pflegekassen und die Krankenkassen gilt § 276 Absatz 1 Satz 2 und 3 des Fünften Buches entsprechend.

§ 18a Begutachtungsverfahren

(1) Im Rahmen der Prüfung nach § 18 Absatz 1 Satz 1 haben der Medizinische Dienst oder die von der Pflegekasse beauftragten Gutachterinnen und Gutachter durch eine Untersuchung des Antragstellers die Beeinträchtigungen der Selbständigkeit oder der Fähigkeiten bei den in § 14 Absatz 2 genannten Kriterien nach Maßgabe des § 15 sowie die voraussichtliche Dauer der Pflegebedürftigkeit zu ermitteln.

(2) $_{1}$Der Versicherte ist in seinem Wohnbereich zu untersuchen. $_{2}$Erteilt der Versicherte dazu nicht sein Einverständnis, kann die Pflegekasse die beantragten Leistungen verweigern. $_{3}$Hinsichtlich der Grenzen der Mitwirkung des Versicherten und der Folgen fehlender Mitwirkung gelten die §§ 65 und 66 des Ersten Buches. $_{4}$Die Untersuchung ist in angemessenen Zeitabständen zu wiederholen. $_{5}$Abweichend von Satz 1 kann die Begutachtung ausnahmsweise auch ohne Untersuchung des Versicherten in seinem Wohnbereich erfolgen, wenn

1. auf Grund einer eindeutigen Aktenlage das Ergebnis der medizinischen Untersuchung bereits feststeht oder
2. bei einer Krisensituation von nationaler Tragweite oder, bezogen auf den Aufenthaltsort des Versicherten, von regionaler Tragweite der Antrag auf Pflegeleistungen während der Krisensituation gestellt wird oder ein Untersuchungstermin, der bereits vereinbart war, in den Zeitraum einer Krisensituation fällt.

$_{6}$Eine Begutachtung nach Satz 5 Nummer 2 setzt voraus, dass die Krisensituation einer Untersuchung des Versicherten in seinem Wohnbereich entgegensteht; der Wunsch des Versicherten, persönlich in seinem Wohnbereich untersucht zu werden, ist zu berücksichtigen. $_{7}$Grundlage für eine Begutachtung nach Satz 5 Nummer 2 bilden die zum Versicherten zur Verfügung stehenden Unterlagen sowie die Angaben und Auskünfte, die beim Versicherten, seinen Angehörigen und sonstigen zur Auskunft fähigen Personen einzuholen sind. $_{8}$Das Nähere zu den Voraussetzungen und die weiteren, insbesondere inhaltlichen und organisatorischen Einzelheiten für eine Begutachtung nach Satz 5 Nummer 2 konkretisiert der Medizinische Dienst Bund im Benehmen mit dem Spitzenverband Bund der Pflegekassen bis spätestens 31. Oktober 2023 in den Richtlinien nach § 17 Absatz 1.

(3) $_{1}$Bei der Begutachtung sind darüber hinaus die Beeinträchtigungen der Selbständigkeit oder der Fähigkeiten in den Bereichen außerhäusliche Aktivitäten und Haushaltsführung festzustellen. $_{2}$Beide

Bereiche werden bei der rechnerischen Ermittlung des Pflegegrades nicht gesondert berücksichtigt; § 14 Absatz 3 bleibt unberührt. 3Mit den Feststellungen nach Satz 1 sollen eine umfassende Beratung und das Erstellen eines individuellen Versorgungsplans nach § 7a, das Versorgungsmanagement nach § 11 Absatz 4 des Fünften Buches und eine individuelle Pflegeplanung sowie eine sachgerechte Erbringung von Hilfen bei der Haushaltsführung ermöglicht werden. 4Bei der Feststellung nach Satz 1 ist im Einzelnen auf die nachfolgenden Kriterien abzustellen:

1. in Bezug auf außerhäusliche Aktivitäten: Verlassen des Bereiches der Wohnung oder der Einrichtung, Fortbewegen außerhalb der Wohnung oder der Einrichtung, Nutzung öffentlicher Verkehrsmittel im Nahverkehr, Mitfahren in einem Kraftfahrzeug, Teilnahme an kulturellen, religiösen oder sportlichen Veranstaltungen, Besuch von Schule, Kindergarten, Arbeitsplatz, einer Werkstatt für behinderte Menschen oder Besuch einer Einrichtung der Tages- oder Nachtpflege oder eines Tagesbetreuungsangebots, Teilnahme an sonstigen Aktivitäten mit anderen Menschen;
2. in Bezug auf Haushaltsführung: Einkaufen für den täglichen Bedarf, Zubereitung einfacher Mahlzeiten, einfache Aufräum- und Reinigungsarbeiten, aufwändige Aufräum- und Reinigungsarbeiten einschließlich Wäschepflege, Nutzung von Dienstleistungen, Umgang mit finanziellen Angelegenheiten, Umgang mit Behördenangelegenheiten.

5Der Medizinische Dienst Bund konkretisiert in den Richtlinien nach § 17 Absatz 1 die in Satz 4 genannten Kriterien für die Bereiche außerhäusliche Aktivitäten und Haushaltsführung im Benehmen mit dem Spitzenverband Bund der Pflegekassen pflegefachlich unter Berücksichtigung der Ziele nach Satz 3.

(4) Im Übrigen erstreckt sich die Begutachtung auf die im Gutachten gemäß § 18b darzulegenden Feststellungen und Empfehlungen.

(5) 1Die Begutachtung ist unverzüglich, spätestens am fünften Arbeitstag nach Eingang des Antrags bei der zuständigen Pflegekasse durchzuführen, wenn sich der Antragsteller im Krankenhaus oder in einer stationären Rehabilitationseinrichtung befindet und

1. Hinweise vorliegen, dass zur Sicherstellung der ambulanten oder stationären Weiterversorgung und Betreuung eine Begutachtung in der Einrichtung erforderlich ist, oder
2. die Inanspruchnahme von Pflegezeit nach dem Pflegezeitgesetz gegenüber dem Arbeitgeber der pflegenden Person angekündigt wurde oder
3. mit dem Arbeitgeber der pflegenden Person eine Familienpflegezeit nach § 2 Absatz 1 des Familienpflegezeitgesetzes vereinbart wurde.

2Die Frist nach Satz 1 kann durch regionale Vereinbarungen verkürzt werden. 3Die verkürzte Begutachtungsfrist nach Satz 1 oder Satz 2 gilt auch dann, wenn der Antragsteller sich in einem Hospiz befindet oder ambulant palliativ versorgt wird.

(6) Befindet sich der Antragsteller in häuslicher Umgebung, ohne palliativ versorgt zu werden, und wurde die Inanspruchnahme von Pflegezeit nach dem Pflegezeitgesetz gegenüber dem Arbeitgeber der pflegenden Person angekündigt oder mit dem Arbeitgeber der pflegenden Person eine Familienpflegezeit nach § 2 Absatz 1 des Familienpflegezeitgesetzes vereinbart, so ist

1. eine Begutachtung des Antragstellers spätestens innerhalb von zehn Arbeitstagen nach Eingang des Antrags bei der zuständigen Pflegekasse durchzuführen und
2. der Antragsteller vom Medizinischen Dienst oder von der von der Pflegekasse beauftragten Gutachterin oder von dem von der Pflegekasse beauftragten Gutachter unverzüglich schriftlich darüber zu informieren, welche Empfehlung der Medizinische Dienst oder die von der Pflegekasse beauftragte Gutachterin oder der von der Pflegekasse beauftragte Gutachter an die Pflegekasse weiterleitet.

(7) 1In den Fällen der Absätze 5 und 6 muss die Empfehlung nur die Feststellung beinhalten, ob Pflegebedürftigkeit im Sinne der §§ 14 und 15 vorliegt und ob mindestens die Voraussetzungen des Pflegegrades 2 erfüllt sind. 2Die abschließende Begutachtung des Versicherten ist unverzüglich nachzuholen. 3Nimmt der Versicherte unmittelbar im Anschluss an den Aufenthalt in einem Krankenhaus, einschließlich eines Aufenthalts im Rahmen der Übergangspflege nach § 39e des Fünften Buches, oder im Anschluss an den Aufenthalt in einer stationären Rehabilitationseinrichtung Kurzzeitpflege in Anspruch, hat die abschließende Begutachtung spätestens am zehnten Arbeitstag nach Beginn der Kurzzeitpflege in dieser Einrichtung zu erfolgen.

(8) 1Der Antragsteller ist bei der Begutachtung auf die maßgebliche Bedeutung des Gutachtens insbesondere für eine umfassende Beratung, das Erstellen eines individuellen Versorgungsplans nach § 7a, das Versorgungsmanagement nach § 11 Absatz 4 des Fünften Buches und die Pflegeplanung hinzuweisen. 2Die Zustimmung des Versicherten nach § 18b Absatz 3 Satz 1 erfolgt gegenüber der Gutachterin oder dem Gutachter im Rahmen der Begutachtung und wird im Begutachtungsformular schriftlich oder elektronisch dokumentiert. 3Glei-

5

ches gilt spätestens ab 1. November 2023 für die Zustimmung des Versicherten nach §18c Absatz 3 Satz 3. 4Über die Möglichkeiten nach §18c Absatz 4 Satz 3 und 4 und das Erfordernis der Einwilligung ist der Antragsteller bei der Begutachtung zu informieren; die Einwilligung ist jeweils schriftlich oder elektronisch zu dokumentieren.

(9) 1Der Medizinische Dienst oder die von der Pflegekasse beauftragte Gutachterin oder der von der Pflegekasse beauftragte Gutachter soll, soweit der Versicherte einwilligt, die behandelnden Ärztinnen und behandelnden Ärzte des Antragstellers, insbesondere die Hausärztin oder den Hausarzt, in die Begutachtung einbeziehen und ärztliche Auskünfte und Unterlagen über die für die Begutachtung der Pflegebedürftigkeit wichtigen Vorerkrankungen sowie über Art, Umfang und Dauer der Hilfebedürftigkeit einholen. 2Mit Einwilligung des Versicherten sollen auch pflegende Angehörige oder sonstige Personen oder Dienste, die an der Pflege des Versicherten beteiligt sind, befragt werden.

(10) 1Die Aufgaben des Medizinischen Dienstes werden durch Pflegefachpersonen oder Ärztinnen und Ärzte in enger Zusammenarbeit mit anderen geeigneten Fachkräften wahrgenommen. 2Die Prüfung der Pflegebedürftigkeit von Kindern ist in der Regel durch besonders geschulte Gutachterinnen und Gutachter mit einer Qualifikation als Pflegefachfrau oder Pflegefachmann, als Gesundheits- und Kinderkrankenpflegerin oder Gesundheits- und Kinderkrankenpfleger oder als Kinderärztin oder Kinderarzt vorzunehmen. 3Der Medizinische Dienst ist befugt, den Pflegefachpersonen oder sonstigen geeigneten Fachkräften, die nicht dem Medizinischen Dienst angehören, die für deren jeweilige Beteiligung erforderlichen personenbezogenen Daten zu übermitteln.

(11) 1Für andere unabhängige Gutachterinnen und Gutachter gilt Absatz 10 entsprechend. 2Die unabhängigen Gutachterinnen und Gutachter sind bei der Wahrnehmung ihrer fachlichen Aufgaben nur ihrem Gewissen unterworfen. 3Sie sind nicht berechtigt, in die ärztliche Behandlung und pflegerische Versorgung der Versicherten einzugreifen.

(12) Für die Gutachterinnen und Gutachter, die von den die private Pflege-Pflichtversicherung betreibenden Versicherungsunternehmen beauftragt werden, Pflegebedürftigkeit festzustellen und Pflegegrade zuzuordnen, gilt §23 Absatz 6 Nummer 1.

§18b Inhalt und Übermittlung des Gutachtens

(1) 1Das Gutachten des Medizinischen Dienstes oder der von der Pflegekasse beauftragten Gutachterinnen oder Gutachter beinhaltet

1. die Feststellungen, die in der Begutachtung nach §18a vorzunehmen sind, insbesondere das Ergebnis der Prüfung, ob die Voraussetzungen der Pflegebedürftigkeit erfüllt sind und welcher Pflegegrad vorliegt, sowie
2. Feststellungen, ob und in welchem Umfang Maßnahmen zur Vermeidung, Überwindung, Minderung oder Verhinderung einer Verschlimmerung der Pflegebedürftigkeit geeignet, notwendig und zumutbar sind; Empfehlungen auszusprechen sind insbesondere zu
   a) Maßnahmen der Prävention,
   b) Maßnahmen der medizinischen Rehabilitation,
   c) Maßnahmen zur Hilfsmittel- und Pflegehilfsmittelversorgung,
   d) Maßnahmen zur Heilmittelversorgung,
   e) anderen therapeutischen Maßnahmen,
   f) Maßnahmen zur Verbesserung des individuellen oder gemeinsamen Wohnumfelds,
   g) edukativen Maßnahmen und
   h) einer Beratung zu Leistungen zur verhaltensbezogenen Primärprävention nach §20 Absatz 5 des Fünften Buches.

2Beantragt der Pflegebedürftige Pflegegeld, hat sich die gutachterliche Stellungnahme auch darauf zu erstrecken, ob die häusliche Pflege in geeigneter Weise sichergestellt ist.

(2) 1Die Feststellungen zur Prävention und zur medizinischen Rehabilitation sind auf der Grundlage eines bundeseinheitlichen, strukturierten Verfahrens zu treffen und in einer gesonderten Präventions- und Rehabilitationsempfehlung zu dokumentieren. 2Im Umfang des nach Absatz 1 Satz 1 Nummer 2 Buchstabe b festgestellten Bedarfs an Leistungen zur medizinischen Rehabilitation haben Versicherte einen Anspruch gegen den zuständigen Träger auf diese Leistungen.

(3) 1Die im Gutachten gegebenen konkreten Empfehlungen zur Hilfsmittel- und Pflegehilfsmittelversorgung gelten hinsichtlich Hilfsmitteln und Pflegehilfsmitteln, die den Zielen von §40 dienen, jeweils als Antrag auf Leistungsgewährung, sofern der Versicherte zustimmt. 2Bezüglich der empfohlenen Hilfsmittel, die den Zielen nach §40 dienen, wird das Vorliegen der nach §33 Absatz 1 des Fünften Buches notwendigen Erforderlichkeit vermutet; insofern bedarf es keiner ärztlichen Verordnung gemäß §33 Absatz 5a des Fünften Buches. 3Bezüglich der empfohlenen Pflegehilfsmittel wird die Notwendigkeit der Versorgung nach §40 Absatz 1 Satz 2 vermutet. 4Welche Hilfsmittel und Pflegehilfsmittel im Sinne von Satz 1 den Zielen von §40 dienen, wird in den Richtlinien nach §17 Absatz 1 konkretisiert. 5Dabei ist auch die Richtlinie des Gemeinsamen Bundesausschusses nach §92

Absatz 1 Satz 2 Nummer 6 des Fünften Buches über die Verordnung von Hilfsmitteln zu berücksichtigen.

(4) Das vollständige Gutachten muss vom Medizinischen Dienst oder von der von der Pflegekasse beauftragten Gutachterin oder von dem von der Pflegekasse beauftragten Gutachter unverzüglich der Pflegekasse in gesicherter elektronischer Form übermittelt werden; eine davon abweichende Form der Übermittlung ist noch bis einschließlich 30. November 2023 zulässig.

§ 18c Entscheidung über den Antrag, Fristen

(1) $_{1}$Ihre Entscheidung über einen Antrag nach § 33 Absatz 1 Satz 1 hat die zuständige Pflegekasse dem Antragsteller spätestens 25 Arbeitstage nach Eingang des Antrags schriftlich mitzuteilen. $_{2}$In den Fällen einer verkürzten Begutachtungsfrist nach § 18a Absatz 5 und 6 hat die schriftliche Entscheidung der Pflegekasse dem Antragsteller gegenüber unverzüglich nach Eingang der Empfehlung des Medizinischen Dienstes oder der beauftragten Gutachterinnen oder Gutachter bei der Pflegekasse zu erfolgen. $_{3}$Ist im Fall des § 18a Absatz 5 eine Mitteilung unmittelbar an das Krankenhaus, die stationäre Rehabilitationseinrichtung oder das Hospiz zulässig, hat diese unverzüglich in gesicherter elektronischer Form zu erfolgen.

(2) $_{1}$Zusammen mit dem Bescheid wird dem Antragsteller das Gutachten übersandt, sofern er der Übersendung des Gutachtens nicht widerspricht. $_{2}$Mit dem Bescheid ist zugleich das Ergebnis des Gutachtens transparent darzustellen und dem Antragsteller verständlich zu erläutern. $_{3}$Der Medizinische Dienst Bund konkretisiert im Benehmen mit dem Spitzenverband Bund der Pflegekassen in den Richtlinien nach § 17 Absatz 1 die Anforderungen an eine transparente Darstellungsweise und verständliche Erläuterung des Gutachtens. $_{4}$Die Pflegekasse hat den Antragsteller ebenfalls auf die maßgebliche Bedeutung des Gutachtens im Sinne des § 18a Absatz 8 Satz 1 hinzuweisen. $_{5}$Der Antragsteller kann die Übermittlung des Gutachtens auch zu einem späteren Zeitpunkt verlangen. $_{6}$Die Pflegekasse hat den Antragsteller auf die Möglichkeit hinzuweisen, sich bei Beschwerden über die Tätigkeit des Medizinischen Dienstes vertraulich an die Ombudsperson nach § 278 Absatz 3 des Fünften Buches zu wenden.

(3) $_{1}$Die Pflegekasse übermittelt dem Antragsteller unverzüglich die Entscheidung über die in dem Gutachten empfohlenen Hilfsmittel und Pflegehilfsmittel und weist ihn zugleich auf die zur Auswahl stehenden Leistungserbringer hin. $_{2}$Spätestens mit der Mitteilung der Entscheidung nach Absatz 1 Satz 1 informiert die Pflegekasse den Antragsteller über die Bedeutung der empfohlenen Heilmittel und klärt ihn über die Regelung nach § 32 Absatz 1a des Fünften Buches auf. $_{3}$Die Pflegekasse leitet eine Mitteilung über die empfohlenen Heilmittel der behandelnden Ärztin oder dem behandelnden Arzt schriftlich oder elektronisch zu, wenn der Antragsteller in die Weiterleitung einwilligt.

(4) $_{1}$Spätestens mit der Mitteilung der Entscheidung über die Pflegebedürftigkeit leitet die Pflegekasse dem Antragsteller die gesonderte Präventions- und Rehabilitationsempfehlung des Medizinischen Dienstes oder der von der Pflegekasse beauftragten Gutachterinnen oder Gutachter zu und nimmt umfassend und begründet dazu Stellung, inwieweit auf der Grundlage der Empfehlung die Durchführung einer Maßnahme zur Prävention oder zur medizinischen Rehabilitation angezeigt ist. $_{2}$Die Pflegekasse hat den Antragsteller zusätzlich darüber zu informieren, dass mit der Zuleitung einer Mitteilung über den Rehabilitationsbedarf an den zuständigen Rehabilitationsträger ein Antragsverfahren auf Leistungen zur medizinischen Rehabilitation entsprechend den Vorschriften des Neunten Buches ausgelöst wird, sofern der Antragsteller in dieses Verfahren einwilligt. $_{3}$Mit Einwilligung des Antragstellers leitet die Pflegekasse die Präventions- und Rehabilitationsempfehlung und die Informationen nach Satz 2 auch seinen Angehörigen, Personen seines Vertrauens, Pflege- und Betreuungseinrichtungen, die den Antragsteller versorgen, oder der behandelnden Ärztin oder dem behandelnden Arzt schriftlich oder elektronisch zu. $_{4}$Sobald der Pflegekasse die Information über die Leistungsentscheidung des zuständigen Rehabilitationsträgers nach § 31 Absatz 3 Satz 4 vorliegt, leitet sie diese Information unverzüglich dem Medizinischen Dienst sowie mit Einwilligung des Antragstellers auch an die behandelnde Ärztin oder den behandelnden Arzt sowie an Angehörige des Antragstellers, Personen seines Vertrauens oder an Pflege- und Betreuungseinrichtungen, die den Antragsteller versorgen, schriftlich oder elektronisch weiter.

(5) $_{1}$Erteilt die Pflegekasse den schriftlichen Bescheid über den Antrag nicht innerhalb von 25 Arbeitstagen nach Eingang des Antrags oder wird eine der in § 18a Absatz 5 und 6 genannten verkürzten Begutachtungsfristen nicht eingehalten, hat die Pflegekasse nach Fristablauf spätestens innerhalb von 15 Arbeitstagen für jede begonnene Woche der Fristüberschreitung 70 Euro und danach für jede weitere begonnene Woche der Fristüberschreitung unverzüglich 70 Euro an den Antragsteller zu zahlen. $_{2}$Dies gilt nicht, wenn die Pflegekasse die Verzögerung nicht zu vertreten hat oder wenn sich der Antragsteller in vollstationärer Pflege befindet und bereits bei ihm mindestens erheb-

liche Beeinträchtigungen der Selbständigkeit oder der Fähigkeiten (mindestens Pflegegrad 2) festgestellt sind. 3Entsprechendes gilt für die privaten Versicherungsunternehmen, die die private Pflege-Pflichtversicherung durchführen. 4Liegt ein Verzögerungsgrund vor, den die Pflegekasse nicht zu vertreten hat, so ist der Lauf der Frist nach Satz 1 so lange gehemmt, bis der Verzögerungsgrund weggefallen ist. 5Wird durch den Eintritt des Verzögerungsgrundes eine erneute Terminierung der Begutachtung erforderlich, so ist der Lauf der Frist nach Satz 1 bis zum Ablauf von 15 Arbeitstagen nach Kenntnis des Medizinischen Dienstes oder der Pflegekasse über den Wegfall des Verzögerungsgrundes gehemmt. 6Die Frist nach Satz 1 beginnt mit Antragstellung gemäß § 33 Absatz 1. 7Der Lauf der Frist von 25 Arbeitstagen nach Satz 1 bleibt von einer Entscheidung der Pflegekasse nach Absatz 1 Satz 2 unberührt. 8Die Pflegekasse hat den Antragsteller nach Eingang seines Antrags nach § 33 Absatz 1 Satz 1 auf die Frist für ihre Entscheidung sowie die verkürzten Begutachtungsfristen und die Folgen der Nichteinhaltung der Fristen hinzuweisen.

(6) 1Wird der Antragsteller von der Pflegekasse aufgefordert, zur Beauftragung der Feststellung von Pflegebedürftigkeit noch zwingend erforderliche Unterlagen im Sinne des § 18 Absatz 1 Satz 4 einzureichen, so sind die Fristen nach den Absätzen 1 und 5 Satz 1 so lange unterbrochen, bis die geforderten Unterlagen bei der Pflegekasse eingegangen sind; mit Eingang der Unterlagen läuft die Frist weiter. 2Die Unterbrechung beginnt mit dem Tag, an dem dem Antragsteller die Aufforderung zur Einreichung der noch fehlenden Unterlagen zugeht.

§ 18d Berichtspflichten und Statistik zum Verfahren zur Feststellung der Pflegebedürftigkeit

(1) 1Die Pflegekassen berichten dem Spitzenverband Bund der Pflegekassen jährlich über die Anwendung eines bundeseinheitlichen, strukturierten Verfahrens zur Erkennung rehabilitativer Bedarfe in der Pflegebegutachtung und die Erfahrungen mit der Umsetzung der Empfehlungen der Medizinischen Dienste oder der beauftragten Gutachterinnen und Gutachter zur medizinischen Rehabilitation. 2Hierzu wird von den Pflegekassen insbesondere Folgendes an den Spitzenverband Bund der Pflegekassen gemeldet:

1. die Anzahl der Empfehlungen der Medizinischen Dienste und der beauftragten Gutachterinnen und Gutachter für Leistungen der medizinischen Rehabilitation im Rahmen der Begutachtung zur Feststellung der Pflegebedürftigkeit,
2. die Anzahl der Anträge an den zuständigen Rehabilitationsträger gemäß § 31 Absatz 3 in Verbindung mit § 14 des Neunten Buches,
3. die Anzahl der genehmigten und die Anzahl der abgelehnten Leistungsentscheidungen der zuständigen Rehabilitationsträger einschließlich der Gründe für eine Ablehnung sowie die Anzahl der Widersprüche,
4. die Anzahl der durchgeführten medizinischen Rehabilitationsmaßnahmen,
5. die Gründe, aus denen Versicherte nicht in die Weiterleitung einer Mitteilung über den Rehabilitationsbedarf an den Rehabilitationsträger nach § 31 Absatz 3 Satz 1 einwilligen, soweit diese der Pflegekasse bekannt sind, und inwieweit die zuständige Pflegekasse hier tätig geworden ist, und
6. die Maßnahmen, die die Pflegekassen im jeweiligen Einzelfall regelmäßig durchführen, um ihre Aufgaben nach § 18c Absatz 4 und § 31 Absatz 3 zu erfüllen.

3Die Meldung durch die Pflegekassen erfolgt bis zum 31. März des dem Berichtsjahr folgenden Jahres. 4Näheres über das Verfahren und die Inhalte der Meldung regelt der Spitzenverband Bund der Pflegekassen im Einvernehmen mit dem Bundesministerium für Gesundheit. 5Die Pflegekasse leitet die Meldung zusätzlich der für die Aufsicht über sie zuständigen Stelle zu.

(2) 1Der Spitzenverband Bund der Pflegekassen bereitet die nach Absatz 1 gemeldeten Daten auf und leitet die aufbereiteten und auf Plausibilität geprüften Daten bis zum 30. Juni des dem Berichtsjahr folgenden Jahres dem Bundesministerium für Gesundheit zu. 2Er hat die aufbereiteten Daten der landesunmittelbaren Versicherungsträger auch den für die Sozialversicherung zuständigen obersten Verwaltungsbehörden der Länder oder den von diesen bestimmten Stellen auf Verlangen zuzuleiten. 3Der Spitzenverband Bund der Pflegekassen veröffentlicht auf Basis der gemeldeten Daten sowie sonstiger Erkenntnisse jährlich einen Bericht bis zum 1. September des dem Berichtsjahr folgenden Jahres.

(3) 1Der Spitzenverband Bund der Pflegekassen berichtet dem Bundesministerium für Gesundheit für die Geschäftsjahre ab 2024 jährlich bis zum 30. Juni des Folgejahres über Daten, die im Zusammenhang mit den Anträgen auf Pflegeleistungen nach § 33 Absatz 1 Satz 1 und dem weiteren Verfahren bei den Pflegekassen stehen, und über die daraus abzuleitenden Erkenntnisse; dabei ist jeweils nach Erst- und Höherstufungsanträgen zu differenzieren. 2Der Spitzenverband Bund der Pflegekassen bestimmt zu diesem Zweck die von sei-

nen Mitgliedern zu übermittelnden statistischen Informationen. 3Von den Pflegekassen sind insbesondere folgende Daten an den Spitzenverband Bund der Pflegekassen zu melden:

1. die Anzahl der bei den zuständigen Pflegekassen eingegangenen Anträge auf Leistungen der Pflegeversicherung sowie jeweils die Fallzahlen, in denen eine Entscheidung nach § 18c Absatz 1 Satz 1 ergangen ist, und die Fallzahlen der abgelehnten Anträge sowie die Anzahl der Arbeitstage ab Eingang des Antrags bei der zuständigen Pflegekasse bis zur schriftlichen Mitteilung der Entscheidung der Pflegekasse nach § 18c Absatz 1 Satz 1,
2. die Anzahl an Fällen, in denen die Fristen nach § 18c Absatz 1 Satz 1 und nach § 18a Absatz 5 und 6 nicht eingehalten wurden, jeweils unter Angabe der Gründe, die für die Nichteinhaltung der Frist ursächlich waren,
3. die Anzahl an Fällen, in denen eine pauschale Zusatzzahlung nach § 18c Absatz 5 Satz 1 geleistet sowie die Anzahl an Fällen, in denen der antragstellenden Person nach § 18 Absatz 3 Satz 1 mindestens drei unabhängige Gutachterinnen oder Gutachter zur Auswahl benannt wurden,
4. die Anzahl an Fällen, in denen der Antragsteller eine Untersuchung verweigert hat,
5. die Anzahl an Fällen, in denen im Gutachten Empfehlungen für Heilmittel abgegeben wurden, und die Anzahl an Fällen, in denen die Pflegekasse eine Mitteilung über empfohlene Heilmittel an den Arzt oder die Ärztin des Antragstellers weitergeleitet hat, jeweils unterteilt nach Art der Heilmittel,
6. die Anzahl an Fällen, in denen Widerspruch gegen die Entscheidung der Pflegekasse nach § 18c Absatz 1 Satz 1 und § 18a Absatz 5 und 6 eingelegt wurde, unter Angabe der Gründe, auf die der Widerspruch jeweils gestützt wurde, sowie die Anzahl an zurückgewiesenen und stattgegebenen Widersprüchen, jeweils unter Angabe der Entscheidungsgründe und der Dauer des Widerspruchsverfahrens (bis zur schriftlichen Mitteilung der Entscheidung der Pflegekasse), und, soweit zum Zeitpunkt der Berichtslegung bekannt, in wie vielen Fällen nach erfolglosem Widerspruchsverfahren Klage erhoben worden ist.

4Der Spitzenverband Bund der Pflegekassen hat die gemeldeten Daten vor der Berichtslegung aufzubereiten und auf Plausibilität zu prüfen. 5Für die Berichterstattung über das Geschäftsjahr 2025 beauftragt er eine unabhängige wissenschaftliche Einrichtung oder einen unabhängigen Sachverständigen mit einer Evaluation hinsichtlich der Ergebnisse und Wirkungen der Zuleitung von Mitteilungen zu empfohlenen Heilmitteln nach § 18c Absatz 3 Satz 3. 6Der Bericht über das Geschäftsjahr 2025 hat sich zum Ergebnis der Evaluation zu verhalten; das Ergebnis der Evaluation ist dem Bericht beizufügen.

(4) Die Pflegekassen und die privaten Versicherungsunternehmen veröffentlichen jährlich jeweils bis zum 31. März des dem Berichtsjahr folgenden Jahres eine Statistik über die Einhaltung der Fristen nach § 18a Absatz 5 und 6 und § 18c Absatz 1 Satz 1.

§ 18e Weiterentwicklung des Verfahrens zur Pflegebegutachtung durch Modellvorhaben, Studien und wissenschaftliche Expertisen

(1) 1Der Medizinische Dienst Bund und die Medizinischen Dienste können Modellvorhaben, Studien und wissenschaftliche Expertisen zur Weiterentwicklung der den Medizinischen Diensten nach den §§ 18 bis 18b zugewiesenen Aufgaben durchführen. 2Für die Durchführung ist eine Vereinbarung mit den Pflegekassen oder dem Spitzenverband Bund der Pflegekassen für seine Mitgliedskassen erforderlich.

(2) Ziel, Dauer, Inhalt und Durchführung eines Modellvorhabens, einer Studie oder einer wissenschaftlichen Expertise sind im Einvernehmen mit dem Bundesministerium für Gesundheit zu bestimmen.

(3) 1Für die Beauftragung und Durchführung der Modellvorhaben, der Studien und der wissenschaftlichen Expertisen kann der Medizinische Dienst Bund aus Mitteln des Ausgleichsfonds der Pflegeversicherung bis zu 500 000 Euro im Kalenderjahr nutzen. 2Das Nähere über das Verfahren zur Auszahlung der aus dem Ausgleichsfonds zu finanzierenden Fördermittel regeln der Medizinische Dienst Bund und das Bundesamt für Soziale Sicherung durch Vereinbarung.

(4) 1Bei der Durchführung der Modellvorhaben kann im Einzelfall von der Regelung des § 18a und insoweit von den Richtlinien nach § 53d Absatz 3 Satz 1 Nummer 1 abgewichen werden. 2Pflegebedürftige dürfen dadurch jedoch nicht benachteiligt werden.

(5) 1Für jedes Modellvorhaben ist eine wissenschaftliche Begleitung und Auswertung vorzusehen. 2Personenbezogene Daten dürfen im Rahmen der Modellvorhaben nur verarbeitet werden, wenn die betroffene Person eingewilligt hat.

(6) 1Der Medizinische Dienst Bund beauftragt bis zum 30. Juni 2026 fachlich unabhängige wissenschaftliche Einrichtungen oder fachlich unabhängige Sachverständige mit der Durchführung eines

5

Modellvorhabens nach den Absätzen 1 bis 5. 2In dem Modellvorhaben ist zu prüfen,

1. unter welchen Voraussetzungen und in welchem Umfang Pflegefachpersonen, die Leistungen nach diesem oder nach dem Fünften Buch erbringen, mit der Übernahme von Aufgaben im Rahmen des Begutachtungsverfahrens nach den §§ 18, 18a, 18b und 142a hinsichtlich der von ihnen versorgten Personen beauftragt werden können,
2. ob und inwieweit sich die Feststellungen und Empfehlungen der in der Versorgung tätigen Pflegefachpersonen von den gutachterlichen Feststellungen und Empfehlungen des Medizinischen Dienstes, insbesondere hinsichtlich des festzustellenden Pflegegrads, bezogen auf vergleichbare Gruppen von Pflegebedürftigen unterscheiden und
3. ob die Feststellung von Pflegebedürftigkeit und die Empfehlung eines Pflegegrads sowie weitere Feststellungen und Empfehlungen durch Pflegefachpersonen zukünftig regelhaft erfolgen sollen und wie die regelhafte Durchführung von Feststellungen und Empfehlungen zur Pflegebedürftigkeit durch in der Versorgung tätige Pflegefachpersonen zukünftig umgesetzt werden kann, insbesondere
   a) für welche Antrags- und Versorgungssituationen eine Übernahme von Aufgaben im Sinne von Nummer 1 in Betracht käme,
   b) welche nach § 18b zu treffenden Feststellungen und Empfehlungen für welche Gruppen von Pflegebedürftigen durch in der Versorgung tätige Pflegefachpersonen getroffen werden könnten und
   c) welche Veränderungen im Verfahren der Begutachtung unter Bezugnahme auf die Richtlinien nach § 17 Absatz 1 Satz 1 dafür erforderlich wären; es ist gesondert darauf einzugehen, wie die Begutachtung neutral und unabhängig erfolgen kann.

3Die Medizinischen Dienste sind bei der Durchführung des Modellvorhabens zu beteiligen. 4Der Medizinische Dienst Bund hat einen Zwischenbericht und einen Abschlussbericht zu verfassen. 5Der Zwischenbericht ist dem Bundesministerium für Gesundheit innerhalb eines Monats nach Fertigstellung vorzulegen. 6Der Abschlussbericht hat eine abschließende und begründete Empfehlung zu beinhalten und ist dem Bundesministerium für Gesundheit bis zum 30. Juni 2028 vorzulegen.

§ 19 Begriff der Pflegeperson

1Pflegepersonen im Sinne dieses Buches sind Personen, die nicht erwerbsmäßig einen Pflegebedürftigen im Sinne des § 14 in seiner häuslichen Umgebung pflegen. 2Leistungen zur sozialen Sicherung nach § 44 erhält eine Pflegeperson nur dann, wenn sie eine oder mehrere pflegebedürftige Personen wenigstens zehn Stunden wöchentlich, verteilt auf regelmäßig mindestens zwei Tage in der Woche, pflegt.

Drittes Kapitel
Versicherungspflichtiger Personenkreis

§ 20 Versicherungspflicht in der sozialen Pflegeversicherung für Mitglieder der gesetzlichen Krankenversicherung

(1) 1Versicherungspflichtig in der sozialen Pflegeversicherung sind die versicherungspflichtigen Mitglieder der gesetzlichen Krankenversicherung. 2Dies sind:

1. Arbeiter, Angestellte und zu ihrer Berufsausbildung Beschäftigte, die gegen Arbeitsentgelt beschäftigt sind; für die Zeit des Bezugs von Kurzarbeitergeld nach dem Dritten Buch bleibt die Versicherungspflicht unberührt,
2. Personen in der Zeit, für die sie Arbeitslosengeld nach dem Dritten Buch beziehen oder nur deshalb nicht beziehen, weil der Anspruch wegen einer Sperrzeit (§ 159 des Dritten Buches) oder wegen einer Urlaubsabgeltung (§ 157 Absatz 2 des Dritten Buches) ruht; dies gilt auch, wenn die Entscheidung, die zum Bezug der Leistung geführt hat, rückwirkend aufgehoben oder die Leistung zurückgefordert oder zurückgezahlt worden ist,

2a. Personen in der Zeit, für die sie Bürgergeld nach § 19 Absatz 1 Satz 1 des Zweiten Buches beziehen, auch wenn die Entscheidung, die zum Bezug der Leistung geführt hat, rückwirkend aufgehoben oder die Leistung zurückgefordert oder zurückgezahlt worden ist, es sei denn, dass diese Leistung nur darlehensweise gewährt wird oder nur Leistungen nach § 24 Abs. 3 Satz 1 des Zweiten Buches bezogen werden,

3. Landwirte, ihre mitarbeitenden Familienangehörigen und Altenteiler, die nach § 2 des Zweiten Gesetzes über die Krankenversicherung der Landwirte versicherungspflichtig sind,
4. selbständige Künstler und Publizisten nach näherer Bestimmung des Künstlersozialversicherungsgesetzes,
5. Personen, die in Einrichtungen der Jugendhilfe, in Berufsbildungswerken oder in ähnlichen Einrichtungen für behinderte Menschen für eine Erwerbstätigkeit befähigt werden sollen,

6. Teilnehmer an Leistungen zur Teilhabe am Arbeitsleben sowie an Berufsfindung oder Arbeitserprobung, es sei denn, sie gehören zu dem Personenkreis des § 151 des Vierzehnten Buches oder des § 81 Absatz 3 des Soldatenentschädigungsgesetzes,
7. behinderte Menschen, die in anerkannten Werkstätten für behinderte Menschen oder in Blindenwerkstätten im Sinne des § 226 des Neunten Buches oder für diese Einrichtungen in Heimarbeit oder bei einem anderen Leistungsanbieter nach § 60 des Neunten Buches tätig sind,
8. behinderte Menschen, die in Anstalten, Heimen oder gleichartigen Einrichtungen in gewisser Regelmäßigkeit eine Leistung erbringen, die einem Fünftel der Leistung eines voll erwerbsfähigen Beschäftigten in gleichartiger Beschäftigung entspricht; hierzu zählen auch Dienstleistungen für den Träger der Einrichtung,
9. Studenten, die an staatlichen oder staatlich anerkannten Hochschulen eingeschrieben sind, soweit sie nach § 5 Abs. 1 Nr. 9 des Fünften Buches der Krankenversicherungspflicht unterliegen,
10. Personen, die zu ihrer Berufsausbildung ohne Arbeitsentgelt beschäftigt sind oder die eine Fachschule oder Berufsfachschule besuchen oder eine in Studien- oder Prüfungsordnungen vorgeschriebene berufspraktische Tätigkeit ohne Arbeitsentgelt verrichten (Praktikanten), längstens bis zur Vollendung des 30. Lebensjahres; Auszubildende des Zweiten Bildungsweges, die sich in einem nach dem Bundesausbildungsförderungsgesetz förderungsfähigen Teil eines Ausbildungsabschnittes befinden, sind Praktikanten gleichgestellt,
11. Personen, die die Voraussetzungen für den Anspruch auf eine Rente aus der gesetzlichen Rentenversicherung erfüllen und diese Rente beantragt haben, soweit sie nach § 5 Abs. 1 Nr. 11, 11a, 11b oder 12 des Fünften Buches der Krankenversicherungspflicht unterliegen,
12. Personen, die, weil sie bisher keinen Anspruch auf Absicherung im Krankheitsfall hatten, nach § 5 Abs. 1 Nr. 13 des Fünften Buches oder nach § 2 Abs. 1 Nr. 7 des Zweiten Gesetzes über die Krankenversicherung der Landwirte der Krankenversicherungspflicht unterliegen.

(2) $_1$Als gegen Arbeitsentgelt beschäftigte Arbeiter und Angestellte im Sinne des Absatzes 1 Nr. 1 gelten Bezieher von Vorruhestandsgeld, wenn sie unmittelbar vor Bezug des Vorruhestandsgeldes versicherungspflichtig waren und das Vorruhestandsgeld mindestens in Höhe von 65 vom Hundert des Bruttoarbeitsentgelts im Sinne des § 3 Abs. 2 des Vorruhestandsgesetzes gezahlt wird. $_2$Satz 1 gilt nicht für Personen, die im Ausland ihren Wohnsitz oder gewöhnlichen Aufenthalt in einem Staat haben, mit dem für Arbeitnehmer mit Wohnsitz oder gewöhnlichem Aufenthalt in diesem Staat keine über- oder zwischenstaatlichen Regelungen über Sachleistungen bei Krankheit bestehen.

(2a) Als zu ihrer Berufsausbildung Beschäftigte im Sinne des Absatzes 1 Satz 2 Nr. 1 gelten Personen, die als nicht satzungsmäßige Mitglieder geistlicher Genossenschaften oder ähnlicher religiöser Gemeinschaften für den Dienst in einer solchen Genossenschaft oder ähnlichen religiösen Gemeinschaft außerschulisch ausgebildet werden.

(3) Freiwillige Mitglieder der gesetzlichen Krankenversicherung sind versicherungspflichtig in der sozialen Pflegeversicherung.

(4) $_1$Nehmen Personen, die mindestens zehn Jahre nicht in der sozialen Pflegeversicherung oder der gesetzlichen Krankenversicherung versicherungspflichtig waren, eine dem äußeren Anschein nach versicherungspflichtige Beschäftigung oder selbständige Tätigkeit von untergeordneter wirtschaftlicher Bedeutung auf, besteht die widerlegbare Vermutung, daß eine die Versicherungspflicht begründende Beschäftigung nach Absatz 1 Nr. 1 oder eine versicherungspflichtige selbständige Tätigkeit nach Absatz 1 Nr. 3 oder 4 tatsächlich nicht ausgeübt wird. $_2$Dies gilt insbesondere für eine Beschäftigung bei Familienangehörigen oder Lebenspartnern.

§ 21 Versicherungspflicht in der sozialen Pflegeversicherung für sonstige Personen

Versicherungspflicht in der sozialen Pflegeversicherung besteht auch für Personen mit Wohnsitz oder gewöhnlichem Aufenthalt im Inland, die

1. nach dem Bundesversorgungsgesetz oder nach Gesetzen, die eine entsprechende Anwendung des Bundesversorgungsgesetzes vorsehen, bis zu deren Außerkrafttreten einen Anspruch auf Heilbehandlung oder Krankenbehandlung hatten,

1a. nach § 42 Absatz 2, 3 oder 4 des Vierzehnten Buches leistungsberechtigt sind,

2. Kriegsschadenrente oder vergleichbare Leistungen nach dem Lastenausgleichsgesetz oder dem Reparationsschädengesetz oder laufende Beihilfe nach dem Flüchtlingshilfegesetz beziehen,
3. nach § 145 Absatz 2 Nummer 4 des Vierzehnten Buches oder nach § 84 Absatz 1 in Verbindung mit Absatz 2 Nummer 4 des Soldatenentschädigungsgesetzes ergänzende Hilfe zum Lebensunterhalt nach dem Bundesversor-

gungsgesetz weiter erhalten oder Leistungen zum Lebensunterhalt nach § 93 des Vierzehnten Buches beziehen,

4. laufende Leistungen zum Unterhalt und Leistungen der Krankenhilfe nach dem Achten Buch beziehen,
5. krankenversorgungsberechtigt nach dem Bundesentschädigungsgesetz sind,
6. in das Dienstverhältnis eines Soldaten auf Zeit berufen worden sind,

wenn sie gegen das Risiko Krankheit weder in der gesetzlichen Krankenversicherung noch bei einem privaten Krankenversicherungsunternehmen versichert sind.

§ 21a Versicherungspflicht in der sozialen Pflegeversicherung bei Mitgliedern von Solidargemeinschaften

(1) $_{1}$Versicherungspflicht in der sozialen Pflegeversicherung besteht für Mitglieder von Solidargemeinschaften, deren Mitgliedschaft gemäß § 176 Absatz 1 des Fünften Buches als anderweitige Absicherung im Krankheitsfall im Sinne des § 5 Absatz 1 Nummer 13 des Fünften Buches gilt, sofern sie ihren Wohnsitz oder gewöhnlichen Aufenthalt im Inland haben und sie ohne die Mitgliedschaft in der Solidargemeinschaft nach § 5 Absatz 1 Nummer 13 des Fünften Buches versicherungspflichtig wären. $_{2}$Sofern ein Mitglied bereits gegen das Risiko der Pflegebedürftigkeit in der privaten Pflege-Pflichtversicherung versichert ist, gilt die Versicherungspflicht nach Satz 1 als erfüllt.

(2) $_{1}$Die in § 176 Absatz 1 des Fünften Buches genannten Solidargemeinschaften haben bei ihren Mitgliedern unverzüglich abzufragen, ob sie in der sozialen Pflegeversicherung oder privaten Pflege-Pflichtversicherung versichert sind. $_{2}$Die Mitglieder einer Solidargemeinschaft sind verpflichtet, der Solidargemeinschaft innerhalb von drei Monaten nach der Abfrage das Vorliegen eines Pflegeversicherungsschutzes nachzuweisen oder mitzuteilen, dass kein Versicherungsschutz besteht. $_{3}$Wird kein Pflegeversicherungsschutz innerhalb der Frist nach Satz 2 nachgewiesen, hat die Solidargemeinschaft das Mitglied unverzüglich aufzufordern, sich gegen das Risiko der Pflegebedürftigkeit zu versichern und einen Nachweis darüber innerhalb von sechs Wochen vorzulegen.

§ 22 Befreiung von der Versicherungspflicht

(1) $_{1}$Personen, die nach § 20 Abs. 3 in der sozialen Pflegeversicherung versicherungspflichtig sind, können auf Antrag von der Versicherungspflicht befreit werden, wenn sie nachweisen, daß sie bei einem privaten Versicherungsunternehmen gegen Pflegebedürftigkeit versichert sind und für sich und ihre Angehörigen oder Lebenspartner, die bei Versicherungspflicht nach § 25 versichert wären, Leistungen beanspruchen können, die nach Art und Umfang den Leistungen des Vierten Kapitels gleichwertig sind. $_{2}$Die befreiten Personen sind verpflichtet, den Versicherungsvertrag aufrechtzuerhalten, solange sie krankenversichert sind. $_{3}$Personen, die bei Pflegebedürftigkeit Beihilfeleistungen erhalten, sind zum Abschluß einer entsprechenden anteiligen Versicherung im Sinne des Satzes 1 verpflichtet.

(2) $_{1}$Der Antrag kann nur innerhalb von drei Monaten nach Beginn der Versicherungspflicht bei der Pflegekasse gestellt werden. $_{2}$Die Befreiung wirkt vom Beginn der Versicherungspflicht an, wenn seit diesem Zeitpunkt noch keine Leistungen in Anspruch genommen wurden, sonst vom Beginn des Kalendermonats an, der auf die Antragstellung folgt. $_{3}$Die Befreiung kann nicht widerrufen werden.

§ 23 Versicherungspflicht für Versicherte der privaten Krankenversicherungsunternehmen

(1) $_{1}$Personen, die gegen das Risiko Krankheit bei einem privaten Krankenversicherungsunternehmen mit Anspruch auf allgemeine Krankenhausleistungen oder im Rahmen von Versicherungsverträgen, die der Versicherungspflicht nach § 193 Abs. 3 des Versicherungsvertragsgesetzes genügen, versichert sind, sind vorbehaltlich des Absatzes 2 verpflichtet, bei diesem Unternehmen zur Absicherung des Risikos der Pflegebedürftigkeit einen Versicherungsvertrag abzuschließen und aufrechtzuerhalten. $_{2}$Der Vertrag muß ab dem Zeitpunkt des Eintritts der Versicherungspflicht für sie selbst und ihre Angehörigen oder Lebenspartner, für die in der sozialen Pflegeversicherung nach § 25 eine Familienversicherung bestünde, Vertragsleistungen vorsehen, die nach Art und Umfang den Leistungen des Vierten Kapitels gleichwertig sind. $_{3}$Dabei tritt an die Stelle der Sachleistungen eine der Höhe nach gleiche Kostenerstattung.

(2) $_{1}$Der Vertrag nach Absatz 1 kann auch bei einem anderen privaten Versicherungsunternehmen abgeschlossen werden. $_{2}$Das Wahlrecht ist innerhalb von sechs Monaten auszuüben. $_{3}$Die Frist beginnt mit dem Eintritt der individuellen Versicherungspflicht. $_{4}$Das Recht zur Kündigung des Vertrages wird durch den Ablauf der Frist nicht berührt; bei fortbestehender Versicherungspflicht nach Absatz 1 wird eine Kündigung des Vertrages jedoch erst wirksam, wenn der Versicherungsnehmer nachweist, dass die versicherte Person bei einem neuen Versicherer ohne Unterbrechung versichert ist.

(3) $_{1}$Personen, die nach beamtenrechtlichen Vorschriften oder Grundsätzen bei Pflegebedürftigkeit

Anspruch auf Beihilfe haben, sind zum Abschluß einer entsprechenden anteiligen beihilfekonformen Versicherung im Sinne des Absatzes 1 verpflichtet, sofern sie nicht nach § 20 Abs. 3 versicherungspflichtig sind. 2Die beihilfekonforme Versicherung ist so auszugestalten, daß ihre Vertragsleistungen zusammen mit den Beihilfeleistungen, die sich bei Anwendung der in § 46 Absatz 2 und 3 der Bundesbeihilfeverordnung festgelegten Bemessungssätze ergeben, den in Absatz 1 Satz 2 vorgeschriebenen Versicherungsschutz gewährleisten.

(4) Die Absätze 1 bis 3 gelten entsprechend für

1. Heilfürsorgeberechtigte, die nicht in der sozialen Pflegeversicherung versicherungspflichtig sind,
2. Mitglieder der Postbeamtenkrankenkasse und
3. Mitglieder der Krankenversorgung der Bundesbahnbeamten.

(4a) 1Die Absätze 1 und 3 gelten entsprechend für Mitglieder von Solidargemeinschaften, deren Mitgliedschaft gemäß § 176 Absatz 1 des Fünften Buches als ein mit dem Anspruch auf freie Heilfürsorge oder einer Beihilfeberechtigung vergleichbarer Anspruch im Sinne des § 193 Absatz 3 Satz 2 Nummer 2 des Versicherungsvertragsgesetzes gilt und die ohne die Mitgliedschaft in der Solidargemeinschaft nach § 193 Absatz 3 des Versicherungsvertragsgesetzes verpflichtet wären, eine Krankheitskostenversicherung abzuschließen. 2Eine Kündigung des Versicherungsvertrages wird bei fortbestehender Versicherungspflicht erst wirksam, wenn der Versicherungsnehmer nachweist, dass die versicherte Person bei einem neuen Versicherer ohne Unterbrechung versichert ist. 3Sofern ein Mitglied bereits gegen das Risiko der Pflegebedürftigkeit in der sozialen Pflegeversicherung versichert ist, gilt die Versicherungspflicht nach Satz 1 als erfüllt. 4§ 21a Absatz 2 bleibt unberührt.

(5) Die Absätze 1, 3 und 4 gelten nicht für Personen, die sich auf nicht absehbare Dauer in stationärer Pflege befinden und bereits Leistungen bei Pflegebedürftigkeit nach § 74 Satz 1 Nummer 1 des Vierzehnten Buches oder Pflegeleistungen für Geschädigte nach § 146 Absatz 2 des Vierzehnten Buches in Verbindung mit § 43 des Elften Buches, nach § 44 des Siebten Buches, nach § 16 Nummer 8 des Soldatenentschädigungsgesetzes in Verbindung mit § 17 des Soldatenentschädigungsgesetzes, nach § 34 des Beamtenversorgungsgesetzes oder nach Gesetzen erhalten, die eine entsprechende Anwendung des Vierzehnten Buches vorsehen, sofern sie keine Familienangehörigen haben, für die in der sozialen Pflegeversicherung nach § 25 eine Familienversicherung bestünde.

(6) Das private Krankenversicherungsunternehmen oder ein anderes die Pflegeversicherung betreibendes Versicherungsunternehmen sind verpflichtet,

1. für die Feststellung der Pflegebedürftigkeit sowie für die Zuordnung zu einem Pflegegrad dieselben Maßstäbe wie in der sozialen Pflegeversicherung anzulegen und
2. die in der sozialen Pflegeversicherung zurückgelegte Versicherungszeit des Mitglieds und seiner nach § 25 familienversicherten Angehörigen oder Lebenspartner auf die Wartezeit anzurechnen.

§ 24 Versicherungspflicht der Abgeordneten

1Mitglieder des Bundestages, des Europäischen Parlaments und der Parlamente der Länder (Abgeordnete) sind unbeschadet einer bereits nach § 20 Abs. 3 oder § 23 Abs. 1 bestehenden Versicherungspflicht verpflichtet, gegenüber dem jeweiligen Parlamentspräsidenten nachzuweisen, daß sie sich gegen das Risiko der Pflegebedürftigkeit versichert haben. 2Das gleiche gilt für die Bezieher von Versorgungsleistungen nach den jeweiligen Abgeordnetengesetzen des Bundes und der Länder.

§ 25 Familienversicherung

(1) 1Versichert sind der Ehegatte, der Lebenspartner und die Kinder von Mitgliedern sowie die Kinder von familienversicherten Kindern, wenn diese Familienangehörigen

1. ihren Wohnsitz oder gewöhnlichen Aufenthalt im Inland haben,
2. nicht nach § 20 Absatz 1 Satz 2 Nummer 1 bis 8 oder 11 oder nach § 20 Absatz 3 versicherungspflichtig sind,
3. nicht nach § 22 von der Versicherungspflicht befreit oder nach § 23 in der privaten Pflegeversicherung pflichtversichert sind,
4. nicht hauptberuflich selbständig erwerbstätig sind und
5. kein Gesamteinkommen haben, das regelmäßig im Monat ein Siebtel der monatlichen Bezugsgröße nach § 18 des Vierten Buches überschreitet.

2§ 7 Absatz 1 Satz 3 und 4 und Absatz 2 des Zweiten Gesetzes über die Krankenversicherung der Landwirte sowie § 10 Absatz 1 Satz 3 bis 8 des Fünften Buches gelten entsprechend.

(2) 1Kinder sind versichert:

1. bis zur Vollendung des 18. Lebensjahres,
2. bis zur Vollendung des 23. Lebensjahres, wenn sie nicht erwerbstätig sind,
3. bis zur Vollendung des 25. Lebensjahres, wenn sie sich in Schul- oder Berufsausbildung befinden oder ein freiwilliges soziales Jahr oder ein freiwilliges ökologisches Jahr im Sinne des

5

Jugendfreiwilligendienstegesetzes leisten; wird die Schul- oder Berufsausbildung durch Erfüllung einer gesetzlichen Dienstpflicht des Kindes unterbrochen oder verzögert, besteht die Versicherung auch für einen der Dauer dieses Dienstes entsprechenden Zeitraum über das 25. Lebensjahr hinaus; dies gilt auch bei einer Unterbrechung durch den freiwilligen Wehrdienst nach § 58b des Soldatengesetzes, einen Freiwilligendienst nach dem Bundesfreiwilligendienstgesetz, dem Jugendfreiwilligendienstegesetz oder einen vergleichbaren anerkannten Freiwilligendienst oder durch eine Tätigkeit als Entwicklungshelfer im Sinne des § 1 Absatz 1 des Entwicklungshelfer-Gesetzes für die Dauer von höchstens zwölf Monaten; wird als Berufsausbildung ein Studium an einer staatlichen oder staatlich anerkannten Hochschule abgeschlossen, besteht die Versicherung bis zum Ablauf des Semesters fort, längstens bis zur Vollendung des 25. Lebensjahres; § 186 Absatz 7 Satz 2 und 3 des Fünften Buches gilt entsprechend,

5

4. ohne Altersgrenze, wenn sie wegen körperlicher, geistiger oder seelischer Behinderung (§ 2 Abs. 1 des Neunten Buches) außerstande sind, sich selbst zu unterhalten; Voraussetzung ist, daß die Behinderung zu einem Zeitpunkt vorlag, in dem das Kind innerhalb der Altersgrenzen nach den Nummern 1, 2 oder 3 familienversichert war oder die Familienversicherung nur wegen einer Vorrangversicherung nach Absatz 1 Satz 1 Nummer 2 ausgeschlossen war.

$_{2}$§ 10 Abs. 4 und 5 des Fünften Buches Sozialgesetzbuch gilt entsprechend.

(3) Kinder sind nicht versichert, wenn der mit den Kindern verwandte Ehegatte oder Lebenspartner des Mitglieds nach § 22 von der Versicherungspflicht befreit oder nach § 23 in der privaten Pflegeversicherung pflichtversichert ist und sein Gesamteinkommen regelmäßig im Monat ein Zwölftel der Jahresarbeitsentgeltgrenze nach dem Fünften Buch übersteigt und regelmäßig höher als das Gesamteinkommen des Mitglieds ist; bei Renten wird der Zahlbetrag berücksichtigt.

(4) $_{1}$Die Versicherung nach Absatz 2 Nr. 1, 2 und 3 bleibt bei Personen, die auf Grund gesetzlicher Pflicht Wehrdienst oder Zivildienst oder die Dienstleistungen oder Übungen nach dem Vierten Abschnitt des Soldatengesetzes leisten, für die Dauer des Dienstes bestehen. $_{2}$Dies gilt auch für Personen in einem Wehrdienstverhältnis besonderer Art nach § 6 des Einsatz-Weiterverwendungsgesetzes.

§ 26 Weiterversicherung

(1) $_{1}$Personen, die aus der Versicherungspflicht nach § 20, § 21 oder § 21a Absatz 1 ausgeschieden sind und in den letzten fünf Jahren vor dem Ausscheiden mindestens 24 Monate oder unmittelbar vor dem Ausscheiden mindestens zwölf Monate versichert waren, können sich auf Antrag in der sozialen Pflegeversicherung weiterversichern, sofern für sie keine Versicherungspflicht nach § 23 Abs. 1 eintritt. $_{2}$Dies gilt auch für Personen, deren Familienversicherung nach § 25 erlischt oder nur deswegen nicht besteht, weil die Voraussetzungen des § 25 Abs. 3 vorliegen. $_{3}$Der Antrag ist in den Fällen des Satzes 1 innerhalb von drei Monaten nach Beendigung der Mitgliedschaft, in den Fällen des Satzes 2 nach Beendigung der Familienversicherung oder nach Geburt des Kindes bei der zuständigen Pflegekasse zu stellen.

(2) $_{1}$Personen, die wegen der Verlegung ihres Wohnsitzes oder gewöhnlichen Aufenthaltes ins Ausland aus der Versicherungspflicht ausscheiden, können sich auf Antrag weiterversichern. $_{2}$Der Antrag ist bis spätestens einen Monat nach Ausscheiden aus der Versicherungspflicht bei der Pflegekasse zu stellen, bei der die Versicherung zuletzt bestand. $_{3}$Die Weiterversicherung erstreckt sich auch auf die nach § 25 versicherten Familienangehörigen oder Lebenspartner, die gemeinsam mit dem Mitglied ihren Wohnsitz oder gewöhnlichen Aufenthalt in das Ausland verlegen. $_{4}$Für Familienangehörige oder Lebenspartner, die im Inland verbleiben, endet die Familienversicherung nach § 25 mit dem Tag, an dem das Mitglied seinen Wohnsitz oder gewöhnlichen Aufenthalt ins Ausland verlegt.

§ 26a Beitrittsrecht

(1) $_{1}$Personen mit Wohnsitz im Inland, die nicht pflegeversichert sind, weil sie zum Zeitpunkt der Einführung der Pflegeversicherung am 1. Januar 1995 trotz Wohnsitz im Inland keinen Tatbestand der Versicherungspflicht oder der Mitversicherung in der sozialen oder privaten Pflegeversicherung erfüllten, sind berechtigt, die freiwillige Mitgliedschaft bei einer der nach § 48 Abs. 2 wählbaren sozialen Pflegekassen zu beantragen oder einen Pflegeversicherungsvertrag mit einem privaten Versicherungsunternehmen abzuschließen. $_{2}$Ausgenommen sind Personen, die laufende Hilfe zum Lebensunterhalt nach dem Zwölften Buch beziehen sowie Personen, die nicht selbst in der Lage sind, einen Beitrag zu zahlen. $_{3}$Der Beitritt ist gegenüber der gewählten Pflegekasse oder dem gewählten privaten Versicherungsunternehmen bis zum 30. Juni 2002 schriftlich zu erklären; er bewirkt einen Versicherungsbeginn rückwirkend zum 1. April 2001. $_{4}$Die Vorversicherungszeiten nach § 33 Abs. 2 gelten als erfüllt. $_{5}$Auf den privaten Versicherungsvertrag findet § 110 Abs. 1 Anwendung.

(2) $_{1}$Personen mit Wohnsitz im Inland, die erst ab einem Zeitpunkt nach dem 1. Januar 1995 bis zum

Inkrafttreten dieses Gesetzes nicht pflegeversichert sind und keinen Tatbestand der Versicherungspflicht nach diesem Buch erfüllen, sind berechtigt, die freiwillige Mitgliedschaft bei einer der nach § 48 Abs. 2 wählbaren sozialen Pflegekassen zu beantragen oder einen Pflegeversicherungsvertrag mit einem privaten Versicherungsunternehmen abzuschließen. [2]Vom Beitrittsrecht ausgenommen sind die in Absatz 1 Satz 2 genannten Personen sowie Personen, die nur deswegen nicht pflegeversichert sind, weil sie nach dem 1. Januar 1995 ohne zwingenden Grund eine private Kranken- und Pflegeversicherung aufgegeben oder von einer möglichen Weiterversicherung in der gesetzlichen Krankenversicherung oder in der sozialen Pflegeversicherung keinen Gebrauch gemacht haben. [3]Der Beitritt ist gegenüber der gewählten Pflegekasse oder dem gewählten privaten Versicherungsunternehmen bis zum 30. Juni 2002 schriftlich zu erklären. [4]Er bewirkt einen Versicherungsbeginn zum 1. Januar 2002. [5]Auf den privaten Versicherungsvertrag findet § 110 Abs. 3 Anwendung.

(3) [1]Ab dem 1. Juli 2002 besteht ein Beitrittsrecht zur sozialen oder privaten Pflegeversicherung nur für nicht pflegeversicherte Personen, die als Zuwanderer oder Auslandsrückkehrer bei Wohnsitznahme im Inland keinen Tatbestand der Versicherungspflicht nach diesem Buch erfüllen und das 65. Lebensjahr noch nicht vollendet haben, sowie für nicht versicherungspflichtige Personen mit Wohnsitz im Inland, bei denen die Ausschlussgründe nach Absatz 1 Satz 2 entfallen sind. [2]Der Beitritt ist gegenüber der nach § 48 Abs. 2 gewählten Pflegekasse oder dem gewählten privaten Versicherungsunternehmen schriftlich innerhalb von drei Monaten nach Wohnsitznahme im Inland oder nach Wegfall der Ausschlussgründe nach Absatz 1 Satz 2 mit Wirkung vom 1. des Monats zu erklären, der auf die Beitrittserklärung folgt. [3]Auf den privaten Versicherungsvertrag findet § 110 Abs. 3 Anwendung. [4]Das Beitrittsrecht nach Satz 1 ist nicht gegeben in Fällen, in denen ohne zwingenden Grund von den in den Absätzen 1 und 2 geregelten Beitrittsrechten kein Gebrauch gemacht worden ist oder in denen die in Absatz 2 Satz 2 aufgeführten Ausschlussgründe vorliegen.

§ 27 Kündigung eines privaten Pflegeversicherungsvertrages

[1]Personen, die nach § 20, § 21 oder § 21a Absatz 1 versicherungspflichtig werden und bei einem privaten Krankenversicherungsunternehmen gegen Pflegebedürftigkeit versichert sind, können ihren Versicherungsvertrag mit Wirkung vom Eintritt der Versicherungspflicht an kündigen. [2]Das Kündigungsrecht gilt auch für Familienangehörige oder Lebenspartner, wenn für sie eine Familienversicherung nach § 25 eintritt. [3]§ 5 Absatz 9 des Fünften Buches gilt entsprechend.

Viertes Kapitel
Leistungen der Pflegeversicherung

Erster Abschnitt
Übersicht über die Leistungen

§ 28 Leistungsarten, Grundsätze

(1) Die Pflegeversicherung gewährt folgende Leistungen:

1. Pflegesachleistung (§ 36),
2. Pflegegeld für selbst beschaffte Pflegehilfen (§ 37),
3. Kombination von Geldleistung und Sachleistung (§ 38),
4. Verhinderungspflege (§ 39 in Verbindung mit § 42a),
5. Pflegehilfsmittel und wohnumfeldverbessernde Maßnahmen (§ 40),

5a. ergänzende Unterstützung bei Nutzung von digitalen Pflegeanwendungen (§ 39a in Verbindung mit § 40b) und digitale Pflegeanwendungen (§ 40a in Verbindung mit § 40b),

6. Tagespflege und Nachtpflege (§ 41),
7. Kurzzeitpflege (§ 42 in Verbindung mit § 42a),

7a. Versorgung Pflegebedürftiger bei Inanspruchnahme von Vorsorge- oder Rehabilitationsleistungen durch die Pflegeperson (§ 42b),

8. vollstationäre Pflege (§ 43),
9. Pauschalleistung für die Pflege von Menschen mit Behinderungen (§ 43a),

9a. Zusätzliche Betreuung und Aktivierung in stationären Pflegeeinrichtungen (§ 43b),

10. Leistungen zur sozialen Sicherung der Pflegepersonen (§ 44),
11. zusätzliche Leistungen bei Pflegezeit und kurzzeitiger Arbeitsverhinderung (§ 44a),
12. Pflegekurse für Angehörige und ehrenamtliche Pflegepersonen (§ 45),

12a. Umwandlung des ambulanten Sachleistungsbetrags (§ 45a),

13. Entlastungsbetrag (§ 45b),
14. zusätzliche Leistungen für Pflegebedürftige in ambulant betreuten Wohngruppen (§ 45f),
15. Leistungen in gemeinschaftlichen Wohnformen mit Verträgen zur pflegerischen Versorgung gemäß § 92c (§ 45h),
16. Leistungen des Persönlichen Budgets nach § 29 des Neunten Buches gemäß § 35a.

(1a) Versicherte haben gegenüber ihrer Pflegekasse oder ihrem Versicherungsunternehmen Anspruch auf Pflegeberatung gemäß den §§ 7a und 7b.

(1b) Bis zum Erreichen des in § 45g Absatz 2 Satz 2 genannten Zeitpunkts haben Pflegebedürftige unter den Voraussetzungen des § 45g Absatz 1 Anspruch auf Anschubfinanzierung bei Gründung von ambulant betreuten Wohngruppen.

(2) Personen, die nach beamtenrechtlichen Vorschriften oder Grundsätzen bei Krankheit und Pflege Anspruch auf Beihilfe oder Heilfürsorge haben, erhalten die jeweils zustehenden Leistungen zur Hälfte; dies gilt auch für den Wert von Sachleistungen.

(3) Die Pflegekassen und die Leistungserbringer haben sicherzustellen, daß die Leistungen nach Absatz 1 nach allgemein anerkanntem Stand medizinisch-pflegerischer Erkenntnisse erbracht werden.

(4) Pflege schließt Sterbebegleitung mit ein; Leistungen anderer Sozialleistungsträger bleiben unberührt.

(5) 1In stationären Pflegeeinrichtungen schließen die Leistungen der medizinischen Behandlungspflege nach diesem Buch die in § 15a Absatz 1 Nummer 1 und 3 des Fünften Buches genannten Leistungen ein, wenn diese durch in § 15a des Fünften Buches genannte Pflegefachpersonen im Rahmen der Beschäftigung der Pflegefachpersonen bei der Pflegeeinrichtung erbracht werden. 2Satz 1 gilt nicht, soweit die Leistungen im Rahmen der vertragsärztlichen Versorgung nach dem Fünften Buch erbracht werden.

§ 28a Leistungen bei Pflegegrad 1

Bei Vorliegen des Pflegegrades 1 gewährt die Pflegeversicherung folgende Leistungen:

1. Pflegeberatung gemäß den §§ 7a und 7b,
2. Beratung in der eigenen Häuslichkeit gemäß § 37 Absatz 3,
3. Versorgung mit Pflegehilfsmitteln gemäß § 40,
4. finanzielle Zuschüsse für Maßnahmen zur Verbesserung des individuellen oder gemeinsamen Wohnumfelds gemäß § 40,
5. Leistungen zur ergänzenden Unterstützung bei der Nutzung von digitalen Pflegeanwendungen sowie zur Versorgung mit digitalen Pflegeanwendungen gemäß den §§ 39a, 40a und 40b,
6. Versorgung Pflegebedürftiger bei Inanspruchnahme von Vorsorge- oder Rehabilitationsleistungen durch die Pflegeperson gemäß § 42b,
7. einen monatlichen Zuschuss bei vollstationärer Pflege gemäß § 43 Absatz 3,
8. zusätzliche Betreuung und Aktivierung in stationären Pflegeeinrichtungen gemäß § 43b,
9. zusätzliche Leistungen bei Pflegezeit und kurzzeitiger Arbeitsverhinderung gemäß § 44a,
10. Pflegekurse für Angehörige und ehrenamtliche Pflegepersonen gemäß § 45,
11. den Entlastungsbetrag gemäß § 45b,
12. zusätzliche Leistungen für Pflegebedürftige in ambulant betreuten Wohngruppen gemäß § 45f,
13. die Anschubfinanzierung zur Gründung von ambulant betreuten Wohngruppen gemäß § 45g nach Maßgabe von § 28 Absatz 1b,
14. Leistungen in gemeinschaftlichen Wohnformen mit Verträgen zur pflegerischen Versorgung gemäß § 92c, soweit die Leistungen gemäß § 45h bei Pflegegrad 1 zur Anwendung kommen.

Zweiter Abschnitt
Gemeinsame Vorschriften

§ 29 Wirtschaftlichkeitsgebot

(1) 1Die Leistungen müssen wirksam und wirtschaftlich sein; sie dürfen das Maß des Notwendigen nicht übersteigen. 2Leistungen, die diese Voraussetzungen nicht erfüllen, können Pflegebedürftige nicht beanspruchen, dürfen die Pflegekassen nicht bewilligen und dürfen die Leistungserbringer nicht zu Lasten der sozialen Pflegeversicherung bewirken.

(2) Leistungen dürfen nur bei Leistungserbringern in Anspruch genommen werden, mit denen die Pflegekassen oder die für sie tätigen Verbände Verträge abgeschlossen haben.

§ 30 Dynamisierung

(1) Die im Vierten Kapitel dieses Buches benannten, ab 1. Januar 2024 geltenden Beträge für die Leistungen der Pflegeversicherung steigen zum 1. Januar 2025 um 4,5 Prozent und zum 1. Januar 2028 in Höhe des kumulierten Anstiegs der Kerninflationsrate in den letzten drei Kalenderjahren, für die zum Zeitpunkt der Erhöhung die entsprechenden Daten vorliegen, nicht jedoch stärker als der Anstieg der Bruttolohn- und Gehaltssumme je abhängig beschäftigten Arbeitnehmer im selben Zeitraum.

(2) Die neuen Beträge für die Leistungen der Pflegeversicherung werden vom Bundesministerium für Gesundheit jeweils im Bundesanzeiger bekannt gemacht.

§ 31 Vorrang der Rehabilitation vor Pflege

(1) 1Die Pflegekassen prüfen im Einzelfall, welche Leistungen zur medizinischen Rehabilitation und

ergänzenden Leistungen geeignet und zumutbar sind, Pflegebedürftigkeit zu überwinden, zu mindern oder ihre Verschlimmerung zu verhüten. $_{2}$Werden Leistungen nach diesem Buch gewährt, ist bei Nachuntersuchungen die Frage geeigneter und zumutbarer Leistungen zur medizinischen Rehabilitation mit zu prüfen.

(2) Die Pflegekassen haben bei der Einleitung und Ausführung der Leistungen zur Pflege sowie bei Beratung, Auskunft und Aufklärung mit den Trägern der Rehabilitation eng zusammenzuarbeiten, um Pflegebedürftigkeit zu vermeiden, zu überwinden, zu mindern oder ihre Verschlimmerung zu verhüten.

(3) $_{1}$Wenn eine Pflegekasse durch die gutachterlichen Feststellungen des Medizinischen Dienstes oder anderer von ihr beauftragter unabhängiger Gutachterinnen und Gutachter (§ 18b Absatz 1 Satz 1 Nummer 2 und Absatz 2) oder auf sonstige Weise feststellt, dass im Einzelfall Leistungen zur medizinischen Rehabilitation angezeigt sind, informiert sie schriftlich oder elektronisch unverzüglich den Versicherten sowie mit dessen Einwilligung schriftlich oder elektronisch die behandelnde Ärztin oder den behandelnden Arzt sowie Angehörige, Personen des Vertrauens der Versicherten oder Pflege- und Betreuungseinrichtungen, die den Versicherten versorgen, und leitet mit Einwilligung des Versicherten eine entsprechende Mitteilung dem zuständigen Rehabilitationsträger zu. $_{2}$Die Pflegekasse weist den Versicherten gleichzeitig auf seine Eigenverantwortung und Mitwirkungspflicht hin. $_{3}$Soweit der Versicherte eingewilligt hat, gilt die Mitteilung an den Rehabilitationsträger als Antragstellung für das Verfahren nach § 14 des Neunten Buches. $_{4}$Die Pflegekasse ist über die Leistungsentscheidung des zuständigen Rehabilitationsträgers unverzüglich zu informieren. $_{5}$Sie prüft in einem angemessenen zeitlichen Abstand, ob entsprechende Maßnahmen durchgeführt worden sind; soweit erforderlich, hat sie vorläufige Leistungen zur medizinischen Rehabilitation nach § 32 Absatz 1 zu erbringen.

§ 32 Vorläufige Leistungen zur medizinischen Rehabilitation

(1) Die Pflegekasse erbringt vorläufige Leistungen zur medizinischen Rehabilitation, wenn eine sofortige Leistungserbringung erforderlich ist, um eine unmittelbar drohende Pflegebedürftigkeit zu vermeiden, eine bestehende Pflegebedürftigkeit zu überwinden, zu mindern oder eine Verschlimmerung der Pflegebedürftigkeit zu verhüten, und sonst die sofortige Einleitung der Leistungen gefährdet wäre.

(2) Die Pflegekasse hat zuvor den zuständigen Träger zu unterrichten und auf die Eilbedürftigkeit der Leistungsgewährung hinzuweisen; wird dieser nicht rechtzeitig, spätestens jedoch vier Wochen nach Antragstellung, tätig, erbringt die Pflegekasse die Leistungen vorläufig.

§ 33 Leistungsvoraussetzungen

(1) $_{1}$Versicherte erhalten die Leistungen der Pflegeversicherung auf Antrag. $_{2}$Die Leistungen werden ab Antragstellung gewährt, frühestens jedoch von dem Zeitpunkt an, in dem die Anspruchsvoraussetzungen vorliegen. $_{3}$Wird der Antrag nicht in dem Kalendermonat, in dem die Pflegebedürftigkeit eingetreten ist, sondern später gestellt, werden die Leistungen vom Beginn des Monats der Antragstellung an gewährt. $_{4}$Die Zuordnung zu einem Pflegegrad und die Bewilligung von Leistungen können befristet werden und enden mit Ablauf der Frist. $_{5}$Die Befristung erfolgt, wenn und soweit eine Verringerung der Beeinträchtigungen der Selbständigkeit oder der Fähigkeiten nach der Einschätzung des Medizinischen Dienstes zu erwarten ist. $_{6}$Die Befristung kann wiederholt werden und schließt Änderungen bei der Zuordnung zu einem Pflegegrad und bei bewilligten Leistungen im Befristungszeitraum nicht aus, soweit dies durch Rechtsvorschriften des Sozialgesetzbuches angeordnet oder erlaubt ist. $_{7}$Der Befristungszeitraum darf insgesamt die Dauer von drei Jahren nicht überschreiten. $_{8}$Um eine nahtlose Leistungsgewährung sicherzustellen, hat die Pflegekasse vor Ablauf einer Befristung rechtzeitig zu prüfen und dem Pflegebedürftigen sowie der ihn betreuenden Pflegeeinrichtung mitzuteilen, ob Pflegeleistungen weiterhin bewilligt werden und welchem Pflegegrad der Pflegebedürftige zuzuordnen ist.

(2) $_{1}$Anspruch auf Leistungen besteht, wenn der Versicherte in den letzten zehn Jahren vor der Antragstellung mindestens zwei Jahre als Mitglied versichert oder nach § 25 familienversichert war. $_{2}$Zeiten der Weiterversicherung nach § 26 Abs. 2 werden bei der Ermittlung der nach Satz 1 erforderlichen Vorversicherungszeit mitberücksichtigt. $_{3}$Für versicherte Kinder gilt die Vorversicherungszeit nach Satz 1 als erfüllt, wenn ein Elternteil sie erfüllt.

(3) Personen, die wegen des Eintritts von Versicherungspflicht in der sozialen Pflegeversicherung oder von Familienversicherung nach § 25 aus der privaten Pflegeversicherung ausscheiden, ist die dort ununterbrochen zurückgelegte Versicherungszeit auf die Vorversicherungszeit nach Absatz 2 anzurechnen.

§ 33a Leistungsausschluss

$_{1}$Auf Leistungen besteht kein Anspruch, wenn sich Personen in den Geltungsbereich dieses Gesetzbuchs begeben, um in einer Versicherung nach § 20

Abs. 1 Satz 2 Nr. 12 oder auf Grund dieser Versicherung in einer Versicherung nach § 25 missbräuchlich Leistungen in Anspruch zu nehmen. $_{2}$Das Nähere zur Durchführung regelt die Pflegekasse in ihrer Satzung.

§ 34 Ruhen der Leistungsansprüche

(1) $_{1}$Der Anspruch auf Leistungen ruht:

1. solange sich der Versicherte im Ausland aufhält. $_{2}$Bei vorübergehendem Auslandsaufenthalt von bis zu acht Wochen im Kalenderjahr ist das Pflegegeld nach § 37 oder anteiliges Pflegegeld nach § 38 weiter zu gewähren. $_{3}$Für die Pflegesachleistung gilt dies nur, soweit die Pflegekraft, die ansonsten die Pflegesachleistung erbringt, den Pflegebedürftigen während des Auslandsaufenthaltes begleitet,
2. soweit Versicherte Entschädigungsleistungen wegen Pflegebedürftigkeit aus der gesetzlichen Unfallversicherung, nach dem Soldatenentschädigungsgesetz oder aus öffentlichen Kassen auf Grund gesetzlich geregelter Unfallversorgung oder Unfallfürsorge erhalten. $_{4}$Dies gilt auch, wenn vergleichbare Leistungen aus dem Ausland oder von einer zwischenstaatlichen oder überstaatlichen Einrichtung bezogen werden.

(1a) Der Anspruch auf Pflegegeld nach § 37 oder anteiliges Pflegegeld nach § 38 ruht nicht bei pflegebedürftigen Versicherten, die sich in einem Mitgliedstaat der Europäischen Union, einem Vertragsstaat des Abkommens über den Europäischen Wirtschaftsraum oder der Schweiz aufhalten.

(2) $_{1}$Der Anspruch auf Leistungen bei häuslicher Pflege ruht darüber hinaus, soweit im Rahmen des Anspruchs auf häusliche Krankenpflege (§ 37 des Fünften Buches) auch Anspruch auf Leistungen besteht, deren Inhalt den Leistungen nach § 36 entspricht, sowie für die Dauer des stationären Aufenthalts in einer Einrichtung im Sinne des § 71 Abs. 4, soweit § 39 nichts Abweichendes bestimmt. $_{2}$Pflegegeld nach § 37 oder anteiliges Pflegegeld nach § 38 ist in den ersten acht Wochen einer vollstationären Krankenhausbehandlung, einer häuslichen Krankenpflege mit Anspruch auf Leistungen, deren Inhalt den Leistungen nach § 36 entspricht, oder einer Aufnahme in Vorsorge- oder Rehabilitationseinrichtungen nach § 107 Absatz 2 des Fünften Buches weiter zu zahlen; bei Pflegebedürftigen, die ihre Pflege durch von ihnen beschäftigte besondere Pflegekräfte sicherstellen und bei denen § 63b Absatz 6 Satz 1 des Zwölften Buches Anwendung findet, wird das Pflegegeld nach § 37 oder anteiliges Pflegegeld nach § 38 auch über die ersten acht Wochen hinaus weiter gezahlt.

(3) Die Leistungen zur sozialen Sicherung nach den §§ 44 und 44a ruhen nicht

1. für die Dauer der häuslichen Krankenpflege,
2. bei vorübergehendem Auslandsaufenthalt des Versicherten von bis zu acht Wochen im Kalenderjahr,
3. bei Erholungsurlaub der Pflegeperson von bis zu acht Wochen im Kalenderjahr sowie
4. in den ersten acht Wochen einer vollstationären Krankenhausbehandlung oder einer stationären Leistung zur medizinischen Vorsorge oder Rehabilitation.

§ 35 Erlöschen der Leistungsansprüche

$_{1}$Der Anspruch auf Leistungen erlischt mit dem Ende der Mitgliedschaft, soweit in diesem Buch nichts Abweichendes bestimmt ist. $_{2}$§ 19 Absatz 1a des Fünften Buches gilt entsprechend. $_{3}$Endet die Mitgliedschaft durch Tod, erlöschen Ansprüche auf Kostenerstattung nach diesem Buch abweichend von § 59 des Ersten Buches nicht, wenn sie innerhalb von zwölf Monaten nach dem Tod des Berechtigten geltend gemacht werden.

§ 35a Teilnahme an einem Persönlichen Budget nach § 29 des Neunten Buches

$_{1}$Pflegebedürftigen werden auf Antrag die Leistungen nach den §§ 36, 37 Abs. 1, §§ 38, 40 Abs. 2 und § 41 durch ein Persönliches Budget nach § 29 des Neunten Buches erbracht; bei der Kombinationsleistung nach § 38 ist nur das anteilige und im Voraus bestimmte Pflegegeld als Geldleistung budgetfähig, die Sachleistungen nach den §§ 36, 38 und 41 dürfen nur in Form von Gutscheinen zur Verfügung gestellt werden, die zur Inanspruchnahme von zugelassenen Pflegeeinrichtungen nach diesem Buch berechtigen. $_{2}$Der Leistungsträger, der das Persönliche Budget nach § 29 Absatz 3 des Neunten Buches durchführt, hat sicherzustellen, dass eine den Vorschriften dieses Buches entsprechende Leistungsbewilligung und Verwendung der Leistungen durch den Pflegebedürftigen gewährleistet ist. $_{3}$Andere als die in Satz 1 genannten Leistungsansprüche bleiben ebenso wie die sonstigen Vorschriften dieses Buches unberührt.

Dritter Abschnitt
Leistungen

Erster Titel
Leistungen bei häuslicher Pflege

§ 36 Pflegesachleistung

(1) $_{1}$Pflegebedürftige der Pflegegrade 2 bis 5 haben bei häuslicher Pflege Anspruch auf körperbezogene Pflegemaßnahmen und pflegerische Betreuungsmaßnahmen sowie auf Hilfen bei der Haushaltsführung als Sachleistung (häusliche Pflegehilfe). $_{2}$Der

Anspruch umfasst pflegerische Maßnahmen in den in § 14 Absatz 2 genannten Bereichen Mobilität, kognitive und kommunikative Fähigkeiten, Verhaltensweisen und psychische Problemlagen, Selbstversorgung, Bewältigung von und selbständiger Umgang mit krankheits- oder therapiebedingten Anforderungen und Belastungen sowie Gestaltung des Alltagslebens und sozialer Kontakte.

(2) 1Häusliche Pflegehilfe wird erbracht, um Beeinträchtigungen der Selbständigkeit oder der Fähigkeiten des Pflegebedürftigen so weit wie möglich durch pflegerische Maßnahmen zu beseitigen oder zu mindern und eine Verschlimmerung der Pflegebedürftigkeit zu verhindern. 2Bestandteil der häuslichen Pflegehilfe ist auch die pflegefachliche Anleitung von Pflegebedürftigen und Pflegepersonen. 3Pflegerische Betreuungsmaßnahmen umfassen Unterstützungsleistungen zur Bewältigung und Gestaltung des alltäglichen Lebens im häuslichen Umfeld, insbesondere

1. bei der Bewältigung psychosozialer Problemlagen oder von Gefährdungen,
2. bei der Orientierung, bei der Tagesstrukturierung, bei der Kommunikation, bei der Aufrechterhaltung sozialer Kontakte und bei bedürfnisgerechten Beschäftigungen im Alltag sowie
3. durch Maßnahmen zur kognitiven Aktivierung.

(3) Der Anspruch auf häusliche Pflegehilfe umfasst je Kalendermonat

1. für Pflegebedürftige des Pflegegrades 2 Leistungen bis zu einem Gesamtwert von 796 Euro,
2. für Pflegebedürftige des Pflegegrades 3 Leistungen bis zu einem Gesamtwert von 1497 Euro,
3. für Pflegebedürftige des Pflegegrades 4 Leistungen bis zu einem Gesamtwert von 1859 Euro,
4. für Pflegebedürftige des Pflegegrades 5 Leistungen bis zu einem Gesamtwert von 2299 Euro.

(4) 1Häusliche Pflegehilfe ist auch zulässig, wenn Pflegebedürftige nicht in ihrem eigenen Haushalt gepflegt werden; sie ist nicht zulässig, wenn Pflegebedürftige in einer stationären Pflegeeinrichtung oder in einer Einrichtung oder in Räumlichkeiten im Sinne des § 71 Absatz 4 gepflegt werden. 2Häusliche Pflegehilfe wird durch geeignete Pflegekräfte erbracht, die entweder von der Pflegekasse oder bei ambulanten Pflegeeinrichtungen, mit denen die Pflegekasse einen Versorgungsvertrag abgeschlossen hat, angestellt sind. 3Dabei sind auch Kooperationen mit Anbietern haushaltsnaher Dienstleistungen möglich. 4Auch durch Einzelpersonen, mit denen die Pflegekasse einen Vertrag nach § 77 Absatz 1 abgeschlossen hat, kann häusliche Pflegehilfe als Sachleistung erbracht werden. 5Mehrere Pflegebedürftige können häusliche Pflegehilfe gemeinsam in Anspruch nehmen.

§ 37 Pflegegeld für selbst beschaffte Pflegehilfen

(1) 1Pflegebedürftige der Pflegegrade 2 bis 5 können anstelle der häuslichen Pflegehilfe ein Pflegegeld beantragen. 2Der Anspruch setzt voraus, dass der Pflegebedürftige mit dem Pflegegeld dessen Umfang entsprechend die erforderlichen körperbezogenen Pflegemaßnahmen und pflegerischen Betreuungsmaßnahmen sowie Hilfen bei der Haushaltsführung in geeigneter Weise selbst sicherstellt. 3Das Pflegegeld beträgt je Kalendermonat

1. 347 Euro für Pflegebedürftige des Pflegegrades 2,
2. 599 Euro für Pflegebedürftige des Pflegegrades 3,
3. 800 Euro für Pflegebedürftige des Pflegegrades 4,
4. 990 Euro für Pflegebedürftige des Pflegegrades 5.

(2) 1Besteht der Anspruch nach Absatz 1 nicht für den vollen Kalendermonat, ist der Geldbetrag entsprechend zu kürzen; dabei ist der Kalendermonat mit 30 Tagen anzusetzen. 2Die Hälfte des bisher bezogenen Pflegegeldes wird während einer Kurzzeitpflege nach § 42 und während einer Verhinderungspflege nach § 39 jeweils für bis zu acht Wochen je Kalenderjahr fortgewährt. 3Das Pflegegeld wird bis zum Ende des Kalendermonats geleistet, in dem der Pflegebedürftige gestorben ist. 4§ 118 Abs. 3 und 4 des Sechsten Buches gilt entsprechend, wenn für die Zeit nach dem Monat, in dem der Pflegebedürftige verstorben ist, Pflegegeld überwiesen wurde.

(3) 1Pflegebedürftige der Pflegegrade 2 bis 5, die Pflegegeld nach Absatz 1 beziehen, haben halbjährlich einmal eine Beratung in der eigenen Häuslichkeit abzurufen; Pflegebedürftige der Pflegegrade 4 und 5 können vierteljährlich einmal eine Beratung in der eigenen Häuslichkeit in Anspruch nehmen. 2Pflegebedürftige des Pflegegrades 1 haben Anspruch, halbjährlich einmal eine Beratung in der eigenen Häuslichkeit abzurufen. 3Beziehen Pflegebedürftige von einem ambulanten Pflegedienst Pflegesachleistungen, können sie ebenfalls halbjährlich einmal eine Beratung in der eigenen Häuslichkeit in Anspruch nehmen. 4Auf Wunsch der pflegebedürftigen Person erfolgt im Zeitraum vom 1. Juli 2022 bis einschließlich 31. März 2027 jede zweite Beratung abweichend von den Sätzen 1 bis 3 per Videokonferenz. 5Bei der Durchführung der Videokonferenz sind die nach § 365 Absatz 1 Satz 1 des Fünften Buches vereinbarten Anforde-

rungen an die technischen Verfahren zu Videosprechstunden einzuhalten. $_{6}$Die erstmalige Beratung nach den Sätzen 1 bis 3 hat in der eigenen Häuslichkeit zu erfolgen.

(3a) $_{1}$Die Beratung nach Absatz 3 dient der Sicherung der Qualität der häuslichen Pflege sowie der regelmäßigen Hilfestellung und der praktischen pflegefachlichen Unterstützung der häuslich Pflegenden. $_{2}$Wird im Rahmen der Beratung festgestellt, dass zur Stärkung der Selbständigkeit oder zur Sicherstellung der Versorgung des Pflegebedürftigen oder zur Entlastung der häuslich Pflegenden aus pflegefachlicher Sicht weitere Maßnahmen erforderlich oder zweckdienlich sind, so sind der Pflegebedürftige und die häuslich Pflegenden im Sinne einer planvollen Unterstützung unter Berücksichtigung der jeweiligen Pflegesituation und zur Vermeidung schwieriger Pflegesituationen insbesondere hinzuweisen auf

1. die Auskunfts-, Beratungs- und Unterstützungsangebote des für sie zuständigen Pflegestützpunktes,
2. die Pflegeberatung nach § 7a einschließlich der Möglichkeit der Erstellung eines Versorgungsplans,
3. die Möglichkeit der Inanspruchnahme von Pflegekursen nach § 45, auch in der häuslichen Umgebung des Pflegebedürftigen, und
4. sonstige geeignete Beratungs- oder Hilfsangebote.

$_{3}$Die Beratungsperson soll der jeweiligen Pflegesituation entsprechende Empfehlungen zur Inanspruchnahme der in Satz 2 genannten Möglichkeiten oder zu deren Kombination aussprechen und diese Empfehlungen mit Einwilligung des Pflegebedürftigen in den Nachweis über einen Beratungsbesuch nach Absatz 4 aufnehmen. $_{4}$Die Pflegekassen sind verpflichtet, die Pflegebedürftigen und die sie häuslich Pflegenden bei der Inanspruchnahme der in Satz 2 genannten Möglichkeiten zeitnah zu unterstützen.

(3b) Die Beratung nach Absatz 3 kann durchgeführt werden durch

1. einen zugelassenen Pflegedienst,
2. eine von den Landesverbänden der Pflegekassen nach Absatz 7 anerkannte Beratungsstelle mit nachgewiesener pflegefachlicher Kompetenz oder
3. eine von der Pflegekasse beauftragte, jedoch von ihr nicht beschäftigte Pflegefachperson, sofern die Durchführung der Beratung durch einen zugelassenen Pflegedienst vor Ort oder eine von den Landesverbänden der Pflegekassen nach Absatz 7 anerkannte Beratungsstelle mit nachgewiesener pflegefachlicher Kompetenz nicht gewährleistet werden kann.

(3c) $_{1}$Die Vergütung für die Beratung nach Absatz 3 einschließlich damit verbundener betriebsnotwendiger Investitionsaufwendungen ist von der zuständigen Pflegekasse, bei privat Pflegeversicherten von dem zuständigen privaten Versicherungsunternehmen zu tragen, im Fall der Beihilfeberechtigung anteilig von dem zuständigen Beihilfeträger. $_{2}$Die Höhe der Vergütung für die Beratung durch einen zugelassenen Pflegedienst oder durch eine von der Pflegekasse beauftragte Pflegefachperson vereinbaren die Pflegekassen oder deren Arbeitsgemeinschaften in entsprechender Anwendung des § 89 Absatz 1 und 3 mit dem Träger des zugelassenen Pflegedienstes oder mit der von der Pflegekasse beauftragten Pflegefachperson unter Berücksichtigung der Empfehlungen nach Absatz 5. $_{3}$Die Vergütung kann nach Pflegegraden gestaffelt werden. $_{4}$Über die Höhe der Vergütung anerkannter Beratungsstellen und von Beratungspersonen der kommunalen Gebietskörperschaften entscheiden die Landesverbände der Pflegekassen unter Zugrundelegung der im jeweiligen Land nach den Sätzen 2 und 4 vereinbarten Vergütungssätze jeweils für die Dauer eines Jahres. $_{5}$Die Landesverbände haben die jeweilige Festlegung der Vergütungshöhe in geeigneter Weise zu veröffentlichen.

(4) $_{1}$Die Pflegedienste und die anerkannten Beratungsstellen sowie die beauftragten Pflegefachpersonen haben die Durchführung der Beratungseinsätze gegenüber der Pflegekasse oder dem privaten Versicherungsunternehmen zu bestätigen sowie die bei dem Beratungsbesuch gewonnenen Erkenntnisse über die Möglichkeiten der Verbesserung der häuslichen Pflegesituation dem Pflegebedürftigen und mit dessen Einwilligung der Pflegekasse oder dem privaten Versicherungsunternehmen mitzuteilen, im Fall der Beihilfeberechtigung auch der zuständigen Beihilfefestsetzungsstelle. $_{2}$Der Spitzenverband Bund der Pflegekassen und die privaten Versicherungsunternehmen stellen ihnen für diese Mitteilung ein einheitliches Formular zur Verfügung. $_{3}$Die Pflegedienste und die anerkannten Beratungsstellen sowie die beauftragten Pflegefachpersonen übermitteln den in Satz 1 genannten Stellen das Nachweisformular im Wege elektronischer Datenübertragung oder maschinell verwertbar auf Datenträgern; das Nähere zum Verfahren regeln der Spitzenverband Bund der Pflegekassen und der Verband der privaten Krankenversicherung e. V. im Einvernehmen mit den Verbänden der Leistungserbringer. $_{4}$Erteilt die pflegebedürftige Person die Einwilligung nicht, ist jedoch nach Überzeugung der Beratungsperson eine weitergehende Beratung angezeigt, übermittelt die jeweilige Beratungsstelle diese Einschätzung über die Erforderlichkeit einer weitergehenden Beratung der zuständigen Pflege-

kasse oder dem zuständigen privaten Versicherungsunternehmen. 5Diese haben eine weitergehende Beratung nach § 7a anzubieten. 6Der beauftragte Pflegedienst und die anerkannte Beratungsstelle haben dafür Sorge zu tragen, dass für einen Beratungsbesuch im häuslichen Bereich Pflegekräfte eingesetzt werden, die spezifisches Wissen zu dem Krankheits- und Behinderungsbild sowie des sich daraus ergebenden Hilfebedarfs des Pflegebedürftigen mitbringen und über besondere Beratungskompetenz verfügen. 7Zudem soll bei der Planung für die Beratungsbesuche weitestgehend sichergestellt werden, dass der Beratungsbesuch bei einem Pflegebedürftigen möglichst auf Dauer von derselben Pflegekraft durchgeführt wird.

(5) 1Die Vertragsparteien nach § 113 beschließen gemäß § 113b bis zum 1. Januar 2018 unter Beachtung der in Absatz 4 festgelegten Anforderungen Empfehlungen zur Qualitätssicherung der Beratungsbesuche nach Absatz 3. 2Die Empfehlungen enthalten Ausführungen wenigstens

1. zu Beratungsstandards,
2. zur erforderlichen Qualifikation der Beratungspersonen sowie
3. zu erforderlichenfalls einzuleitenden Maßnahmen im Einzelfall.

3Fordert das Bundesministerium für Gesundheit oder eine Vertragspartei nach § 113 im Einvernehmen mit dem Bundesministerium für Gesundheit die Vertragsparteien schriftlich zum Beschluss neuer Empfehlungen nach Satz 1 auf, sind diese innerhalb von sechs Monaten nach Eingang der Aufforderung neu zu beschließen. 4Die Empfehlungen gelten für die anerkannten Beratungsstellen entsprechend.

(5a) 1Der Spitzenverband Bund der Pflegekassen beschließt mit dem Verband der privaten Krankenversicherung e. V. Richtlinien zur Aufbereitung, Bewertung und standardisierten Dokumentation der Erkenntnisse aus dem jeweiligen Beratungsbesuch, einschließlich der Erkenntnisse zu der Umsetzung der Empfehlungen nach Absatz 3a Satz 3 und 4, durch die Pflegekasse oder das private Versicherungsunternehmen. 2Die Richtlinien werden erst wirksam, wenn das Bundesministerium für Gesundheit sie genehmigt. 3Die Genehmigung gilt als erteilt, wenn die Richtlinien nicht innerhalb von zwei Monaten, nachdem sie dem Bundesministerium für Gesundheit vorgelegt worden sind, beanstandet werden. 4Beanstandungen des Bundesministeriums für Gesundheit sind innerhalb der von ihm gesetzten Frist zu beheben.

(6) Rufen Pflegebedürftige die Beratung nach Absatz 3 Satz 1 nicht ab, hat die Pflegekasse oder das private Versicherungsunternehmen das Pflegegeld angemessen zu kürzen und im Wiederholungsfall zu entziehen.

(7) 1Die Landesverbände der Pflegekassen haben neutrale und unabhängige Beratungsstellen zur Durchführung der Beratung nach den Absätzen 3 bis 4 anzuerkennen. 2Dem Antrag auf Anerkennung ist ein Nachweis über die erforderliche pflegefachliche Kompetenz der Beratungsstelle und ein Konzept zur Qualitätssicherung des Beratungsangebotes beizufügen. 3Die Landesverbände der Pflegekassen regeln das Nähere zur Anerkennung der Beratungsstellen.

(8) 1Die Beratungsbesuche nach Absatz 3 können auch von Pflegeberaterinnen und Pflegeberatern im Sinne des § 7a oder von Beratungspersonen der kommunalen Gebietskörperschaften, die die erforderliche pflegefachliche Kompetenz aufweisen, durchgeführt werden. 2Absatz 4 findet entsprechende Anwendung. 3Die Inhalte der Empfehlungen zur Qualitätssicherung der Beratungsbesuche nach Absatz 5 sind zu beachten.

(9) Beratungsbesuche nach Absatz 3 dürfen von Betreuungsdiensten im Sinne des § 71 Absatz 1a nicht durchgeführt werden.

§ 38 Kombination von Geldleistung und Sachleistung (Kombinationsleistung)

1Nimmt der Pflegebedürftige die ihm nach § 36 Absatz 3 zustehende Sachleistung nur teilweise in Anspruch, erhält er daneben ein anteiliges Pflegegeld im Sinne des § 37. 2Das Pflegegeld wird um den Vomhundertsatz vermindert, in dem der Pflegebedürftige Sachleistungen in Anspruch genommen hat. 3An die Entscheidung, in welchem Verhältnis er Geld- und Sachleistung in Anspruch nehmen will, ist der Pflegebedürftige für die Dauer von sechs Monaten gebunden. 4Anteiliges Pflegegeld wird während einer Kurzzeitpflege nach § 42 und während einer Verhinderungspflege nach § 39 jeweils für bis zu acht Wochen je Kalenderjahr in Höhe der Hälfte der vor Beginn der Kurzzeit- oder Verhinderungspflege geleisteten Höhe fortgewährt. 5Pflegebedürftige in vollstationären Einrichtungen der Hilfe für behinderte Menschen (§ 43a) haben Anspruch auf ungekürztes Pflegegeld anteilig für die Tage, an denen sie sich in häuslicher Pflege befinden.

§ 39 Verhinderungspflege

(1) 1Ist eine Pflegeperson, die einen Pflegebedürftigen mit mindestens Pflegegrad 2 in seiner häuslichen Umgebung pflegt, wegen Erholungsurlaubs, Krankheit oder aus anderen Gründen an der Pflege gehindert, übernimmt die Pflegekasse die nachgewiesenen Kosten einer notwendigen Ersatzpflege für den Pflegebedürftigen für längstens acht Wochen je Kalenderjahr; § 34 Absatz 2 Satz 1 gilt

nicht. 2Eine vorherige Antragstellung vor Durchführung der Ersatzpflege ist nicht erforderlich; die Übernahme der Ersatzpflegekosten setzt voraus, dass ein Antrag auf Erstattung unter Nachweis der Kosten bis zum Ablauf des Kalenderjahres gestellt wird, das auf die jeweilige Durchführung der Ersatzpflege folgt. 3Auf welche Höhe sich die Kostenübernahme für die Ersatzpflege durch die Pflegekasse belaufen darf, bestimmt sich nach den Absätzen 2 und 3.

(2) Wird die Ersatzpflege durch andere Personen sichergestellt als solche, die mit dem Pflegebedürftigen bis zum zweiten Grade verwandt oder verschwägert sind oder die mit ihm in häuslicher Gemeinschaft leben, dürfen sich die Aufwendungen der Pflegekasse für die Ersatzpflegekosten je Kalenderjahr höchstens bis auf die Höhe des Gemeinsamen Jahresbetrags nach § 42a belaufen.

(3) 1Wird die Ersatzpflege durch Ersatzpflegepersonen sichergestellt, die mit dem Pflegebedürftigen bis zum zweiten Grade verwandt oder verschwägert sind oder die mit ihm in häuslicher Gemeinschaft leben, dürfen sich die Aufwendungen der Pflegekasse je Kalenderjahr höchstens bis auf die Höhe des Gemeinsamen Jahresbetrags nach § 42a belaufen, wenn die Ersatzpflege von diesen Personen erwerbsmäßig ausgeübt wird. 2Wird die Ersatzpflege von diesen Personen nicht erwerbsmäßig ausgeübt, dürfen die Aufwendungen der Pflegekasse im Kalenderjahr regelmäßig den für den Pflegegrad des Pflegebedürftigen geltenden Betrag des Pflegegeldes nach § 37 Absatz 1 Satz 3 für bis zu zwei Monate nicht überschreiten. 3Auf Nachweis können von der Pflegekasse bei einer Ersatzpflege nach Satz 2 notwendige Aufwendungen, die der Ersatzpflegeperson im Zusammenhang mit der Ersatzpflege entstanden sind, auch über diesen Betrag hinaus übernommen werden. 4Die Aufwendungen der Pflegekasse nach den Sätzen 2 und 3 zusammen dürfen im Kalenderjahr den Gemeinsamen Jahresbetrag nach § 42a nicht übersteigen.

§ 39a Ergänzende Unterstützung bei Nutzung von digitalen Pflegeanwendungen

Pflegebedürftige haben bei der Nutzung digitaler Pflegeanwendungen im Sinne des § 40a Anspruch auf ergänzende Unterstützungsleistungen, deren Erforderlichkeit das Bundesinstitut für Arzneimittel und Medizinprodukte nach § 78a Absatz 5 Satz 6 festgestellt hat, durch nach diesem Buch zugelassene ambulante Pflegeeinrichtungen.

§ 40 Pflegehilfsmittel und wohnumfeldverbessernde Maßnahmen

(1) 1Pflegebedürftige haben Anspruch auf Versorgung mit Pflegehilfsmitteln, die zur Erleichterung der Pflege oder zur Linderung der Beschwerden des Pflegebedürftigen beitragen oder ihm eine selbständigere Lebensführung ermöglichen, soweit die Hilfsmittel nicht wegen Krankheit oder Behinderung von der Krankenversicherung oder anderen zuständigen Leistungsträgern zu leisten sind. 2Die Pflegekasse kann in geeigneten Fällen die Notwendigkeit der Versorgung mit den beantragten Pflegehilfsmitteln unter Beteiligung einer Pflegefachperson oder des Medizinischen Dienstes überprüfen lassen. 3Entscheiden sich Versicherte für eine Ausstattung des Pflegehilfsmittels, die über das Maß des Notwendigen hinausgeht, haben sie die Mehrkosten und die dadurch bedingten Folgekosten selbst zu tragen. 4§ 33 Abs. 6 und 7 des Fünften Buches gilt entsprechend.

(2) 1Die Aufwendungen der Pflegekassen für zum Verbrauch bestimmte Pflegehilfsmittel dürfen monatlich den Betrag von 42 Euro nicht übersteigen. 2Die Leistung kann auch in Form einer Kostenerstattung erbracht werden.

(3) 1Die Pflegekassen sollen technische Pflegehilfsmittel in allen geeigneten Fällen vorrangig leihweise überlassen. 2Sie können die Bewilligung davon abhängig machen, daß die Pflegebedürftigen sich das Pflegehilfsmittel anpassen oder sich selbst oder die Pflegeperson in seinem Gebrauch ausbilden lassen. 3Der Anspruch umfaßt auch die notwendige Änderung, Instandsetzung und Ersatzbeschaffung von Pflegehilfsmitteln sowie die Ausbildung in ihrem Gebrauch. 4Versicherte, die das 18. Lebensjahr vollendet haben, haben zu den Kosten der Pflegehilfsmittel mit Ausnahme der Pflegehilfsmittel nach Absatz 2 eine Zuzahlung von zehn vom Hundert, höchstens jedoch 25 Euro je Pflegehilfsmittel an die abgebende Stelle zu leisten. 5Zur Vermeidung von Härten kann die Pflegekasse den Versicherten in entsprechender Anwendung des § 62 Abs. 1 Satz 1, 2 und 6 sowie Abs. 2 und 3 des Fünften Buches ganz oder teilweise von der Zuzahlung befreien. 6Versicherte, die die für sie geltende Belastungsgrenze nach § 62 des Fünften Buches erreicht haben oder unter Berücksichtigung der Zuzahlung nach Satz 4 erreichen, sind hinsichtlich des die Belastungsgrenze überschreitenden Betrags von der Zuzahlung nach diesem Buch befreit. 7Lehnen Versicherte die teilweise Überlassung eines Pflegehilfsmittels ohne zwingenden Grund ab, haben sie die Kosten des Pflegehilfsmittels in vollem Umfang selbst zu tragen.

(4) 1Die Pflegekassen können subsidiär finanzielle Zuschüsse für Maßnahmen zur Verbesserung des individuellen Wohnumfeldes des Pflegebedürftigen gewähren, beispielsweise für technische Hilfen im Haushalt, wenn dadurch im Einzelfall die häusliche Pflege ermöglicht oder erheblich erleichtert oder eine möglichst selbständige Lebensführung des

Pflegebedürftigen wiederhergestellt wird. $_{2}$Die Zuschüsse dürfen einen Betrag in Höhe von 4180 Euro je Maßnahme nicht übersteigen. $_{3}$Leben mehrere Pflegebedürftige in einer gemeinsamen Wohnung, dürfen die Zuschüsse für Maßnahmen zur Verbesserung des gemeinsamen Wohnumfeldes einen Betrag in Höhe von 4180 Euro je Pflegebedürftigem nicht übersteigen. $_{4}$Der Gesamtbetrag je Maßnahme nach Satz 3 ist auf 16 720 Euro begrenzt und wird bei mehr als vier Anspruchsberechtigten anteilig auf die Versicherungsträger der Anspruchsberechtigten aufgeteilt. $_{5}$§ 40 Absatz 1 Satz 2 gilt entsprechend.

(5) $_{1}$Für Hilfsmittel und Pflegehilfsmittel, die sowohl den in § 23 und § 33 des Fünften Buches als auch den in Absatz 1 genannten Zwecken dienen können, prüft der Leistungsträger, bei dem die Leistung beantragt wird, ob ein Anspruch gegenüber der Krankenkasse oder der Pflegekasse besteht und entscheidet über die Bewilligung der Hilfsmittel und Pflegehilfsmittel. $_{2}$Zur Gewährleistung einer Absatz 1 Satz 1 entsprechenden Abgrenzung der Leistungsverpflichtungen der gesetzlichen Krankenversicherung und der sozialen Pflegeversicherung werden die Ausgaben für Hilfsmittel und Pflegehilfsmittel zwischen der jeweiligen Krankenkasse und der bei ihr errichteten Pflegekasse in einem bestimmten Verhältnis pauschal aufgeteilt. $_{3}$Der Spitzenverband Bund der Krankenkassen bestimmt in Richtlinien, die erstmals bis zum 30. April 2012 zu beschließen sind, die Hilfsmittel und Pflegehilfsmittel nach Satz 1, das Verhältnis, in dem die Ausgaben aufzuteilen sind, sowie die Einzelheiten zur Umsetzung der Pauschalierung. $_{4}$Er berücksichtigt dabei die bisherigen Ausgaben der Kranken- und Pflegekassen und stellt sicher, dass bei der Aufteilung die Zielsetzung der Vorschriften des Fünften Buches und dieses Buches zur Hilfsmittelversorgung sowie die Belange der Versicherten gewahrt bleiben. $_{5}$Die Richtlinien bedürfen der Genehmigung des Bundesministeriums für Gesundheit und treten am ersten Tag des auf die Genehmigung folgenden Monats in Kraft; die Genehmigung kann mit Auflagen verbunden werden. $_{6}$Die Richtlinien sind für die Kranken- und Pflegekassen verbindlich. $_{7}$Für die nach Satz 3 bestimmten Hilfsmittel und Pflegehilfsmittel richtet sich die Zuzahlung nach den §§ 33, 61 und 62 des Fünften Buches; für die Prüfung des Leistungsanspruchs gilt § 275 Absatz 3 des Fünften Buches. $_{8}$Die Regelungen dieses Absatzes gelten nicht für Ansprüche auf Hilfsmittel oder Pflegehilfsmittel von Pflegebedürftigen, die sich in vollstationärer Pflege befinden, sowie von Pflegebedürftigen nach § 28 Absatz 2.

(6) $_{1}$Pflegefachpersonen können im Rahmen ihrer Leistungserbringung nach § 36, nach den §§ 37 und 37c des Fünften Buches sowie im Rahmen der Beratungseinsätze nach § 37 Absatz 3 konkrete Empfehlungen zur Hilfsmittel- und Pflegehilfsmittelversorgung abgeben. $_{2}$Wird ein Pflegehilfsmittel oder ein Hilfsmittel, das den Zielen von Absatz 1 Satz 1 dient, von einer Pflegefachperson bei der Antragstellung empfohlen, werden unter den in den Richtlinien nach § 17a festgelegten Voraussetzungen die Notwendigkeit der Versorgung nach Absatz 1 Satz 2 und die Erforderlichkeit der Versorgung nach § 33 Absatz 1 des Fünften Buches vermutet. $_{3}$Die Empfehlung der Pflegefachperson darf bei der Antragstellung nicht älter als zwei Wochen sein. $_{4}$Einer vertragsärztlichen Verordnung gemäß § 33 Absatz 5a des Fünften Buches oder einer Verordnung einer Pflegefachperson nach § 15a Absatz 1 Nummer 2 des Fünften Buches bedarf es bei Vorliegen einer Empfehlung nach Satz 1 nicht. $_{5}$Die Empfehlung der Pflegefachperson für ein Pflegehilfsmittel oder ein Hilfsmittel, das den Zielen des Absatz 1 Satz 1 dient, ist der Kranken- oder Pflegekasse zusammen mit dem Antrag des Versicherten in Textform zu übermitteln. $_{6}$In welchen Fällen und für welche Pflegehilfsmittel und Hilfsmittel die Notwendigkeit oder Erforderlichkeit der Versorgung nach Satz 2 vermutet wird sowie das Nähere zum Verfahren der Empfehlung durch die Pflegefachperson bei Antragstellung, bestimmt sich nach den Festlegungen in den Richtlinien des Spitzenverbandes Bund der Pflegekassen gemäß § 17a.

(7) $_{1}$Die Pflegekasse hat über einen Antrag auf Pflegehilfsmittel oder Zuschüsse zu wohnumfeldverbessernden Maßnahmen zügig, spätestens bis zum Ablauf von drei Wochen nach Antragseingang oder in Fällen, in denen eine Pflegefachperson oder der Medizinische Dienst nach Absatz 1 Satz 2 beteiligt wird, innerhalb von fünf Wochen nach Antragseingang zu entscheiden. $_{2}$Über einen Antrag auf ein Pflegehilfsmittel, das von einer Pflegefachperson bei der Antragstellung nach Absatz 6 Satz 2 empfohlen wurde, hat die Pflegekasse zügig, spätestens bis zum Ablauf von drei Wochen nach Antragseingang, zu entscheiden. $_{3}$Kann die Pflegekasse die Fristen nach Satz 1 oder Satz 2 nicht einhalten, teilt sie dies den Antragstellern unter Darlegung der Gründe rechtzeitig schriftlich mit. $_{4}$Erfolgt keine Mitteilung eines hinreichenden Grundes, gilt die Leistung nach Ablauf der Frist als genehmigt.

§ 40a Digitale Pflegeanwendungen

(1) Pflegebedürftige haben Anspruch auf Versorgung mit Anwendungen, die wesentlich auf digitalen Technologien beruhen und von den Pflegebedürftigen oder in der Interaktion von Pflegebedürftigen mit Angehörigen, sonstigen ehrenamtlich Pflegenden oder zugelassenen ambulanten Pflege-

einrichtungen genutzt werden, um Beeinträchtigungen der Selbständigkeit oder der Fähigkeiten des Pflegebedürftigen zu mindern oder einer Verschlimmerung der Pflegebedürftigkeit entgegenzuwirken, soweit die Anwendung nicht wegen Krankheit oder Behinderung von der Krankenversicherung oder anderen zuständigen Leistungsträgern zu leisten ist (digitale Pflegeanwendungen).

(1a) 1Digitale Pflegeanwendungen im Sinne des Absatzes 1 sind auch solche Anwendungen, die pflegende Angehörige oder sonstige ehrenamtlich Pflegende in den in § 14 Absatz 2 genannten Bereichen oder bei der Haushaltsführung unterstützen und die häusliche Versorgungssituation des Pflegebedürftigen stabilisieren. 2Keine digitalen Pflegeanwendungen im Sinne des Absatzes 1 sind insbesondere Anwendungen, deren Zweck dem allgemeinen Lebensbedarf oder der allgemeinen Lebensführung dient, sowie Anwendungen zur Arbeitsorganisation von ambulanten Pflegeeinrichtungen, zur Wissensvermittlung, Information oder Kommunikation, zur Beantragung oder Verwaltung von Leistungen oder andere digitale Anwendungen, die ausschließlich auf Auskunft oder Beratung zur Auswahl und Inanspruchnahme von Sozialleistungen oder sonstigen Hilfsangeboten ausgerichtet sind.

(1b) Sofern digitale Pflegeanwendungen nach den geltenden medizinprodukterechtlichen Vorschriften Medizinprodukte sind, umfasst der Anspruch nur digitale Pflegeanwendungen, die nach § 33a Absatz 2 des Fünften Buches Medizinprodukte mit niedriger Risikoklasse sind.

(2) 1Der Anspruch umfasst nur digitale Pflegeanwendungen, die vom Bundesinstitut für Arzneimittel und Medizinprodukte in das Verzeichnis für digitale Pflegeanwendungen nach § 78a Absatz 3 aufgenommen sind. 2Die Pflegekasse entscheidet auf Antrag des Pflegebedürftigen über die Notwendigkeit der Versorgung des Pflegebedürftigen mit einer digitalen Pflegeanwendung. 3Die erstmalige Bewilligung ist zu befristen. 4Die Befristung darf höchstens sechs Monate betragen. 5Innerhalb der Frist hat die Pflegekasse eine Prüfung vorzunehmen und eine unbefristete Bewilligung zu erteilen, wenn die Prüfung ergibt, dass die digitale Pflegeanwendung genutzt und die Zwecksetzung der Versorgung mit der digitalen Pflegeanwendung gemäß Absatz 1 bezogen auf die konkrete Versorgungssituation erreicht wird. 6Die Pflegekasse darf dazu die pflegebedürftige Person befragen. 7Ein erneuter Antrag ist nicht erforderlich. 8Entscheiden sich Pflegebedürftige für eine digitale Pflegeanwendung, deren Funktionen oder Anwendungsbereiche über die in das Verzeichnis für digitale Pflegeanwendungen nach § 78a Absatz 3 aufgenommenen digitalen Pflegeanwendungen hinausgehen, haben sie die Mehrkosten selbst zu tragen.

(3) Ansprüche nach anderen Vorschriften dieses Buches bleiben unberührt.

(4) Die Hersteller stellen den Anspruchsberechtigten digitale Pflegeanwendungen barrierefrei im Wege elektronischer Übertragung über öffentlich zugängliche Netze, auf maschinell lesbaren Datenträgern oder über digitale Vertriebsplattformen zur Verfügung.

§ 40b Leistungsanspruch beim Einsatz digitaler Pflegeanwendungen

(1) Bewilligt die Pflegekasse die Versorgung mit einer oder mehreren digitalen Pflegeanwendungen, so hat die pflegebedürftige Person Anspruch auf

1. die Erstattung von Aufwendungen für digitale Pflegeanwendungen nach § 40a bis zur Höhe von insgesamt 40 Euro im Kalendermonat und
2. ergänzende Unterstützungsleistungen durch ambulante Pflegeeinrichtungen nach § 39a bis zur Höhe von insgesamt 30 Euro im Kalendermonat.

(2) Die Pflegekasse informiert den Pflegebedürftigen barrierefrei in schriftlicher oder elektronischer Form über die Kosten, die von ihm für die digitale Pflegeanwendung, einschließlich der Mehrkosten nach § 40a Absatz 2 Satz 8, selbst zu tragen sind, und über die Kosten, die von ihm für ergänzende Unterstützungsleistungen selbst zu tragen sind.

Zweiter Titel
Teilstationäre Pflege und Kurzzeitpflege

§ 41 Tagespflege und Nachtpflege

(1) 1Pflegebedürftige der Pflegegrade 2 bis 5 haben Anspruch auf teilstationäre Pflege in Einrichtungen der Tages- oder Nachtpflege, wenn häusliche Pflege nicht in ausreichendem Umfang sichergestellt werden kann oder wenn dies zur Ergänzung oder Stärkung der häuslichen Pflege erforderlich ist. 2Die teilstationäre Pflege umfaßt auch die notwendige Beförderung des Pflegebedürftigen von der Wohnung zur Einrichtung der Tagespflege oder der Nachtpflege und zurück.

(2) 1Die Pflegekasse übernimmt im Rahmen der Leistungsbeträge nach Satz 2 die pflegebedingten Aufwendungen der teilstationären Pflege einschließlich der Aufwendungen für Betreuung und die Aufwendungen für die in der Einrichtung notwendigen Leistungen der medizinischen Behandlungspflege. 2Der Anspruch auf teilstationäre Pflege umfasst je Kalendermonat

1. für Pflegebedürftige des Pflegegrades 2 einen Gesamtwert bis zu 721 Euro,

2. für Pflegebedürftige des Pflegegrades 3 einen Gesamtwert bis zu 1357 Euro,
3. für Pflegebedürftige des Pflegegrades 4 einen Gesamtwert bis zu 1685 Euro,
4. für Pflegebedürftige des Pflegegrades 5 einen Gesamtwert bis zu 2085 Euro.

(3) Pflegebedürftige der Pflegegrade 2 bis 5 können teilstationäre Tages- und Nachtpflege zusätzlich zu ambulanten Pflegesachleistungen, Pflegegeld oder der Kombinationsleistung nach § 38 in Anspruch nehmen, ohne dass eine Anrechnung auf diese Ansprüche erfolgt.

§ 42 Kurzzeitpflege

(1) $_1$Kann die häusliche Pflege zeitweise nicht, noch nicht oder nicht im erforderlichen Umfang erbracht werden und reicht auch teilstationäre Pflege nicht aus, besteht für Pflegebedürftige der Pflegegrade 2 bis 5 Anspruch auf Pflege in einer vollstationären Einrichtung. $_2$Dies gilt:

1. für eine Übergangszeit im Anschluß an eine stationäre Behandlung des Pflegebedürftigen oder
2. in sonstigen Krisensituationen oder anderen Situationen, in denen vorübergehend häusliche oder teilstationäre Pflege nicht möglich oder nicht ausreichend ist.

(2) $_1$Der Anspruch auf Kurzzeitpflege ist auf acht Wochen pro Kalenderjahr beschränkt. $_2$Die Pflegekasse übernimmt die pflegebedingten Aufwendungen einschließlich der Aufwendungen für Betreuung sowie die Aufwendungen für Leistungen der medizinischen Behandlungspflege pro Kalenderjahr höchstens bis zu einem Betrag in Höhe des Gemeinsamen Jahresbetrags nach § 42a.

(3) $_1$Abweichend von den Absätzen 1 und 2 besteht der Anspruch auf Kurzzeitpflege in begründeten Einzelfällen bei zu Hause gepflegten Pflegebedürftigen auch in geeigneten Einrichtungen der Hilfe für behinderte Menschen und anderen geeigneten Einrichtungen, wenn die Pflege in einer von den Pflegekassen zur Kurzzeitpflege zugelassenen Pflegeeinrichtung nicht möglich ist oder nicht zumutbar erscheint. $_2$§ 34 Abs. 2 Satz 1 findet keine Anwendung. $_3$Sind in dem Entgelt für die Einrichtung Kosten für Unterkunft und Verpflegung sowie Aufwendungen für Investitionen enthalten, ohne gesondert ausgewiesen zu sein, so sind 60 vom Hundert des Entgelts zuschussfähig. $_4$In begründeten Einzelfällen kann die Pflegekasse in Ansehung der Kosten für Unterkunft und Verpflegung sowie der Aufwendungen für Investitionen davon abweichende pauschale Abschläge vornehmen.

Dritter Titel
Gemeinsamer Jahresbetrag für Verhinderungspflege und Kurzzeitpflege

§ 42a Gemeinsamer Jahresbetrag

(1) Pflegebedürftige mit mindestens Pflegegrad 2 haben Anspruch auf Leistungen der Verhinderungspflege nach Maßgabe des § 39 sowie Leistungen der Kurzzeitpflege nach Maßgabe des § 42 in Höhe eines Gesamtleistungsbetrages von insgesamt bis zu 3539 Euro je Kalenderjahr (Gemeinsamer Jahresbetrag).

(2) $_1$Werden Leistungen der Verhinderungspflege durch Pflegeeinrichtungen erbracht, haben diese der Pflegekasse des Pflegebedürftigen die Leistungserbringung und deren Umfang spätestens bis zum Ende des auf den Monat der Leistungserbringung folgenden Kalendermonats anzuzeigen. $_2$Die Anzeige gilt als erfolgt, wenn die zur Kostenerstattung im Rahmen der Verhinderungspflege erforderlichen Nachweise und Unterlagen innerhalb dieses Zeitraums bei der Pflegekasse eingereicht worden sind und die Pflegeeinrichtung hierüber nachweisbar sichere Kenntnis hat. $_3$Werden Leistungen der Kurzzeitpflege erbracht und wird deren Abrechnung gegenüber der Pflegekasse des Pflegebedürftigen nicht bis zum Ende des auf den Monat der Leistungserbringung folgenden Kalendermonats vorgenommen, ist durch den Leistungserbringer bis zum Ablauf dieses Zeitraums die Leistungserbringung und deren Umfang gegenüber der Pflegekasse anzuzeigen.

(3) $_1$Erbringen Pflegeeinrichtungen Leistungen im Rahmen der Verhinderungspflege oder der Kurzzeitpflege, haben die Pflegeeinrichtungen den Pflegebedürftigen im Anschluss an die Leistungserbringung unverzüglich eine schriftliche Übersicht über die dafür angefallenen Aufwendungen zu übermitteln oder auszuhändigen; auf der Übersicht ist deutlich erkennbar auszuweisen, welcher Betrag davon zur Abrechnung über den Gemeinsamen Jahresbetrag vorgesehen ist. $_2$Die Übersicht kann mit Zustimmung des Pflegebedürftigen auch in Textform übermittelt werden. $_3$Sofern es sich bei den Leistungserbringenden nicht um natürliche Personen handelt, finden die Sätze 1 und 2 auf andere Erbringer von Leistungen im Rahmen der Verhinderungspflege oder der Kurzzeitpflege entsprechende Anwendung.

Vierter Titel
Pflegerische Versorgung bei Vorsorge- oder Rehabilitationsmaßnahmen der Pflegeperson

§ 42b Versorgung Pflegebedürftiger bei Inanspruchnahme von Vorsorge- oder Rehabilitationsleistungen durch die Pflegeperson

(1) $_{1}$Pflegebedürftige haben ab dem 1. Juli 2024 Anspruch auf Versorgung in zugelassenen Vorsorge- oder Rehabilitationseinrichtungen, wenn dort gleichzeitig Leistungen zur medizinischen Vorsorge oder Rehabilitation einschließlich der erforderlichen Unterkunft und Verpflegung nach § 23 Absatz 4 Satz 1 des Fünften Buches, nach § 40 Absatz 2 Satz 1 des Fünften Buches oder nach § 15 Absatz 2 des Sechsten Buches oder eine vergleichbare stationäre Vorsorge- oder Rehabilitationsmaßnahme von einer Pflegeperson des Pflegebedürftigen in Anspruch genommen werden. $_{2}$Leistungen nach dieser Vorschrift werden nur erbracht, wenn kein Anspruch auf Versorgung des Pflegebedürftigen nach § 40 Absatz 3a Satz 1 des Fünften Buches besteht.

(2) $_{1}$Der Anspruch nach Absatz 1 setzt voraus, dass die pflegerische Versorgung der Pflegebedürftigen in der Vorsorge- oder Rehabilitationseinrichtung für die Dauer der Leistungen zur stationären Vorsorge oder zur medizinischen Rehabilitation sichergestellt ist. $_{2}$Zur Erbringung der körperbezogenen Pflegemaßnahmen und pflegerischen Betreuungsmaßnahmen sowie der Leistungen der medizinischen Behandlungspflege kann die Vorsorge- oder Rehabilitationseinrichtung eine nach § 72 zugelassene ambulante Pflegeeinrichtung einsetzen. $_{3}$Kann die pflegerische Versorgung in der Vorsorge- oder Rehabilitationseinrichtung nicht sichergestellt werden, kann der Anspruch auch in einer nach § 72 zugelassenen vollstationären Pflegeeinrichtung wahrgenommen werden.

(3) $_{1}$Der Anspruch nach Absatz 1 umfasst die pflegebedingten Aufwendungen einschließlich der Aufwendungen für Betreuung, die Aufwendungen für Leistungen der medizinischen Behandlungspflege, die Unterkunft und Verpflegung sowie die Übernahme der betriebsnotwendigen Investitionsaufwendungen. $_{2}$Pflegebedürftige haben Anspruch auf Erstattung der erforderlichen Fahr- und Gepäcktransportkosten, die im Zusammenhang mit der Versorgung in einer zugelassenen Vorsorge- oder Rehabilitationseinrichtung oder vollstationären Pflegeeinrichtung nach Absatz 2 entstehen. $_{3}$Erstattungsfähig sind nach vorheriger Antragstellung auch Kosten für besondere Beförderungsmittel, deren Inanspruchnahme wegen der Art oder Schwere der Pflegebedürftigkeit erforderlich ist.

(4) $_{1}$Stellt die Pflegeperson einen Antrag auf Leistungen zur medizinischen Vorsorge nach § 23 Absatz 4 Satz 1 des Fünften Buches oder Leistungen zur medizinischen Rehabilitation nach § 40 Absatz 2 Satz 1 des Fünften Buches oder nach § 15 Absatz 1 des Sechsten Buches und wünscht die Versorgung des Pflegebedürftigen in derselben Einrichtung, stellt der Antrag zugleich einen Antrag des Pflegebedürftigen auf Leistungen nach Absatz 1 Satz 1 an die Pflegekasse oder das private Versicherungsunternehmen dar, das die private Pflege-Pflichtversicherung durchführt, sofern der Pflegebedürftige zustimmt. $_{2}$Die Pflegekasse oder das private Versicherungsunternehmen, das die private Pflege-Pflichtversicherung durchführt, prüft mit den nach § 23 Absatz 5 Satz 1 des Fünften Buches oder § 40 Absatz 3 Satz 1 des Fünften Buches benannten Einrichtungen, ob die Versorgung des Pflegebedürftigen in der Einrichtung möglich ist, und holt deren Einverständnis ein. $_{3}$Liegt das Einverständnis der Einrichtung vor, informiert die Pflegekasse oder das private Versicherungsunternehmen unverzüglich die Krankenkasse. $_{4}$Über den Antrag auf Leistungen nach Absatz 1 Satz 1 ist unverzüglich zu entscheiden. $_{5}$Sollen die Pflegebedürftigen in einer anderen Einrichtung als der Vorsorge- oder Rehabilitationseinrichtung versorgt werden, koordiniert die Pflegekasse oder das private Versicherungsunternehmen des Pflegebedürftigen auf Wunsch der Pflegeperson und mit Einwilligung des Pflegebedürftigen dessen Versorgung.

(5) $_{1}$Die Pflegekasse oder das private Versicherungsunternehmen, das die private Pflege- Pflichtversicherung durchführt, hat unmittelbar der Vorsorge- oder Rehabilitationseinrichtung die pflegebedingten Aufwendungen einschließlich der Aufwendungen für Betreuung und für Leistungen der medizinischen Behandlungspflege, die Kosten für Unterkunft und Verpflegung sowie die betriebsnotwendigen Investitionsaufwendungen gemäß Absatz 3 zu erstatten. $_{2}$Die Vergütung erfolgt nach dem durchschnittlichen Gesamtheimentgelt nach § 87a Absatz 1 Satz 1 aller zur Kurzzeitpflege zugelassenen Pflegeeinrichtungen im jeweiligen Land. $_{3}$Das durchschnittliche Gesamtheimentgelt wird durch die Landesverbände der Pflegekassen auf Grundlage der am 31. Dezember des vorangehenden Jahres gültigen Gesamtheimentgelte ermittelt und jeweils ab dem 1. April für die Dauer eines Jahres bis zum 31. März festgelegt. $_{4}$Die Landesverbände haben die jeweilige Festlegung der Vergütungshöhe in geeigneter Weise zu veröffentlichen. $_{5}$Erfolgt die Versorgung des Pflegebedürftigen gemäß Absatz 2 Satz 3 in einer zugelassenen vollstationären Pflegeeinrichtung, hat die Pflegekasse oder das private Versicherungsunternehmen

die pflegebedingten Aufwendungen einschließlich der Aufwendungen für Betreuung, die Aufwendungen für Leistungen der medizinischen Behandlungspflege sowie die Entgelte für Unterkunft und Verpflegung und die betriebsnotwendigen Investitionsaufwendungen im Umfang des für diese Pflegeeinrichtung geltenden Gesamtheimentgelts unmittelbar der Pflegeeinrichtung zu erstatten.

(6) Abweichend von § 34 Absatz 2 ruht der Anspruch auf Leistungen bei häuslicher Pflege einschließlich des Pflegegeldes oder anteiligen Pflegegeldes, solange sich die Pflegeperson in der Vorsorge- oder Rehabilitationseinrichtung befindet und der Pflegebedürftige nach Absatz 1 Satz 1 oder § 40 Absatz 3a Satz 1 des Fünften Buches versorgt wird; § 34 Absatz 2 Satz 2 zweiter Halbsatz und Absatz 3 bleibt unberührt.

$_{1}$Der Spitzenverband Bund der Pflegekassen, der Spitzenverband Bund der Krankenkassen, der Verband der privaten Krankenversicherung e. V. und die für die Wahrnehmung der Interessen der Vorsorge- und Rehabilitationseinrichtungen und der Einrichtungen des Müttergenesungswerks oder gleichartiger Einrichtungen auf Bundesebene maßgeblichen Spitzenorganisationen vereinbaren bis zum 30. Juni 2024 gemeinsame Empfehlungen insbesondere zum Antrags-, Genehmigungs- und Kostenerstattungsverfahren und zur Sicherung der Qualität der Versorgung der Pflegebedürftigen. $_{2}$Die gemeinsamen Empfehlungen sind durch das Bundesministerium für Gesundheit zu genehmigen. $_{3}$Beanstandungen des Bundesministeriums für Gesundheit sind innerhalb der von ihm gesetzten Frist zu beheben. $_{4}$Die Deutsche Rentenversicherung Bund und der Spitzenverband Bund der Pflegekassen schließen bis zum 30. Juni 2024 eine Verwaltungsvereinbarung zum Antrags- und Genehmigungsverfahren.

(8) Die Vorsorge- oder Rehabilitationseinrichtung hat den Landesverbänden der Pflegekassen vor erstmaliger Versorgung Pflegebedürftiger ein auf Grundlage der gemeinsamen Empfehlungen nach Absatz 7 erstelltes Konzept zur qualitätsgesicherten Versorgung Pflegebedürftiger vorzulegen und in regelmäßigen Abständen dessen Einhaltung nachzuweisen.

(9) $_{1}$Die Pflegekassen und die privaten Versicherungsunternehmen erheben Statistiken über Anträge auf Leistungen nach Absatz 1 Satz 1 sowie deren Erledigung und Durchführung. $_{2}$Zur Durchführung des Antrags-, Genehmigungs- und Kostenerstattungsverfahrens dürfen die Pflegekassen oder die privaten Versicherungsunternehmen die dafür erforderlichen Daten des Pflegebedürftigen sowie der Krankenkasse oder des Rentenversicherungsträgers der Pflegeperson den beteiligten Vorsorge- oder Rehabilitationseinrichtungen übermitteln, sofern der Pflegebedürftige und die Pflegeperson in die Übermittlung einwilligen.

Fünfter Titel
Vollstationäre Pflege

§ 43 Inhalt der Leistung

(1) Pflegebedürftige der Pflegegrade 2 bis 5 haben Anspruch auf Pflege in vollstationären Einrichtungen.

(2) $_{1}$Für Pflegebedürftige in vollstationären Einrichtungen übernimmt die Pflegekasse im Rahmen der pauschalen Leistungsbeträge nach Satz 2 die pflegebedingten Aufwendungen einschließlich der Aufwendungen für Betreuung und die Aufwendungen für Leistungen der medizinischen Behandlungspflege. $_{2}$Der Anspruch beträgt je Kalendermonat

1. 805 Euro für Pflegebedürftige des Pflegegrades 2,
2. 1319 Euro für Pflegebedürftige des Pflegegrades 3,
3. 1855 Euro für Pflegebedürftige des Pflegegrades 4,
4. 2096 Euro für Pflegebedürftige des Pflegegrades 5.

$_{3}$Abweichend von Satz 1 übernimmt die Pflegekasse auch Aufwendungen für Unterkunft und Verpflegung, soweit der nach Satz 2 gewährte Leistungsbetrag die in Satz 1 genannten Aufwendungen übersteigt.

(3) Wählen Pflegebedürftige des Pflegegrades 1 vollstationäre Pflege, erhalten sie für die in Absatz 2 Satz 1 genannten Aufwendungen einen Zuschuss in Höhe von 131 Euro monatlich.

(4) Bei vorübergehender Abwesenheit von Pflegebedürftigen aus dem Pflegeheim werden die Leistungen für vollstationäre Pflege erbracht, solange die Voraussetzungen des § 87a Abs. 1 Satz 5 und 6 vorliegen.

Sechster Titel
Pauschalleistung für die Pflege von Menschen mit Behinderungen

§ 43a Inhalt der Leistung

$_{1}$Für Pflegebedürftige der Pflegegrade 2 bis 5 in einer vollstationären Einrichtung im Sinne des § 71 Absatz 4 Nummer 1, in der die Teilhabe am Arbeitsleben, an Bildung oder die soziale Teilhabe, die schulische Ausbildung oder die Erziehung von Menschen mit Behinderungen im Vordergrund des Einrichtungszwecks stehen, übernimmt die Pflegekasse zur Abgeltung der in § 43 Absatz 2 genannten Aufwendungen 15 Prozent der nach Teil 2 Kapitel 8 des Neunten Buches vereinbarten Vergütung. $_{2}$Die Aufwendungen der Pflegekasse dürfen im Einzelfall je Kalendermonat 278 Euro nicht überschreiten. $_{3}$Die Sätze 1 und 2 gelten auch für Pflegebedürftige der Pflegegrade 2 bis 5 in Räumlichkeiten im Sinne des § 71 Absatz 4 Nummer 3, die Leistungen der Eingliederungshilfe für Menschen mit Behinderungen nach Teil 2 des Neunten Buches erhalten. $_{4}$Wird für die Tage, an denen die Pflegebedürftigen im Sinne der Sätze 1 und 3 zu Hause gepflegt und betreut werden, anteiliges Pflegegeld beansprucht, gelten die Tage der An- und Abreise als volle Tage der häuslichen Pflege.

Siebter Titel
Zusätzliche Betreuung und Aktivierung in stationären Pflegeeinrichtungen

§ 43b Inhalt der Leistung

Pflegebedürftige in stationären Pflegeeinrichtungen haben nach Maßgabe von § 84 Absatz 8 und § 85 Absatz 8 Anspruch auf zusätzliche Betreuung und Aktivierung, die über die nach Art und Schwere der Pflegebedürftigkeit notwendige Versorgung hinausgeht.

Achter Titel
Pflegebedingter Eigenanteil bei vollstationärer Pflege

§ 43c Begrenzung des Eigenanteils an den pflegebedingten Aufwendungen

$_{1}$Pflegebedürftige der Pflegegrade 2 bis 5, die bis einschließlich zwölf Monate Leistungen nach § 43 beziehen, erhalten einen Leistungszuschlag in Höhe von 15 Prozent ihres zu zahlenden Eigenanteils an den pflegebedingten Aufwendungen. $_{2}$Pflegebedürftige der Pflegegrade 2 bis 5, die seit mehr als zwölf Monaten Leistungen nach § 43 beziehen, erhalten einen Leistungszuschlag in Höhe von 30 Prozent ihres zu zahlenden Eigenanteils an den pflegebedingten Aufwendungen. $_{3}$Pflegebedürftige der Pflegegrade 2 bis 5, die seit mehr als 24 Monaten Leistungen nach § 43 beziehen, erhalten einen Leistungszuschlag in Höhe von 50 Prozent ihres zu zahlenden Eigenanteils an den pflegebedingten Aufwendungen. $_{4}$Pflegebedürftige der Pflegegrade 2 bis 5, die seit mehr als 36 Monaten Leistungen nach § 43 beziehen, erhalten einen Leistungszuschlag in Höhe von 75 Prozent ihres zu zahlenden Eigenanteils an den pflegebedingten Aufwendungen. $_{5}$Bei der Bemessung der Monate, in denen Pflegebedürftige Leistungen nach § 43 beziehen, werden Monate, in denen nur für einen Teilzeitraum Leistungen nach § 43 bezogen worden sind, berücksichtigt. $_{6}$Die Pflegekasse berechnet ab dem 1. Juli 2026 den Leistungszuschlag auf Grundlage von Informationen der vollstationären Pflegeeinrichtung, die die pflegebedürftige Person versorgt. $_{7}$Art und Umfang der an die Pflegekasse zu übermittelnden Informationen werden im Rahmen der Festlegungen nach § 105 Absatz 2 Satz 1 bestimmt. $_{8}$Die Pflegekasse entrichtet den berechneten Leistungszuschlag gegenüber der Pflegeeinrichtung. $_{9}$Die Pflegeeinrichtung stellt der von ihr versorgten pflegebedürftigen Person den verbleibenden Eigenanteil in Rechnung.

Vierter Abschnitt
Leistungen für Pflegepersonen

§ 44 Leistungen zur sozialen Sicherung der Pflegepersonen

(1) $_{1}$Zur Verbesserung der sozialen Sicherung der Pflegepersonen im Sinne des § 19, die einen Pflegebedürftigen mit mindestens Pflegegrad 2 pflegen, entrichten die Pflegekassen und die privaten Versicherungsunternehmen, bei denen eine private Pflege-Pflichtversicherung durchgeführt wird, sowie die sonstigen in § 170 Absatz 1 Nummer 6 des Sechsten Buches genannten Stellen Beiträge nach Maßgabe des § 166 Absatz 2 des Sechsten Buches an den zuständigen Träger der gesetzlichen Rentenversicherung, wenn die Pflegeperson regelmäßig nicht mehr als 30 Stunden wöchentlich erwerbstätig ist. $_{2}$Der Medizinische Dienst oder ein anderer von der Pflegekasse beauftragter unabhängiger Gutachter ermittelt im Einzelfall, ob die Pflegeperson eine oder mehrere pflegebedürftige Personen wenigstens zehn Stunden wöchentlich, verteilt auf regelmäßig mindestens zwei Tage in der Woche, pflegt. $_{3}$Wird die Pflege eines Pflegebedürftigen von mehreren Pflegepersonen erbracht (Mehrfachpflege), wird zudem der Umfang der jeweiligen Pflegetätigkeit je Pflegeperson im Verhältnis zum Umfang der von den Pflegepersonen zu leistenden Pflegetätigkeit insgesamt (Gesamtpflegeaufwand) ermittelt. $_{4}$Dabei werden die Angaben der beteiligten Pflegepersonen zugrunde gelegt. $_{5}$Werden keine oder keine übereinstimmenden Angaben gemacht, erfolgt eine Aufteilung zu gleichen Teilen. $_{6}$Die Feststellungen zu den Pflegezeiten und zum Pflegeaufwand der Pflegeperson sowie bei Mehrfachpflege zum Einzel- und Gesamtpflegeaufwand trifft die für die Pflegeleistungen nach diesem Buch zuständige Stelle. $_{7}$Diese Feststellungen sind der Pflegeperson auf Wunsch zu übermitteln.

(2) $_{1}$Für Pflegepersonen, die wegen einer Pflichtmitgliedschaft in einer berufsständischen Versorgungseinrichtung auch in ihrer Pflegetätigkeit von

der Versicherungspflicht in der gesetzlichen Rentenversicherung befreit sind oder befreit wären, wenn sie in der gesetzlichen Rentenversicherung versicherungspflichtig wären und einen Befreiungsantrag gestellt hätten, werden die nach Absatz 1 zu entrichtenden Beiträge auf Antrag an die berufsständische Versorgungseinrichtung gezahlt. 2§ 47a Absatz 2 des Fünften Buches gilt für die Pflegekassen, die Beiträge an berufsständische Versorgungseinrichtungen entrichten, entsprechend.

(2a) Während der pflegerischen Tätigkeit sind Pflegepersonen im Sinne des § 19, die einen Pflegebedürftigen mit mindestens Pflegegrad 2 pflegen, nach Maßgabe des § 2 Absatz 1 Nummer 17 des Siebten Buches in den Versicherungsschutz der gesetzlichen Unfallversicherung einbezogen.

(2b) 1Während der pflegerischen Tätigkeit sind Pflegepersonen im Sinne des § 19, die einen Pflegebedürftigen mit mindestens Pflegegrad 2 pflegen, nach Maßgabe des § 26 Absatz 2b des Dritten Buches nach dem Recht der Arbeitsförderung versichert. 2Die Pflegekassen und die privaten Versicherungsunternehmen, bei denen eine private Pflege-Pflichtversicherung durchgeführt wird, sowie die sonstigen in § 347 Nummer 10 Buchstabe c des Dritten Buches genannten Stellen entrichten für die Pflegepersonen Beiträge an die Bundesagentur für Arbeit. 3Näheres zu den Beiträgen und zum Verfahren regeln die §§ 345, 347 und 349 des Dritten Buches.

(3) 1Die Pflegekasse und das private Versicherungsunternehmen haben die in der Rentenversicherung zu versichernde Pflegeperson den zuständigen Rentenversicherungsträgern zu melden. 2Die Meldung für die Pflegeperson enthält:

1. ihre Versicherungsnummer, soweit bekannt,
2. ihren Familien- und Vornamen,
3. ihr Geburtsdatum,
4. ihre Staatsangehörigkeit,
5. ihre Anschrift,
6. Beginn und Ende der Pflegetätigkeit,
7. den Pflegegrad des Pflegebedürftigen und
8. die nach § 166 Absatz 2 des Sechsten Buches maßgeblichen beitragspflichtigen Einnahmen.

3Der Spitzenverband Bund der Pflegekassen sowie der Verband der privaten Krankenversicherung e. V. können mit der Deutschen Rentenversicherung Bund Näheres über das Meldeverfahren vereinbaren.

(4) Der Inhalt der Meldung nach Absatz 3 Satz 2 Nr. 1 bis 6 und 8 ist der Pflegeperson, der Inhalt der Meldung nach Absatz 3 Satz 2 Nr. 7 dem Pflegebedürftigen schriftlich mitzuteilen.

(5) 1Die Pflegekasse und das private Versicherungsunternehmen haben in den Fällen, in denen eine nicht erwerbsmäßig tätige Pflegeperson einen Pflegebedürftigen mit mindestens Pflegegrad 2 pflegt, der Anspruch auf Beihilfeleistungen oder Leistungen der Heilfürsorge hat, und für die die Beiträge an die gesetzliche Rentenversicherung nach § 170 Absatz 1 Nummer 6 Buchstabe c des Sechsten Buches oder an die Bundesagentur für Arbeit nach § 347 Nummer 10 Buchstabe c des Dritten Buches anteilig getragen werden, im Antragsverfahren auf Leistungen der Pflegeversicherung von dem Pflegebedürftigen die zuständige Festsetzungsstelle für die Beihilfe oder den Dienstherrn unter Hinweis auf die beabsichtigte Weiterleitung der in Satz 2 genannten Angaben an diese Stelle zu erfragen. 2Der angegebenen Festsetzungsstelle für die Beihilfe oder dem Dienstherrn sind bei Feststellung der Beitragspflicht sowie bei Änderungen in den Verhältnissen des Pflegebedürftigen oder der Pflegeperson, insbesondere bei einer Änderung des Pflegegrades, einer Unterbrechung der Pflegetätigkeit oder einem Wechsel der Pflegeperson, die in Absatz 3 Satz 2 genannten Angaben mitzuteilen. 3Absatz 4 findet auf Satz 2 entsprechende Anwendung. 4Für die Mitteilungen nach Satz 2 haben die Pflegekassen und privaten Versicherungsunternehmen spätestens zum 1. Januar 2020 ein elektronisches Verfahren vorzusehen, bei dem die Mitteilungen an die Beihilfefestsetzungsstellen oder die Dienstherren automatisch erfolgen. 5Die Pflegekassen und privaten Versicherungsunternehmen haben technisch sicherzustellen, dass die Meldungen nach Absatz 3 an die Träger der gesetzlichen Rentenversicherung erst erfolgen, wenn die erforderliche Mitteilung an die Beihilfefestsetzungsstelle oder den Dienstherrn erfolgt ist. 6Für Beiträge, die von den Beihilfestellen und Dienstherren nicht bis zum Ablauf des Fälligkeitstages gezahlt worden sind, weil die Pflegekassen und privaten Versicherungsunternehmen die Mitteilungen nach Satz 2 nicht, nicht unverzüglich, nicht vollständig oder fehlerhaft durchgeführt haben, ist von den Pflegekassen und privaten Versicherungsunternehmen ein Säumniszuschlag entsprechend § 24 Absatz 1 Satz 1 des Vierten Buches zu zahlen; dies gilt nicht, wenn im Einzelfall kein Verschulden der Pflegekassen und privaten Versicherungsunternehmen vorliegt.

(6) 1Für Pflegepersonen, bei denen die Mindeststundenzahl von zehn Stunden wöchentlicher Pflege, verteilt auf regelmäßig mindestens zwei Tage in der Woche, nur durch die Pflege mehrerer Pflegebedürftiger erreicht wird, haben der Spitzenverband Bund der Pflegekassen, der Verband der privaten Krankenversicherung e. V., die Deutsche Rentenversicherung Bund und die Bundesagentur für Arbeit das Verfahren und die Mitteilungspflichten zwischen den an einer Addition von Pflegezei-

5

ten und Pflegeaufwänden beteiligten Pflegekassen und Versicherungsunternehmen durch Vereinbarung zu regeln. $_{2}$Die Pflegekassen und Versicherungsunternehmen dürfen die in Absatz 3 Satz 2 Nummer 1 bis 3 und 6 und, soweit dies für eine sichere Identifikation der Pflegeperson erforderlich ist, die in den Nummern 4 und 5 genannten Daten sowie die Angabe des zeitlichen Umfangs der Pflegetätigkeit der Pflegeperson an andere Pflegekassen und Versicherungsunternehmen, die an einer Addition von Pflegezeiten und Pflegeaufwänden beteiligt sind, zur Überprüfung der Voraussetzungen der Rentenversicherungspflicht oder der Versicherungspflicht nach dem Dritten Buch der Pflegeperson übermitteln und ihnen übermittelte Daten verarbeiten.

§ 44a Zusätzliche Leistungen bei Pflegezeit und kurzzeitiger Arbeitsverhinderung

(1) $_{1}$Beschäftigte, die nach § 3 des Pflegezeitgesetzes von der Arbeitsleistung vollständig freigestellt wurden oder deren Beschäftigung durch Reduzierung der Arbeitszeit zu einer geringfügigen Beschäftigung im Sinne des § 8 Abs. 1 Nr. 1 des Vierten Buches wird, erhalten auf Antrag Zuschüsse zur Kranken- und Pflegeversicherung. $_{2}$Zuschüsse werden gewährt für eine freiwillige Versicherung in der gesetzlichen Krankenversicherung, eine Pflichtversicherung nach § 5 Abs. 1 Nr. 13 des Fünften Buches oder nach § 2 Abs. 1 Nr. 7 des Zweiten Gesetzes über die Krankenversicherung der Landwirte, eine Versicherung bei einem privaten Krankenversicherungsunternehmen, eine Versicherung bei der Postbeamtenkrankenkasse oder der Krankenversorgung der Bundesbahnbeamten, soweit im Einzelfall keine beitragsfreie Familienversicherung möglich ist, sowie für eine damit in Zusammenhang stehende Pflege-Pflichtversicherung. $_{3}$Die Zuschüsse belaufen sich auf die Höhe der Mindestbeiträge, die von freiwillig in der gesetzlichen Krankenversicherung versicherten Personen zur gesetzlichen Krankenversicherung (§ 240 Abs. 4 Satz 1 des Fünften Buches) und zur sozialen Pflegeversicherung (§ 57 Abs. 4) zu entrichten sind und dürfen die tatsächliche Höhe der Beiträge nicht übersteigen. $_{4}$Für die Berechnung der Mindestbeiträge zur gesetzlichen Krankenversicherung werden bei Mitgliedern der gesetzlichen Krankenversicherung der allgemeine Beitragssatz nach § 241 des Fünften Buches sowie der kassenindividuelle Zusatzbeitragssatz nach § 242 Absatz 1 des Fünften Buches zugrunde gelegt. $_{5}$Bei Mitgliedern der landwirtschaftlichen Krankenversicherung sowie bei Personen, die nicht in der gesetzlichen Krankenversicherung versichert sind, werden der allgemeine Beitragssatz nach § 241 des Fünften Buches sowie der durchschnittliche Zusatzbeitragssatz nach § 242a des Fünften Buches zugrunde gelegt. $_{6}$Beschäftigte haben Änderungen in den Verhältnissen, die sich auf die Zuschussgewährung auswirken können, unverzüglich der Pflegekasse oder dem privaten Versicherungsunternehmen, bei dem der Pflegebedürftige versichert ist, mitzuteilen. $_{7}$Verstirbt der Pflegebedürftige innerhalb der Pflegezeit, werden die Zuschüsse nach Satz 1 bis zum Ende der Pflegezeit gewährt.

(2) (weggefallen)

(3) $_{1}$Für kurzzeitige Arbeitsverhinderung nach § 2 des Pflegezeitgesetzes hat eine Beschäftigte oder ein Beschäftigter im Sinne des § 7 Absatz 1 des Pflegezeitgesetzes, die oder der für diesen Zeitraum keine Entgeltfortzahlung vom Arbeitgeber und kein Kranken- oder Verletztengeld bei Erkrankung oder Unfall eines Kindes nach § 45 des Fünften Buches oder nach § 45 Absatz 4 des Siebten Buches beanspruchen kann, Anspruch auf einen Ausgleich für entgangenes Arbeitsentgelt (Pflegeunterstützungsgeld) für bis zu zehn Arbeitstage je Kalenderjahr. $_{2}$Wenn mehrere Beschäftigte den Anspruch nach § 2 Absatz 1 des Pflegezeitgesetzes für einen pflegebedürftigen nahen Angehörigen geltend machen, ist deren Anspruch auf Pflegeunterstützungsgeld auf insgesamt bis zu zehn Arbeitstage je Kalenderjahr begrenzt. $_{3}$Das Pflegeunterstützungsgeld wird auf Antrag, der unverzüglich zu stellen ist, unter Vorlage der ärztlichen Bescheinigung oder der Bescheinigung einer Pflegefachperson nach § 2 Absatz 2 Satz 2 des Pflegezeitgesetzes von der Pflegekasse oder dem Versicherungsunternehmen des pflegebedürftigen nahen Angehörigen gewährt. $_{4}$Für die Höhe des Pflegeunterstützungsgeldes gilt § 45 Absatz 2 Satz 3 bis 5 des Fünften Buches entsprechend.

(4) $_{1}$Beschäftigte, die Pflegeunterstützungsgeld nach Absatz 3 beziehen, erhalten für die Dauer des Leistungsbezuges von den in Absatz 3 bezeichneten Organisationen auf Antrag Zuschüsse zur Krankenversicherung. $_{2}$Zuschüsse werden gewährt für eine Versicherung bei einem privaten Krankenversicherungsunternehmen, eine Versicherung bei der Postbeamtenkrankenkasse oder der Krankenversorgung der Bundesbahnbeamten. $_{3}$Die Zuschüsse belaufen sich auf den Betrag, der bei Versicherungspflicht in der gesetzlichen Krankenversicherung als Leistungsträgeranteil nach § 249c des Fünften Buches aufzubringen wäre, und dürfen die tatsächliche Höhe der Beiträge nicht übersteigen. $_{4}$Für die Berechnung nach Satz 3 werden der allgemeine Beitragssatz nach § 241 des Fünften Buches sowie der durchschnittliche Zusatzbeitragssatz nach § 242a Absatz 2 des Fünften Buches zugrunde gelegt. $_{5}$Für Beschäftigte, die Pflegeunterstützungsgeld nach Absatz 3 beziehen und wegen ei-

ner Pflichtmitgliedschaft in einer berufsständischen Versorgungseinrichtung von der Versicherungspflicht in der gesetzlichen Rentenversicherung befreit sind, zahlen die in § 170 Absatz 1 Nummer 2 Buchstabe e des Sechsten Buches genannten Stellen auf Antrag Beiträge an die zuständige berufsständische Versorgungseinrichtung in der Höhe, wie sie bei Eintritt von Versicherungspflicht nach § 3 Satz 1 Nummer 3 des Sechsten Buches an die gesetzliche Rentenversicherung zu entrichten wären. 6Die von den in § 170 Absatz 1 Nummer 2 Buchstabe e des Sechsten Buches genannten Stellen zu zahlenden Beiträge sind auf die Höhe der Beiträge begrenzt, die von diesen Stellen ohne die Befreiung von der Versicherungspflicht in der gesetzlichen Rentenversicherung für die Dauer des Leistungsbezugs zu tragen wären; die Beiträge dürfen die Hälfte der in der Zeit des Leistungsbezugs vom Beschäftigten an die berufsständische Versorgungseinrichtung zu zahlenden Beiträge nicht übersteigen. 7§ 47a Absatz 2 des Fünften Buches gilt für die Pflegekassen, die Beiträge an berufsständische Versorgungseinrichtungen entrichten, entsprechend.

(5) 1Die Pflegekasse oder das private Pflegeversicherungsunternehmen des pflegebedürftigen nahen Angehörigen stellt dem Leistungsbezieher nach Absatz 3 mit der Leistungsbewilligung eine Bescheinigung über den Zeitraum des Bezugs und die Höhe des gewährten Pflegeunterstützungsgeldes aus. 2Der Leistungsbezieher hat diese Bescheinigung unverzüglich seinem Arbeitgeber vorzulegen. 3In den Fällen des § 170 Absatz 1 Nummer 2 Buchstabe e Doppelbuchstabe cc des Sechsten Buches bescheinigt die Pflegekasse oder das private Versicherungsunternehmen die gesamte Höhe der Leistung.

(6) 1Landwirtschaftlichen Unternehmern im Sinne des § 2 Absatz 1 Nummer 1 und 2 des Zweiten Gesetzes über die Krankenversicherung der Landwirte, die an der Führung des Unternehmens gehindert sind, weil sie für einen pflegebedürftigen nahen Angehörigen in einer akut aufgetretenen Pflegesituation eine bedarfsgerechte Pflege organisieren oder eine pflegerische Versorgung in dieser Zeit sicherstellen müssen, wird anstelle des Pflegeunterstützungsgeldes für bis zu zehn Arbeitstage je Kalenderjahr Betriebshilfe entsprechend § 9 des Zweiten Gesetzes über die Krankenversicherung der Landwirte gewährt. 2Diese Kosten der Leistungen für die Betriebshilfe werden der landwirtschaftlichen Pflegekasse von der Pflegeversicherung des pflegebedürftigen nahen Angehörigen erstattet; innerhalb der sozialen Pflegeversicherung wird von einer Erstattung abgesehen. 3Privat pflegeversicherte landwirtschaftliche Unternehmer, die an der Führung des Unternehmens gehindert sind, weil dies erforderlich ist, um für einen pflegebedürftigen nahen Angehörigen in einer akut aufgetretenen Pflegesituation eine bedarfsgerechte Pflege zu organisieren oder eine pflegerische Versorgung in dieser Zeit sicherzustellen, erhalten von der Pflegekasse des Pflegebedürftigen oder in Höhe des tariflichen Erstattungssatzes von dem privaten Versicherungsunternehmen des Pflegebedürftigen eine Kostenerstattung für bis zu zehn Arbeitstage je Kalenderjahr Betriebshilfe; dabei werden nicht die tatsächlichen Kosten, sondern ein pauschaler Betrag in Höhe von 200 Euro je Tag Betriebshilfe zugrunde gelegt.

(7) 1Die Pflegekasse und das private Versicherungsunternehmen haben in den Fällen, in denen ein Leistungsbezieher nach Absatz 3 einen pflegebedürftigen nahen Angehörigen pflegt, der Anspruch auf Beihilfeleistungen oder Leistungen der Heilfürsorge hat, und für den Beiträge anteilig getragen werden, im Antragsverfahren auf Pflegeunterstützungsgeld von dem Pflegebedürftigen die zuständige Festsetzungsstelle für die Beihilfe oder den Dienstherrn unter Hinweis auf die beabsichtigte Information dieser Stelle über den beitragspflichtigen Bezug von Pflegeunterstützungsgeld zu erfragen. 2Der angegebenen Festsetzungsstelle für die Beihilfe oder dem angegebenen Dienstherrn sind bei Feststellung der Beitragspflicht folgende Angaben zum Leistungsbezieher mitzuteilen:

1. die Versicherungsnummer, soweit bekannt,
2. der Familien- und der Vorname,
3. das Geburtsdatum,
4. die Staatsangehörigkeit,
5. die Anschrift,
6. der Beginn des Bezugs von Pflegeunterstützungsgeld,
7. die Höhe des dem Pflegeunterstützungsgeld zugrunde liegenden ausgefallenen Arbeitsentgelts und
8. Name und Anschrift der Krankenkasse oder des privaten Krankenversicherungsunternehmens.

§ 45 Pflegekurse für Angehörige und ehrenamtliche Pflegepersonen

(1) 1Die Pflegekassen haben für Angehörige und sonstige an einer ehrenamtlichen Pflegetätigkeit interessierte Personen unentgeltlich Schulungskurse durchzuführen, um soziales Engagement im Bereich der Pflege zu fördern und zu stärken, Pflege und Betreuung zu erleichtern und zu verbessern sowie pflegebedingte körperliche und seelische Belastungen zu mindern und ihrer Entstehung vorzubeugen. 2Die Kurse sollen Fertigkeiten für eine eigenständige Durchführung der Pflege vermitteln. 3Auf Wunsch

5

der Pflegeperson und der pflegebedürftigen Person findet die Schulung auch in der häuslichen Umgebung des Pflegebedürftigen statt. $_{4}$§ 114a Absatz 3a gilt entsprechend. $_{5}$Die Pflegekassen sollen auch digitale Pflegekurse anbieten; die Pflicht der Pflegekassen zur Durchführung von Schulungskursen nach Satz 1 vor Ort bleibt unberührt.

(2) Die Pflegekasse kann die Kurse entweder selbst oder gemeinsam mit anderen Pflegekassen durchführen oder geeignete andere Einrichtungen mit der Durchführung beauftragen.

(3) Über die einheitliche Durchführung sowie über die inhaltliche Ausgestaltung der Kurse können die Landesverbände der Pflegekassen Rahmenvereinbarungen mit den Trägern der Einrichtungen schließen, die die Pflegekurse durchführen.

Fünfter Abschnitt Angebote zur Unterstützung im Alltag; Weitere Leistungen bei häuslicher Pflege; Förderung der Weiterentwicklung der Versorgungsstrukturen, des Ehrenamts, der Selbsthilfe und der Zusammenarbeit in regionalen Netzwerken

§45a Angebote zur Unterstützung im Alltag, Umwandlung des ambulanten Sachleistungsbetrags (Umwandlungsanspruch), Verordnungsermächtigung

(1) $_{1}$Angebote zur Unterstützung im Alltag tragen dazu bei, Pflegepersonen zu entlasten, und helfen Pflegebedürftigen, möglichst lange in ihrer häuslichen Umgebung zu bleiben, soziale Kontakte aufrechtzuerhalten und ihren Alltag weiterhin möglichst selbständig bewältigen zu können. $_{2}$Angebote zur Unterstützung im Alltag sind

1. Angebote, in denen insbesondere ehrenamtliche Helferinnen und Helfer unter pflegefachlicher Anleitung die Betreuung von Pflegebedürftigen mit allgemeinem oder mit besonderem Betreuungsbedarf in Gruppen oder im häuslichen Bereich übernehmen (Betreuungsangebote),
2. Angebote, die der gezielten Entlastung und beratenden Unterstützung von pflegenden Angehörigen und vergleichbar nahestehenden Pflegepersonen in ihrer Eigenschaft als Pflegende dienen (Angebote zur Entlastung von Pflegenden),
3. Angebote, die dazu dienen, die Pflegebedürftigen bei der Bewältigung von allgemeinen oder pflegebedingten Anforderungen des Alltags oder im Haushalt, insbesondere bei der Haushaltsführung, oder bei der eigenverantwortlichen Organisation individuell benötigter Hilfeleistungen zu unterstützen (Angebote zur Entlastung im Alltag).

$_{3}$Die Angebote benötigen eine Anerkennung durch die zuständige Behörde nach Maßgabe des gemäß Absatz 3 erlassenen Landesrechts. $_{4}$Durch ein Angebot zur Unterstützung im Alltag können auch mehrere der in Satz 2 Nummer 1 bis 3 genannten Bereiche abgedeckt werden. $_{5}$In Betracht kommen als Angebote zur Unterstützung im Alltag insbesondere Betreuungsgruppen für an Demenz erkrankte Menschen, Helferinnen- und Helferkreise zur stundenweisen Entlastung pflegender Angehöriger oder vergleichbar nahestehender Pflegepersonen im häuslichen Bereich, die Tagesbetreuung in Kleingruppen oder Einzelbetreuung durch anerkannte Helferinnen oder Helfer, Agenturen zur Vermittlung von Betreuungs- und Entlastungsleistungen für Pflegebedürftige und pflegende Angehörige sowie vergleichbar nahestehende Pflegepersonen, Familienentlastende Dienste, Alltagsbegleiter, Pflegebegleiter und Serviceangebote für haushaltsnahe Dienstleistungen.

(2) $_{1}$Angebote zur Unterstützung im Alltag beinhalten die Übernahme von Betreuung und allgemeiner Beaufsichtigung, eine die vorhandenen Ressourcen und Fähigkeiten stärkende oder stabilisierende Alltagsbegleitung, Unterstützungsleistungen für Angehörige und vergleichbar Nahestehende in ihrer Eigenschaft als Pflegende zur besseren Bewältigung des Pflegealltags, die Erbringung von Dienstleistungen, organisatorische Hilfestellungen oder andere geeignete Maßnahmen. $_{2}$Die Angebote verfügen über ein Konzept, das Angaben zur Qualitätssicherung des Angebots sowie eine Übersicht über die Leistungen, die angeboten werden sollen, und die Höhe der den Pflegebedürftigen hierfür in Rechnung gestellten Kosten enthält. $_{3}$Das Konzept umfasst ferner Angaben zur zielgruppen- und tätigkeitsgerechten Qualifikation der Helfenden und zu dem Vorhandensein von Grund- und Notfallwissen im Umgang mit Pflegebedürftigen sowie dazu, wie eine angemessene Schulung und Fortbildung der Helfenden sowie eine kontinuierliche fachliche Begleitung und Unterstützung insbesondere von ehrenamtlich Helfenden in ihrer Arbeit gesichert werden. $_{4}$Bei wesentlichen Änderungen hinsichtlich der angebotenen Leistungen ist das Konzept entsprechend fortzuschreiben; bei Änderung der hierfür in Rechnung gestellten Kosten sind die entsprechenden Angaben zu aktualisieren.

(3) $_{1}$Die Landesregierungen werden ermächtigt, durch Rechtsverordnung das Nähere über die Anerkennung der Angebote zur Unterstützung im Alltag im Sinne der Absätze 1 und 2 einschließlich der Vorgaben zur regelmäßigen Qualitätssicherung der Angebote und zur regelmäßigen Übermittlung einer Übersicht über die aktuell angebotenen Leistungen und die Höhe der hierfür erhobenen Kosten

zu bestimmen. $_{2}$Beim Erlass der Rechtsverordnung sollen sie die gemäß § 45c Absatz 7 beschlossenen Empfehlungen berücksichtigen.

(4) $_{1}$Pflegebedürftige in häuslicher Pflege mit mindestens Pflegegrad 2 können eine Kostenerstattung zum Ersatz von Aufwendungen für Leistungen der nach Landesrecht anerkannten Angebote zur Unterstützung im Alltag unter Anrechnung auf ihren Anspruch auf ambulante Pflegesachleistungen nach § 36 erhalten, soweit für den entsprechenden Leistungsbetrag nach § 36 in dem jeweiligen Kalendermonat keine ambulanten Pflegesachleistungen bezogen wurden. $_{2}$Der hierfür verwendete Betrag darf je Kalendermonat 40 Prozent des nach § 36 für den jeweiligen Pflegegrad vorgesehenen Höchstleistungsbetrags nicht überschreiten. $_{3}$Zur Inanspruchnahme der Umwandlung des ambulanten Sachleistungsbetrags nach Satz 1 bedarf es keiner vorherigen Antragstellung. $_{4}$Die Anspruchsberechtigten erhalten die Kostenerstattung nach Satz 1 bei Beantragung der dafür erforderlichen finanziellen Mittel von der zuständigen Pflegekasse oder dem zuständigen privaten Versicherungsunternehmen sowie im Fall der Beihilfeberechtigung anteilig von der Beihilfefestsetzungsstelle gegen Vorlage entsprechender Belege über Eigenbelastungen, die ihnen im Zusammenhang mit der Inanspruchnahme der Leistungen der Angebote zur Unterstützung im Alltag entstanden sind. $_{5}$Die Vergütungen für ambulante Pflegesachleistungen nach § 36 sind vorrangig abzurechnen. $_{6}$Im Rahmen der Kombinationsleistung nach § 38 gilt die Erstattung der Aufwendungen nach Satz 1 als Inanspruchnahme der dem Anspruchsberechtigten nach § 36 Absatz 3 zustehenden Sachleistung. $_{7}$Ist vor der Auszahlung der Kostenerstattung nach Satz 1 für den jeweiligen Kalendermonat bereits mehr Pflegegeld oder anteiliges Pflegegeld an den Pflegebedürftigen ausgezahlt worden, als er nach Berücksichtigung des Betrags der zu erstattenden Aufwendungen beanspruchen kann, wird der Kostenerstattungsbetrag insoweit mit dem bereits ausgezahlten Pflegegeldbetrag verrechnet. $_{8}$Beziehen Anspruchsberechtigte die Leistung nach Satz 1, findet § 37 Absatz 3 bis 5 und 7 bis 9 Anwendung; § 37 Absatz 6 findet mit der Maßgabe entsprechende Anwendung, dass eine Kürzung oder Entziehung in Bezug auf die Kostenerstattung nach Satz 1 erfolgt. $_{9}$Die Inanspruchnahme der Umwandlung des ambulanten Sachleistungsbetrags nach Satz 1 und die Inanspruchnahme des Entlastungsbetrags nach § 45b erfolgen unabhängig voneinander.

§ 45b Entlastungsbetrag

(1) $_{1}$Pflegebedürftige in häuslicher Pflege haben Anspruch auf einen Entlastungsbetrag in Höhe von bis zu 131 Euro monatlich. $_{2}$Der Betrag ist zweckgebunden einzusetzen für qualitätsgesicherte Leistungen zur Entlastung pflegender Angehöriger und vergleichbar Nahestehender in ihrer Eigenschaft als Pflegende sowie zur Förderung der Selbständigkeit und Selbstbestimmtheit der Pflegebedürftigen bei der Gestaltung ihres Alltags. $_{3}$Er dient der Erstattung von Aufwendungen, die den Versicherten entstehen im Zusammenhang mit der Inanspruchnahme von

1. Leistungen der Tages- oder Nachtpflege,
2. Leistungen der Kurzzeitpflege,
3. Leistungen der ambulanten Pflegedienste im Sinne des § 36, in den Pflegegraden 2 bis 5 jedoch nicht von Leistungen im Bereich der Selbstversorgung,
4. Leistungen der nach Landesrecht anerkannten Angebote zur Unterstützung im Alltag im Sinne des § 45a.

$_{4}$Die Erstattung der Aufwendungen aus dem Entlastungsbetrag erfolgt auch in dem Fall, in dem für die in Satz 3 genannten Leistungen Mittel im Rahmen einer Verhinderungspflege gemäß § 39 eingesetzt werden. $_{5}$Die Leistung nach Satz 1 kann innerhalb des jeweiligen Kalenderjahres in Anspruch genommen werden; wird die Leistung in einem Kalenderjahr nicht ausgeschöpft, kann der nicht verbrauchte Betrag in das folgende Kalenderhalbjahr übertragen werden.

(2) $_{1}$Der Anspruch auf den Entlastungsbetrag entsteht, sobald die in Absatz 1 Satz 1 genannten Anspruchsvoraussetzungen vorliegen, ohne dass es einer vorherigen Antragstellung bedarf. $_{2}$Die Kostenerstattung in Höhe des Entlastungsbetrags nach Absatz 1 erhalten die Pflegebedürftigen von der zuständigen Pflegekasse oder dem zuständigen privaten Versicherungsunternehmen sowie im Fall der Beihilfeberechtigung anteilig von der Beihilfefestsetzungsstelle bei Beantragung der dafür erforderlichen finanziellen Mittel gegen Vorlage entsprechender Belege über entstandene Eigenbelastungen im Zusammenhang mit der Inanspruchnahme der in Absatz 1 Satz 3 genannten Leistungen. $_{3}$Für Zwecke der statistischen Erfassung bei den Pflegekassen und den privaten Versicherungsunternehmen muss auf den Belegen eindeutig und deutlich erkennbar angegeben sein, im Zusammenhang mit welcher der in Absatz 1 Satz 3 Nummer 1 bis 4 genannten Leistungen die Aufwendungen jeweils entstanden sind.

(3) $_{1}$Der Entlastungsbetrag nach Absatz 1 Satz 1 findet bei den Fürsorgeleistungen zur Pflege nach § 13 Absatz 3 Satz 1 keine Berücksichtigung. $_{2}$§ 63b Absatz 1 des Zwölften Buches findet auf den Entlastungsbetrag keine Anwendung. $_{3}$Abweichend

von den Sätzen 1 und 2 darf der Entlastungsbetrag hinsichtlich der Leistungen nach § 64i oder § 66 des Zwölften Buches bei der Hilfe zur Pflege Berücksichtigung finden, soweit nach diesen Vorschriften Leistungen zu gewähren sind, deren Inhalte den Leistungen nach Absatz 1 Satz 3 entsprechen.

(4) 1Die für die Erbringung von Leistungen nach Absatz 1 Satz 3 Nummer 1 bis 4 verlangte Vergütung darf die Preise für vergleichbare Sachleistungen von zugelassenen Pflegeeinrichtungen nicht übersteigen. 2Näheres zur Ausgestaltung einer entsprechenden Begrenzung der Vergütung, die für die Erbringung von Leistungen nach Absatz 1 Satz 3 Nummer 4 durch nach Landesrecht anerkannte Angebote zur Unterstützung im Alltag verlangt werden darf, können die Landesregierungen in der Rechtsverordnung nach § 45a Absatz 3 bestimmen.

5

§ 45c Förderung der Weiterentwicklung der Versorgungsstrukturen und des Ehrenamts, Verordnungsermächtigung

(1) 1Zur Weiterentwicklung der Versorgungsstrukturen und Versorgungskonzepte und zur Förderung ehrenamtlicher Strukturen fördert der Spitzenverband Bund der Pflegekassen im Wege der Anteilsfinanzierung aus Mitteln des Ausgleichsfonds mit 25 Millionen Euro je Kalenderjahr

1. den Auf- und Ausbau von Angeboten zur Unterstützung im Alltag im Sinne des § 45a,
2. den Auf- und Ausbau und die Unterstützung von Gruppen ehrenamtlich tätiger sowie sonstiger zum bürgerschaftlichen Engagement bereiter Personen und entsprechender ehrenamtlicher Strukturen sowie
3. Modellvorhaben zur Erprobung neuer Versorgungskonzepte und Versorgungsstrukturen insbesondere für an Demenz erkrankte Pflegebedürftige sowie andere Gruppen von Pflegebedürftigen, deren Versorgung in besonderem Maße der strukturellen Weiterentwicklung bedarf.

2Die privaten Versicherungsunternehmen, die die private Pflege-Pflichtversicherung durchführen, beteiligen sich an dieser Förderung mit insgesamt 10 Prozent des in Satz 1 genannten Fördervolumens. 3Im Rahmen der Förderung nach Satz 1 können jeweils auch digitale Anwendungen berücksichtigt werden, sofern diese den geltenden Anforderungen an den Datenschutz entsprechen und die Datensicherheit nach dem Stand der Technik gewährleisten; eine Förderung kann dabei auch zur Herstellung oder Verbesserung der Barrierefreiheit erfolgen.

(2) 1Der Zuschuss aus Mitteln der sozialen und privaten Pflegeversicherung ergänzt eine Förderung der in Absatz 1 Satz 1 genannten Zwecke durch das jeweilige Land oder die jeweilige kommunale Gebietskörperschaft. 2Der Zuschuss wird jeweils in gleicher Höhe gewährt wie der Zuschuss, der vom Land oder von der kommunalen Gebietskörperschaft für die einzelne Fördermaßnahme geleistet wird, sodass insgesamt ein Fördervolumen von 50 Millionen Euro im Kalenderjahr erreicht wird. 3Im Einvernehmen mit allen Fördergebern können Zuschüsse der kommunalen Gebietskörperschaften auch als Personal- oder Sachmittel eingebracht werden, sofern diese Mittel nachweislich ausschließlich und unmittelbar dazu dienen, den jeweiligen Förderzweck zu erreichen. 4Soweit Mittel der Arbeitsförderung bei einem Projekt eingesetzt werden, sind diese einem vom Land oder von der Kommune geleisteten Zuschuss gleichgestellt.

(3) 1Die Förderung des Auf- und Ausbaus von Angeboten zur Unterstützung im Alltag im Sinne des § 45a nach Absatz 1 Satz 1 Nummer 1 erfolgt als Projektförderung und dient insbesondere dazu, Aufwandsentschädigungen für die ehrenamtlich tätigen Helfenden zu finanzieren sowie notwendige Personal- und Sachkosten, die mit der Koordination und Organisation der Hilfen und der fachlichen Anleitung und Schulung der Helfenden durch Fachkräfte verbunden sind. 2Dem Antrag auf Förderung ist ein Konzept zur Qualitätssicherung des Angebots beizufügen. 3Aus dem Konzept muss sich ergeben, dass eine angemessene Schulung und Fortbildung der Helfenden sowie eine kontinuierliche fachliche Begleitung und Unterstützung der ehrenamtlich Helfenden in ihrer Arbeit gesichert sind.

(4) Die Förderung des Auf- und Ausbaus und der Unterstützung von Gruppen ehrenamtlich tätiger sowie sonstiger zum bürgerschaftlichen Engagement bereiter Personen und entsprechender ehrenamtlicher Strukturen nach Absatz 1 Satz 1 Nummer 2 erfolgt zur Förderung von Initiativen, die sich die Unterstützung, allgemeine Betreuung und Entlastung von Pflegebedürftigen und deren Angehörigen sowie vergleichbar nahestehenden Pflegepersonen zum Ziel gesetzt haben.

(5) 1Im Rahmen der Förderung von Modellvorhaben nach Absatz 1 Satz 1 Nummer 3 sollen insbesondere modellhaft Möglichkeiten einer Weiterentwicklung und einer wirksamen Vernetzung der erforderlichen Hilfen für an Demenz erkrankte Pflegebedürftige und andere Gruppen von Pflegebedürftigen, deren Versorgung in besonderem Maße der strukturellen Weiterentwicklung bedarf, in einzelnen Regionen erprobt werden. 2Das schließt auch Pflegebedürftige am Lebensende mit ein. 3Ebenso sollen insbesondere Möglichkeiten einer Versorgung von Pflegebedürftigen über Nacht weiterentwickelt und erprobt werden. 4Dabei können jeweils auch stationäre Versorgungsangebote berücksich-

tigt werden. 5Die Modellvorhaben sind auf längstens fünf Jahre zu befristen. 6Bei der Vereinbarung und Durchführung von Modellvorhaben kann im Einzelfall von den Regelungen des Siebten Kapitels abgewichen werden. 7Für die Modellvorhaben sind eine wissenschaftliche Begleitung und Auswertung vorzusehen. 8Soweit im Rahmen der Modellvorhaben personenbezogene Daten benötigt werden, können diese nur mit Einwilligung des Pflegebedürftigen erhoben, verarbeitet und genutzt werden.

(6) 1Um eine gerechte Verteilung der Fördermittel der Pflegeversicherung auf die Länder zu gewährleisten, werden die nach Absatz 1 Satz 1 und 2 zur Verfügung stehenden Fördermittel der sozialen und privaten Pflegeversicherung nach dem Königsteiner Schlüssel aufgeteilt. 2Mittel, die in einem Land im jeweiligen Haushaltsjahr nicht in Anspruch genommen werden, können in das Folgejahr übertragen werden. 3Nach Satz 2 übertragene Mittel, die am Ende des Folgejahres nicht in Anspruch genommen worden sind, können für Projekte, für die bis zum Stichtag nach Satz 5 mindestens Art, Region und geplante Förderhöhe konkret benannt werden, im darauf folgenden Jahr von Ländern beantragt werden, die im Jahr vor der Übertragung der Mittel nach Satz 2 mindestens 80 Prozent der auf sie nach dem Königsteiner Schlüssel entfallenden Mittel ausgeschöpft haben. 4Die Verausgabung der nach Satz 3 beantragten Fördermittel durch die Länder oder kommunalen Gebietskörperschaften darf sich für die entsprechend benannten Projekte über einen Zeitraum von maximal drei Jahren erstrecken. 5Der Ausgleichsfonds sammelt die nach Satz 3 eingereichten Anträge bis zum 30. April des auf das Folgejahr folgenden Jahres und stellt anschließend fest, in welchem Umfang die Mittel jeweils auf die beantragenden Länder entfallen. 6Die Auszahlung der Mittel für ein Projekt erfolgt, sobald für das Projekt eine konkrete Förderzusage durch das Land oder die kommunale Gebietskörperschaft vorliegt. 7Ist die Summe der bis zum 30. April beantragten Mittel insgesamt größer als der dafür vorhandene Mittelbestand, so werden die vorhandenen Mittel nach dem Königsteiner Schlüssel auf die beantragenden Länder verteilt. 8Nach dem 30. April eingehende Anträge werden in der Reihenfolge des Antragseingangs bearbeitet, bis die Fördermittel verbraucht sind. 9Fördermittel, die bis zum Ende des auf das Folgejahr folgenden Jahres nicht beantragt sind, verfallen.

(7) 1Der Spitzenverband Bund der Pflegekassen beschließt mit dem Verband der privaten Krankenversicherung e. V. nach Anhörung der Verbände der Menschen mit Behinderungen, der Pflegebedürftigen und ihrer Angehörigen und vergleichbar Nahestehenden auf Bundesebene Empfehlungen über die Voraussetzungen, Ziele, Dauer, Inhalte und Durchführung der Förderung sowie zu dem Verfahren zur Vergabe der Fördermittel für die in Absatz 1 Satz 1 genannten Zwecke. 2In den Empfehlungen ist unter anderem auch festzulegen, welchen Anforderungen die Einbringung von Zuschüssen der kommunalen Gebietskörperschaften als Personal- oder Sachmittel genügen muss und dass jeweils im Einzelfall zu prüfen ist, ob im Rahmen der in Absatz 1 Satz 1 genannten Zwecke Mittel und Möglichkeiten der Arbeitsförderung genutzt werden können. 3Die Empfehlungen bedürfen der Zustimmung des Bundesministeriums für Gesundheit und der Länder. 4Soweit Belange des Ehrenamts betroffen sind, erteilt das Bundesministerium für Gesundheit seine Zustimmung im Benehmen mit dem Bundesministerium für Familie, Senioren, Frauen und Jugend. 5Die Landesregierungen werden ermächtigt, durch Rechtsverordnung das Nähere über die Umsetzung der Empfehlungen zu bestimmen.

5

(8) 1Der Finanzierungsanteil, der auf die privaten Versicherungsunternehmen entfällt, kann von dem Verband der privaten Krankenversicherung e. V. unmittelbar an das Bundesamt für Soziale Sicherung zugunsten des Ausgleichsfonds der Pflegeversicherung (§ 65) überwiesen werden. 2Näheres über das Verfahren der Auszahlung der Fördermittel, die aus dem Ausgleichsfonds zu finanzieren sind, sowie über die Zahlung und Abrechnung des Finanzierungsanteils der privaten Versicherungsunternehmen regeln das Bundesamt für Soziale Sicherung, der Spitzenverband Bund der Pflegekassen und der Verband der privaten Krankenversicherung e. V. durch Vereinbarung. 3Der Spitzenverband Bund der Pflegekassen kann im Einvernehmen mit dem Verband der privaten Krankenversicherung e. V. und im Benehmen mit dem Bundesministerium für Gesundheit sowie dem Bundesamt für Soziale Sicherung Festlegungen für das Verfahren zur Abwicklung der Förderung, insbesondere zur Erteilung der Förderzusagen, zur Aufhebung von Förderentscheidungen und zur Rückforderung von Fördermitteln zugunsten des Ausgleichsfonds der sozialen Pflegeversicherung, beschließen. 4Die Länder sind vor dem Beschluss anzuhören und ihr Vorbringen ist zu berücksichtigen. 5Soweit Belange von Fördermittelempfangenden betroffen sind, sind auch die Verbände der Menschen mit Behinderungen, der Pflegebedürftigen und ihrer Angehörigen und vergleichbar Nahestehenden auf Bundesebene vor dem Beschluss anzuhören.

§ 45d Förderung der Selbsthilfe in der Pflege, Verordnungsermächtigung

(1) 1Zum Auf- und Ausbau und zur Unterstützung von Selbsthilfegruppen, -organisationen und -kon-

taktstellen, die sich die Unterstützung von Pflegebedürftigen sowie von deren Angehörigen und vergleichbar Nahestehenden zum Ziel gesetzt haben, werden je Kalenderjahr Fördermittel im Umfang von 0,21 Euro pro in der sozialen Pflegeversicherung und der privaten Pflege-Pflichtversicherung Versichertem zur Verfügung gestellt. 2Im Rahmen der Förderung der Selbsthilfe können auch digitale Anwendungen berücksichtigt werden, sofern diese den geltenden Anforderungen an den Datenschutz entsprechen und die Datensicherheit nach dem Stand der Technik gewährleisten; eine Förderung kann dabei auch zur Herstellung oder Verbesserung der Barrierefreiheit erfolgen.

(2) 1Selbsthilfegruppen im Sinne dieser Vorschrift sind freiwillige, neutrale, unabhängige und nicht gewinnorientierte Zusammenschlüsse von Personen, die entweder aufgrund eigener Betroffenheit oder als Angehörige oder vergleichbar Nahestehende das Ziel verfolgen, durch persönliche, wechselseitige Unterstützung, auch unter Zuhilfenahme von Angeboten ehrenamtlicher und sonstiger zum bürgerschaftlichen Engagement bereiter Personen, die Lebenssituation von Pflegebedürftigen sowie von deren Angehörigen und vergleichbar Nahestehenden zu verbessern. 2Selbsthilfeorganisationen sind die Zusammenschlüsse von Selbsthilfegruppen in Verbänden. Selbsthilfekontaktstellen sind örtlich oder regional arbeitende professionelle Beratungseinrichtungen mit hauptamtlichem Personal, die das Ziel verfolgen, die Lebenssituation von Pflegebedürftigen sowie von deren Angehörigen und vergleichbar Nahestehenden zu verbessern.

(3) 1Von den in Absatz 1 Satz 1 genannten Fördermitteln werden zur Förderung der in Absatz 1 genannten Zwecke Mittel im Umfang von 0,16 Euro pro Versichertem nach dem Königsteiner Schlüssel auf die Länder aufgeteilt, um Zuschüsse zu finanzieren, die eine Förderung durch das jeweilige Land oder die jeweilige kommunale Gebietskörperschaft ergänzen. 2Der Zuschuss aus den Mitteln der sozialen Pflegeversicherung und der privaten Pflege-Pflichtversicherung wird dabei jeweils in Höhe von 75 Prozent der Fördermittel gewährt, die für die einzelne Fördermaßnahme insgesamt geleistet werden.

(4) 1Von den in Absatz 1 Satz 1 genannten Fördermitteln werden Mittel im Umfang von 0,05 Euro pro Versichertem zur Verfügung gestellt, um bundesweite Tätigkeiten und Strukturen von Selbsthilfegruppen, -organisationen und -kontaktstellen zu fördern sowie um Gründungszuschüsse für neue Selbsthilfegruppen, -organisationen und -kontaktstellen zu gewähren, ohne dass es einer Mitfinanzierung durch ein Land oder durch eine kommunale Gebietskörperschaft bedarf; die Gewährung insbesondere von Gründungszuschüssen im Rahmen einer Förderung nach Absatz 3 bleibt davon unberührt. 2Die Förderung nach Satz 1 ist von den Selbsthilfegruppen, -organisationen oder -kontaktstellen unmittelbar beim Spitzenverband Bund der Pflegekassen zu beantragen. 3Durch den Spitzenverband Bund der Pflegekassen soll eine Bewilligung der Fördermittel in der Regel jeweils für einen Zeitraum von fünf Jahren, mindestens aber für einen Zeitraum von drei Jahren erfolgen, es sei denn, dass sich aus dem Antrag oder den Besonderheiten des Einzelfalls ein kürzerer Förderzeitraum ergibt. 4Nach erneuter Antragstellung kann eine Förderung für bundesweite Tätigkeiten und Strukturen von Selbsthilfegruppen, -organisationen und -kontaktstellen erneut bewilligt werden. 5Um eine sachgerechte Verteilung der Fördermittel zu gewährleisten, kann der Spitzenverband Bund der Pflegekassen gemeinsam mit dem Verband der privaten Krankenversicherung e. V. Kriterien zur Vergabe der Fördermittel beschließen. 6Im Rahmen der Entwicklung der Kriterien sind die in der Selbsthilfe tätigen Verbände der Menschen mit Behinderungen, der Pflegebedürftigen und ihrer Angehörigen und vergleichbar Nahestehenden zu beteiligen. 7Der Beschluss der Kriterien bedarf der Zustimmung des Bundesministeriums für Gesundheit. 8Die Einzelheiten zu den Voraussetzungen, Zielen, Inhalten und der Durchführung der Förderung sowie zu dem Verfahren zur Vergabe der Fördermittel werden im Übrigen in den Empfehlungen nach §45c Absatz 7 festgelegt.

(5) 1Für die Förderung der Selbsthilfe in der Pflege werden die Vorgaben des §45c und das dortige Verfahren entsprechend angewendet, das schließt eine entsprechende Anwendung von §45c Absatz 2 Satz 3 und 4, Absatz 6 Satz 2 bis 9, Absatz 7 Satz 1 bis 4 und Absatz 8 ein. 2Die Landesregierungen werden ermächtigt, durch Rechtsverordnung das Nähere über die Umsetzung der in entsprechender Anwendung des §45c Absatz 7 beschlossenen Empfehlungen zur Förderung der Selbsthilfe in der Pflege zu bestimmen, soweit die Empfehlungen sich auf Inhalte einer Förderung im Rahmen des Absatzes 3 beziehen.

(6) Eine Förderung der Selbsthilfe nach dieser Vorschrift ist ausgeschlossen, soweit für dieselbe Zweckbestimmung eine Förderung nach §20h Absatz 1 Satz 1 des Fünften Buches erfolgt.

§45e Förderung der Zusammenarbeit in regionalen Netzwerken

(1) 1Zur Verbesserung der Versorgung und Unterstützung von Pflegebedürftigen und deren Angehörigen sowie vergleichbar nahestehenden Pflegepersonen sowie zur Stärkung der Prävention nach §5 werden aus den Mitteln des Ausgleichsfonds

der Pflegeversicherung je Kalenderjahr 20 Millionen Euro bereitgestellt, um die strukturierte Zusammenarbeit in regionalen Netzwerken nach Absatz 2 zu fördern. $_{2}$§ 45c Absatz 1 Satz 2 gilt entsprechend. $_{3}$Fördermittel, die in dem jeweiligen Kalenderjahr nicht in Anspruch genommen worden sind, erhöhen im Folgejahr das Fördervolumen nach Satz 1. $_{4}$Folgende Summen an Fördermitteln können für die Finanzierung einer Geschäftsstelle sowie für die wissenschaftliche Begleitung und Auswertung nach Absatz 5 verwendet werden:

1. im Jahr 2026 bis zu 200 000 Euro,
2. im Jahr 2027 bis zu 300 000 Euro,
3. im Jahr 2028 bis zu 400 000 Euro und
4. in den Jahren 2029 bis 2031 bis zu höchstens 500 000 Euro jährlich.

(2) $_{1}$Die in Absatz 1 genannten Mittel können für die finanzielle Beteiligung von Pflegekassen an regionalen Netzwerken verwendet werden, die der strukturierten Zusammenarbeit von Akteuren dienen, die an der Versorgung Pflegebedürftiger beteiligt sind und die sich im Rahmen einer freiwilligen Vereinbarung vernetzen. $_{2}$Die Förderung der strukturierten regionalen Zusammenarbeit erfolgt, indem sich die Pflegekassen einzeln oder gemeinsam im Wege einer Anteilsfinanzierung an den netzwerkbedingten Kosten beteiligen. $_{3}$Den Kreisen und kreisfreien Städten und den Bezirken der Stadtstaaten Berlin und Hamburg, den Selbsthilfegruppen, -organisationen und -kontaktstellen im Sinne des § 45d sowie den organisierten Gruppen ehrenamtlich tätiger sowie sonstiger zum bürgerschaftlichen Engagement bereiter Personen im Sinne des § 45c Absatz 4 ist in ihrem jeweiligen Einzugsgebiet die Teilnahme an der geförderten strukturierten regionalen Zusammenarbeit zu ermöglichen. $_{4}$Für private Versicherungsunternehmen, die die private Pflege- Pflichtversicherung durchführen, gelten die Sätze 1 bis 3 entsprechend.

(3) $_{1}$Gefördert werden können

1. je Kreis oder kreisfreier Stadt mit unter 500 000 Einwohnern bis zu zwei regionale Netzwerke,
2. je Kreis oder kreisfreier Stadt ab 500 000 Einwohnern bis zu vier regionale Netzwerke,
3. in den Stadtstaaten, die nur aus einer kreisfreien Stadt bestehen, pro Bezirk bis zu zwei regionale Netzwerke.

$_{2}$Der Förderbetrag pro regionalem Netzwerk darf jeweils 30 000 Euro je Kalenderjahr nicht überschreiten. $_{3}$Die Fördermittel werden dem jeweiligen regionalen Netzwerk für mindestens ein Kalenderjahr und längstens für drei Kalenderjahre bewilligt; bei neu gegründeten Netzwerken soll die Förderung für drei Kalenderjahre bewilligt werden. $_{4}$Bei erneuter Antragstellung kann eine Förderung erneut bewilligt werden. $_{5}$§ 45c Absatz 7 Satz 1 und 3 und Absatz 8 findet entsprechende Anwendung.

(4) $_{1}$Die Landesverbände der Pflegekassen erstellen jährlich bis zum 30. November für das Folgejahr eine Übersicht über die in ihrem Zuständigkeitsbereich geförderten regionalen Netzwerke und stellen diese der Geschäftsstelle nach Absatz 5 zur Verfügung. $_{2}$Die jährlichen Übersichten sind durch die Geschäftsstelle auf einer eigenen Internetseite gebündelt zu veröffentlichen.

(5) $_{1}$Die in Absatz 1 Satz 4 genannten Mittel werden in den Jahren 2026 bis 2031 für die Finanzierung einer Geschäftsstelle zur Unterstützung von Netzwerkgründungen, der flächendeckenden Etablierung von Netzwerken, der qualitativen Weiterentwicklung regionaler Netzwerke sowie für eine wissenschaftliche Begleitung und Auswertung im Hinblick auf die Erreichung der Ziele der Geschäftsstelle verwendet. $_{2}$Die Geschäftsstelle wird vom Spitzenverband Bund der Pflegekassen bis zum 1. Oktober 2026 im Benehmen mit dem Bundesministerium für Bildung, Familie, Senioren, Frauen und Jugend im Rahmen seiner Zuständigkeit errichtet. $_{3}$Die Errichtung bedarf der Zustimmung des Bundesministeriums für Gesundheit. $_{4}$Der Spitzenverband Bund der Pflegekassen hat zudem eine wissenschaftliche Begleitung und Auswertung im Hinblick auf die Erreichung der Ziele der Geschäftsstelle nach allgemeinen wissenschaftlichen Standards zu veranlassen. $_{5}$Näheres über das Verfahren zur Durchführung und Abwicklung der Förderung und zur Auszahlung der Fördermittel regeln das Bundesamt für Soziale Sicherung, der Spitzenverband Bund der Pflegekassen und der Verband der privaten Krankenversicherung e. V. durch Vereinbarung.

Sechster Abschnitt
Leistungen in ambulant betreuten Wohngruppen und in gemeinschaftlichen Wohnformen

§ 45f Zusätzliche Leistungen für Pflegebedürftige in ambulant betreuten Wohngruppen

(1) $_{1}$Pflegebedürftige haben Anspruch auf einen pauschalen Zuschlag in Höhe von 224 Euro monatlich, wenn

1. sie mit mindestens zwei und höchstens elf weiteren Personen in einer ambulant betreuten Wohngruppe in einer gemeinsamen Wohnung zum Zweck der gemeinschaftlich organisierten pflegerischen Versorgung leben und davon mindestens zwei weitere Personen pflegebedürftig im Sinne der §§ 14 und 15 sind,

2. sie Leistungen nach den §§ 36, 37, 38, 45a oder § 45b beziehen, sofern es sich um Pflegebedürftige der Pflegegrade 2 bis 5 handelt,
3. eine Person durch die Mitglieder der Wohngruppe gemeinschaftlich beauftragt ist, unabhängig von der individuellen pflegerischen Versorgung allgemeine organisatorische, verwaltende, betreuende oder das Gemeinschaftsleben fördernde Tätigkeiten zu verrichten oder die Wohngruppenmitglieder bei der Haushaltsführung zu unterstützen, und
4. keine Versorgungsform einschließlich teilstationärer Pflege vorliegt, in der ein Anbieter der Wohngruppe oder ein Dritter den Pflegebedürftigen Leistungen anbietet oder gewährleistet, die dem im jeweiligen Rahmenvertrag nach § 75 Absatz 1 für vollstationäre Pflege vereinbarten Leistungsumfang weitgehend entsprechen; der Anbieter einer ambulant betreuten Wohngruppe hat die Pflegebedürftigen vor deren Einzug in die Wohngruppe in geeigneter Weise darauf hinzuweisen, dass dieser Leistungsumfang von ihm oder einem Dritten nicht erbracht wird, sondern die Versorgung in der Wohngruppe auch durch die aktive Einbindung ihrer eigenen Ressourcen und ihres sozialen Umfelds sichergestellt werden kann.

$_2$Leistungen der Tages- und Nachtpflege gemäß § 41 können neben den Leistungen nach dieser Vorschrift nur in Anspruch genommen werden, wenn gegenüber der zuständigen Pflegekasse durch eine Prüfung des Medizinischen Dienstes nachgewiesen ist, dass die Pflege in der ambulant betreuten Wohngruppe ohne teilstationäre Pflege nicht in ausreichendem Umfang sichergestellt ist; dies gilt entsprechend für die Versicherten der privaten Pflege-Pflichtversicherung.

(2) $_1$Die Pflegekassen sind berechtigt, zur Feststellung der Anspruchsvoraussetzungen des Absatzes 1 folgende Daten zu verarbeiten und bei dem Antragsteller folgende Unterlagen anzufordern:

1. eine formlose Bestätigung des Antragstellers, dass die Voraussetzungen nach Absatz 1 Satz 1 Nummer 1 erfüllt sind,
2. die Adresse und das Gründungsdatum der Wohngruppe,
3. den Mietvertrag einschließlich eines Grundrisses der Wohnung und den Pflegevertrag nach § 120,
4. Vorname, Name, Anschrift und Telefonnummer sowie Unterschrift der Person nach Absatz 1 Satz 1 Nummer 3 und
5. die vereinbarten Aufgaben der Person nach Absatz 1 Satz 1 Nummer 3.

§ 45g Anschubfinanzierung zur Gründung von ambulant betreuten Wohngruppen

(1) $_1$Zur Förderung der Gründung von ambulant betreuten Wohngruppen wird Pflegebedürftigen, die in der neuen Wohngruppe Anspruch auf Leistungen nach § 45f haben und die an der gemeinsamen Gründung beteiligt sind, für die altersgerechte oder barrierearme Umgestaltung der gemeinsamen Wohnung zusätzlich zu dem Betrag nach § 40 Absatz 4 einmalig ein Betrag von bis zu 2613 Euro gewährt. $_2$Der Gesamtbetrag ist je Wohngruppe auf 10 452 Euro begrenzt und wird bei mehr als vier Anspruchsberechtigten anteilig auf die Versicherungsträger der Anspruchsberechtigten aufgeteilt. $_3$Der Antrag ist innerhalb eines Jahres nach Vorliegen der Anspruchsvoraussetzungen des § 45f Absatz 1 Satz 1 zu stellen. $_4$Dabei kann die Umgestaltungsmaßnahme auch vor der Gründung und dem Einzug erfolgen. $_5$Die Sätze 1 bis 4 gelten für die Versicherten der privaten Pflege-Pflichtversicherung entsprechend.

(2) $_1$Die Pflegekassen zahlen den Förderbetrag aus, wenn die Gründung einer ambulant betreuten Wohngruppe nachgewiesen wird. $_2$Der Anspruch endet mit Ablauf des Monats, in dem das Bundesamt für Soziale Sicherung den Pflegekassen und dem Verband der privaten Krankenversicherung e. V. mitteilt, dass mit der Förderung eine Gesamthöhe von 30 Millionen Euro erreicht worden ist. $_3$Einzelheiten zu den Voraussetzungen und dem Verfahren der Förderung regelt der Spitzenverband Bund der Pflegekassen im Einvernehmen mit dem Verband der privaten Krankenversicherung e. V.

§ 45h Leistungen in gemeinschaftlichen Wohnformen mit Verträgen zur pflegerischen Versorgung gemäß § 92c

(1) Pflegebedürftige in gemeinschaftlichen Wohnformen mit Verträgen zur pflegerischen Versorgung gemäß § 92c erhalten einen pauschalen Zuschuss in Höhe von 450 Euro je Kalendermonat zur Sicherstellung einer selbstbestimmten Pflege.

(2) $_1$Pflegebedürftige der Pflegegrade 2 bis 5 haben zudem je Kalendermonat Anspruch auf körperbezogene Pflegemaßnahmen, pflegerische Betreuungsmaßnahmen und Hilfen bei der Haushaltsführung als Sachleistung gemäß § 36. $_2$Wenn der Sachleistungsanspruch nur teilweise in Anspruch genommen wird, besteht Anspruch auf anteiliges Pflegegeld gemäß § 38 Satz 1 und 2 in Verbindung mit § 37.

(3) $_1$Neben den Ansprüchen nach den Absätzen 1 und 2 können Leistungen gemäß den §§ 7a, 39a, 40 Absatz 1 und 2 sowie den §§ 40a, 40b, 44a und 45 in Anspruch genommen werden. $_2$Bei Pflegebedürftigen der Pflegegrade 2 bis 5 besteht auch Anspruch auf Leistungen gemäß § 44 sowie auf

Kurzzeitpflege gemäß § 42 Absatz 1 Satz 2 Nummer 1 bis zur Höhe des Leistungsbetrags nach § 42 Absatz 2 Satz 2.

(4) Die Absätze 1 bis 3 gelten nicht in Einrichtungen oder Räumlichkeiten im Sinne des § 71 Absatz 4.

Fünftes Kapitel
Organisation

Erster Abschnitt
Träger der Pflegeversicherung

§ 46 Pflegekassen

(1) 1Träger der Pflegeversicherung sind die Pflegekassen. 2Bei jeder Krankenkasse (§ 4 Abs. 2 des Fünften Buches) wird eine Pflegekasse errichtet. 3Die Deutsche Rentenversicherung Knappschaft-Bahn-See als Träger der Krankenversicherung führt die Pflegeversicherung für die Versicherten durch.

(2) 1Die Pflegekassen sind rechtsfähige Körperschaften des öffentlichen Rechts mit Selbstverwaltung. 2Organe der Pflegekassen sind die Organe der Krankenkassen, bei denen sie errichtet sind. 3Arbeitgeber (Dienstherr) der für die Pflegekasse tätigen Beschäftigten ist die Krankenkasse, bei der die Pflegekasse errichtet ist. 4Krankenkassen und Pflegekassen können für Mitglieder, die ihre Kranken- und Pflegeversicherungsbeiträge selbst zu zahlen haben, die Höhe der Beiträge zur Kranken- und Pflegeversicherung in einem gemeinsamen Beitragsbescheid festsetzen. 5Das Mitglied ist darauf hinzuweisen, dass der Bescheid über den Beitrag zur Pflegeversicherung im Namen der Pflegekasse ergeht. 6In den Fällen des Satzes 4 kann auch ein gemeinsamer Widerspruchsbescheid erlassen werden; Satz 5 gilt entsprechend. 7Die Erstattung zu Unrecht gezahlter Pflegeversicherungsbeiträge erfolgt durch die Krankenkasse, bei der die Pflegekasse errichtet ist. 8Bei der Ausführung dieses Buches ist das Erste Kapitel des Zehnten Buches anzuwenden.

(3) 1Die Verwaltungskosten einschließlich der Personalkosten, die den Krankenkassen auf Grund dieses Buches entstehen, werden von den Pflegekassen in Höhe von 3 Prozent des Mittelwertes von Leistungsaufwendungen und Beitragseinnahmen erstattet; dabei ist der Erstattungsbetrag für die einzelne Krankenkasse um die Hälfte der Aufwendungen der jeweiligen Pflegekasse für Pflegeberatung nach § 7a Abs. 4 Satz 5 und um die Aufwendungen für Zahlungen nach § 18c Absatz 5 zu vermindern. 2Bei der Berechnung der Erstattung sind die Beitragseinnahmen um die Beitragseinnahmen zu vermindern, die dazu bestimmt sind, nach § 135 dem Vorsorgefonds der sozialen Pflegeversicherung zugeführt zu werden. 3Der Gesamtbetrag der nach Satz 1 zu erstattenden Verwaltungskosten aller Krankenkassen ist nach dem tatsächlich entstehenden Aufwand (Beitragseinzug/Leistungsgewährung) auf die Krankenkassen zu verteilen. 4Der Spitzenverband Bund der Pflegekassen bestimmt das Nähere über die Verteilung. 5Außerdem übernehmen die Pflegekassen 50 vom Hundert der umlagefinanzierten Kosten des Medizinischen Dienstes. 6Personelle Verwaltungskosten, die einer Betriebskrankenkasse von der Pflegekasse erstattet werden, sind an den Arbeitgeber weiterzuleiten, wenn er die Personalkosten der Betriebskrankenkasse nach § 149 Absatz 2 des Fünften Buches trägt. 7Der Verwaltungsaufwand in der sozialen Pflegeversicherung ist nach Ablauf von einem Jahr nach Inkrafttreten dieses Gesetzes zu überprüfen.

(4) Das Bundesministerium für Gesundheit wird ermächtigt, durch Rechtsverordnung mit Zustimmung des Bundesrates Näheres über die Erstattung der Verwaltungskosten zu regeln sowie die Höhe der Verwaltungskostenerstattung neu festzusetzen, wenn die Überprüfung des Verwaltungsaufwandes nach Absatz 3 Satz 6 dies rechtfertigt.

(5) Bei Vereinigung, Auflösung und Schließung einer Krankenkasse gelten die §§ 143 bis 170 des Fünften Buches für die bei ihr errichtete Pflegekasse entsprechend.

(6) 1Die Aufsicht über die Pflegekassen führen die für die Aufsicht über die Krankenkassen zuständigen Stellen. 2Das Bundesamt für Soziale Sicherung und die für die Sozialversicherung zuständigen obersten Verwaltungsbehörden der Länder haben mindestens alle fünf Jahre die Geschäfts-, Rechnungs- und Betriebsführung der ihrer Aufsicht unterstehenden Pflegekassen und deren Arbeitsgemeinschaften zu prüfen. 3Das Bundesministerium für Gesundheit kann die Prüfung der bundesunmittelbaren Pflegekassen und deren Arbeitsgemeinschaften, die für die Sozialversicherung zuständigen obersten Verwaltungsbehörden der Länder können die Prüfung der landesunmittelbaren Pflegekassen und deren Arbeitsgemeinschaften auf eine öffentlich-rechtliche Prüfungseinrichtung übertragen, die bei der Durchführung der Prüfung unabhängig ist. 4Die Prüfung hat sich auf den gesamten Geschäftsbetrieb zu erstrecken; sie umfaßt die Prüfung seiner Gesetzmäßigkeit und Wirtschaftlichkeit. 5Die Pflegekassen und deren Arbeitsgemeinschaften haben auf Verlangen alle Unterlagen vorzulegen und alle Auskünfte zu erteilen, die zur Durchführung der Prüfung erforderlich sind. 6Die mit der Prüfung nach diesem Absatz befassten Stellen können nach Anhörung des Spitzenverbandes Bund der Krankenkassen als Spitzenverband Bund der Pflegekassen bestimmen, dass die Pflegekassen die zu prüfenden Daten elektronisch und

in einer bestimmen Form zur Verfügung stellen.$_{7}$§ 274 Abs. 2 und 3 des Fünften Buches gilt entsprechend.

§ 47 Satzung

(1) Die Satzung muß Bestimmungen enthalten über:

1. Name und Sitz der Pflegekasse,
2. Bezirk der Pflegekasse und Kreis der Mitglieder,
3. Rechte und Pflichten der Organe,
4. Art der Beschlußfassung der Vertreterversammlung,
5. Bemessung der Entschädigungen für Organmitglieder, soweit sie Aufgaben der Pflegeversicherung wahrnehmen,
6. jährliche Prüfung der Betriebs- und Rechnungsführung und Abnahme der Jahresrechnung,
7. Zusammensetzung und Sitz der Widerspruchsstelle und
8. Art der Bekanntmachungen.

(2) Die Satzung kann eine Bestimmung enthalten, nach der die Pflegekasse den Abschluss privater Pflege-Zusatzversicherungen zwischen ihren Versicherten und privaten Krankenversicherungsunternehmen vermitteln kann.

(3) Die Satzung und ihre Änderungen bedürfen der Genehmigung der Behörde, die für die Genehmigung der Satzung der Krankenkasse, bei der die Pflegekasse errichtet ist, zuständig ist.

§ 47a Stellen zur Bekämpfung von Fehlverhalten im Gesundheitswesen

(1) $_{1}$§ 197a des Fünften Buches gilt entsprechend; § 197a Absatz 3 des Fünften Buches gilt mit der Maßgabe, auch mit den nach Landesrecht bestimmten Trägern der Sozialhilfe, die für die Hilfe zur Pflege im Sinne des Siebten Kapitels des Zwölften Buches zuständig sind, zusammenzuarbeiten. $_{2}$Die organisatorischen Einheiten nach § 197a Abs. 1 des Fünften Buches sind die Stellen zur Bekämpfung von Fehlverhalten im Gesundheitswesen bei den Pflegekassen, ihren Landesverbänden und dem Spitzenverband Bund der Pflegekassen.

(2) $_{1}$Die Einrichtungen nach Absatz 1 Satz 2 dürfen personenbezogene Daten, die von ihnen zur Erfüllung ihrer Aufgaben nach Absatz 1 erhoben oder an sie übermittelt wurden, untereinander übermitteln, soweit dies für die Feststellung und Bekämpfung von Fehlverhalten im Gesundheitswesen beim Empfänger erforderlich ist. $_{2}$An die nach Landesrecht bestimmten Träger der Sozialhilfe, die für die Hilfe zur Pflege im Sinne des Siebten Kapitels des Zwölften Buches zuständig sind, dürfen die Einrichtungen nach Absatz 1 Satz 2 personenbezogene Daten nur übermitteln, soweit dies für die Feststellung und Bekämpfung von Fehlverhalten im Zusammenhang mit den Regelungen des Siebten Kapitels des Zwölften Buches erforderlich ist und im Einzelfall konkrete Anhaltspunkte dafür vorliegen. $_{3}$Der Empfänger darf diese Daten nur zu dem Zweck verarbeiten, zu dem sie ihm übermittelt worden sind. $_{4}$Ebenso dürfen die nach Landesrecht bestimmten Träger der Sozialhilfe, die für die Hilfe zur Pflege im Sinne des Siebten Kapitels des Zwölften Buches zuständig sind, personenbezogene Daten, die von ihnen zur Erfüllung ihrer Aufgaben erhoben oder an sie übermittelt wurden, an die in Absatz 1 Satz 2 genannten Einrichtungen übermitteln, soweit dies für die Feststellung und Bekämpfung von Fehlverhalten im Gesundheitswesen beim Empfänger erforderlich ist. $_{5}$Die in Absatz 1 Satz 2 genannten Einrichtungen dürfen diese nur zu dem Zweck verarbeiten, zu dem sie ihnen übermittelt worden sind. $_{6}$Die Einrichtungen nach Absatz 1 Satz 2 sowie die nach Landesrecht bestimmten Träger der Sozialhilfe, die für die Hilfe zur Pflege im Sinne des Siebten Kapitels des Zwölften Buches zuständig sind, haben sicherzustellen, dass die personenbezogenen Daten nur Befugten zugänglich sind oder nur an diese weitergegeben werden.

(3) $_{1}$Die Einrichtungen nach Absatz 1 Satz 2 dürfen personenbezogene Daten an die folgenden Stellen übermitteln, soweit dies für die Verhinderung oder Aufdeckung von Fehlverhalten im Zuständigkeitsbereich der jeweiligen Stelle erforderlich ist:

1. die Stellen, die für die Entscheidung über die Teilnahme von Leistungserbringern an der Versorgung in der sozialen Pflegeversicherung sowie in der Hilfe zur Pflege zuständig sind,
2. die Stellen, die für die Leistungsgewährung in der sozialen Pflegeversicherung sowie in der Hilfe zur Pflege zuständig sind,
3. die Stellen, die für die Abrechnung von Leistungen in der sozialen Pflegeversicherung sowie in der Hilfe zur Pflege zuständig sind,
4. die Stellen, die nach Landesrecht für eine Förderung nach § 9 zuständig sind,
5. den Medizinischen Dienst der Krankenversicherung, den Prüfdienst des Verbandes der privaten Krankenversicherung e. V. sowie die für Prüfaufträge nach § 114 bestellten Sachverständigen und
6. die Behörden und berufsständischen Kammern, die für Entscheidungen über die Erteilung, die Rücknahme, den Widerruf oder die Anordnung des Ruhens einer Erlaubnis zum Führen der Berufsbezeichnung in den Pflegeberufen oder für berufsrechtliche Verfahren zuständig sind.

$_{2}$Die nach Satz 1 übermittelten Daten dürfen von dem jeweiligen Empfänger nur zu dem Zweck verarbeitet werden, zu dem sie ihm übermittelt worden sind. $_{3}$Die Stellen nach Satz 1 Nummer 4 dürfen personenbezogene Daten, die von ihnen zur Erfüllung ihrer Aufgaben nach diesem Buch erhoben oder an sie übermittelt wurden, an die Einrichtungen nach Absatz 1 Satz 2 übermitteln, soweit dies für die Feststellung und Bekämpfung von Fehlverhalten im Gesundheitswesen durch die Einrichtungen nach Absatz 1 Satz 2 erforderlich ist. $_4$Die nach Satz 3 übermittelten Daten dürfen von den Einrichtungen nach Absatz 1 Satz 2 nur zu dem Zweck verarbeitet werden, zu dem sie ihnen übermittelt worden sind.

§ 47b Aufgabenerledigung durch Dritte

Pflegekassen können die ihnen obliegenden Aufgaben durch Arbeitsgemeinschaften oder durch Dritte mit deren Zustimmung wahrnehmen lassen, wenn die Aufgabenwahrnehmung durch die Arbeitsgemeinschaften oder den Dritten wirtschaftlicher ist, es im wohlverstandenen Interesse der Betroffenen liegt und Rechte und Interessen der Versicherten nicht beeinträchtigt werden. Wesentliche Aufgaben zur Versorgung der Versicherten dürfen nicht in Auftrag gegeben werden. § 88 Absatz 3 und 4 und die §§ 89 bis 92 und 97 des Zehnten Buches gelten entsprechend.

Zweiter Abschnitt
Zuständigkeit, Mitgliedschaft

§ 48 Zuständigkeit für Versicherte einer Krankenkasse und sonstige Versicherte

(1) $_1$Für die Durchführung der Pflegeversicherung ist jeweils die Pflegekasse zuständig, die bei der Krankenkasse errichtet ist, bei der eine Pflichtmitgliedschaft oder freiwillige Mitgliedschaft besteht. $_2$Für Familienversicherte nach § 25 ist die Pflegekasse des Mitglieds zuständig.

(2) $_1$Für Personen, die nach § 21 Nr. 1 bis 5 versichert sind, ist die Pflegekasse zuständig, die bei der Krankenkasse errichtet ist, die mit der Leistungserbringung im Krankheitsfalle beauftragt ist. $_2$Ist keine Krankenkasse mit der Leistungserbringung im Krankheitsfall beauftragt, kann der Versicherte die Pflegekasse nach Maßgabe des Absatzes 3 wählen.

(3) $_1$Personen, die nach § 21 Nr. 6 versichert sind, können die Mitgliedschaft wählen bei der Pflegekasse, die bei

1. der Krankenkasse errichtet ist, der sie angehören würden, wenn sie in der gesetzlichen Krankenversicherung versicherungspflichtig wären,
2. der Allgemeinen Ortskrankenkasse ihres Wohnsitzes oder gewöhnlichen Aufenthaltes errichtet ist,
3. einer Ersatzkasse errichtet ist, wenn sie zu dem Mitgliederkreis gehören, den die gewählte Ersatzkasse aufnehmen darf.

$_2$Ab 1. Januar 1996 können sie die Mitgliedschaft bei der Pflegekasse wählen, die bei der Krankenkasse errichtet ist, die sie nach § 173 Abs. 2 des Fünften Buches wählen könnten, wenn sie in der gesetzlichen Krankenversicherung versicherungspflichtig wären; dies gilt auch für Mitglieder von Solidargemeinschaften, die nach § 21a Absatz 1 versicherungspflichtig sind.

§ 49 Mitgliedschaft

(1) $_1$Die Mitgliedschaft bei einer Pflegekasse beginnt mit dem Tag, an dem die Voraussetzungen des § 20, des § 21 oder des § 21a vorliegen. $_2$Sie endet mit dem Tod des Mitglieds oder mit Ablauf des Tages, an dem die Voraussetzungen des § 20, des § 21 oder des § 21a entfallen, sofern nicht das Recht zur Weiterversicherung nach § 26 ausgeübt wird. $_3$Für die nach § 20 Abs. 1 Satz 2 Nr. 12 Versicherten gelten § 186 Abs. 11 und § 190 Abs. 13 des Fünften Buches entsprechend.

(2) Für das Fortbestehen der Mitgliedschaft gelten die §§ 189, 192 des Fünften Buches sowie § 25 des Zweiten Gesetzes über die Krankenversicherung der Landwirte entsprechend.

(3) Die Mitgliedschaft freiwillig Versicherter nach den §§ 26 und 26a endet:

1. mit dem Tod des Mitglieds oder
2. mit Ablauf des übernächsten Kalendermonats, gerechnet von dem Monat, in dem das Mitglied den Austritt erklärt, wenn die Satzung nicht einen früheren Zeitpunkt bestimmt.

Dritter Abschnitt
Meldungen

§ 50 Melde- und Auskunftspflichten bei Mitgliedern der sozialen Pflegeversicherung

(1) $_1$Alle nach § 20 versicherungspflichtigen Mitglieder haben sich selbst unverzüglich bei der für sie zuständigen Pflegekasse anzumelden. $_2$Dies gilt nicht, wenn ein Dritter bereits eine Meldung nach den §§ 28a bis 28c des Vierten Buches, §§ 199 bis 205 des Fünften Buches oder §§ 27 bis 29 des Zweiten Gesetzes über die Krankenversicherung der Landwirte zur gesetzlichen Krankenversicherung abgegeben hat; die Meldung zur gesetzlichen Krankenversicherung schließt die Meldung zur sozialen Pflegeversicherung ein. $_3$Bei freiwillig versicherten Mitgliedern der gesetzlichen Krankenversicherung gilt die Beitrittserklärung zur gesetzlichen Krankenversicherung als Meldung zur sozialen Pflegeversicherung.

(2) Für die nach § 21 versicherungspflichtigen Mitglieder haben eine Meldung an die zuständige Pflegekasse zu erstatten:

1. das Versorgungsamt für Leistungsempfänger nach dem Vierzehnten Buch oder nach den Gesetzen, die eine entsprechende Anwendung des Vierzehnten Buches vorsehen,
2. das Ausgleichsamt für Leistungsempfänger von Kriegsschadenrente oder vergleichbaren Leistungen nach dem Lastenausgleichsgesetz oder dem Reparationsschädengesetz oder von laufender Beihilfe nach dem Flüchtlingshilfegesetz,
3. der Träger der Kriegsopferfürsorge für Empfänger von laufenden Leistungen der ergänzenden Hilfe zum Lebensunterhalt nach dem Vierzehnten Buch oder nach den Gesetzen, die eine entsprechende Anwendung des Vierzehnten Buches vorsehen,
4. der Leistungsträger der Jugendhilfe für Empfänger von laufenden Leistungen zum Unterhalt nach dem Achten Buch,
5. der Leistungsträger für Krankenversorgungsberechtigte nach dem Bundesentschädigungsgesetz,
6. der Dienstherr für Soldaten auf Zeit,
7. die Bundeswehrverwaltung für geschädigte Personen nach dem Soldatenentschädigungsgesetz.

(3) $_1$Personen, die versichert sind oder als Versicherte in Betracht kommen, haben der Pflegekasse, soweit sie nicht nach § 28o des Vierten Buches auskunftspflichtig sind,

1. auf Verlangen über alle für die Feststellung der Versicherungs- und Beitragspflicht und für die Durchführung der der Pflegekasse übertragenen Aufgaben erforderlichen Tatsachen unverzüglich Auskunft zu erteilen,
2. Änderungen in den Verhältnissen, die für die Feststellung der Versicherungs- und Beitragspflicht erheblich sind und nicht durch Dritte gemeldet werden, unverzüglich mitzuteilen.

$_2$Sie haben auf Verlangen die Unterlagen, aus denen die Tatsachen oder die Änderung der Verhältnisse hervorgehen, der Pflegekasse in deren Geschäftsräumen unverzüglich vorzulegen.

(4) Entstehen der Pflegekasse durch eine Verletzung der Pflichten nach Absatz 3 zusätzliche Aufwendungen, kann sie von dem Verpflichteten die Erstattung verlangen.

(5) Die Krankenkassen übermitteln den Pflegekassen die zur Erfüllung ihrer Aufgaben erforderlichen personenbezogenen Daten.

(6) Für die Meldungen der Pflegekassen an die Rentenversicherungsträger gilt § 201 des Fünften Buches entsprechend.

§ 51 Meldungen bei Mitgliedern der privaten Pflegeversicherung

(1) $_1$Das private Versicherungsunternehmen hat Personen, die bei ihm gegen Krankheit versichert sind und trotz Aufforderung innerhalb von sechs Monaten nach Inkrafttreten des Pflege-Versicherungsgesetzes, bei Neuabschlüssen von Krankenversicherungsverträgen innerhalb von drei Monaten nach Abschluß des Vertrages, keinen privaten Pflegeversicherungsvertrag abgeschlossen haben, unverzüglich elektronisch dem Bundesamt für Soziale Sicherung zu melden. $_2$Das Versicherungsunternehmen hat auch Versicherungsnehmer zu melden, sobald diese mit der Entrichtung von sechs insgesamt vollen Monatsprämien in Verzug geraten sind. $_3$Das Bundesamt für Soziale Sicherung und der Verband der privaten Krankenversicherung e. V. haben bis zum 31. Dezember 2017 Näheres über das elektronische Meldeverfahren zu vereinbaren.

(2) $_1$Der Dienstherr hat für Heilfürsorgeberechtigte, die weder privat krankenversichert noch Mitglied in der gesetzlichen Krankenversicherung sind, eine Meldung an das Bundesamt für Soziale Sicherung zu erstatten. $_2$Die Postbeamtenkrankenkasse und die Krankenversorgung der Bundesbahnbeamten melden die im Zeitpunkt des Inkrafttretens des Gesetzes bei diesen Einrichtungen versicherten Mitglieder und mitversicherten Familienangehörigen an das Bundesamt für Soziale Sicherung.

(3) Die Meldepflichten bestehen auch für die Fälle, in denen eine bestehende private Pflegeversicherung gekündigt und der Abschluß eines neuen Vertrages bei einem anderen Versicherungsunternehmen nicht nachgewiesen wird.

Vierter Abschnitt
Wahrnehmung der Verbandsaufgaben

§ 52 Aufgaben auf Landesebene

(1) $_1$Die Landesverbände der Ortskrankenkassen, der Betriebskrankenkassen und der Innungskrankenkassen, die Deutsche Rentenversicherung Knappschaft-Bahn-See, die nach § 36 des Zweiten Gesetzes über die Krankenversicherung der Landwirte als Landesverband tätige landwirtschaftliche Krankenkasse sowie die Ersatzkassen nehmen die Aufgaben der Landesverbände der Pflegekassen wahr. $_2$§ 211a und § 212 Abs. 5 Satz 4 bis 10 des Fünften Buches gelten entsprechend.

(2) $_1$Für die Aufgaben der Landesverbände nach Absatz 1 gilt § 211 des Fünften Buches entsprechend. $_2$Die Landesverbände haben insbesondere

den Spitzenverband Bund der Pflegekassen bei der Erfüllung seiner Aufgaben zu unterstützen.

(3) Für die Aufsicht über die Landesverbände im Bereich der Aufgaben nach Absatz 1 gilt § 208 des Fünften Buches entsprechend.

(4) Soweit in diesem Buch die Landesverbände der Pflegekassen Aufgaben wahrnehmen, handeln die in Absatz 1 aufgeführten Stellen.

§ 53 Aufgaben auf Bundesebene

1Der Spitzenverband Bund der Krankenkassen nimmt die Aufgaben des Spitzenverbandes Bund der Pflegekassen wahr. 2Die §§ 217b, 217d und 217f des Fünften Buches gelten entsprechend.

§ 53a Beauftragung von anderen unabhängigen Gutachtern durch die Pflegekassen im Verfahren zur Feststellung der Pflegebedürftigkeit

(1) 1Der Spitzenverband Bund der Pflegekassen erlässt bis zum 31. März 2013 mit dem Ziel einer einheitlichen Rechtsanwendung Richtlinien zur Zusammenarbeit der Pflegekassen mit anderen unabhängigen Gutachtern im Verfahren zur Feststellung der Pflegebedürftigkeit. 2Die Richtlinien sind für die Pflegekassen verbindlich.

(2) Die Richtlinien regeln insbesondere Folgendes:

1. die Anforderungen an die Qualifikation und die Unabhängigkeit der Gutachter,
2. das Verfahren, mit dem sichergestellt wird, dass die von den Pflegekassen beauftragten unabhängigen Gutachter bei der Feststellung der Pflegebedürftigkeit und bei der Zuordnung zu einem Pflegegrad dieselben Maßstäbe wie der Medizinische Dienst anlegen,
3. die Sicherstellung der Dienstleistungsorientierung im Begutachtungsverfahren und
4. die Einbeziehung der Gutachten der von den Pflegekassen beauftragten Gutachter in das Qualitätssicherungsverfahren der Medizinischen Dienste.

(3) Die Richtlinien bedürfen der Zustimmung des Bundesministeriums für Gesundheit.

§ 53b Richtlinien zur Qualifikation und zu den Aufgaben zusätzlicher Betreuungskräfte

1Der Spitzenverband Bund der Pflegekassen hat für die zusätzlich einzusetzenden Betreuungskräfte für die Leistungen nach § 43b Richtlinien zur Qualifikation und zu den Aufgaben in stationären Pflegeeinrichtungen zu beschließen. 2Er hat hierzu die Bundesvereinigungen der Träger stationärer Pflegeeinrichtungen und die maßgeblichen Organisationen der Pflegeberufe auf Bundesebene anzuhören und den allgemein anerkannten Stand medizinisch-pflegerischer Erkenntnisse zu beachten. 3Die Richtlinien werden für alle Pflegekassen und deren Verbände sowie für die stationären Pflegeeinrichtungen erst nach Genehmigung durch das Bundesministerium für Gesundheit wirksam. 4§ 17 Absatz 2 Satz 2 und 3 gilt entsprechend.

Fünfter Abschnitt
Medizinische Dienste, Medizinischer Dienst Bund

§ 53c Medizinische Dienste, Medizinischer Dienst Bund, Übergangsregelung

(1) 1Die Medizinischen Dienste gemäß § 278 des Fünften Buches haben die ihnen nach diesem Buch zugewiesenen Aufgaben zu erfüllen. 2Die Medizinischen Dienste haben den Medizinischen Dienst Bund bei der Wahrnehmung seiner ihm nach diesem Buch zugewiesenen Aufgaben zu unterstützen.

(2) Der Medizinische Dienst Bund gemäß § 281 des Fünften Buches nimmt die ihm nach § 53d zugewiesenen Aufgaben wahr.

(3) 1Die Medizinischen Dienste und der Medizinische Dienst Bund erfüllen die ihnen jeweils obliegenden Aufgaben ab dem gemäß § 412 Absatz 1 Satz 4 des Fünften Buches öffentlich bekannt zu machenden Datum des Ablaufs des Monats, in dem die Genehmigung der Satzung erteilt wurde. 2Bis zu diesem jeweiligen Zeitpunkt gilt für die Medizinischen Dienste der Krankenversicherung und den Medizinischen Dienst des Spitzenverbandes Bund der Krankenkassen das Elfte Buch in der bis zum 31. Dezember 2019 geltenden Fassung fort und sie erfüllen die ihnen danach zugewiesenen Aufgaben. 3Für den Spitzenverband Bund der Pflegekassen gilt bis zu dem in Satz 1 genannten Zeitpunkt der Umstellung das Elfte Buch in der bis zum 31. Dezember 2019 geltenden Fassung fort; er nimmt insbesondere auch die ihm nach § 17 Absatz 1, 1b, den §§ 18b, 53a, 53b, 53c, 112a, 114a Absatz 7 und § 114c Absatz 1 zugewiesenen Aufgaben bis zu diesem Zeitpunkt wahr. 4Die danach durch den Spitzenverband Bund der Pflegekassen erlassenen Richtlinien gelten bis zu ihrer Änderung oder Aufhebung durch den Medizinischen Dienst Bund gemäß § 53d Absatz 2 und 3 fort.

§ 53d Aufgaben des Medizinischen Dienstes Bund

(1) 1Der Medizinische Dienst Bund koordiniert und fördert die Durchführung der Aufgaben und die Zusammenarbeit der Medizinischen Dienste in pflegefachlichen und organisatorischen Fragen. 2Er berät den Spitzenverband Bund der Pflegekassen in allen pflegerischen Fragen.

(2) $_{1}$Der Medizinische Dienst Bund erlässt unter Beachtung des geltenden Leistungs- und Leistungserbringungsrechts und unter fachlicher Beteiligung der Medizinischen Dienste Richtlinien

1. zur Dienstleistungsorientierung nach §17 Absatz 1c,
2. zur Personalbedarfsermittlung mit für alle Medizinischen Dienste einheitlichen aufgabenbezogenen Richtwerten für die Aufgaben, die ihnen nach diesem Buch übertragen sind,
3. zur Beauftragung externer Gutachterinnen und Gutachter für die Aufgaben, die ihnen nach diesem Buch übertragen sind,
4. zur einheitlichen statistischen Erfassung der Leistungen und Ergebnisse der Tätigkeit der Medizinischen Dienste sowie des hierfür eingesetzten Personals für den Bereich der sozialen Pflegeversicherung,
5. über die regelmäßige Berichterstattung der Medizinischen Dienste und des Medizinischen Dienstes Bund über ihre Tätigkeit und Personalausstattung für den Bereich der sozialen Pflegeversicherung,
6. über Grundsätze zur Fort- und Weiterbildung für den Bereich der sozialen Pflegeversicherung.

$_{2}$Die Richtlinien nach Satz 1 Nummer 2 sind bis spätestens 30. Juni 2022 zu erlassen. $_{3}$In den Richtlinien ist eine bundeseinheitliche Methodik und Vorgehensweise nach angemessenen und anerkannten Methoden der Personalbedarfsermittlung vorzugeben und eine Unterteilung entsprechend der Aufgabenbereiche Begutachtungen, Qualitätsprüfungen und Qualitätssicherung vorzunehmen. $_{4}$Die für den Erlass der Richtlinien nach Satz 1 Nummer 2 erforderlichen Daten sind in allen Medizinischen Diensten unter Koordinierung des Medizinischen Dienstes Bund nach einer bundeseinheitlichen Methodik und Vorgehensweise spätestens ab dem 1. Januar 2022 zu erheben und in nicht personenbezogener Form an den Medizinischen Dienst Bund zu übermitteln. $_{5}$Der Medizinische Dienst Bund wertet die übermittelten Daten unter fachlicher Beteiligung der Medizinischen Dienste aus. $_{6}$Die Richtlinien nach Satz 1 sind für die Medizinischen Dienste verbindlich und bedürfen der Genehmigung des Bundesministeriums für Gesundheit. Beanstandungen des Bundesministeriums für Gesundheit sind innerhalb der von ihm gesetzten Frist zu beheben.

(3) $_{1}$Der Medizinische Dienst Bund erlässt unter Beachtung des geltenden Leistungs- und Leistungserbringungsrechts im Benehmen mit dem Spitzenverband Bund der Pflegekassen und unter fachlicher Beteiligung der Medizinischen Dienste Richtlinien

1. zur Durchführung und Sicherstellung einer einheitlichen Begutachtung nach §17 Absatz 1 sowie zur Qualitätssicherung der Begutachtung,
2. zur Feststellung des Zeitanteils, für den die Pflegeversicherung bei ambulant versorgten Pflegebedürftigen, die einen besonders hohen Bedarf an behandlungspflegerischen Leistungen haben und die Leistungen der häuslichen Pflegehilfe nach §36 und der häuslichen Krankenpflege nach §37 Absatz 2 des Fünften Buches beziehen, die hälftigen Kosten zu tragen hat, nach §17 Absatz 1b,
3. zu den Anforderungen an das Qualitätsmanagement und die Qualitätssicherung für ambulante Betreuungsdienste nach §112a,
4. zur Durchführung der Prüfung der in Pflegeeinrichtungen erbrachten Leistungen und deren Qualität nach §114a Absatz 7 sowie zur Qualitätssicherung der Qualitätsprüfung,
5. zur Verlängerung des Prüfrhythmus in vollstationären Einrichtungen im Fall guter Qualität und zur Veranlassung unangemeldeter Prüfungen nach §114c Absatz 1,
6. zur Zusammenarbeit der Pflegekassen mit den Medizinischen Diensten und
7. zu den von den Medizinischen Diensten zu übermittelnden Berichten und Statistiken.

$_{2}$Die Richtlinien werden erst wirksam, wenn das Bundesministerium für Gesundheit sie genehmigt. Beanstandungen des Bundesministeriums für Gesundheit sind innerhalb der von ihm gesetzten Frist zu beheben. $_{3}$Die Richtlinien nach Satz 1 Nummer 1 bis 6 sind für die Medizinischen Dienste und die Pflegekassen verbindlich. Die Richtlinie nach Satz 1 Nummer 7 ist für die Medizinischen Dienste verbindlich.

Sechstes Kapitel
Finanzierung

Erster Abschnitt
Beiträge

§54 Grundsatz

(1) Die Mittel für die Pflegeversicherung werden durch Beiträge sowie sonstige Einnahmen gedeckt.

(2) $_{1}$Die Beiträge werden nach einem Vomhundertsatz (Beitragssatz) von den beitragspflichtigen Einnahmen der Mitglieder bis zur Beitragsbemessungsgrenze (§55) erhoben. $_{2}$Die Beiträge sind für jeden Kalendertag der Mitgliedschaft zu zahlen, soweit dieses Buch nichts Abweichendes bestimmt. $_{3}$Für die Berechnung der Beiträge ist die Woche zu

sieben, der Monat zu 30 und das Jahr zu 360 Tagen anzusetzen.

(3) Die Vorschriften des Zwölften Kapitels des Fünften Buches gelten entsprechend.

§ 55 Beitragssatz, Beitragsbemessungsgrenze, Verordnungsermächtigung

(1) $_{1}$Der Beitragssatz beträgt, vorbehaltlich des Satzes 2, bundeseinheitlich 3,4 Prozent der beitragspflichtigen Einnahmen der Mitglieder; er wird grundsätzlich durch Gesetz festgesetzt. $_{2}$Die Bundesregierung wird ermächtigt, den Beitragssatz nach Satz 1 ausschließlich nach Maßgabe des Absatzes 1a durch Rechtsverordnung mit Zustimmung des Bundesrates anzupassen. $_{3}$Für Personen, bei denen § 28 Abs. 2 Anwendung findet, beträgt der Beitragssatz die Hälfte des Beitragssatzes nach Satz 1.

(1a) $_{1}$Die Bundesregierung darf den Beitragssatz nach Absatz 1 Satz 1 ausschließlich zur mittelfristigen Sicherung der Zahlungsfähigkeit der sozialen Pflegeversicherung anpassen, wenn der Mittelbestand der sozialen Pflegeversicherung absehbar die Höhe einer Monatsausgabe laut Haushaltsplänen der Pflegekassen zu unterschreiten droht; mehrere Anpassungen durch Rechtsverordnung dürfen insgesamt nicht höher als 0,5 Beitragssatzpunkte über dem jeweils zuletzt gesetzlich festgesetzten Beitragssatz liegen. $_{2}$Die Rechtsverordnung nach Absatz 1 Satz 2 ist dem Bundestag vor der Zuleitung an den Bundesrat zuzuleiten. $_{3}$Sie kann durch Beschluss des Bundestages geändert oder abgelehnt werden. $_{4}$Der Beschluss des Bundestages wird der Bundesregierung zugeleitet. $_{5}$Hat sich der Bundestag nach Ablauf von drei Sitzungswochen seit Eingang der Rechtsverordnung nicht mit ihr befasst, so wird die unveränderte Rechtsverordnung dem Bundesrat zugeleitet.

(2) Beitragspflichtige Einnahmen sind bis zu einem Betrag von 1/360 der in § 6 Abs. 7 des Fünften Buches festgelegten Jahresarbeitsentgeltgrenze für den Kalendertag zu berücksichtigen (Beitragsbemessungsgrenze).

(3) $_{1}$Der Beitragssatz nach Absatz 1 Satz 1 und 3 erhöht sich für Mitglieder nach Ablauf des Monats, in dem sie das 23. Lebensjahr vollendet haben, um einen Beitragszuschlag in Höhe von 0,6 Beitragssatzpunkten (Beitragszuschlag für Kinderlose). $_{2}$Satz 1 gilt nicht für Mitglieder, die vor dem 1. Januar 1940 geboren wurden, für Wehr- und Zivildienstleistende sowie für Bezieher von Bürgergeld nach § 19 Absatz 1 Satz 1 des Zweiten Buches. $_{3}$Satz 1 gilt auch nicht für Eltern im Sinne des § 56 Absatz 1 Satz 1 Nummer 3 und Absatz 3 Nummer 2 und 3 des Ersten Buches. $_{4}$Für diese reduziert sich der Beitragssatz nach Absatz 1 Satz 1 und 3 für jedes Kind ab dem zweiten Kind bis zum fünften Kind um jeweils einen Abschlag in Höhe von 0,25 Beitragssatzpunkten bis zum Ablauf des Monats, in dem das jeweilige Kind das 25. Lebensjahr vollendet hat oder vollendet hätte; bei der Ermittlung des Abschlags nicht berücksichtigungsfähig sind Kinder, die das 25. Lebensjahr vollendet haben. $_{5}$Satz 4 gilt auch für Eltern, die das 23. Lebensjahr noch nicht vollendet haben.

(3a) $_{1}$Die Elterneigenschaft sowie die Anzahl der Kinder unter 25 Jahren müssen gegenüber der beitragsabführenden Stelle, bei Selbstzahlern gegenüber der Pflegekasse, nachgewiesen sein, sofern diesen die Angaben nicht bereits bekannt sind. $_{2}$Der Spitzenverband Bund der Pflegekassen gibt Empfehlungen im Hinblick darauf, welche Nachweise geeignet sind. $_{3}$Nachweise, die über das automatisierte Übermittlungsverfahren nach § 55a erbracht werden, sind im Fall der Geburt eines Kindes ab Beginn des Monats der Geburt, ansonsten ab Eintritt eines vergleichbaren Ereignisses, das eine beitragsrechtliche Zuordnung als Kind nach dieser Vorschrift begründet, zu berücksichtigen. $_{4}$Gleiches gilt für Nachweise, die nicht über das automatisierte Übermittlungsverfahren nach § 55a erfolgen, wenn sie innerhalb von sechs Monaten nach der Geburt des Kindes oder dem Eintritt eines vergleichbaren Ereignisses erbracht werden. $_{5}$Ansonsten wirkt der Nachweis ab Beginn des Monats, der dem Monat folgt, in dem der Nachweis erbracht wird. $_{6}$Die beitragsabführenden Stellen und die Pflegekassen sind berechtigt, entsprechende Nachweise anzufordern.

(4) Zu den Eltern im Sinne des Absatzes 3 Satz 3 gehören nicht

1. Adoptiveltern, wenn das Kind zum Zeitpunkt des Wirksamwerdens der Adoption bereits die in § 25 Abs. 2 vorgesehenen Altersgrenzen erreicht hat,
2. Stiefeltern, wenn das Kind zum Zeitpunkt der Eheschließung oder der Begründung der eingetragenen Lebenspartnerschaft gemäß § 1 des Lebenspartnerschaftsgesetzes mit dem Elternteil des Kindes bereits die in § 25 Abs. 2 vorgesehenen Altersgrenzen erreicht hat oder wenn das Kind vor Erreichen dieser Altersgrenzen nicht in den gemeinsamen Haushalt mit dem Mitglied aufgenommen worden ist.

(5) $_{1}$Sind landwirtschaftliche Unternehmer, die nicht zugleich Bürgergeld beziehen, sowie mitarbeitende Familienangehörige Mitglied der landwirtschaftlichen Krankenkasse, wird der Beitrag abweichend von den Absätzen 1 bis 3 in Form eines Zuschlags auf den Krankenversicherungsbeitrag, den sie nach den Vorschriften des Zweiten Gesetzes über die Krankenversicherung der Landwirte aus dem Arbeitseinkommen aus Land- und Forstwirtschaft zu

zahlen haben, erhoben. 2Die Höhe des Zuschlags ergibt sich aus dem Verhältnis des Beitragssatzes nach Absatz 1 Satz 1 zu dem um den durchschnittlichen Zusatzbeitragssatz erhöhten allgemeinen Beitragssatz nach § 241 des Fünften Buches. 3Sind die Voraussetzungen für einen Beitragszuschlag für Kinderlose nach Absatz 3 Satz 1 erfüllt und handelt es sich nicht um Mitglieder, die vor dem 1. Januar 1940 geboren wurden und nicht um Wehr- und Zivildienstleistende, erhöht sich der Zuschlag nach Satz 2 um das Verhältnis des Beitragszuschlags für Kinderlose zu dem Beitragssatz nach Absatz 1 Satz 1. 4Sind die Voraussetzungen für einen Abschlag nach Absatz 3 Satz 4 und 5 erfüllt und handelt es sich nicht um Wehr- und Zivildienstleistende, reduziert sich der Zuschlag nach Satz 2 um das Verhältnis des Abschlags zu dem Beitragssatz nach Absatz 1 Satz 1; § 59a Satz 2 findet keine Anwendung auf mitarbeitende Familienangehörige.

Der Beitragssatz nach § 55 Absatz 1 Satz 1 des Elften Buches Sozialgesetzbuch wurde zum 1. Januar 2025 auf 3,6 Prozent der beitragspflichtigen Einnahmen der Mitglieder festgesetzt; näheres siehe Pflege-Beitragssatz-Anpassungsverordnung 2025 vom 20. Dezember 2024 (BGBl. I Nr. 446).

§ 55a Automatisiertes Übermittlungsverfahren zur Erhebung und zum Nachweis der Elterneigenschaft sowie der Anzahl der berücksichtigungsfähigen Kinder für die Beitragssatzermittlung

(1) 1Die beitragsabführenden Stellen, die zur Berücksichtigung von Zu- oder Abschlägen verpflichtet sind, und die Pflegekassen rufen beim Bundeszentralamt für Steuern die für die Beitragssatzermittlung nach § 55 Absatz 3 und 3a erforderlichen Daten in einem automatisierten Verfahren ab. 2Der Datenabruf der beitragsabführenden Stellen und der Pflegekassen beim Bundeszentralamt für Steuern erfolgt über die zentrale Stelle nach § 81 des Einkommensteuergesetzes. 3Für nicht an die zentrale Stelle nach § 81 des Einkommensteuergesetzes angebundene beitragsabführende Stellen erfolgt der Datenabruf über die Datenstelle der Rentenversicherung nach § 145 Absatz 1 Satz 1 des Sechsten Buches; diese leitet die Daten über die zentrale Stelle nach § 81 des Einkommensteuergesetzes weiter.

(2) 1Die zentrale Stelle nach § 81 des Einkommensteuergesetzes kann die bereits eingerichteten Datenübermittlungswege und die Identifikation der Kommunikationspartner, die sie bereits im Rahmen ihrer Tätigkeiten nach § 5 Absatz 1 Satz 1 Nummer 18 des Finanzverwaltungsgesetzes nutzt, auch für dieses automatisierte Übermittlungsverfahren nutzen. 2Das Nähere, insbesondere die Höhe der Verwaltungskostenerstattung sowie zur Ausübung der Fachaufsicht, wird durch Verwaltungsvereinbarung zwischen dem Bundesministerium für Arbeit und Soziales und der Deutschen Rentenversicherung Bund geregelt.

(3) 1Die beitragsabführenden Stellen und die Pflegekassen erheben die zum Nachweis der Elterneigenschaft sowie die zur Ermittlung der Anzahl der berücksichtigungsfähigen Kinder des beitragspflichtigen Mitglieds erforderlichen Daten beim Bundeszentralamt für Steuern. 2Dazu melden sie das beitragspflichtige Mitglied zu dem Abrufverfahren beim Bundeszentralamt für Steuern an. 3Die Anmeldung erfolgt unter Angabe der steuerlichen Identifikationsnummer nach § 139b der Abgabenordnung und des Geburtsdatums des beitragspflichtigen Mitglieds über die zentrale Stelle nach § 81 des Einkommensteuergesetzes oder in den Fällen des Absatzes 1 Satz 3 über die Datenstelle der Rentenversicherung nach § 145 Absatz 1 Satz 1 des Sechsten Buches. 4Die beitragsabführenden Stellen und die Pflegekassen sind berechtigt, die für steuerliche Zwecke erhobene steuerliche Identifikationsnummer nach § 139b der Abgabenordnung sowie das Geburtsdatum des beitragspflichtigen Mitglieds für das automatisierte Übermittlungsverfahren zu nutzen. 5Die zentrale Stelle nach § 81 des Einkommensteuergesetzes und die Datenstelle der Rentenversicherung nach § 145 Absatz 1 Satz 1 des Sechsten Buches sind für die Identifikation der am Verfahren beteiligten Kommunikationspartner zuständig.

(4) 1Das Bundeszentralamt für Steuern hat die zum Nachweis der Elterneigenschaft sowie die zur Ermittlung der Anzahl der berücksichtigungsfähigen Kinder erforderlichen Daten, soweit diese vom Bundeszentralamt für Steuern gemäß den §§ 39 und 39e des Einkommensteuergesetzes für die Zwecke des Lohnsteuerabzuges gespeichert werden, einschließlich des Gültigkeitszeitraumes, für den sie zu berücksichtigen sind, an die zentrale Stelle nach § 81 des Einkommensteuergesetzes zu übermitteln. 2Die Daten sind von der zentralen Stelle nach § 81 des Einkommensteuergesetzes an die beitragsabführende Stelle oder die Pflegekasse weiterzuleiten. 3In den Fällen des Absatzes 1 Satz 3 erfolgt die Weiterleitung von der zentralen Stelle nach § 81 des Einkommensteuergesetzes über die Datenstelle der Rentenversicherung nach § 145 Absatz 1 Satz 1 des Sechsten Buches.

(5) 1Das Bundeszentralamt für Steuern speichert den Datenabruf nach Absatz 3 und die Datenübermittlung nach diesem Absatz und nach den Absätzen 4 und 6 in seiner Datenbank. 2Ergibt sich eine Änderung bei der Elterneigenschaft oder der Anzahl der berücksichtigungsfähigen Kinder des beitragspflichtigen Mitglieds nach § 55 Absatz 3,

übermittelt das Bundeszentralamt für Steuern einen Datensatz mit den geänderten Daten einschließlich des Gültigkeitszeitraumes, für den sie zu berücksichtigen sind, an die zentrale Stelle nach § 81 des Einkommensteuergesetzes. 3Die Änderungsmitteilungen werden gesammelt einmal im Kalendermonat übermittelt. 4Die Änderungsmitteilung wird von der zentralen Stelle nach § 81 des Einkommensteuergesetzes an die beitragsabführende Stelle oder die Pflegekasse weitergeleitet. 5In den Fällen des Absatzes 1 Satz 3 erfolgt die Weiterleitung von der zentralen Stelle nach § 81 des Einkommensteuergesetzes über die Datenstelle der Rentenversicherung nach § 145 Absatz 1 Satz 1 des Sechsten Buches. 6Liegt eine Abmeldung nach Absatz 6 vor, ist eine Änderungsmitteilung nicht zu übermitteln.

(6) 1Bei Wegfall der Notwendigkeit zum Abruf nach Absatz 1 Satz 1 meldet die beitragsabführende Stelle oder die Pflegekasse das Mitglied vom automatisierten Abrufverfahren über die zentrale Stelle nach § 81 des Einkommensteuergesetzes oder über die Datenstelle der Rentenversicherung nach § 145 Absatz 1 des Sechsten Buches innerhalb von sechs Wochen beim Bundeszentralamt für Steuern ab. 2Das Bundeszentralamt für Steuern hat den gespeicherten Datensatz innerhalb von 24 Monaten zu löschen.

(7) 1§ 30 der Abgabenordnung steht dem automatisierten Übermittlungsverfahren nach den Absätzen 1 bis 6 nicht entgegen. 2§ 93c der Abgabenordnung ist für das Übermittlungsverfahren nach den Absätzen 1 bis 6 nicht anzuwenden.

(8) Das Nähere zum Verfahren sowie zum Aufbau und zum Inhalt der Datensätze für die Anmeldung nach Absatz 3, den Datenabruf nach Absatz 4, die Änderungsmitteilung nach Absatz 5 und die Abmeldung nach Absatz 6 für die beitragsabführenden Stellen mit Ausnahme der Arbeitgeber regeln das Bundeszentralamt für Steuern, die Deutsche Rentenversicherung Bund und der Spitzenverband Bund der Pflegekassen in Gemeinsamen Grundsätzen, die vom Bundesministerium der Finanzen im Einvernehmen mit dem Bundesministerium für Arbeit und Soziales, dem Bundesministerium für Gesundheit und dem Bundesministerium für Ernährung und Landwirtschaft zu genehmigen sind; die Bundesorganisationen der beitragsabführenden Stellen sind vorher anzuhören.

(9) Die beitragsabführenden Stellen und die Pflegekassen verarbeiten die nach den Absätzen 4 und 5 übermittelten Angaben ausschließlich für die Beitragssatzermittlung nach § 55 Absatz 3 und den Nachweis der Elterneigenschaft sowie der Anzahl der berücksichtigungsfähigen Kinder nach § 55 Absatz 3a.

(10) 1Eine Datenübermittlung nach § 55a Absatz 1 bis 6 ist ab dem 1. April 2025 zulässig. 2Für Zwecke der Einführung der automatisierten Datenübermittlung bei den beteiligten Stellen ist eine frühere Datenübermittlung nach § 55a Absatz 1 bis 6 zulässig.

§ 55b Meldung der Pflegekasse im Verfahren nach § 55a bei Selbstzahlern

(1) 1Die Pflegekasse hat ab dem 1. Juli 2025 für Selbstzahler bei Beginn einer Mitgliedschaft eine Meldung im Sinne des § 55a Absatz 3 über die zentrale Stelle nach § 81 des Einkommensteuergesetzes an das Bundeszentralamt für Steuern zu richten. 2Bei Ende der Mitgliedschaft hat sie eine Meldung nach § 55a Absatz 6 zu erstatten. 3Bei Beginn der Mitgliedschaft hat die Meldung innerhalb von sieben Tagen zu erfolgen; die Abmeldung erfolgt innerhalb von sechs Wochen nach Beendigung der Mitgliedschaft. 4In der Meldung sind insbesondere anzugeben:

1. das Geburtsdatum des Mitglieds,
2. die steuerliche Identifikationsnummer des Mitglieds nach § 139b der Abgabenordnung,
3. der Tag des Beginns oder des Endes der Mitgliedschaft,
4. die Kundennummer der Pflegekasse bei der zentralen Stelle nach § 81 des Einkommensteuergesetzes.

5Bei Meldung des Beginns der Mitgliedschaft hat das Bundeszentralamt für Steuern über die zentrale Stelle nach § 81 des Einkommensteuergesetzes der Pflegekasse unverzüglich die auf den Tag des Beginns der Mitgliedschaft bezogenen erforderlichen Daten zum Nachweis der Elterneigenschaft sowie zur Ermittlung der Anzahl der berücksichtigungsfähigen Kinder nach Maßgabe des § 55a Absatz 4 Satz 1 und 2 zu übermitteln. 6Änderungen bei der Elterneigenschaft oder der Anzahl der berücksichtigungsfähigen Kinder während einer laufenden Mitgliedschaft werden der Pflegekasse nach Maßgabe des § 55a Absatz 5 mitgeteilt.

(2) 1Die Pflegekassen müssen ab dem 1. Juli 2025 für Selbstzahler, die bereits vor diesem Zeitpunkt in diesem Status Mitglied der sozialen Pflegeversicherung waren, eine Meldung entsprechend Absatz 1 erstatten. 2Die Meldung hat spätestens bis zum 31. Dezember 2025 zu erfolgen. 3Bei Pflegekassen, die im Zeitraum vom 1. Juli 2023 bis zum 30. Juni 2025 sich weder die Elterneigenschaft sowie die Anzahl der Kinder nach § 55 Absatz 3a Satz 1 haben nachweisen lassen noch an dem Nachweisverfahren nach § 55 Absatz 3d Satz 2 teilgenommen haben, erstreckt sich die Meldung auf den gesamten genannten Zeitraum.

§ 56 Beitragsfreiheit

(1) Familienangehörige sind für die Dauer der Familienversicherung nach § 25 beitragsfrei.

(2) 1Beitragsfreiheit besteht vom Zeitpunkt der Rentenantragstellung bis zum Beginn der Rente einschließlich einer Rente nach dem Gesetz über die Alterssicherung der Landwirte für:

1. den hinterbliebenen Ehegatten oder hinterbliebenen Lebenspartner eines Rentners, der bereits Rente bezogen hat, wenn Hinterbliebenenrente beantragt wird,
2. die Waise eines Rentners, der bereits Rente bezogen hat, vor Vollendung des 18. Lebensjahres; dies gilt auch für Waisen, deren verstorbener Elternteil eine Rente nach dem Gesetz über die Alterssicherung der Landwirte bezogen hat,
3. den hinterbliebenen Ehegatten oder hinterbliebenen Lebenspartner eines Beziehers einer Rente nach dem Gesetz über die Alterssicherung der Landwirte, wenn die Ehe vor Vollendung des 65. Lebensjahres des Verstorbenen geschlossen oder die eingetragene Lebenspartnerschaft vor Vollendung des 65. Lebensjahres des Verstorbenen gemäß § 1 des Lebenspartnerschaftsgesetzes begründet wurde,
4. den hinterbliebenen Ehegatten oder hinterbliebenen Lebenspartner eines Beziehers von Landabgaberente.

2Satz 1 gilt nicht, wenn der Rentenantragsteller eine eigene Rente, Arbeitsentgelt, Arbeitseinkommen oder Versorgungsbezüge erhält.

(3) 1Beitragsfrei sind Mitglieder für die Dauer des Bezuges von Mutterschafts- oder Elterngeld. 2Die Beitragsfreiheit erstreckt sich nur auf die in Satz 1 genannten Leistungen.

(4) Beitragsfrei sind auf Antrag Mitglieder, die sich auf nicht absehbare Dauer in stationärer Pflege befinden und bereits Leistungen bei Pflegebedürftigkeit nach § 74 Satz 1 Nummer 1 des Vierzehnten Buches oder Pflegeleistungen für Geschädigte nach § 146 Absatz 2 des Vierzehnten Buches in Verbindung mit § 43 des Elften Buches, nach § 44 des Siebten Buches, nach § 34 des Beamtenversorgungsgesetzes, nach § 16 Nummer 8 des Soldatenentschädigungsgesetzes in Verbindung mit § 17 des Soldatenentschädigungsgesetzes oder nach Gesetzen erhalten, die eine entsprechende Anwendung des Vierzehnten Buches vorsehen, sofern sie keine Familienangehörigen haben, für die eine Versicherung nach § 25 besteht.

(5) 1Beitragsfrei sind Mitglieder für die Dauer des Bezuges von Pflegeunterstützungsgeld. 2Die Beitragsfreiheit erstreckt sich nur auf die in Satz 1 genannten Leistungen.

§ 57 Beitragspflichtige Einnahmen

(1) 1Bei Mitgliedern der Pflegekasse, die in der gesetzlichen Krankenversicherung pflichtversichert sind, gelten für die Beitragsbemessung § 226 Absatz 1, 2 Satz 1 und 3, Absatz 3 bis 6 sowie die §§ 227 bis 232a, 233 bis 238 und § 244 des Fünften Buches sowie die §§ 23a und 23b Abs. 2 bis 4 des Vierten Buches. 2Bei Personen, die Bürgergeld nach § 19 Absatz 1 Satz 1 des Zweiten Buches beziehen, ist abweichend von § 232a Abs. 1 Satz 1 Nr. 2 des Fünften Buches das 0,2266fache der monatlichen Bezugsgröße zugrunde zu legen und sind abweichend von § 54 Absatz 2 Satz 2 die Beiträge für jeden Kalendermonat, in dem mindestens für einen Tag eine Mitgliedschaft besteht, zu zahlen; § 232a Absatz 1a des Fünften Buches gilt entsprechend.

(2) 1Bei Beziehern von Krankengeld gilt als beitragspflichtige Einnahme 80 vom Hundert des Arbeitsentgelts, das der Bemessung des Krankengeldes zugrundeliegt. 2Dies gilt auch für den Krankengeldbezug eines rentenversicherungspflichtigen mitarbeitenden Familienangehörigen eines landwirtschaftlichen Unternehmers. 3Beim Krankengeldbezug eines nicht rentenversicherungspflichtigen mitarbeitenden Familienangehörigen ist der Zahlbetrag der Leistung der Beitragsbemessung zugrunde zu legen. 4Bei Personen, die Krankengeld nach § 44a des Fünften Buches beziehen, wird das der Leistung zugrunde liegende Arbeitsentgelt oder Arbeitseinkommen zugrunde gelegt; wird dieses Krankengeld nach § 47b des Fünften Buches gezahlt, gelten die Sätze 1 bis 3. 5Bei Personen, die Leistungen für den Ausfall von Arbeitseinkünften von einem privaten Krankenversicherungsunternehmen, von einem Beihilfeträger des Bundes, von einem sonstigen öffentlich-rechtlichen Träger von Kosten in Krankheitsfällen auf Bundesebene, von dem Träger der Heilfürsorge im Bereich des Bundes, von dem Träger der truppenärztlichen Versorgung oder von einem öffentlich-rechtlichen Träger von Kosten in Krankheitsfällen auf Landesebene, soweit Landesrecht dies vorsieht, im Zusammenhang mit einer nach den §§ 8 und 8a des Transplantationsgesetzes erfolgenden Spende von Organen oder Geweben oder im Zusammenhang mit einer im Sinne von § 9 des Transfusionsgesetzes erfolgenden Spende von Blut zur Separation von Blutstammzellen oder anderen Blutbestandteilen erhalten, wird das diesen Leistungen zugrunde liegende Arbeitsentgelt oder Arbeitseinkommen zugrunde gelegt. 6Bei Personen, die Krankengeld nach § 45 Absatz 1 oder Absatz 1a des Fünften Buches beziehen, gelten als beitragspflichtige Einnahmen 80 Prozent des während der Freistellung ausgefallenen, laufenden Arbeitsentgelts oder des der Leistung zugrunde liegenden Arbeitseinkommens.

(3) Für die Beitragsbemessung der in § 20 Absatz 1 Satz 2 Nummer 3 genannten Altenteiler gilt § 45 des Zweiten Gesetzes über die Krankenversicherung der Landwirte.

(4) 1Bei freiwilligen Mitgliedern der gesetzlichen Krankenversicherung und bei Mitgliedern der sozialen Pflegeversicherung, die nicht in der gesetzlichen Krankenversicherung versichert sind, ist für die Beitragsbemessung § 240 des Fünften Buches entsprechend anzuwenden. 2Für die Beitragsbemessung der in der gesetzlichen Krankenversicherung versicherten Rentenantragsteller und freiwillig versicherten Rentner finden darüber hinaus die §§ 238a und 239 des Fünften Buches entsprechende Anwendung. 3Abweichend von Satz 1 ist bei Mitgliedern nach § 20 Abs. 1 Nr. 10, die in der gesetzlichen Krankenversicherung freiwillig versichert sind, § 236 des Fünften Buches entsprechend anzuwenden; als beitragspflichtige Einnahmen der satzungsmäßigen Mitglieder geistlicher Genossenschaften, Diakonissen und ähnlicher Personen, die freiwillig in der gesetzlichen Krankenversicherung versichert sind, sind der Wert für gewährte Sachbezüge oder das ihnen zur Beschaffung der unmittelbaren Lebensbedürfnisse an Wohnung, Verpflegung, Kleidung und dergleichen gezahlte Entgelt zugrunde zu legen. 4Bei freiwilligen Mitgliedern der gesetzlichen Krankenversicherung, die von einem Rehabilitationsträger Verletztengeld, Krankengeld der Sozialen Entschädigung, Krankengeld der Soldatenentschädigung oder Übergangsgeld erhalten, gilt für die Beitragsbemessung § 235 Abs. 2 des Fünften Buches entsprechend; für die in der landwirtschaftlichen Krankenversicherung freiwillig Versicherten gilt § 46 des Zweiten Gesetzes über die Krankenversicherung der Landwirte.

(5) Der Beitragsberechnung von Personen, die nach § 26 Abs. 2 weiterversichert sind, werden für den Kalendertag der 180. Teil der monatlichen Bezugsgröße nach § 18 des Vierten Buches zugrunde gelegt.

§ 58 Tragung der Beiträge bei versicherungspflichtig Beschäftigten

(1) 1Die nach § 20 Abs. 1 Satz 2 Nr. 1 und 12 versicherungspflichtig Beschäftigten, die in der gesetzlichen Krankenversicherung pflichtversichert sind, und ihre Arbeitgeber tragen die nach dem Arbeitsentgelt zu bemessenden Beiträge jeweils zur Hälfte. 2Soweit für Beschäftigte Beiträge für Kurzarbeitergeld oder Qualifizierungsgeld zu zahlen sind, trägt der Arbeitgeber den Beitrag allein. 3Den Beitragszuschlag für Kinderlose nach § 55 Absatz 3 Satz 1 tragen die Beschäftigten.

(2) Zum Ausgleich der mit den Arbeitgeberbeiträgen verbundenen Belastungen der Wirtschaft werden die Länder einen gesetzlichen landesweiten Feiertag, der stets auf einen Werktag fällt, aufheben.

(3) 1Die in Absatz 1 genannten Beschäftigten tragen die Beiträge in Höhe von 1 vom Hundert allein, wenn der Beschäftigungsort in einem Land liegt, in dem die am 31. Dezember 1993 bestehende Anzahl der gesetzlichen landesweiten Feiertage nicht um einen Feiertag, der stets auf einen Werktag fiel, vermindert worden ist. 2In Fällen des § 55 Absatz 1 Satz 3 werden die Beiträge in Höhe von 0,5 vom Hundert allein getragen. 3Im Übrigen findet Absatz 1 Anwendung, soweit es sich nicht um eine versicherungspflichtige Beschäftigung mit einem monatlichen Arbeitsentgelt innerhalb des Übergangsbereichs nach § 20 Absatz 2 des Vierten Buches handelt, für die Absatz 5 Satz 2 Anwendung findet. 4Die Beiträge der Beschäftigten erhöhen sich nicht, wenn Länder im Jahr 2017 den Reformationstag einmalig zu einem gesetzlichen Feiertag erheben.

(4) 1Die Aufhebung eines Feiertages wirkt für das gesamte Kalenderjahr. 2Handelt es sich um einen Feiertag, der im laufenden Kalenderjahr vor dem Zeitpunkt des Inkrafttretens der Regelung über die Streichung liegt, wirkt die Aufhebung erst im folgenden Kalenderjahr.

(5) § 249 Absatz 3 und 4 des Fünften Buches gilt mit der Maßgabe, dass statt des allgemeinen und ermäßigten Beitragssatzes der Krankenkasse und des kassenindividuellen Zusatzbeitragssatzes der Beitragssatz der Pflegeversicherung und bei den in Absatz 3 Satz 1 genannten Beschäftigten für die Berechnung des Beitragsanteils des Arbeitgebers ein Beitragssatz in Höhe des um einen Prozentpunkt verminderten Beitragssatzes der Pflegeversicherung Anwendung findet.

§ 59 Beitragstragung bei anderen Mitgliedern

(1) 1Für die nach § 20 Abs. 1 Satz 2 Nr. 2 bis 12 versicherten Mitglieder der sozialen Pflegeversicherung, die in der gesetzlichen Krankenversicherung pflichtversichert sind, gelten für die Tragung der Beiträge § 250 Absatz 1 und 3, die §§ 251 und 413 des Fünften Buches sowie § 48 des Zweiten Gesetzes über die Krankenversicherung der Landwirte entsprechend; die Beiträge aus der Rente der gesetzlichen Rentenversicherung sind von dem Mitglied allein zu tragen. 2Bei Beziehern einer Rente nach dem Gesetz über die Alterssicherung der Landwirte, die nach § 20 Abs. 1 Satz 2 Nr. 3 versichert sind, und bei Beziehern von Produktionsaufgabenrente oder Ausgleichsgeld, die nach § 14 Abs. 4 des Gesetzes zur Förderung der Einstellung der landwirtschaftlichen Erwerbstätigkeit versichert sind, werden die Beiträge aus diesen Leistungen von den Beziehern der Leistung allein getragen.

5

(2) $_{1}$Die Beiträge für Bezieher von Krankengeld werden von den Leistungsbeziehern und den Krankenkassen je zur Hälfte getragen, soweit sie auf das Krankengeld entfallen und dieses nicht in Höhe der Leistungen der Bundesagentur für Arbeit zu zahlen ist, im übrigen von den Krankenkassen; die Beiträge werden auch dann von den Krankenkassen getragen, wenn das dem Krankengeld zugrunde liegende monatliche Arbeitsentgelt die Geringfügigkeitsgrenze nicht übersteigt. $_{2}$Die Beträge für Bezieher von Krankengeld nach § 44a des Fünften Buches oder für den Ausfall von Arbeitseinkünften im Zusammenhang mit einer nach den §§ 8 und 8a des Transplantationsgesetzes erfolgenden Spende von Organen oder Geweben oder im Zusammenhang mit einer im Sinne von § 9 des Transfusionsgesetzes erfolgenden Spende von Blut zur Separation von Blutstammzellen oder anderen Blutbestandteilen sind von der Stelle zu tragen, die die Leistung erbringt; wird die Leistung von mehreren Stellen erbracht, sind die Beiträge entsprechend anteilig zu tragen.

(3) $_{1}$Die Beiträge für die nach § 21 Nr. 1 bis 5 versicherten Leistungsempfänger werden vom jeweiligen Leistungsträger getragen. $_{2}$Beiträge auf Grund des Leistungsbezugs im Rahmen der Leistungen zur Teilhabe nach Kapitel 6 des Vierzehnten Buches gelten als Aufwendungen für die Leistungen zur Teilhabe nach Kapitel 6 des Vierzehnten Buches.

(4) $_{1}$Mitglieder der sozialen Pflegeversicherung, die in der gesetzlichen Krankenversicherung freiwillig versichert sind, sowie Mitglieder, deren Mitgliedschaft nach § 49 Abs. 2 Satz 1 erhalten bleibt oder nach den §§ 26 und 26a freiwillig versichert sind, und die nach § 21 Nr. 6 versicherten Soldaten auf Zeit sowie die nach § 21a Absatz 1 Satz 1 versicherten Mitglieder von Solidargemeinschaften tragen den Beitrag allein.

$_{2}$Abweichend von Satz 1 werden

1. die auf Grund des Bezuges von Verletztengeld, Krankengeld der Sozialen Entschädigung nach Kapitel 5 des Vierzehnten Buches, Krankengeld der Soldatenentschädigung oder von Übergangsgeld zu zahlenden Beiträge von dem zuständigen Rehabilitationsträger,
2. die Beiträge für satzungsmäßige Mitglieder geistlicher Genossenschaften, Diakonissen und ähnliche Personen einschließlich der Beiträge bei einer Weiterversicherung nach § 26 von der Gemeinschaft

allein getragen.

(5) Den Beitragszuschlag für Kinderlose nach § 55 Absatz 3 Satz 1 trägt das Mitglied.

§ 59a Berücksichtigung des Beitragsabschlags für Eltern bei der Beitragstragung

$_{1}$Der Abschlag nach § 55 Absatz 3 Satz 4 und 5 reduziert die vom Mitglied zu tragenden Beiträge. $_{2}$Soweit die Beiträge von Dritten getragen werden, findet der Abschlag nach § 55 Absatz 3 Satz 4 und 5 keine Berücksichtigung.

§ 60 Beitragszahlung

(1) $_{1}$Soweit gesetzlich nichts Abweichendes bestimmt ist, sind die Beiträge von demjenigen zu zahlen, der sie zu tragen hat. $_{2}$§ 252 Abs. 1 Satz 2, die §§ 253 bis 256a des Fünften Buches und § 49 Satz 2, die §§ 50 und 50a des Zweiten Gesetzes über die Krankenversicherung der Landwirte gelten entsprechend. $_{3}$Die aus einer Rente nach dem Gesetz über die Alterssicherung der Landwirte und einer laufenden Geldleistung nach dem Gesetz zur Förderung der Einstellung der landwirtschaftlichen Erwerbstätigkeit zu entrichtenden Beiträge werden von der Alterskasse gezahlt; § 28g Satz 1 des Vierten Buches gilt entsprechend.

(2) $_{1}$Für Bezieher von Krankengeld zahlen die Krankenkassen die Beiträge; für den Beitragsabzug gilt § 28g Satz 1 des Vierten Buches entsprechend. $_{2}$Die zur Tragung der Beiträge für die in § 21 Nr. 1 bis 5 genannten Mitglieder Verpflichteten können einen Dritten mit der Zahlung der Beiträge beauftragen und mit den Pflegekassen Näheres über die Zahlung und Abrechnung der Beiträge vereinbaren.

(3) $_{1}$Die Beiträge sind an die Krankenkassen zu zahlen; in den in § 252 Abs. 2 Satz 1 des Fünften Buches geregelten Fällen sind sie an den Gesundheitsfonds zu zahlen, der sie unverzüglich an den Ausgleichsfonds weiterzuleiten hat. $_{2}$Die nach Satz 1 eingegangenen Beiträge zur Pflegeversicherung sind von der Krankenkasse unverzüglich an die Pflegekasse weiterzuleiten. $_{3}$In den Fällen des § 252 Absatz 2 Satz 1 des Fünften Buches ist das Bundesamt für Soziale Sicherung als Verwalter des Gesundheitsfonds, im Übrigen sind die Pflegekassen zur Prüfung der ordnungsgemäßen Beitragszahlung berechtigt; § 251 Absatz 5 Satz 3 bis 7 des Fünften Buches gilt entsprechend. $_{4}$§ 24 Abs. 1 des Vierten Buches gilt. $_{5}$§ 252 Abs. 3 des Fünften Buches gilt mit der Maßgabe, dass die Beiträge zur Pflegeversicherung den Beiträgen zur Krankenversicherung gleichstehen.

(4) $_{1}$Die Deutsche Rentenversicherung Bund leitet alle Pflegeversicherungsbeiträge aus Rentenleistungen der allgemeinen Rentenversicherung am fünften Arbeitstag des Monats, der dem Monat folgt, in dem die Rente fällig war, an den Ausgleichsfonds der Pflegeversicherung (§ 65) weiter. $_{2}$Werden Rentenleistungen am letzten Bankarbeitstag des Monats ausgezahlt, der dem Monat

vorausgeht, in dem sie fällig werden (§ 272a des Sechsten Buches), leitet die Deutsche Rentenversicherung Bund die darauf entfallenden Pflegeversicherungsbeiträge am fünften Arbeitstag des laufenden Monats an den Ausgleichsfonds der Pflegeversicherung weiter.

(5) 1Der Beitragszuschlag nach § 55 Absatz 3 Satz 1 ist von demjenigen zu zahlen, der die Beiträge zu zahlen hat. 2Wird der Pflegeversicherungsbeitrag von einem Dritten gezahlt, hat dieser einen Anspruch gegen das Mitglied auf den von dem Mitglied zu tragenden Beitragszuschlag. 3Dieser Anspruch kann von dem Dritten durch Abzug von der an das Mitglied zu erbringenden Geldleistung geltend gemacht werden.

(6) Wenn kein Abzug nach Absatz 5 möglich ist, weil der Dritte keine laufende Geldleistung an das Mitglied erbringen muss, hat das Mitglied den sich aus dem Beitragszuschlag ergebenden Betrag an die Pflegekasse zu zahlen.

(7) 1Die Beitragszuschläge für die Bezieher von Arbeitslosengeld, Qualifizierungsgeld, Unterhaltsgeld, Kurzarbeitergeld, Ausbildungsgeld, Übergangsgeld und, soweit die Bundesagentur beitragszahlungspflichtig ist, für Bezieher von Berufsausbildungsbeihilfe nach dem Dritten Buch werden von der Bundesagentur für Arbeit pauschal in Höhe von 20 Millionen Euro pro Jahr an den Ausgleichsfonds der Pflegeversicherung (§ 65) überwiesen. 2Die Bundesagentur für Arbeit kann mit Zustimmung des Bundesministeriums für Arbeit und Soziales hinsichtlich der übernommenen Beträge Rückgriff bei den genannten Leistungsbeziehern nach dem Dritten Buch nehmen. 3Die Bundesagentur für Arbeit kann mit dem Bundesamt für Soziale Sicherung Näheres zur Zahlung der Pauschale vereinbaren.

(8) 1Beiträge von pflichtversicherten Rentnern, die auf die Zahlung des Rentenzuschlags nach § 307j des Sechsten Buches entfallen, werden von den Trägern der Rentenversicherung getragen und sind von der Deutschen Rentenversicherung Bund an den Ausgleichsfonds der Pflegeversicherung (§ 65) zu überweisen. 2Der Gesamtbetrag der Beiträge ergibt sich aus der Summe der nach § 426 Absatz 3 des Fünften Buches zu ermittelnden Beträge, die mit dem nach § 55 Absatz 1 Satz 1 festgesetzten Beitragssatz zu multiplizieren sind. 3Eine mitgliederbezogene Beitragserhebung erfolgt nicht. 4Für die Beitragszahlung an den Ausgleichsfonds der Pflegeversicherung gilt § 426 Absatz 5 Satz 1 und 2 des Fünften Buches entsprechend. 5Die Deutsche Rentenversicherung Bund leistet innerhalb des Zeitraums vom 1. Juli 2024 bis zum 30. November 2025 am Achten eines jeden Monats eine Abschlagszahlung in Höhe von 6 Millionen Euro an den Ausgleichsfonds der Pflegeversicherung. 6Die geleisteten Abschläge sind mit dem Gesamtbetrag nach Satz 2 zu verrechnen. 7Das Bundesamt für Soziale Sicherung, die Deutsche Rentenversicherung Bund und die Deutsche Rentenversicherung Knappschaft-Bahn-See vereinbaren das Nähere zum Verfahren nach dieser Vorschrift. 8§ 426 Absatz 5 Satz 7 des Fünften Buches gilt entsprechend.

Zweiter Abschnitt
Beitragszuschüsse

§ 61 Beitragszuschüsse für freiwillige Mitglieder der gesetzlichen Krankenversicherung und Privatversicherte

(1) 1Beschäftigte, die in der gesetzlichen Krankenversicherung freiwillig versichert sind, erhalten unter den Voraussetzungen des § 58 von ihrem Arbeitgeber einen Beitragszuschuß, der in der Höhe begrenzt ist, auf den Betrag, der als Arbeitgeberanteil nach § 58 zu zahlen wäre. 2Bestehen innerhalb desselben Zeitraums mehrere Beschäftigungsverhältnisse, sind die beteiligten Arbeitgeber anteilmäßig nach dem Verhältnis der Höhe der jeweiligen Arbeitsentgelte zur Zahlung des Beitragszuschusses verpflichtet. 3Für Beschäftigte, die Kurzarbeitergeld oder Qualifizierungsgeld nach dem Dritten Buch beziehen, ist zusätzlich zu dem Zuschuß nach Satz 1 die Hälfte des Betrages zu zahlen, den der Arbeitgeber bei Versicherungspflicht des Beschäftigten nach § 58 Abs. 1 Satz 2 als Beitrag zu tragen hätte. 4Freiwillig in der gesetzlichen Krankenversicherung Versicherte, die eine Beschäftigung nach dem Jugendfreiwilligendienstegesetz oder nach dem Bundesfreiwilligendienstgesetz ausüben, erhalten von ihrem Arbeitgeber als Beitragszuschuss den Betrag, den Arbeitgeber bei Versicherungspflicht der Freiwilligendienstleistenden nach § 20 Absatz 3 Satz 1 Nummer 2 des Vierten Buches für die Pflegeversicherung zu tragen hätten.

(2) 1Beschäftigte, die in Erfüllung ihrer Versicherungspflicht nach den §§ 22 und 23 bei einem privaten Krankenversicherungsunternehmen versichert sind und für sich und ihre Angehörigen oder Lebenspartner, die bei Versicherungspflicht des Beschäftigten in der sozialen Pflegeversicherung nach § 25 versichert wären, Vertragsleistungen beanspruchen können, die nach Art und Umfang den Leistungen dieses Buches gleichwertig sind, erhalten unter den Voraussetzungen des § 58 von ihrem Arbeitgeber einen Beitragszuschuß. 2Der Zuschuß ist in der Höhe begrenzt auf den Betrag, der als Arbeitgeberanteil bei Versicherungspflicht in der sozialen Pflegeversicherung als Beitragsanteil zu zahlen wäre, höchstens jedoch auf die Hälfte des

5

Betrages, den der Beschäftigte für seine private Pflegeversicherung zu zahlen hat. $_{3}$Für Beschäftigte, die Kurzarbeitergeld oder Qualifizierungsgeld nach dem Dritten Buch beziehen, gilt Absatz 1 Satz 3 mit der Maßgabe, daß sie höchstens den Betrag erhalten, den sie tatsächlich zu zahlen haben. $_{4}$Bestehen innerhalb desselben Zeitraumes mehrere Beschäftigungsverhältnisse, sind die beteiligten Arbeitgeber anteilig nach dem Verhältnis der Höhe der jeweiligen Arbeitsentgelte zur Zahlung des Beitragszuschusses verpflichtet.

(3) $_{1}$Für Bezieher von Vorruhestandsgeld, die als Beschäftigte bis unmittelbar vor Beginn der Vorruhestandsleistungen Anspruch auf den vollen oder anteiligen Beitragszuschuß nach Absatz 1 oder 2 hatten, sowie für Bezieher von Leistungen nach § 9 Abs. 1 Nr. 1 und 2 des Anspruchs- und Anwartschaftsüberführungsgesetzes und Bezieher einer Übergangsversorgung nach § 7 des Tarifvertrages über einen sozialverträglichen Personalabbau im Bereich des Bundesministeriums der Verteidigung vom 30. November 1991 bleibt der Anspruch für die Dauer der Vorruhestandsleistungen gegen den zur Zahlung des Vorruhestandsgeldes Verpflichteten erhalten. $_{2}$Der Zuschuss beträgt die Hälfte des Beitrages, den Bezieher von Vorruhestandsgeld als versicherungspflichtig Beschäftigte ohne den Beitragszuschlag nach § 55 Absatz 3 Satz 1 zu zahlen hätten, höchstens jedoch die Hälfte des Betrages, den sie ohne den Beitragszuschlag nach § 55 Absatz 3 Satz 1 zu zahlen haben. $_{3}$Absatz 1 Satz 2 gilt entsprechend.

(4) $_{1}$Die in § 20 Abs. 1 Satz 2 Nr. 6, 7 oder 8 genannten Personen, für die nach § 23 Versicherungspflicht in der privaten Pflegeversicherung besteht, erhalten vom zuständigen Leistungsträger einen Zuschuß zu ihrem privaten Pflegeversicherungsbeitrag. $_{2}$Als Zuschuß ist der Betrag zu zahlen, der von dem Leistungsträger als Beitrag bei Versicherungspflicht in der sozialen Pflegeversicherung zu zahlen wäre, höchstens jedoch der Betrag, der an das private Versicherungsunternehmen zu zahlen ist.

(5) Der Zuschuß nach den Absätzen 2, 3 und 4 wird für eine private Pflegeversicherung nur gezahlt, wenn das Versicherungsunternehmen:

1. die Pflegeversicherung nach Art der Lebensversicherung betreibt,
2. sich verpflichtet, den überwiegenden Teil der Überschüsse, die sich aus dem selbst abgeschlossenen Versicherungsgeschäft ergeben, zugunsten der Versicherten zu verwenden,
3. die Pflegeversicherung nur zusammen mit der Krankenversicherung, nicht zusammen mit anderen Versicherungssparten betreibt oder, wenn das Versicherungsunternehmen seinen Sitz in einem anderen Mitgliedstaat der Europäischen Union hat, den Teil der Prämien, für den Berechtigte den Zuschuss erhalten, nur für die Kranken- und Pflegeversicherung verwendet.

(6) $_{1}$Das Krankenversicherungsunternehmen hat dem Versicherungsnehmer eine Bescheinigung darüber auszuhändigen, daß ihm die Aufsichtsbehörde bestätigt hat, daß es die Versicherung, die Grundlage des Versicherungsvertrages ist, nach den in Absatz 5 genannten Voraussetzungen betreibt. $_{2}$Der Versicherungsnehmer hat diese Bescheinigung dem zur Zahlung des Beitragszuschusses Verpflichteten jeweils nach Ablauf von drei Jahren vorzulegen.

(7) Personen, die nach beamtenrechtlichen Vorschriften oder Grundsätzen bei Krankheit und Pflege Anspruch auf Beihilfe oder Heilfürsorge haben und bei einem privaten Versicherungsunternehmen pflegeversichert sind, sowie Personen, für die der halbe Beitragssatz nach § 55 Absatz 1 Satz 3 gilt, haben gegenüber dem Arbeitgeber oder Dienstherrn, der die Beihilfe und Heilfürsorge zu Aufwendungen aus Anlaß der Pflege gewährt, keinen Anspruch auf einen Beitragszuschuß.

Dritter Abschnitt
Bundesmittel

§ 61a Beteiligung des Bundes an Aufwendungen

(1) $_{1}$Der Bund leistet zur pauschalen Beteiligung an den Aufwendungen der sozialen Pflegeversicherung ab dem Jahr 2022 jährlich 1 Milliarde Euro in monatlich zum jeweils ersten Bankarbeitstag zu überweisenden Teilbeträgen an den Ausgleichsfonds nach § 65. $_{2}$Die Zahlungen für die Jahre 2024 bis 2027 werden ausgesetzt und ab dem Jahr 2028 wieder aufgenommen.

(2) Das entsprechend dem Haushaltsgesetz 2022 der sozialen Pflegeversicherung vom Bund gewährte Darlehen in Höhe von 1 Milliarde Euro ist in Höhe von 0,5 Milliarden Euro bis zum 31. Dezember 2023 und in Höhe von 0,5 Milliarden Euro bis zum 31. Dezember 2028 zurückzuzahlen.

Vierter Abschnitt
Verwendung und Verwaltung der Mittel

§ 62 Mittel der Pflegekasse

Die Mittel der Pflegekasse umfassen die Betriebsmittel und die Rücklage.

§ 63 Betriebsmittel

(1) Die Betriebsmittel dürfen nur verwendet werden:

1. für die gesetzlich oder durch die Satzung vorgesehenen Aufgaben sowie für die Verwaltungskosten,
2. zur Auffüllung der Rücklage und zur Finanzierung des Ausgleichsfonds.

(2) 1Die Betriebsmittel dürfen im Durchschnitt des Haushaltsjahres monatlich das Einfache des nach dem Haushaltsplan der Pflegekasse auf einen Monat entfallenden Betrages der in Absatz 1 Nr. 1 genannten Aufwendungen nicht übersteigen. 2Bei der Feststellung der vorhandenen Betriebsmittel sind die Forderungen und Verpflichtungen der Pflegekasse zu berücksichtigen, soweit sie nicht der Rücklage zuzuordnen sind. 3Durchlaufende Gelder bleiben außer Betracht.

(3) Die Betriebsmittel sind im erforderlichen Umfang bereitzuhalten und im übrigen so anzulegen, daß sie für den in Absatz 1 bestimmten Zweck verfügbar sind.

§ 64 Rücklage

(1) Die Pflegekasse hat zur Sicherstellung ihrer Leistungsfähigkeit eine Rücklage zu bilden.

(2) Die Rücklage beträgt 50 vom Hundert des nach dem Haushaltsplan durchschnittlich auf den Monat entfallenden Betrages der Ausgaben (Rücklagesoll).

(3) Die Pflegekasse hat Mittel aus der Rücklage den Betriebsmitteln zuzuführen, wenn Einnahme- und Ausgabeschwankungen innerhalb eines Haushaltsjahres nicht durch die Betriebsmittel ausgeglichen werden können.

(4) 1Übersteigt die Rücklage das Rücklagesoll, so ist der übersteigende Betrag den Betriebsmitteln bis zu der in § 63 Abs. 2 genannten Höhe zuzuführen. 2Darüber hinaus verbleibende Überschüsse sind bis zum 15. des Monats an den Ausgleichsfonds nach § 65 zu überweisen.

(5) 1Die Rücklage ist getrennt von den sonstigen Mitteln so anzulegen, daß sie für den nach Absatz 1 bestimmten Zweck verfügbar ist. 2Sie wird von der Pflegekasse verwaltet.

Fünfter Abschnitt
Ausgleichsfonds, Finanzausgleich

§ 65 Ausgleichsfonds

(1) Das Bundesamt für Soziale Sicherung verwaltet als Sondervermögen (Ausgleichsfonds) die eingehenden Beträge aus:

1. den Beiträgen aus den Rentenzahlungen,
2. den von den Pflegekassen überwiesenen Überschüssen aus Betriebsmitteln und Rücklage (§ 64 Abs. 4),
3. den vom Gesundheitsfonds überwiesenen Beiträgen der Versicherten.

(2) Die im Laufe eines Jahres entstehenden Kapitalerträge werden dem Sondervermögen gutgeschrieben.

(3) Die Mittel des Ausgleichsfonds sind so anzulegen, daß sie für den in den §§ 67, 68 genannten Zweck verfügbar sind.

(4) 1Die dem Bundesamt für Soziale Sicherung bei der Verwaltung des Ausgleichsfonds entstehenden Kosten werden durch die Mittel des Ausgleichsfonds gedeckt. 2Das Bundesministerium für Gesundheit wird ermächtigt, im Einvernehmen mit dem Bundesministerium der Finanzen und dem Bundesministerium für Arbeit und Soziales durch Rechtsverordnung ohne Zustimmung des Bundesrates Vorschriften zu erlassen, die Näheres zu der Erstattung der Verwaltungskosten regeln.

(5) 1Für das Haushalts- und Rechnungswesen des Ausgleichsfonds gelten die §§ 76 und 77 Absatz 1 Satz 1 und Absatz 1a Satz 1 bis 3 entsprechend; für die Anlage der Mittel gelten die §§ 80, 83 Absatz 1 und 2 bis 4, die §§ 84 und 86 des Vierten Buches entsprechend. 2Die Mittel des Ausgleichsfonds können abweichend von § 83 Absatz 1 Nummer 2 Buchstabe b und c sowie Nummer 4 Buchstabe c des Vierten Buches angelegt werden bei Kreditinstituten, die die geltenden Vorschriften über das Eigenkapital und die Liquidität einhalten. 3Die Einhaltung der Vorschriften über das Eigenkapital und die Liquidität ist regelmäßig, mindestens jährlich, zu überprüfen.

§ 66 Finanzausgleich

(1) 1Die Leistungsaufwendungen sowie die Verwaltungskosten der Pflegekassen werden von allen Pflegekassen nach dem Verhältnis ihrer Beitragseinnahmen gemeinsam getragen. 2Zu diesem Zweck findet zwischen allen Pflegekassen ein Finanzausgleich statt. 3Das Bundesamt für Soziale Sicherung führt den Finanzausgleich zwischen den Pflegekassen durch. 4Es hat Näheres zur Durchführung des Finanzausgleichs mit dem Spitzenverband Bund der Pflegekassen zu vereinbaren. 5Die Vereinbarung ist für die Pflegekasse verbindlich.

(2) Das Bundesamt für Soziale Sicherung kann zur Durchführung des Zahlungsverkehrs nähere Regelungen mit der Deutsche Rentenversicherung Bund treffen.

§ 67 Monatlicher Ausgleich

(1) Jede Pflegekasse ermittelt bis zum 10. des Monats

1. die bis zum Ende des Vormonats gebuchten Ausgaben,
2. die bis zum Ende des Vormonats gebuchten Einnahmen (Beitragsist),
3. das Betriebsmittel- und Rücklagesoll,

4. den am Ersten des laufenden Monats vorhandenen Betriebsmittelbestand (Betriebsmittelist) und die Höhe der Rücklage.

(2) 1Sind die Ausgaben zuzüglich des Betriebsmittel- und Rücklagesolls höher als die Einnahmen zuzüglich des vorhandenen Betriebsmittelbestands und der Rücklage am Ersten des laufenden Monats, erhält die Pflegekasse bis zum Monatsende den Unterschiedsbetrag aus dem Ausgleichsfonds. 2Sind die Einnahmen zuzüglich des am Ersten des laufenden Monats vorhandenen Betriebsmittelbestands und der Rücklage höher als die Ausgaben zuzüglich des Betriebsmittel- und Rücklagesolls, überweist die Pflegekasse den Unterschiedsbetrag an den Ausgleichsfonds.

(3) Die Pflegekasse hat dem Bundesamt für Soziale Sicherung die notwendigen Berechnungsgrundlagen mitzuteilen.

5

§ 68 Jahresausgleich

(1) 1Nach Ablauf des Kalenderjahres wird zwischen den Pflegekassen ein Jahresausgleich durchgeführt. 2Nach Vorliegen der Geschäfts- und Rechnungsergebnisse aller Pflegekassen und der Jahresrechnung der Deutschen Rentenversicherung Knappschaft-Bahn-See als Träger der knappschaftlichen Pflegeversicherung für das abgelaufene Kalenderjahr werden die Ergebnisse nach § 67 bereinigt.

(2) Werden nach Abschluß des Jahresausgleichs sachliche oder rechnerische Fehler in den Berechnungsgrundlagen festgestellt, hat das Bundesamt für Soziale Sicherung diese bei der Ermittlung des nächsten Jahresausgleichs nach den zu diesem Zeitpunkt geltenden Vorschriften zu berücksichtigen.

(3) Das Bundesministerium für Gesundheit kann durch Rechtsverordnung mit Zustimmung des Bundesrates das Nähere über:

1. die inhaltliche und zeitliche Abgrenzung und Ermittlung der Beträge nach den §§ 66 bis 68,
2. die Fälligkeit der Beträge und Verzinsung bei Verzug,
3. das Verfahren bei der Durchführung des Finanzausgleichs sowie die hierfür von den Pflegekassen mitzuteilenden Angaben

regeln.

Siebtes Kapitel
Beziehungen der Pflegekassen zu den Leistungserbringern

Erster Abschnitt
Allgemeine Grundsätze

§ 69 Sicherstellungsauftrag

(1) Die Pflegekassen haben im Rahmen ihrer Leistungsverpflichtung eine bedarfsgerechte und gleichmäßige, dem allgemein anerkannten Stand medizinisch-pflegerischer Erkenntnisse entsprechende pflegerische Versorgung der Versicherten zu gewährleisten (Sicherstellungsauftrag). Sie schließen hierzu Versorgungsverträge sowie Vergütungsvereinbarungen mit den Trägern von Pflegeeinrichtungen (§ 71) und sonstigen Leistungserbringern. Dabei sind die Vielfalt, die Unabhängigkeit und Selbständigkeit sowie das Selbstverständnis der Träger von Pflegeeinrichtungen in Zielsetzung und Durchführung ihrer Aufgaben zu achten.

(2) Bei ihren Aufgaben nach Absatz 1 Satz 1 und 2 haben die Pflegekassen insbesondere Erkenntnisse aus ihrer Evaluation der regionalen Versorgungssituation, aus den Empfehlungen der Ausschüsse nach § 8a Absatz 1 und, soweit diese in den Ländern bestehen, der Ausschüsse nach § 8a Absatz 2 und 3 sowie Erkenntnisse aus Anzeigen von Pflegeeinrichtungen nach § 73a Absatz 1 zu berücksichtigen. Ist es zur Gewährleistung des Sicherstellungsauftrags erforderlich, haben die Pflegekassen Verträge mit Einzelpflegepersonen gemäß § 77 Absatz 1 abzuschließen oder diese gemäß § 77 Absatz 2 selbst anzustellen.

§ 70 Beitragssatzstabilität

(1) Die Pflegekassen stellen in den Verträgen mit den Leistungserbringern über Art, Umfang und Vergütung der Leistungen sicher, daß ihre Leistungsausgaben die Beitragseinnahmen nicht überschreiten (Grundsatz der Beitragssatzstabilität).

(2) Vereinbarungen über die Höhe der Vergütungen, die dem Grundsatz der Beitragssatzstabilität widersprechen, sind unwirksam.

Zweiter Abschnitt
Beziehungen zu den Pflegeeinrichtungen

§ 71 Pflegeeinrichtungen

(1) Ambulante Pflegeeinrichtungen (Pflegedienste) im Sinne dieses Buches sind selbständig wirtschaftende Einrichtungen, die unter ständiger Verantwortung einer ausgebildeten Pflegefachperson Pflegebedürftige in ihrer Wohnung mit Leistungen der häuslichen Pflegehilfe im Sinne des § 36 versorgen.

(1a) Auf ambulante Betreuungseinrichtungen, die für Pflegebedürftige dauerhaft pflegerische Betreuungsmaßnahmen und Hilfen bei der Haushaltsführung erbringen (Betreuungsdienste), sind die Vorschriften dieses Buches, die für Pflegedienste gelten, entsprechend anzuwenden, soweit keine davon abweichende Regelung bestimmt ist.

(2) Stationäre Pflegeeinrichtungen (Pflegeheime) im Sinne dieses Buches sind selbständig wirtschaftende Einrichtungen, in denen Pflegebedürftige:

1. unter ständiger Verantwortung einer ausgebildeten Pflegefachperson gepflegt werden,
2. ganztägig (vollstationär) oder tagsüber oder nachts (teilstationär) untergebracht und verpflegt werden können.

(3) 1Für die Anerkennung als verantwortliche Pflegefachperson im Sinne der Absätze 1 und 2 ist neben dem Abschluss einer Ausbildung als

1. Pflegefachfrau, Pflegefachmann oder Pflegefachperson,
2. Gesundheits- und Krankenpflegerin oder Gesundheits- und Krankenpfleger,
3. Gesundheits- und Kinderkrankenpflegerin oder Gesundheits- und Kinderkrankenpfleger oder
4. Altenpflegerin oder Altenpfleger

eine praktische Berufserfahrung in dem erlernten Ausbildungsberuf von zwei Jahren innerhalb der letzten acht Jahre erforderlich. 2Bei ambulanten Pflegeeinrichtungen, die überwiegend behinderte Menschen pflegen und betreuen, gelten auch nach Landesrecht ausgebildete Heilerziehungspflegerinnen und Heilerziehungspfleger sowie Heilerzieherinnen und Heilerzieher mit einer praktischen Berufserfahrung von zwei Jahren innerhalb der letzten acht Jahre als ausgebildete Pflegefachperson. 3Bei Betreuungsdiensten kann anstelle der verantwortlichen Pflegefachperson eine entsprechend qualifizierte, fachlich geeignete und zuverlässige Fachkraft mit praktischer Berufserfahrung im erlernten Beruf von zwei Jahren innerhalb der letzten acht Jahre (verantwortliche Fachkraft) eingesetzt werden. 4Die Rahmenfrist nach den Sätzen 1, 2 oder 3 beginnt acht Jahre vor dem Tag, zu dem die verantwortliche Pflegefachperson im Sinne des Absatzes 1 oder 2 bestellt werden soll. 5Für die Anerkennung als verantwortliche Pflegefachperson ist ferner Voraussetzung, dass eine Weiterbildungsmaßnahme für leitende Funktionen mit einer Mindeststundenzahl, die 460 Stunden nicht unterschreiten soll, erfolgreich durchgeführt wurde. 6Anerkennungen als verantwortliche Fachkraft, die im Rahmen der Durchführung des Modellvorhabens zur Erprobung von Leistungen der häuslichen Betreuung durch Betreuungsdienste erfolgt sind, gelten fort. 7Für die Anerkennung einer verantwortlichen Fachkraft ist ferner ab dem 1. Januar 2023 ebenfalls Voraussetzung, dass eine Weiterbildungsmaßnahme im Sinne von Satz 5 durchgeführt wurde.

(4) Keine Pflegeeinrichtungen im Sinne des Absatzes 2 sind

1. stationäre Einrichtungen, in denen die Leistungen zur medizinischen Vorsorge, zur medizinischen Rehabilitation, zur Teilhabe am Arbeitsleben, zur Teilhabe an Bildung oder zur sozialen Teilhabe, die schulische Ausbildung oder die Erziehung kranker Menschen oder von Menschen mit Behinderungen im Vordergrund des Zweckes der Einrichtung stehen,
2. Krankenhäuser sowie
3. Räumlichkeiten,
   a) in denen der Zweck des Wohnens von Menschen mit Behinderungen und der Erbringung von Leistungen der Eingliederungshilfe für diese im Vordergrund steht,
   b) auf deren Überlassung das Wohn- und Betreuungsvertragsgesetz Anwendung findet und
   c) in denen der Umfang der Gesamtversorgung der dort wohnenden Menschen mit Behinderungen durch Leistungserbringer regelmäßig einen Umfang erreicht, der weitgehend der Versorgung in einer vollstationären Einrichtung entspricht; bei einer Versorgung der Menschen mit Behinderungen sowohl in Räumlichkeiten im Sinne der Buchstaben a und b als auch in Einrichtungen im Sinne der Nummer 1 ist eine Gesamtbetrachtung anzustellen, ob der Umfang der Versorgung durch Leistungserbringer weitgehend der Versorgung in einer vollstationären Einrichtung entspricht.

(5) 1Mit dem Ziel, eine einheitliche Rechtsanwendung zu fördern, erlässt der Spitzenverband Bund der Pflegekassen spätestens bis zum 1. Juli 2019 Richtlinien zur näheren Abgrenzung, wann die in Absatz 4 Nummer 3 Buchstabe c in der ab dem 1. Januar 2020 geltenden Fassung genannten Merkmale vorliegen und welche Kriterien bei der Prüfung dieser Merkmale mindestens heranzuziehen sind. 2Die Richtlinien nach Satz 1 sind im Benehmen mit dem Verband der privaten Krankenversicherung e. V., der Bundesarbeitsgemeinschaft der überörtlichen Träger der Sozialhilfe und den kommunalen Spitzenverbänden auf Bundesebene zu beschließen; die Länder, die Bundesarbeitsgemeinschaft der Freien Wohlfahrtspflege sowie die Vereinigungen der Träger der Pflegeeinrichtungen auf Bundesebene sind zu beteiligen. 3Für die Richtlinien nach Satz 1 gilt § 17 Absatz 2 entsprechend

5

mit der Maßgabe, dass das Bundesministerium für Gesundheit die Genehmigung im Einvernehmen mit dem Bundesministerium für Arbeit und Soziales erteilt und die Genehmigung als erteilt gilt, wenn die Richtlinien nicht innerhalb von zwei Monaten, nachdem sie dem Bundesministerium für Gesundheit vorgelegt worden sind, beanstandet werden.

§ 72 Zulassung zur Pflege durch Versorgungsvertrag

(1) 1Die Pflegekassen dürfen ambulante und stationäre Pflege nur durch Pflegeeinrichtungen gewähren, mit denen ein Versorgungsvertrag besteht (zugelassene Pflegeeinrichtungen). 2In dem Versorgungsvertrag sind Art, Inhalt und Umfang der allgemeinen Pflegeleistungen (§ 84 Abs. 4) festzulegen, die von der Pflegeeinrichtung während der Dauer des Vertrages für die Versicherten zu erbringen sind (Versorgungsauftrag).

(1a) 1Vor Abschluss des Versorgungsvertrages sind die Empfehlungen der Ausschüsse nach § 8a Absatz 1 und, soweit diese in den Ländern bestehen, der Ausschüsse nach § 8a Absatz 2 und 3 zu beachten. 2Sofern vorhanden, sind auch die Empfehlungen und Zielsetzungen für die pflegerische Versorgung zu beachten, die im Rahmen der jeweiligen nach landesrechtlichen Vorgaben durchgeführten kommunalen Pflegestrukturplanung vorliegen.

(2) 1Der Versorgungsvertrag wird zwischen dem Träger der Pflegeeinrichtung oder einer vertretungsberechtigten Vereinigung gleicher Träger und den Landesverbänden der Pflegekassen im Einvernehmen mit den überörtlichen Trägern der Sozialhilfe im Land abgeschlossen, soweit nicht nach Landesrecht der örtliche Träger für die Pflegeeinrichtung zuständig ist; für mehrere oder alle selbständig wirtschaftenden Einrichtungen (§ 71 Abs. 1 und 2) einschließlich für einzelne, eingestreute Pflegeplätze eines Pflegeeinrichtungsträgers, die vor Ort organisatorisch miteinander verbunden sind, kann, insbesondere zur Sicherstellung einer quartiersnahen Unterstützung zwischen den verschiedenen Versorgungsbereichen, ein einheitlicher Versorgungsvertrag (Gesamtversorgungsvertrag) geschlossen werden. 2Er ist für die Pflegeeinrichtung und für alle Pflegekassen im Inland unmittelbar verbindlich. 3Bei Betreuungsdiensten nach § 71 Absatz 1a sind bereits vorliegende Vereinbarungen aus der Durchführung des Modellvorhabens zur Erprobung von Leistungen der häuslichen Betreuung durch Betreuungsdienste zu beachten.

(3) 1Versorgungsverträge dürfen nur mit Pflegeeinrichtungen abgeschlossen werden, die

1. den Anforderungen des § 71 genügen,
2. die Gewähr für eine leistungsfähige und wirtschaftliche pflegerische Versorgung bieten und die Vorgaben des Absatzes 3a oder Absatzes 3b erfüllen,
3. sich verpflichten, nach Maßgabe der Vereinbarungen nach § 113 einrichtungsintern ein Qualitätsmanagement einzuführen und weiterzuentwickeln,
4. sich verpflichten, die ordnungsgemäße Durchführung von Qualitätsprüfungen zu ermöglichen,
5. sich verpflichten, an dem Verfahren zur Übermittlung von Daten nach § 35 Absatz 6 des Infektionsschutzgesetzes teilzunehmen, sofern es sich bei ihnen um stationäre Pflegeeinrichtungen im Sinne des § 71 Absatz 2 handelt;

ein Anspruch auf Abschluß eines Versorgungsvertrages besteht, soweit und solange die Pflegeeinrichtung diese Voraussetzungen erfüllt. 2Bei notwendiger Auswahl zwischen mehreren geeigneten Pflegeeinrichtungen sollen die Versorgungsverträge vorrangig mit freigemeinnützigen und privaten Trägern abgeschlossen werden. 3Bei ambulanten Pflegediensten ist in den Versorgungsverträgen der Einzugsbereich festzulegen, in dem die Leistungen ressourcenschonend und effizient zu erbringen sind.

(3a) Ab dem 1. September 2022 dürfen Versorgungsverträge nur mit Pflegeeinrichtungen abgeschlossen werden, die ihren Arbeitnehmerinnen und Arbeitnehmern, die Leistungen der Pflege oder Betreuung von Pflegebedürftigen erbringen, Gehälter zahlen, die in Tarifverträgen oder kirchlichen Arbeitsrechtsregelungen vereinbart ist, an die die jeweiligen Pflegeeinrichtungen gebunden sind.

(3b) 1Mit Pflegeeinrichtungen, die nicht an Tarifverträge oder kirchliche Arbeitsrechtsregelungen für ihre Arbeitnehmerinnen und Arbeitnehmer, die Leistungen der Pflege oder Betreuung von Pflegebedürftigen erbringen, gebunden sind, dürfen Versorgungsverträge ab dem 1. September 2022 nur abgeschlossen werden, wenn diese Pflegeeinrichtungen ihren Arbeitnehmerinnen und Arbeitnehmern, die Leistungen der Pflege oder Betreuung für Pflegebedürftige erbringen, eine Entlohnung zahlen, die

1. die Höhe der Entlohnung eines Tarifvertrags nicht unterschreitet, dessen räumlicher, zeitlicher, fachlicher und persönlicher Geltungsbereich eröffnet ist,
2. die Höhe der Entlohnung eines Tarifvertrags nicht unterschreitet, dessen fachlicher Geltungsbereich mindestens eine andere Pflegeeinrichtung in der Region erfasst, in der die Pflegeeinrichtung betrieben wird, und dessen zeitlicher und persönlicher Geltungsbereich eröffnet ist,
3. die Höhe der Entlohnung von Nummer 1 oder Nummer 2 entsprechenden kirchlichen Arbeitsrechtsregelungen nicht unterschreitet oder

4. hinsichtlich der Entlohnungsbestandteile nach Satz 2 Nummer 1 bis 5, die den Arbeitnehmerinnen und Arbeitnehmern der in § 82c Absatz 2 Satz 4 genannten Qualifikationsgruppen jeweils im Durchschnitt gezahlt werden, die Höhe der jeweiligen regional üblichen Entlohnungsniveaus nach § 82c Absatz 2 Satz 2 Nummer 2 und hinsichtlich der pflegetypischen Zuschläge nach Satz 2 Nummer 6, die den in Satz 1 genannten Arbeitnehmerinnen und Arbeitnehmern im Durchschnitt gezahlt werden, die Höhe der regional üblichen Niveaus der pflegetypischen Zuschläge nach § 82c Absatz 2 Satz 2 Nummer 3, jeweils in der nach § 82c Absatz 5 veröffentlichten Höhe, nicht unterschreitet.

$_{2}$Zur Entlohnung im Sinne dieses Gesetzes zählen

1. der Grundlohn,
2. regelmäßige Jahressonderzahlungen,
3. vermögenswirksame Leistungen des Arbeitgebers,
4. pflegetypische Zulagen,
5. der Lohn für Bereitschaftsdienst und Rufbereitschaft sowie
6. pflegetypische Zuschläge.

$_{3}$Pflegetypische Zuschläge im Sinne von Satz 2 Nummer 6 sind Nachtzuschläge, Sonntagszuschläge und Feiertagszuschläge. $_{4}$Diese sind von den Pflegeeinrichtungen im Fall von Satz 1 Nummer 4 unter den folgenden Voraussetzungen zu zahlen:

1. Nachtzuschläge für eine Tätigkeit in der Nacht, mindestens im Zeitraum zwischen 23 und 6 Uhr,
2. Sonntagszuschläge für eine Tätigkeit an Sonntagen im Zeitraum zwischen 0 und 24 Uhr,
3. Feiertagszuschläge für eine Tätigkeit an gesetzlichen Feiertagen im Zeitraum zwischen 0 und 24 Uhr.

$_{5}$Die in Satz 1 genannten Pflegeeinrichtungen haben die Entlohnung im Sinne von Satz 1, soweit mit ihr die Voraussetzungen nach dieser Vorschrift erfüllt werden, in Geld zu zahlen. $_{6}$Tritt im Fall von Satz 1 Nummer 1 bis 3 eine Änderung im Hinblick auf die in dem jeweiligen Tarifvertrag oder in den jeweiligen kirchlichen Arbeitsrechtsregelungen vereinbarte Entlohnung ein, haben die in Satz 1 genannten Pflegeeinrichtungen die erforderlichen Anpassungen der von ihnen gezahlten Entlohnung spätestens innerhalb von drei Monaten vorzunehmen, nachdem die jeweilige Änderung nach § 82c Absatz 5 veröffentlicht wurde. $_{7}$Erhöhen sich im Fall von Satz 1 Nummer 4 die nach § 82c Absatz 5 veröffentlichten regional üblichen Entlohnungsniveaus nach § 82c Absatz 2 Satz 2 Nummer 2 oder die nach § 82c Absatz 5 veröffentlichten regional üblichen Niveaus der pflegetypischen Zuschläge nach § 82c Absatz 2 Satz 2 Nummer 3, haben die Pflegeeinrichtungen ihren Arbeitnehmerinnen und Arbeitnehmern, die Leistungen der Pflege oder Betreuung für Pflegebedürftige erbringen, die höhere Entlohnung im Zeitraum ab dem 1. Dezember 2022 spätestens ab dem 1. Februar 2023, nach dem 1. Februar 2023 jeweils spätestens ab dem 1. Januar des Jahres, das auf die Veröffentlichung der Werte nach § 82c Absatz 5 folgt, zu zahlen. $_{8}$Zur Erfüllung der Vorgaben von Satz 1 Nummer 4 sind im Zeitraum vom 1. September 2022 bis zum 31. Januar 2023 die aufgrund der Mitteilung nach Absatz 3e in der am 20. Juli 2021 geltenden Fassung und auf der Grundlage von § 82c Absatz 5 in der am 20. Juli 2021 geltenden Fassung veröffentlichten regional üblichen Entgeltniveaus in drei Qualifikationsgruppen und pflegetypischen Zuschläge nach den Sätzen 3 und Satz 4 maßgebend.

(3c) $_{1}$Der Spitzenverband Bund der Pflegekassen legt in Richtlinien, erstmals bis zum Ablauf des 30. September 2021, das Nähere insbesondere zu den Verfahrens- und Prüfgrundsätzen für die Einhaltung der Vorgaben der Absätze 3a und 3b sowie zu den nach Absatz 3e Satz 1 Nummer 2 erforderlichen Angaben fest. $_{2}$In den Richtlinien ist auch festzulegen, welche Folgen eintreten, wenn eine Pflegeeinrichtung ihre Mitteilungspflicht nach Absatz 3d Satz 2 oder Absatz 3e nicht, nicht richtig, nicht vollständig oder nicht rechtzeitig erfüllt. $_{3}$Die in den Richtlinien vorgesehenen Folgen müssen verhältnismäßig sein und im Einzelfall durch den jeweiligen Landesverband der Pflegekassen gegenüber der Pflegeeinrichtung verhältnismäßig angewendet werden. $_{4}$Bei der Festlegung hat der Spitzenverband Bund der Pflegekassen die Bundesarbeitsgemeinschaft der überörtlichen Träger der Sozialhilfe und der Eingliederungshilfe zu beteiligen. $_{5}$Die Richtlinien werden erst wirksam, wenn das Bundesministerium für Gesundheit sie im Einvernehmen mit dem Bundesministerium für Arbeit und Soziales genehmigt. $_{6}$Beanstandungen des Bundesministeriums für Gesundheit sind innerhalb der von ihm gesetzten Frist zu beheben. $_{7}$Die Richtlinien sind für die Pflegekassen und ihre Verbände sowie für die Pflegeeinrichtungen verbindlich.

(3d) $_{1}$Pflegeeinrichtungen haben den Landesverbänden der Pflegekassen zur Feststellung des Vorliegens der Voraussetzungen des Absatzes 3a oder des Absatzes 3b mitzuteilen,

1. an welchen Tarifvertrag oder an welche kirchlichen Arbeitsrechtsregelungen sie gebunden sind,
2. welcher Tarifvertrag oder welche kirchlichen Arbeitsrechtsregelungen in den Fällen des Absatzes 3b Satz 1 Nummer 1 bis 3 für sie maßgebend ist oder sind oder

3. ob im Fall des Absatzes 3b Satz 1 Nummer 4 die veröffentlichte Höhe der regional üblichen Entlohnungsniveaus nach §82c Absatz 2 Satz 2 Nummer 2 und die veröffentlichte Höhe der regional üblichen Niveaus der pflegetypischen Zuschläge nach §82c Absatz 2 Satz 2 Nummer 3 für sie maßgebend sind.

$_{2}$Im Jahr 2022 sind alle Pflegeeinrichtungen verpflichtet, den Landesverbänden der Pflegekassen die in Satz 1 in der am 20. Juli 2021 geltenden Fassung genannten Angaben spätestens bis zum Ablauf des 28. Februar 2022 mitzuteilen. $_{3}$Die Mitteilung nach Satz 2 gilt, sofern die Pflegeeinrichtung dem nicht widerspricht, als Antrag auf entsprechende Anpassung des Versorgungsvertrags mit Wirkung zum 1. September 2022.

(3e) $_{1}$Pflegeeinrichtungen, die im Sinne von Absatz 3a an Tarifverträge oder an kirchliche Arbeitsrechtsregelungen gebunden sind, haben dem jeweiligen Landesverband der Pflegekassen bis zum Ablauf des 31. Juli jeden Jahres Folgendes mitzuteilen:

1. an welchen Tarifvertrag oder an welche kirchlichen Arbeitsrechtsregelungen sie gebunden sind,
2. Angaben über die sich aus diesen Tarifverträgen oder kirchlichen Arbeitsrechtsregelungen ergebende am 1. Juli des Jahres gezahlte Entlohnung der Arbeitnehmerinnen und Arbeitnehmer, die Leistungen der Pflege oder Betreuung von Pflegebedürftigen erbringen, soweit diese Angaben zur Feststellung des Vorliegens der Voraussetzungen nach den Absätzen 3a und 3b oder zur Ermittlung des oder der regional üblichen Entlohnungsniveaus sowie der regional üblichen Niveaus der pflegetypischen Zuschläge nach §82c Absatz 2 Satz 2 erforderlich sind.

$_{2}$Der Mitteilung ist die jeweils am 1. Juli des Jahres geltende durchgeschriebene Fassung des mitgeteilten Tarifvertrags oder der mitgeteilten kirchlichen Arbeitsrechtsregelungen beizufügen. $_{3}$Tritt nach der Mitteilung nach Satz 1 eine Änderung im Hinblick auf die Wirksamkeit oder den Inhalt des mitgeteilten Tarifvertrags oder der mitgeteilten kirchlichen Arbeitsrechtsregelungen ein, haben die in Satz 1 genannten Pflegeeinrichtungen dem jeweiligen Landesverband der Pflegekassen diese Änderung unverzüglich mitzuteilen und dem jeweiligen Landesverband der Pflegekassen unverzüglich die aktuelle, durchgeschriebene Fassung des geänderten Tarifvertrags oder der geänderten kirchlichen Arbeitsrechtsregelungen zu übermitteln.

(3f) $_{1}$Das Bundesministerium für Gesundheit evaluiert unter Beteiligung des Bundesministeriums für Arbeit und Soziales bis zum 31. Dezember 2025 die Wirkungen der Regelungen der Absätze 3a und 3b und des §82c. $_{2}$Im Rahmen der Evaluation ist bis spätestens 31. Dezember 2026 auch zu prüfen, inwiefern das Verfahren und die Methode zur Ermittlung der regional üblichen Entlohnungsniveaus vereinfacht werden können.

(3g) Versorgungsverträge, die mit Pflegeeinrichtungen vor dem 1. September 2022 abgeschlossen wurden, sind spätestens bis zum Ablauf des 31. August 2022 mit Wirkung ab dem 1. September 2022 an die Vorgaben des Absatzes 3a oder des Absatzes 3b anzupassen.

(4) $_{1}$Mit Abschluß des Versorgungsvertrages wird die Pflegeeinrichtung für die Dauer des Vertrages zur pflegerischen Versorgung der Versicherten zugelassen. $_{2}$Die zugelassene Pflegeeinrichtung ist im Rahmen ihres Versorgungsauftrages zur pflegerischen Versorgung der Versicherten verpflichtet; dazu gehört bei ambulanten Pflegediensten auch die Durchführung von Beratungseinsätzen nach §37 Absatz 3 auf Anforderung des Pflegebedürftigen. $_{3}$Die Pflegekassen sind verpflichtet, die Leistungen der Pflegeeinrichtung nach Maßgabe des Achten Kapitels zu vergüten.

§73 Abschluß von Versorgungsverträgen

(1) Der Versorgungsvertrag ist schriftlich abzuschließen.

(2) $_{1}$Gegen die Ablehnung eines Versorgungsvertrages durch die Landesverbände der Pflegekassen ist der Rechtsweg zu den Sozialgerichten gegeben. $_{2}$Ein Vorverfahren findet nicht statt; die Klage hat keine aufschiebende Wirkung.

(3) $_{1}$Mit Pflegeeinrichtungen, die vor dem 1. Januar 1995 ambulante Pflege, teilstationäre Pflege oder Kurzzeitpflege auf Grund von Vereinbarungen mit Sozialleistungsträgern erbracht haben, gilt ein Versorgungsvertrag als abgeschlossen. $_{2}$Satz 1 gilt nicht, wenn die Pflegeeinrichtung die Anforderungen nach §72 Abs. 3 Satz 1 nicht erfüllt und die zuständigen Landesverbände der Pflegekassen dies im Einvernehmen mit dem zuständigen Träger der Sozialhilfe (§72 Abs. 2 Satz 1) bis zum 30. Juni 1995 gegenüber dem Träger der Einrichtung schriftlich geltend machen. $_{3}$Satz 1 gilt auch dann nicht, wenn die Pflegeeinrichtung die Anforderungen nach §72 Abs. 3 Satz 1 offensichtlich nicht erfüllt. $_{4}$Die Pflegeeinrichtung hat bis spätestens zum 31. März 1995 die Voraussetzungen für den Bestandschutz nach den Sätzen 1 und 2 durch Vorlage von Vereinbarungen mit Sozialleistungsträgern sowie geeigneter Unterlagen zur Prüfung und Beurteilung der Leistungsfähigkeit und Wirtschaftlichkeit gegenüber einem Landesverband der Pflegekassen nachzuweisen. $_{5}$Der Versorgungsvertrag bleibt wirksam, bis er durch einen neuen Versorgungsvertrag abgelöst oder gemäß §74 gekündigt wird.

(4) Für vollstationäre Pflegeeinrichtungen gilt Absatz 3 entsprechend mit der Maßgabe, daß der für die Vorlage der Unterlagen nach Satz 3 maßgebliche Zeitpunkt der 30. September 1995 und der Stichtag nach Satz 2 der 30. Juni 1996 ist.

§ 73a Beeinträchtigungen bei Versorgungsverträgen

(1) 1Im Fall einer absehbaren oder bereits eingetretenen wesentlichen Beeinträchtigung der Leistungserbringung ist der Träger einer nach § 72 zugelassenen Pflegeeinrichtung verpflichtet, diese Beeinträchtigung umgehend gegenüber den Pflegekassen als seinen Vertragspartnern anzuzeigen. 2Es genügt die Anzeige an einen als Partei des Versorgungsvertrages beteiligten Landesverband der Pflegekassen. 3Die von der Pflegeeinrichtung versorgten Pflegebedürftigen sind hierüber zu informieren.

(2) 1Bei Anzeigen nach Absatz 1 haben die Pflegekassen zusammen mit der Pflegeeinrichtung und den weiteren an der pflegerischen Versorgung vor Ort Beteiligten Maßnahmen zur Sicherstellung der pflegerischen Versorgung für die Pflegebedürftigen zu prüfen. 2Die Maßnahmen sind in Abstimmung mit den weiteren zuständigen Stellen, insbesondere den nach Landesrecht bestimmten heimrechtlichen Aufsichtsbehörden, umzusetzen. 3Dabei können vorübergehend auch Abweichungen von zulassungsrechtlichen Vorgaben sowie den vereinbarten Leistungs- und Qualitätsmerkmalen einschließlich der Personalausstattung und deren gesetzlichen Bestimmungen nach diesem Buch durch die Pflegekassen im Einvernehmen mit dem zuständigen Träger der Sozialhilfe hingenommen werden. 4Bei nicht nur vorübergehenden Beeinträchtigungen sind die bestehenden Instrumente und Mittel des Vertragsrechts anzuwenden.

(3) 1Der Spitzenverband Bund der Pflegekassen berichtet dem Bundesministerium für Gesundheit und dem Bundesministerium für Arbeit und Soziales erstmals zum Stichtag 1. März 2026 und danach halbjährlich über die Anzahl der abgeschlossenen Versorgungsverträge sowie der Pflegeplätze in den einzelnen stationären Versorgungsbereichen. 2Der Bericht ist nach Bundesländern zu differenzieren und spätestens sechs Wochen nach dem Stichtag vorzulegen. 3Er ist anschließend vom Spitzenverband Bund der Pflegekassen zu veröffentlichen. 4Der Bericht enthält neben den Angaben nach den Sätzen 1 und 2 auch Bewertungen zur Versorgungssituation in den einzelnen Ländern.

§ 74 Kündigung von Versorgungsverträgen

(1) 1Der Versorgungsvertrag kann von jeder Vertragspartei mit einer Frist von einem Jahr ganz oder teilweise gekündigt werden, von den Landesverbänden der Pflegekassen jedoch nur, wenn die zugelassene Pflegeeinrichtung nicht nur vorübergehend eine der Voraussetzungen des § 72 Absatz 3 Satz 1, Absatz 3a oder Absatz 3b nicht oder nicht mehr erfüllt; dies gilt auch, wenn die Pflegeeinrichtung ihre Pflicht wiederholt gröblich verletzt, Pflegebedürftigen ein möglichst selbständiges und selbstbestimmtes Leben zu bieten, die Hilfen darauf auszurichten, die körperlichen, geistigen und seelischen Kräfte der Pflegebedürftigen wiederzugewinnen oder zu erhalten und angemessenen Wünschen der Pflegebedürftigen zur Gestaltung der Hilfe zu entsprechen. 2Vor Kündigung durch die Landesverbände der Pflegekassen ist das Einvernehmen mit dem zuständigen Träger der Sozialhilfe (§ 72 Abs. 2 Satz 1) herzustellen. 3Die Landesverbände der Pflegekassen können im Einvernehmen mit den zuständigen Trägern der Sozialhilfe zur Vermeidung der Kündigung des Versorgungsvertrages mit dem Träger der Pflegeeinrichtung insbesondere vereinbaren, dass

1. die verantwortliche Pflegefachperson sowie weitere Leitungskräfte zeitnah erfolgreich geeignete Fort- und Weiterbildungsmaßnahmen absolvieren,
2. die Pflege, Versorgung und Betreuung weiterer Pflegebedürftiger bis zur Beseitigung der Kündigungsgründe ganz oder teilweise vorläufig ausgeschlossen ist.

(2) 1Der Versorgungsvertrag kann von den Landesverbänden der Pflegekassen auch ohne Einhaltung einer Kündigungsfrist gekündigt werden, wenn die Einrichtung ihre gesetzlichen oder vertraglichen Verpflichtungen gegenüber den Pflegebedürftigen oder deren Kostenträgern derart gröblich verletzt, daß ein Festhalten an dem Vertrag nicht zumutbar ist. 2Das gilt insbesondere dann, wenn Pflegebedürftige infolge der Pflichtverletzung zu Schaden kommen oder die Einrichtung nicht erbrachte Leistungen gegenüber den Kostenträgern abrechnet. 3Das gleiche gilt, wenn dem Träger eines Pflegeheimes nach den heimrechtlichen Vorschriften die Betriebserlaubnis entzogen oder der Betrieb des Heimes untersagt wird. 4Absatz 1 Satz 2 gilt entsprechend.

(3) 1Die Kündigung bedarf der Schriftform. 2Für Klagen gegen die Kündigung gilt § 73 Abs. 2 entsprechend.

§ 75 Rahmenverträge, Bundesempfehlungen und -vereinbarungen über die pflegerische Versorgung

(1) 1Die Landesverbände der Pflegekassen schließen unter Beteiligung des Medizinischen Dienstes sowie des Verbandes der privaten Krankenversicherung e. V. im Land mit den Vereinigungen der Träger der ambulanten oder stationären Pflegeein-

richtungen im Land gemeinsam und einheitlich Rahmenverträge mit dem Ziel, eine wirksame und wirtschaftliche pflegerische Versorgung der Versicherten sicherzustellen. 2Für Pflegeeinrichtungen, die einer Kirche oder Religionsgemeinschaft des öffentlichen Rechts oder einem sonstigen freigemeinnützigen Träger zuzuordnen sind, können die Rahmenverträge auch von der Kirche oder Religionsgemeinschaft oder von dem Wohlfahrtsverband abgeschlossen werden, dem die Pflegeeinrichtung angehört. 3Bei Rahmenverträgen über ambulante Pflege sind die Arbeitsgemeinschaften der örtlichen Träger der Sozialhilfe oder anderer nach Landesrecht für die Sozialhilfe zuständigen Träger, bei Rahmenverträgen über stationäre Pflege die überörtlichen Träger der Sozialhilfe und die Arbeitsgemeinschaften der örtlichen Träger der Sozialhilfe als Vertragspartei am Vertragsschluß zu beteiligen. 4Die Rahmenverträge sind für die Pflegekassen und die zugelassenen Pflegeeinrichtungen im Inland unmittelbar verbindlich. 5Sie sind von den Landesverbänden der Pflegekassen zu veröffentlichen.

(1a) Bei Verhandlungen haben die Vereinbarungspartner des Absatzes 1 zu prüfen, inwieweit Anforderungen effizient ausgestaltet werden können.

(2) 1Die Verträge regeln insbesondere:

1. den Inhalt der Pflegeleistungen einschließlich der Sterbebegleitung sowie bei stationärer Pflege die Abgrenzung zwischen den allgemeinen Pflegeleistungen, den Leistungen bei Unterkunft und Verpflegung und den Zusatzleistungen,
1a. bei häuslicher Pflege den Inhalt der ergänzenden Unterstützung bei Nutzung von digitalen Pflegeanwendungen,
2. die allgemeinen Bedingungen der Pflege einschließlich der Vertragsvoraussetzungen und der Vertragserfüllung für eine leistungsfähige und wirtschaftliche pflegerische Versorgung, der Kostenübernahme, der Abrechnung der Entgelte und der hierzu erforderlichen Bescheinigungen und Berichte,
3. Maßstäbe und Grundsätze für eine wirtschaftliche und leistungsbezogene, am Versorgungsauftrag orientierte personelle und sächliche Ausstattung der Pflegeeinrichtungen,
4. die Überprüfung der Notwendigkeit und Dauer der Pflege,
5. Abschläge von der Pflegevergütung bei vorübergehender Abwesenheit (Krankenhausaufenthalt, Beurlaubung) des Pflegebedürftigen aus dem Pflegeheim,
6. den Zugang des Medizinischen Dienstes und sonstiger von den Pflegekassen beauftragter Prüfer zu den Pflegeeinrichtungen,
7. die Verfahrens- und Prüfungsgrundsätze für Wirtschaftlichkeits- und Abrechnungsprüfungen,
8. die Grundsätze zur Festlegung der örtlichen oder regionalen Einzugsbereiche der Pflegeeinrichtungen, um Pflegeleistungen ohne lange Wege möglichst orts- und bürgernah anzubieten,
9. die Möglichkeiten, unter denen sich Mitglieder von Selbsthilfegruppen, ehrenamtliche Pflegepersonen und sonstige zum bürgerschaftlichen Engagement bereite Personen und Organisationen in der häuslichen Pflege sowie in ambulanten und stationären Pflegeeinrichtungen an der Betreuung Pflegebedürftiger beteiligen können,
10. die Anforderungen an die nach §85 Absatz 3 geeigneten Nachweise zur Darlegung der prospektiven Sach- und Personalaufwendungen einschließlich der Aufwendungen für die Personalbeschaffung sowie geeigneter Qualitätsnachweise für die Anwerbung von Pflegepersonal aus Drittstaaten bei den Vergütungsverhandlungen, soweit nicht von den Richtlinien gemäß §82c Absatz 4 umfasst.

2Durch die Regelung der sächlichen Ausstattung in Satz 1 Nr. 3 werden Ansprüche der Pflegeheimbewohner nach §33 des Fünften Buches auf Versorgung mit Hilfsmitteln weder aufgehoben noch eingeschränkt.

(3) 1Als Teil der Verträge nach Absatz 2 Nr. 3 sind entweder

1. landesweite Verfahren zur Ermittlung des Personalbedarfs oder zur Bemessung der Pflegezeiten oder
2. landesweite Personalrichtwerte

zu vereinbaren. 2Dabei ist jeweils der besondere Pflege- und Betreuungsbedarf Pflegebedürftiger mit geistigen Behinderungen, psychischen Erkrankungen, demenzbedingten Fähigkeitsstörungen und anderen Leiden des Nervensystems zu beachten. 3Bei der Vereinbarung der Verfahren nach Satz 1 Nr. 1 sind auch in Deutschland erprobte und bewährte internationale Erfahrungen zu berücksichtigen. 4Die Personalrichtwerte nach Satz 1 Nr. 2 können als Bandbreiten vereinbart werden und umfassen bei teil- oder vollstationärer Pflege wenigstens

1. das Verhältnis zwischen der Zahl der Heimbewohner und der Zahl der Pflege- und Betreuungskräfte (in Vollzeitkräfte umgerechnet), unterteilt nach Pflegegrad (Personalanhaltszahlen), sowie
2. im Bereich der Pflege, der Betreuung und der medizinischen Behandlungspflege zusätzlich

den Anteil der ausgebildeten Fachkräfte am Pflege- und Betreuungspersonal.

$_{5}$Die Maßstäbe und Grundsätze nach Absatz 2 Nummer 3 sind auch daraufhin auszurichten, dass das Personal bei demselben Einrichtungsträger in verschiedenen Versorgungsbereichen flexibel eingesetzt werden kann. $_{6}$Dies umfasst auch Personalpools oder vergleichbare betriebliche Ausfallkonzepte auf Grundlage einer einrichtungsspezifischen Konzeption, mit denen die vertraglich vereinbarte Personalausstattung bei kurzfristigen Personalausfällen oder vorübergehend nicht besetzbaren Stellen sichergestellt wird.

(4) $_{1}$Kommt ein Vertrag nach Absatz 1 innerhalb von sechs Monaten ganz oder teilweise nicht zustande, nachdem eine Vertragspartei schriftlich zu Vertragsverhandlungen aufgefordert hat, wird sein Inhalt auf Antrag einer Vertragspartei durch die Schiedsstelle nach § 76 festgesetzt. $_{2}$Satz 1 gilt auch für Verträge, mit denen bestehende Rahmenverträge geändert oder durch neue Verträge abgelöst werden sollen.

(5) $_{1}$Die Verträge nach Absatz 1 können von jeder Vertragspartei mit einer Frist von einem Jahr ganz oder teilweise gekündigt werden. $_{2}$Satz 1 gilt entsprechend für die von der Schiedsstelle nach Absatz 4 getroffenen Regelungen. $_{3}$Diese können auch ohne Kündigung jederzeit durch einen Vertrag nach Absatz 1 ersetzt werden.

(6) $_{1}$Der Spitzenverband Bund der Pflegekassen und die Vereinigungen der Träger der Pflegeeinrichtungen auf Bundesebene sollen unter Beteiligung des Medizinischen Dienstes Bund, des Verbandes der privaten Krankenversicherung e. V. sowie unabhängiger Sachverständiger gemeinsam mit der Bundesvereinigung der kommunalen Spitzenverbände und der Bundesarbeitsgemeinschaft der überörtlichen Träger der Sozialhilfe Empfehlungen zum Inhalt der Verträge nach Absatz 1 abgeben. $_{2}$Sie arbeiten dabei mit den maßgeblichen Organisationen der Pflegeberufe auf Bundesebene sowie den Verbänden der Behinderten und der Pflegebedürftigen eng zusammen.

(7) $_{1}$Der Spitzenverband Bund der Pflegekassen, die Bundesarbeitsgemeinschaft der überörtlichen Träger der Sozialhilfe, die Bundesvereinigung der kommunalen Spitzenverbände und die Vereinigungen der Träger der Pflegeeinrichtungen auf Bundesebene vereinbaren gemeinsam und einheitlich Grundsätze ordnungsgemäßer Pflegebuchführung für die ambulanten und stationären Pflegeeinrichtungen. $_{2}$Die Vereinbarung nach Satz 1 tritt unmittelbar nach Aufhebung der gemäß § 83 Abs. 1 Satz 1 Nr. 3 erlassenen Rechtsverordnung in Kraft und ist den im Land tätigen zugelassenen Pflegeeinrichtungen von den Landesverbänden der Pflegekassen unverzüglich bekannt zu geben. $_{3}$Sie ist für alle Pflegekassen und deren Verbände sowie für die zugelassenen Pflegeeinrichtungen unmittelbar verbindlich.

§ 76 Schiedsstelle

(1) $_{1}$Die Landesverbände der Pflegekassen und die Vereinigungen der Träger der Pflegeeinrichtungen im Land bilden gemeinsam für jedes Land eine Schiedsstelle. $_{2}$Diese entscheidet in den ihr nach diesem Buch zugewiesenen Angelegenheiten.

(2) $_{1}$Die Schiedsstelle besteht aus Vertretern der Pflegekassen und Pflegeeinrichtungen in gleicher Zahl sowie einem unparteiischen Vorsitzenden und in der Regel bis zu zwei weiteren unparteiischen Mitgliedern; für den Vorsitzenden und die unparteiischen Mitglieder können Stellvertreter bestellt werden. $_{2}$Der Schiedsstelle gehört auch ein Vertreter des Verbandes der privaten Krankenversicherung e. V. sowie der überörtlichen oder, sofern Landesrecht dies bestimmt, ein örtlicher Träger der Sozialhilfe im Land an, die auf die Zahl der Vertreter der Pflegekassen angerechnet werden. $_{3}$Die Vertreter der Pflegekassen und deren Stellvertreter werden von den Landesverbänden der Pflegekassen, die Vertreter der Pflegeeinrichtungen und deren Stellvertreter von den Vereinigungen der Träger der Pflegedienste und Pflegeheime im Land bestellt; bei der Bestellung der Vertreter der Pflegeeinrichtungen ist die Trägervielfalt zu beachten. $_{4}$Der Vorsitzende und die weiteren unparteiischen Mitglieder werden von den beteiligten Organisationen gemeinsam bestellt. $_{5}$Kommt eine Einigung nicht zustande, werden sie durch Los bestimmt. $_{6}$Soweit beteiligte Organisationen keinen Vertreter bestellen oder im Verfahren nach Satz 4 keine Kandidaten für das Amt des Vorsitzenden oder der weiteren unparteiischen Mitglieder benennen, bestellt die zuständige Landesbehörde auf Antrag einer der beteiligten Organisationen die Vertreter und benennt die Kandidaten.

(3) $_{1}$Die Mitglieder der Schiedsstelle führen ihr Amt als Ehrenamt. $_{2}$Sie sind an Weisungen nicht gebunden. $_{3}$Jedes Mitglied hat eine Stimme. $_{4}$Die Entscheidungen werden mit der Mehrheit der Mitglieder getroffen. $_{5}$Ergibt sich keine Mehrheit, gibt die Stimme des Vorsitzenden den Ausschlag.

(4) Die Rechtsaufsicht über die Schiedsstelle führt die zuständige Landesbehörde.

(5) Die Landesregierungen werden ermächtigt, durch Rechtsverordnung das Nähere über die Zahl, die Bestellung, die Amtsdauer und die Amtsführung, die Erstattung der baren Auslagen und die Entschädigung für Zeitaufwand der Mitglieder der Schiedsstelle, die Geschäftsführung, das Verfahren,

die Erhebung und die Höhe der Gebühren sowie über die Verteilung der Kosten zu bestimmen.

(6) 1Abweichend von § 85 Abs. 5 können die Parteien der Pflegesatzvereinbarung (§ 85 Abs. 2) gemeinsam eine unabhängige Schiedsperson bestellen. 2Diese setzt spätestens bis zum Ablauf von 28 Kalendertagen nach ihrer Bestellung die Pflegesätze und den Zeitpunkt ihres Inkrafttretens fest. 3Gegen die Festsetzungsentscheidung kann ein Antrag auf gerichtliche Aufhebung nur gestellt werden, wenn die Festsetzung der öffentlichen Ordnung widerspricht. 4Die Kosten des Schiedsverfahrens tragen die Vertragspartner zu gleichen Teilen. 5§ 85 Abs. 6 gilt entsprechend.

Dritter Abschnitt
Beziehungen zu sonstigen Leistungserbringern

5

§ 77 Häusliche Pflege durch Einzelpersonen

(1) 1Zur Sicherstellung der körperbezogenen Pflege, der pflegerischen Betreuung sowie der Haushaltsführung im Sinne des § 36 soll die Pflegekasse Verträge mit einzelnen geeigneten Pflegekräften schließen, um dem Pflegebedürftigen zu helfen, ein möglichst selbständiges und selbstbestimmtes Leben zu führen oder dem besonderen Wunsch des Pflegebedürftigen zur Gestaltung der Hilfe zu entsprechen; Verträge mit Verwandten oder Verschwägerten des Pflegebedürftigen bis zum dritten Grad sowie mit Personen, die mit dem Pflegebedürftigen in häuslicher Gemeinschaft leben, sind unzulässig. 2In dem Vertrag sind Inhalt, Umfang, Qualität, Qualitätssicherung, Vergütung sowie Prüfung der Qualität und Wirtschaftlichkeit der vereinbarten Leistungen zu regeln; § 112 ist entsprechend anzuwenden. 3Die Vergütungen sind für Leistungen der häuslichen Pflegehilfe nach § 36 Absatz 1 zu vereinbaren. 4In dem Vertrag ist weiter zu regeln, dass die Pflegekräfte mit dem Pflegebedürftigen, dem sie Leistungen der häuslichen Pflegehilfe erbringen, kein Beschäftigungsverhältnis eingehen dürfen. 5Soweit davon abweichend Verträge geschlossen sind, sind sie zu kündigen. 6Die Sätze 4 und 5 gelten nicht, wenn

1. das Beschäftigungsverhältnis vor dem 1. Mai 1996 bestanden hat und
2. die vor dem 1. Mai 1996 erbrachten Pflegeleistungen von der zuständigen Pflegekasse aufgrund eines von ihr mit der Pflegekraft abgeschlossenen Vertrages vergütet worden sind.

7In den Pflegeverträgen zwischen den Pflegebedürftigen und den Pflegekräften sind mindestens Art, Inhalt und Umfang der Leistungen einschließlich der dafür mit den Kostenträgern vereinbarten Vergütungen zu beschreiben. 8§ 120 Absatz 1 Satz 2 gilt entsprechend.

(2) Die Pflegekassen können bei Bedarf einzelne Pflegekräfte zur Sicherstellung der körperbezogenen Pflege, der pflegerischen Betreuung sowie der Haushaltsführung im Sinne des § 36 anstellen, für die hinsichtlich der Wirtschaftlichkeit und Qualität ihrer Leistungen die gleichen Anforderungen wie für die zugelassenen Pflegedienste nach diesem Buch gelten.

§ 78 Verträge über Pflegehilfsmittel, Pflegehilfsmittelverzeichnis und Empfehlungen zu wohnumfeldverbessernden Maßnahmen

(1) 1Der Spitzenverband Bund der Pflegekassen schließt mit den Leistungserbringern oder deren Verbänden Verträge über die Versorgung der Versicherten mit Pflegehilfsmitteln, soweit diese nicht nach den Vorschriften des Fünften Buches über die Hilfsmittel zu vergüten sind. 2Abweichend von Satz 1 können die Pflegekassen Verträge über die Versorgung der Versicherten mit Pflegehilfsmitteln schließen, um dem Wirtschaftlichkeitsgebot verstärkt Rechnung zu tragen. 3Die §§ 36, 126 und 127 des Fünften Buches gelten entsprechend.

(2) 1Der Spitzenverband Bund der Pflegekassen erstellt als Anlage zu dem Hilfsmittelverzeichnis nach § 139 des Fünften Buches ein systematisch strukturiertes Pflegehilfsmittelverzeichnis. 2Darin sind die von der Leistungspflicht der Pflegeversicherung umfassten Pflegehilfsmittel aufzuführen, soweit diese nicht bereits im Hilfsmittelverzeichnis enthalten sind. 3Pflegehilfsmittel, die für eine leihweise Überlassung an die Versicherten geeignet sind, sind gesondert auszuweisen. 4Das Pflegehilfsmittelverzeichnis ist spätestens alle drei Jahre unter besonderer Berücksichtigung digitaler Technologien vom Spitzenverband Bund der Pflegekassen fortzuschreiben. 5Unbeschadet der regelhaften Fortschreibung nach Satz 4 entscheidet der Spitzenverband Bund der Pflegekassen über Anträge zur Aufnahme von neuartigen Pflegehilfsmitteln in das Pflegehilfsmittelverzeichnis innerhalb von drei Monaten nach Vorlage der vollständigen Unterlagen. 6Der Spitzenverband Bund der Pflegekassen informiert und berät Hersteller auf deren Anfrage über die Voraussetzungen und das Verfahren zur Aufnahme von neuartigen Pflegehilfsmitteln in das Pflegehilfsmittelverzeichnis; im Übrigen gilt § 139 Absatz 8 des Fünften Buches entsprechend. 7Die Beratung erstreckt sich insbesondere auch auf die grundlegenden Anforderungen an den Nachweis des pflegerischen Nutzens des Pflegehilfsmittels. 8Im Übrigen gilt § 139 des Fünften Buches entsprechend mit der Maßgabe, dass die maßgeblichen

Organisationen der Pflegeberufe auf Bundesebene und die Verbände der behinderten Menschen vor Erstellung und Fortschreibung des Pflegehilfsmittelverzeichnisses ebenfalls anzuhören sind.

(2a) 1Der Spitzenverband Bund der Pflegekassen beschließt spätestens alle drei Jahre, erstmals bis zum 30. September 2021, Empfehlungen zu wohnumfeldverbessernden Maßnahmen gemäß § 40 Absatz 4 unter besonderer Berücksichtigung digitaler Technologien, einschließlich des Verfahrens zur Aufnahme von Produkten oder Maßnahmen in die Empfehlungen. 2Absatz 2 Satz 5 bis 7 gilt entsprechend.

(3) 1Die Landesverbände der Pflegekassen vereinbaren untereinander oder mit geeigneten Pflegeeinrichtungen das Nähere zur Ausleihe der hierfür nach Absatz 2 Satz 4 geeigneten Pflegehilfsmittel einschließlich ihrer Beschaffung, Lagerung, Wartung und Kontrolle. 2Die Pflegebedürftigen und die zugelassenen Pflegeeinrichtungen sind von den Pflegekassen oder deren Verbänden in geeigneter Form über die Möglichkeit der Ausleihe zu unterrichten.

(4) Das Bundesministerium für Gesundheit wird ermächtigt, das Pflegehilfsmittelverzeichnis nach Absatz 2 durch Rechtsverordnung im Einvernehmen mit dem Bundesministerium für Arbeit und Soziales und dem Bundesministerium für Familie, Senioren, Frauen und Jugend und mit Zustimmung des Bundesrates zu bestimmen; § 40 Abs. 5 bleibt unberührt.

§ 78a Verträge über digitale Pflegeanwendungen und Verzeichnis für digitale Pflegeanwendungen, Verordnungsermächtigung

(1) 1Der Spitzenverband Bund der Pflegekassen vereinbart im Einvernehmen mit der Bundesarbeitsgemeinschaft der überörtlichen Träger der Sozialhilfe und der Eingliederungshilfe mit dem Hersteller einer digitalen Pflegeanwendung innerhalb von drei Monaten nach Aufnahme der digitalen Pflegeanwendung in das Verzeichnis nach Absatz 3 einen Vergütungsbetrag sowie technische und vertragliche Rahmenbedingungen für die Zurverfügungstellung der digitalen Pflegeanwendungen nach § 40a Absatz 4. 2Die Vereinbarungen gelten ab dem Zeitpunkt der Aufnahme in das Verzeichnis für digitale Pflegeanwendungen. 3Kommt innerhalb der Frist nach Satz 1 keine Einigung zustande, entscheidet die Schiedsstelle nach § 134 Absatz 3 des Fünften Buches mit der Maßgabe, dass an die Stelle der zwei Vertreter der Krankenkassen zwei Vertreter der Pflegekassen und an die Stelle der zwei Vertreter der Hersteller digitaler Gesundheitsanwendungen zwei Vertreter der Hersteller von digitalen Pflegeanwendungen treten. 4An den Sitzungen der Schiedsstelle können anstelle der Vertreter der Patientenorganisationen nach § 140f des Fünften Buches Vertreter der maßgeblichen Organisationen für die Wahrnehmung der Interessen und der Selbsthilfe pflegebedürftiger und behinderter Menschen nach § 118 beratend teilnehmen. 5Der Hersteller übermittelt dem Spitzenverband Bund der Pflegekassen zur Vorbereitung der Verhandlungen unverzüglich

1. den Nachweis nach Absatz 4 Satz 3 Nummer 3 und
2. die Angaben zur Höhe des tatsächlichen Preises bei Abgabe an Selbstzahler und in anderen europäischen Ländern.

6Die Hersteller digitaler Pflegeanwendungen stellen dem Spitzenverband Bund der Pflegekassen nach Aufnahme in das Verzeichnis nach Absatz 3 einen kostenfreien und auf drei Monate beschränkten Zugang zu den digitalen Pflegeanwendungen zur Verfügung.

(2) 1Der Spitzenverband Bund der Pflegekassen trifft im Einvernehmen mit der Bundesarbeitsgemeinschaft der überörtlichen Träger der Sozialhilfe und der Eingliederungshilfe mit den für die Wahrnehmung der wirtschaftlichen Interessen gebildeten maßgeblichen Spitzenorganisationen der Hersteller von digitalen Pflegeanwendungen auf Bundesebene eine Rahmenvereinbarung über die Maßstäbe für die Vereinbarungen der Vergütungsbeträge sowie zu den Grundsätzen der technischen und vertraglichen Rahmenbedingungen für die Zurverfügungstellung der digitalen Pflegeanwendungen. 2Kommt innerhalb von drei Monaten nach Inkrafttreten der Rechtsverordnung nach Absatz 6 eine Rahmenvereinbarung nicht zustande, setzen die unparteiischen Mitglieder der Schiedsstelle nach Absatz 1 Satz 3 innerhalb von drei Monaten die Rahmenvereinbarung im Benehmen mit dem Spitzenverband Bund der Pflegekassen sowie den in Satz 1 genannten Verbänden auf Antrag einer Vertragspartei und im Einvernehmen mit der Bundesarbeitsgemeinschaft der überörtlichen Träger der Sozialhilfe und der Eingliederungshilfe fest.

(3) 1Das Bundesinstitut für Arzneimittel und Medizinprodukte führt ein barrierefreies Verzeichnis für digitale Pflegeanwendungen. 2§ 139e Absatz 1 Satz 2 und 3 des Fünften Buches gilt entsprechend.

(4) 1Die Aufnahme in das Verzeichnis nach Absatz 3 erfolgt auf elektronischen Antrag des Herstellers einer digitalen Pflegeanwendung beim Bundesinstitut für Arzneimittel und Medizinprodukte. 2Der Hersteller hat die vom Bundesinstitut für Arzneimittel und Medizinprodukte auf seiner Internetseite bereitgestellten elektronischen Antragsformula-

5

re zu verwenden. $_{3}$Der Hersteller hat dem Antrag Nachweise darüber beizufügen, dass die digitale Pflegeanwendung

1. die in der Rechtsverordnung nach Absatz 6 Nummer 2 geregelten Anforderungen an die Sicherheit, Funktionstauglichkeit und Qualität erfüllt,
2. die Anforderungen an den Datenschutz erfüllt und die Datensicherheit nach dem Stand der Technik gewährleistet und
3. im Sinne der Rechtsverordnung nach Absatz 6 Nummer 2 einen pflegerischen Nutzen aufweist.

$_{4}$Die Qualität einer digitalen Pflegeanwendung im Sinne des Satzes 3 Nummer 1 bemisst sich insbesondere nach folgenden Kriterien:

1. Barrierefreiheit,
2. altersgerechte Nutzbarkeit,
3. Robustheit,
4. Verbraucherschutz,
5. Qualität der pflegebezogenen Inhalte und
6. Unterstützung der Pflegebedürftigen, Angehörigen und zugelassenen ambulanten Pflegeeinrichtungen bei der Nutzung der digitalen Pflegeanwendung.

$_{5}$Auch wenn die digitale Pflegeanwendung mehrfach zur Nutzung abgerufen wird oder eine andere Funktion beinhaltet, die nicht in das Verzeichnis nach Absatz 3 aufgenommen wurde, steht dem Hersteller für die digitale Pflegeanwendung kein höherer als der nach Absatz 1 vereinbarte Vergütungsbetrag zu. $_{6}$Eine Differenzierung der Vergütungsbeträge nach Absatz 1 nach Kostenträgern ist nicht zulässig. $_{7}$Die nach Absatz 1 vereinbarten Vergütungsbeträge sind für den Hersteller und gegenüber den Pflegebedürftigen bindend.

(5) $_{1}$Das Bundesinstitut für Arzneimittel und Medizinprodukte entscheidet über den Antrag des Herstellers innerhalb von drei Monaten nach Eingang der vollständigen Antragsunterlagen durch Bescheid; in begründeten Einzelfällen kann die Frist um bis zu weitere drei Monate verlängert werden. $_{2}$Legt der Hersteller unvollständige Antragsunterlagen vor, fordert ihn das Bundesinstitut für Arzneimittel und Medizinprodukte auf, den Antrag innerhalb von einer Frist von drei Monaten zu ergänzen. $_{3}$Liegen nach Ablauf der Frist keine vollständigen Antragsunterlagen vor, ist der Antrag abzulehnen. $_{4}$Das Bundesinstitut für Arzneimittel und Medizinprodukte berät die Hersteller digitaler Pflegeanwendungen zu den Antrags- und Anzeigeverfahren sowie zu den Voraussetzungen, die erfüllt sein müssen, damit die Versorgung mit der jeweiligen digitalen Pflegeanwendung nach den §§ 40a und 40b zu Lasten der Pflegeversicherung erbracht werden kann. $_{5}$Im Übrigen gilt § 139e Absatz 6 bis 8 des Fünften Buches entsprechend. $_{6}$In seiner Entscheidung stellt das Bundesinstitut für Arzneimittel und Medizinprodukte fest, welche ergänzenden Unterstützungsleistungen für die Nutzung der digitalen Pflegeanwendung erforderlich sind, und informiert die Vertragsparteien nach § 75 Absatz 1, die an Rahmenverträgen über ambulante Pflege beteiligt sind, zeitgleich mit der Aufnahme der digitalen Pflegeanwendung in das Verzeichnis nach Absatz 3 hierüber. $_{7}$Das Bundesinstitut für Arzneimittel und Medizinprodukte informiert unverzüglich den Spitzenverband Bund der Pflegekassen über die Aufnahme einer digitalen Pflegeanwendung in das Verzeichnis nach Absatz 3. $_{8}$Der Spitzenverband Bund der Pflegekassen informiert unverzüglich das Bundesinstitut für Arzneimittel und Medizinprodukte über den nach Absatz 1 vereinbarten Vergütungsbetrag.

(6) Das Bundesministerium für Gesundheit wird ermächtigt, durch Rechtsverordnung im Benehmen mit dem Bundesministerium für Arbeit und Soziales ohne Zustimmung des Bundesrates das Nähere zu regeln zu

1. den Inhalten des Verzeichnisses, dessen Veröffentlichung, der Interoperabilität des elektronischen Verzeichnisses mit elektronischen Transparenzportalen Dritter und der Nutzung der Inhalte des Verzeichnisses durch Dritte,
2. den Anforderungen an die Sicherheit, Funktionstauglichkeit und Qualität, einschließlich der Anforderungen an die Interoperabilität, den Datenschutz und die Datensicherheit, sowie das Nähere zu dem pflegerischen Nutzen im Sinne des § 40a Absatz 1 oder 1a,
3. den anzeigepflichtigen Veränderungen der digitalen Pflegeanwendung einschließlich deren Dokumentation,
4. den Einzelheiten des Antrags- und Anzeigeverfahrens sowie des Formularwesens beim Bundesinstitut für Arzneimittel und Medizinprodukte,
5. dem Schiedsverfahren nach Absatz 1 Satz 3, insbesondere der Bestellung der Mitglieder der Schiedsstelle nach Absatz 1 Satz 3, der Erstattung der baren Auslagen und der Entschädigung für den Zeitaufwand der Mitglieder der Schiedsstelle nach Absatz 1 Satz 3, dem Verfahren, dem Teilnahmerecht des Bundesministeriums für Gesundheit und der Vertreter der Organisationen, die für die Wahrnehmung der Interessen der Pflegebedürftigen maßgeblich sind, an den Sitzungen der Schiedsstelle nach Absatz 1 Satz 3 sowie der Verteilung der Kosten,

6. den Gebühren und Gebührensätzen für die von den Herstellern zu tragenden Kosten und Auslagen,
7. den nach Absatz 6a Satz 2 zur Erprobung beizufügenden Unterlagen.

(7) 1Das Bundesamt für Sicherheit in der Informationstechnik legt im Einvernehmen mit dem Bundesinstitut für Arzneimittel und Medizinprodukte und im Benehmen mit der oder dem Bundesbeauftragten für den Datenschutz und die Informationsfreiheit erstmals bis zum 31. Dezember 2021 und dann in der Regel jährlich die von digitalen Pflegeanwendungen nach Absatz 4 Satz 3 Nummer 2 zu gewährleistenden Anforderungen an die Datensicherheit fest. 2§ 139e Absatz 10 Satz 2 und 3 des Fünften Buches gilt entsprechend.

(8) 1Das Bundesinstitut für Arzneimittel und Medizinprodukte legt im Einvernehmen mit der oder dem Bundesbeauftragten für den Datenschutz und die Informationsfreiheit und im Benehmen mit dem Bundesamt für Sicherheit in der Informationstechnik erstmals bis zum 31. März 2022 und dann in der Regel jährlich die Prüfkriterien für die von Herstellern einer digitalen Pflegeanwendung nach Absatz 4 Satz 3 Nummer 2 nachzuweisende Erfüllung der Anforderungen an den Datenschutz fest. 2§ 139e Absatz 11 Satz 2 des Fünften Buches gilt entsprechend.

(9) 1Der Spitzenverband Bund der Pflegekassen legt über das Bundesministerium für Gesundheit und das Bundesministerium für Arbeit und Soziales dem Deutschen Bundestag jährlich, erstmals zum 1. April 2025, einen barrierefreien Bericht vor. 2Der Bericht enthält Informationen über die Inanspruchnahme der Leistungen nach den §§ 39a und 40a, insbesondere dazu, wie viele Pflegebedürftige der jeweiligen Pflegegrade Leistungen in Anspruch genommen haben und welche Mittel die Pflegekassen dafür verausgabt haben. 3Hinsichtlich der Leistungen der privaten Versicherungsunternehmen, die die private Pflege-Pflichtversicherung durchführen, bezieht der Spitzenverband Bund der Pflegekassen den Verband der privaten Krankenversicherung e. V. mit ein. 4Das Bundesministerium für Gesundheit kann weitere Inhalte des Berichts in der Verordnung nach Absatz 6 festlegen.

Vierter Abschnitt
Wirtschaftlichkeitsprüfungen

§ 79 Wirtschaftlichkeits- und Abrechnungsprüfungen

(1) 1Die Landesverbände der Pflegekassen können die Wirtschaftlichkeit und Wirksamkeit der ambulanten, teilstationären und vollstationären Pflegeleistungen durch von ihnen bestellte Sachverständige prüfen lassen; vor Bestellung der Sachverständigen ist der Träger der Pflegeeinrichtung zu hören. 2Eine Prüfung ist nur zulässig, wenn tatsächliche Anhaltspunkte dafür bestehen, dass die Pflegeeinrichtung die Anforderungen des § 72 Abs. 3 Satz 1 ganz oder teilweise nicht oder nicht mehr erfüllt. 3Die Anhaltspunkte sind der Pflegeeinrichtung rechtzeitig vor der Anhörung mitzuteilen. 4Personenbezogene Daten sind zu anonymisieren.

(2) Die Träger der Pflegeeinrichtungen sind verpflichtet, dem Sachverständigen auf Verlangen die für die Wahrnehmung seiner Aufgaben notwendigen Unterlagen vorzulegen und Auskünfte zu erteilen.

(3) Das Prüfungsergebnis ist, unabhängig von den sich daraus ergebenden Folgerungen für eine Kündigung des Versorgungsvertrags nach § 74, in der nächstmöglichen Vergütungsvereinbarung, mit Wirkung für die Zukunft zu berücksichtigen.

(4) 1Die Landesverbände der Pflegekassen können eine Abrechnungsprüfung selbst oder durch von ihnen bestellte Sachverständige durchführen lassen, wenn tatsächliche Anhaltspunkte dafür bestehen, dass die Pflegeeinrichtung fehlerhaft abrechnet. 2Die Abrechnungsprüfung bezieht sich

1. auf die Abrechnung von Leistungen, die zu Lasten der Pflegeversicherung erbracht oder erstattet werden, sowie
2. auf die Abrechnung der Leistungen für Unterkunft und Verpflegung (§ 87).

3Für die Abrechnungsprüfung sind Absatz 1 Satz 3 und 4 sowie die Absätze 2 und 3 entsprechend anzuwenden.

§ 80 (weggefallen)

§ 81 Verfahrensregelungen

(1) 1Die Landesverbände der Pflegekassen (§ 52) erfüllen die ihnen nach dem Siebten und Achten Kapitel zugewiesenen Aufgaben gemeinsam. 2Kommt eine Einigung ganz oder teilweise nicht zustande, erfolgt die Beschlussfassung durch die Mehrheit der in § 52 Abs. 1 Satz 1 genannten Stellen mit der Maßgabe, dass die Beschlüsse durch drei Vertreter der Ortskrankenkassen und durch zwei Vertreter der Ersatzkassen sowie durch je einen Vertreter der weiteren Stellen gefasst werden.

(2) 1Bei Entscheidungen, die von den Landesverbänden der Pflegekassen mit den Arbeitsgemeinschaften der örtlichen Träger der Sozialhilfe oder den überörtlichen Trägern der Sozialhilfe gemeinsam zu treffen sind, werden die Arbeitsgemeinschaften oder die überörtlichen Träger mit zwei Vertretern an der Beschlussfassung nach Absatz 1

Satz 2 beteiligt. 2Kommt bei zwei Beschlussfassungen nacheinander eine Einigung mit den Vertretern der Träger der Sozialhilfe nicht zustande, kann jeder Beteiligte nach Satz 1 die Entscheidung des Vorsitzenden und der weiteren unparteiischen Mitglieder der Schiedsstelle nach § 76 verlangen. 3Sie entscheiden für alle Beteiligten verbindlich über die streitbefangenen Punkte unter Ausschluss des Rechtswegs. 4Die Kosten des Verfahrens nach Satz 2 und das Honorar des Vorsitzenden sind von allen Beteiligten anteilig zu tragen.

(3) 1Bei Entscheidungen nach dem Siebten Kapitel, die der Spitzenverband Bund der Pflegekassen mit den Vertretern der Träger der Sozialhilfe gemeinsam zu treffen hat, stehen dem Spitzenverband Bund der Pflegekassen in entsprechender Anwendung von Absatz 2 Satz 1 in Verbindung mit Absatz 1 Satz 2 neun und den Vertretern der Träger der Sozialhilfe zwei Stimmen zu. 2Absatz 2 Satz 2 bis 4 gilt mit der Maßgabe entsprechend, dass bei Nichteinigung ein Schiedsstellenvorsitzender zur Entscheidung von den Beteiligten einvernehmlich auszuwählen ist.

5

Achtes Kapitel
Pflegevergütung

Erster Abschnitt
Allgemeine Vorschriften

§ 82 Finanzierung der Pflegeeinrichtungen

(1) 1Zugelassene Pflegeheime und Pflegedienste erhalten nach Maßgabe dieses Kapitels

1. eine leistungsgerechte Vergütung für die allgemeinen Pflegeleistungen (Pflegevergütung) sowie
2. bei stationärer Pflege ein angemessenes Entgelt für Unterkunft und Verpflegung.

2Die Pflegevergütung ist von den Pflegebedürftigen oder deren Kostenträgern zu tragen. 3Sie umfasst auch die Betreuung und, soweit bei stationärer Pflege kein Anspruch auf außerklinische Intensivpflege nach § 37c des Fünften Buches besteht, die medizinische Behandlungspflege. 4Für Unterkunft und Verpflegung bei stationärer Pflege hat der Pflegebedürftige selbst aufzukommen.

(2) In der Pflegevergütung und in den Entgelten für Unterkunft und Verpflegung dürfen keine Aufwendungen berücksichtigt werden für

1. Maßnahmen einschließlich Kapitalkosten, die dazu bestimmt sind, die für den Betrieb der Pflegeeinrichtung notwendigen Gebäude und sonstigen abschreibungsfähigen Anlagegüter herzustellen, anzuschaffen, wiederzubeschaffen, zu ergänzen, instandzuhalten oder instandzusetzen; ausgenommen sind die zum Verbrauch bestimmten Güter (Verbrauchsgüter), die der Pflegevergütung nach Absatz 1 Satz 1 Nr. 1 zuzuordnen sind,
2. den Erwerb und die Erschließung von Grundstücken,
3. Miete, Pacht, Erbbauzins, Nutzung oder Mitbenutzung von Grundstücken, Gebäuden oder sonstigen Anlagegütern,
4. den Anlauf oder die innerbetriebliche Umstellung von Pflegeeinrichtungen,
5. die Schließung von Pflegeeinrichtungen oder ihre Umstellung auf andere Aufgaben.

(3) 1Soweit betriebsnotwendige Investitionsaufwendungen nach Absatz 2 Nr. 1 oder Aufwendungen für Miete, Pacht, Erbbauzins, Nutzung oder Mitbenutzung von Gebäuden oder sonstige abschreibungsfähige Anlagegüter nach Absatz 2 Nr. 3 durch öffentliche Förderung gemäß § 9 nicht vollständig gedeckt sind, kann die Pflegeeinrichtung diesen Teil der Aufwendungen den Pflegebedürftigen gesondert berechnen. 2Gleiches gilt, soweit die Aufwendungen nach Satz 1 vom Land durch Darlehen oder sonstige rückzahlbare Zuschüsse gefördert werden. 3Die gesonderte Berechnung bedarf der Zustimmung der zuständigen Landesbehörde; das Nähere hierzu, insbesondere auch zu Art, Höhe und Laufzeit sowie die Verteilung der gesondert berechenbaren Aufwendungen auf die Pflegebedürftigen einschließlich der Berücksichtigung pauschalierter Instandhaltungs- und Instandsetzungsaufwendungen sowie der zugrunde zu legenden Belegungsquote, wird durch Landesrecht bestimmt. 4Die Pauschalen müssen in einem angemessenen Verhältnis zur tatsächlichen Höhe der Instandhaltungs- und Instandsetzungsaufwendungen stehen.

(4) 1Pflegeeinrichtungen, die nicht nach Landesrecht gefördert werden, können ihre betriebsnotwendigen Investitionsaufwendungen den Pflegebedürftigen ohne Zustimmung der zuständigen Landesbehörde gesondert berechnen. 2Die gesonderte Berechnung ist der zuständigen Landesbehörde mitzuteilen.

(5) 1Öffentliche Zuschüsse oder andere Unterstützungsmaßnahmen zu den laufenden Aufwendungen einer Pflegeeinrichtung (Betriebskostenzuschüsse), die aus öffentlichen Mitteln finanziert werden, sind von der Pflegevergütung und den Entgelten für Unterkunft und Verpflegung abzuziehen, um Doppelfinanzierungen auszuschließen. 2Bei deren prospektiven Bemessung und Vereinbarung sind Betriebskostenzuschüsse im Sinne des Satzes 1 zu berücksichtigen. 3Entsprechendes gilt für bereits vereinbarte Pflegevergütungen und Ent-

gelte für Unterkunft und Verpflegung für die Dauer der Bezuschussung; die Vertragsparteien haben dazu eine Ergänzungsvereinbarung abzuschließen. 4§ 115 Absatz 3 Satz 3 bis 6 findet entsprechend Anwendung. 5Die Pflegeeinrichtungen haben eine Pflegekasse als Partei der Pflegevergütungsvereinbarung unaufgefordert über Betriebskostenzuschüsse in Kenntnis zu setzen.

§ 82a Ausbildungsvergütung

(1) Die Ausbildungsvergütung im Sinne dieser Vorschrift umfasst die Vergütung, die aufgrund von Rechtsvorschriften, Tarifverträgen, entsprechenden allgemeinen Vergütungsregelungen oder aufgrund vertraglicher Vereinbarungen an Personen, die nach Landesrecht in der Altenpflegehilfe ausgebildet werden, während der Dauer ihrer praktischen oder theoretischen Ausbildung zu zahlen ist.

(2) 1Soweit eine nach diesem Gesetz zugelassene Pflegeeinrichtung nach Landesrecht zur Ausbildung in der Altenpflegehilfe berechtigt oder verpflichtet ist, ist die Ausbildungsvergütung der Personen, die aufgrund eines entsprechenden Ausbildungsvertrages mit der Einrichtung oder ihrem Träger zum Zwecke der Ausbildung in der Einrichtung tätig sind, während der Dauer des Ausbildungsverhältnisses in der Vergütung der allgemeinen Pflegeleistungen (§ 84 Abs. 1, § 89) berücksichtigungsfähig. 2Betreut die Einrichtung auch Personen, die nicht pflegebedürftig im Sinne dieses Buches sind, so ist in der Pflegevergütung nach Satz 1 nur der Anteil an der Gesamtsumme der Ausbildungsvergütungen berücksichtigungsfähig, der bei einer gleichmäßigen Verteilung der Gesamtsumme auf alle betreuten Personen auf die Pflegebedürftigen im Sinne dieses Buches entfällt. 3Soweit die Ausbildungsvergütung im Pflegesatz eines zugelassenen Pflegeheimes zu berücksichtigen ist, ist der Anteil, der auf die Pflegebedürftigen im Sinne dieses Buches entfällt, gleichmäßig auf alle pflegebedürftigen Heimbewohner zu verteilen. 4Satz 1 gilt nicht, soweit

1. die Ausbildungsvergütung oder eine entsprechende Vergütung nach anderen Vorschriften aufgebracht wird oder
2. die Ausbildungsvergütung durch ein landesrechtliches Umlageverfahren nach Absatz 3 finanziert wird.

5Die Ausbildungsvergütung ist in der Vergütungsvereinbarung über die allgemeinen Pflegeleistungen gesondert auszuweisen; die §§ 84 bis 86 und 89 gelten entsprechend.

(3) Wird die Ausbildungsvergütung ganz oder teilweise durch ein landesrechtliches Umlageverfahren finanziert, so ist die Umlage in der Vergütung der allgemeinen Pflegeleistungen nur insoweit berücksichtigungsfähig, als sie auf der Grundlage nachfolgender Berechnungsgrundsätze ermittelt wird:

1. Die Kosten der Ausbildungsvergütung werden nach einheitlichen Grundsätzen gleichmäßig auf alle zugelassenen ambulanten, teilstationären und stationären Pflegeeinrichtungen und die Altenheime im Land verteilt. Bei der Bemessung und Verteilung der Umlage ist sicherzustellen, daß der Verteilungsmaßstab nicht einseitig zu Lasten der zugelassenen Pflegeeinrichtungen gewichtet ist. Im übrigen gilt Absatz 2 Satz 2 und 3 entsprechend.
2. Die Gesamthöhe der Umlage darf den voraussichtlichen Mittelbedarf zur Finanzierung eines angemessenen Angebots an Ausbildungsplätzen nicht überschreiten; bei der Prüfung der Angemessenheit des Angebots an Ausbildungsplätzen ist zu berücksichtigen, dass eine abgeschlossene landesrechtlich geregelte Assistenz- oder Helferausbildung in der Pflege nach § 11 Absatz 1 Nummer 2 Buchstabe b des Pflegeberufegesetzes den Zugang zur Ausbildung nach dem Pflegeberufegesetz ermöglicht und nach § 12 Absatz 2 des Pflegeberufegesetzes auch zu einer Anrechnung und Verkürzung der Ausbildung führen kann.
3. Aufwendungen für die Vorhaltung, Instandsetzung oder Instandhaltung von Ausbildungsstätten (§§ 9, 82 Abs. 2 bis 4), für deren laufende Betriebskosten (Personal- und Sachkosten) sowie für die Verwaltungskosten der nach Landesrecht für das Umlageverfahren zuständigen Stelle bleiben unberücksichtigt.

(4) 1Die Höhe der Umlage nach Absatz 3 sowie ihre Berechnungsfaktoren sind von der dafür nach Landesrecht zuständigen Stelle den Landesverbänden der Pflegekassen rechtzeitig vor Beginn der Pflegesatzverhandlungen mitzuteilen. 2Es genügt die Mitteilung an einen Landesverband; dieser leitet die Mitteilung unverzüglich an die übrigen Landesverbände und an die zuständigen Träger der Sozialhilfe weiter. 3Bei Meinungsverschiedenheiten zwischen den nach Satz 1 Beteiligten über die ordnungsgemäße Bemessung und die Höhe des von den zugelassenen Pflegeeinrichtungen zu zahlenden Anteils an der Umlage entscheidet die Schiedsstelle nach § 76 unter Ausschluß des Rechtsweges. 4Die Entscheidung ist für alle Beteiligten nach Satz 1 sowie für die Parteien der Vergütungsvereinbarungen nach dem Achten Kapitel verbindlich; § 85 Abs. 5 Satz 1 und 2, erster Halbsatz, sowie Abs. 6 gilt entsprechend.

§ 82b Ehrenamtliche Unterstützung

(1) 1Soweit und solange einer nach diesem Gesetz zugelassenen Pflegeeinrichtung, insbesondere

1. für die vorbereitende und begleitende Schulung,
2. für die Planung und Organisation des Einsatzes oder
3. für den Ersatz des angemessenen Aufwands

der Mitglieder von Selbsthilfegruppen sowie der ehrenamtlichen und sonstigen zum bürgerschaftlichen Engagement bereiten Personen und Organisationen, für von der Pflegeversicherung versorgte Leistungsempfänger nicht anderweitig gedeckte Aufwendungen entstehen, sind diese bei stationären Pflegeeinrichtungen in den Pflegesätzen (§84 Abs. 1) und bei ambulanten Pflegeeinrichtungen in den Vergütungen (§89) berücksichtigungsfähig. ₂Die Aufwendungen können in der Vergütungsvereinbarung über die allgemeinen Pflegeleistungen gesondert ausgewiesen werden.

(2) ₁Stationäre Pflegeeinrichtungen können für ehrenamtliche Unterstützung durch An- und Zugehörige oder Dritte als ergänzendes Engagement bei allgemeinen Pflegeleistungen Aufwandsentschädigungen zahlen. ₂Absatz 1 gilt entsprechend.

5

§82c Wirtschaftlichkeit von Personalaufwendungen

(1) Ab dem 1. September 2022 kann bei tarifgebundenen oder an kirchliche Arbeitsrechtsregelungen gebundenen Pflegeeinrichtungen eine Bezahlung von Gehältern der Beschäftigten bis zur Höhe der aus dieser Bindung resultierenden Vorgaben nicht als unwirtschaftlich abgelehnt werden.

(2) ₁Bei Pflegeeinrichtungen, die nicht unter Absatz 1 fallen, kann ab dem 1. September 2022 die Zahlung von Entlohnungsbestandteilen nach §72 Absatz 3b Satz 2 Nummer 1 bis 5 für Arbeitnehmerinnen und Arbeitnehmer, die Leistungen der Pflege oder Betreuung von Pflegebedürftigen erbringen, nicht als unwirtschaftlich abgelehnt werden, soweit diese insgesamt das regional übliche Entlohnungsniveau in der Region, in der die jeweilige Einrichtung betrieben wird, um nicht mehr als 10 Prozent übersteigt. ₂Die Landesverbände der Pflegekassen ermitteln auf Grundlage der nach §72 Absatz 3e Satz 1 mitgeteilten Angaben

1. das regional übliche Entlohnungsniveau,
2. die regional üblichen Entlohnungsniveaus für die drei in Satz 4 genannten Qualifikationsgruppen sowie
3. die regional üblichen Niveaus der pflegetypischen Zuschläge.

₃Das regional übliche Entlohnungsniveau im Sinne von Satz 2 Nummer 1 ist der Durchschnitt der Entlohnungsbestandteile nach §72 Absatz 3b Satz 2 Nummer 1 bis 5, die die Arbeitnehmerinnen und Arbeitnehmer, die Leistungen der Pflege oder Betreuung von Pflegebedürftigen erbringen, in der jeweiligen Region nach den jeweils angewendeten Tarifverträgen und kirchlichen Arbeitsrechtsregelungen erhalten. ₄Die regional üblichen Entlohnungsniveaus im Sinne von Satz 2 Nummer 2 sind der jeweilige Durchschnitt der Entlohnungsbestandteile nach §72 Absatz 3b Satz 2 Nummer 1 bis 5, die die in Satz 3 genannten Arbeitnehmerinnen und Arbeitnehmer, getrennt nach den folgenden drei Qualifikationsgruppen nach den in der jeweiligen Region angewendeten Tarifverträgen und kirchlichen Arbeitsrechtsregelungen erhalten:

1. Pflege- und Betreuungskräfte ohne mindestens einjährige Berufsausbildung,
2. Pflege- und Betreuungskräfte mit mindestens einjähriger Berufsausbildung,
3. Fachkräfte in den Bereichen Pflege und Betreuung mit mindestens dreijähriger Berufsausbildung.

₅Die regional üblichen Niveaus der pflegetypischen Zuschläge im Sinne von Satz 2 Nummer 3 sind jeweils der Durchschnitt der drei in §72 Absatz 3b Satz 4 genannten pflegetypischen Zuschläge, die die Arbeitnehmerinnen und Arbeitnehmer, die Leistungen der Pflege oder Betreuung erbringen, in der jeweiligen Region nach den jeweils angewendeten Tarifverträgen und kirchlichen Arbeitsrechtsregelungen erhalten.

(2a) ₁Bei Pflegeeinrichtungen, die ihre Arbeitnehmerinnen und Arbeitnehmer, die Leistungen der Pflege oder Betreuung von Pflegebedürftigen erbringen, nach §72 Absatz 3b Satz 1 Nummer 1, Nummer 2 oder Nummer 3 entlohnen, kann eine Bezahlung von Gehältern der Arbeitnehmerinnen und Arbeitnehmer, die keine Leistungen der Pflege oder Betreuung von Pflegebedürftigen erbringen, bis zur Höhe des Tarifvertrags nach §72 Absatz 3b Satz 1 Nummer 1 oder Nummer 2 oder der kirchlichen Arbeitsrechtsregelungen nach §72 Absatz 3b Satz 1 Nummer 3 nicht als unwirtschaftlich abgelehnt werden. ₂Ist für die Arbeitnehmerinnen und Arbeitnehmer, die keine Leistungen der Pflege oder Betreuung von Pflegebedürftigen erbringen, ein anderer Tarifvertrag oder eine andere kirchliche Arbeitsrechtsregelung als nach Satz 1 zeitlich, räumlich, fachlich oder persönlich anwendbar, so können ihre Gehälter bis zur Höhe der in diesem Tarifvertrag oder dieser kirchlichen Arbeitsrechtsregelung vereinbarten Gehälter nicht als unwirtschaftlich abgelehnt werden. ₃Bei Pflegeeinrichtungen, die ihre Arbeitnehmerinnen und Arbeitnehmer, die Leistungen der Pflege oder Betreuung von Pflegebedürftigen erbringen, nach §72 Absatz 3b Satz 1 Nummer 4 entlohnen, gelten hinsichtlich der Bezahlung von Gehältern der Arbeitnehmerinnen und Arbeitnehmer, die keine Leistungen der Pflege oder Betreuung von Pflegebedürftigen erbringen, die allgemeinen Bemessungsgrundsätze nach den §§ 84 und 89.

(2b) 1Für Entgelte für Personal, das Leistungen der Pflege oder Betreuung von Pflegebedürftigen ohne direktes Arbeitsverhältnis mit der zugelassenen Pflegeeinrichtung erbringt, insbesondere für Leiharbeitnehmerinnen und Leiharbeitnehmer im Sinne des Arbeitnehmerüberlassungsgesetzes sowie für Arbeitnehmerinnen oder Arbeitnehmer, die im Rahmen eines Werk- oder Dienstleistungsvertrags eingesetzt werden, gelten die Regelungen nach den Absätzen 1 und 2 für Beschäftigte, die Leistungen der Pflege oder Betreuung von Pflegebedürftigen mit direktem Arbeitsverhältnis mit der zugelassenen Pflegeeinrichtung erbringen, entsprechend. 2Die Zahlung von Vermittlungsentgelten kann nicht als wirtschaftlich anerkannt werden.

(3) 1Für eine über die Höhe der Bezahlung von Gehältern nach Absatz 1 hinausgehende Bezahlung der Beschäftigten durch die in Absatz 1 genannten Pflegeeinrichtungen bedarf es eines sachlichen Grundes. 2Soweit im Fall von Absatz 2 Satz 1 das regional übliche Entlohnungsniveau um mehr als 10 Prozent überstiegen wird, bedarf es eines sachlichen Grundes. 3Für eine über die Höhe der Bezahlung von Gehältern nach Absatz 2a hinausgehende Bezahlung der Beschäftigten durch die in Absatz 2 genannten Pflegeeinrichtungen bedarf es eines sachlichen Grundes. 4Entsprechendes gilt für die Zahlung von Entgelten für Personal im Sinne von Absatz 2b Satz 1. 5Der Spitzenverband Bund der Pflegekassen und die Vereinigungen der Träger der Pflegeeinrichtungen auf Bundesebene geben, erstmals bis zum 31. Dezember 2023, unter Beteiligung des Medizinischen Dienstes Bund, des Verbandes der privaten Krankenversicherung e. V. sowie unabhängiger Sachverständiger gemeinsam mit der Bundesvereinigung der kommunalen Spitzenverbände und der Bundesarbeitsgemeinschaft der überörtlichen Träger der Sozialhilfe und der Eingliederungshilfe gemeinsame Empfehlungen zu sachlichen Gründen nach Satz 4 ab. 6§ 113c Absatz 4 Satz 2 bis 8 gelten entsprechend.

(4) 1Der Spitzenverband Bund der Pflegekassen legt bis zum Ablauf des 30. September 2021 in Richtlinien das Nähere zum Verfahren nach den Absätzen 1 bis 3 und 5 fest. 2Er hat dabei die Bundesarbeitsgemeinschaft der überörtlichen Träger der Sozialhilfe und der Eingliederungshilfe zu beteiligen. 3Die Richtlinien werden erst wirksam, wenn das Bundesministerium für Gesundheit sie im Einvernehmen mit dem Bundesministerium für Arbeit und Soziales genehmigt. 4§ 72 Absatz 3c Satz 6 und 7 gilt entsprechend.

(5) 1Zur Information der Pflegeeinrichtungen veröffentlicht jeder Landesverband der Pflegekassen unter Beteiligung des Verbandes der Privaten Krankenversicherung e. V. im Land und der Träger der Sozialhilfe auf Landesebene jährlich unverzüglich, jedoch spätestens bis zum 30. September des Jahres, für das jeweilige Land

1. eine Liste der Tarifverträge und kirchlichen Arbeitsrechtsregelungen, die eine Entlohnung vorsehen, die nach Absatz 2 Satz 1 nicht als unwirtschaftlich abgelehnt werden kann,
2. alle weiteren Informationen, die erforderlich sind, um überprüfen zu können,
   a) ob eine Pflegeeinrichtung die Voraussetzungen nach § 72 Absatz 3a oder Absatz 3b erfüllt und
   b) ob bei einer Pflegeeinrichtung die Entlohnung nach Absatz 2 Satz 1 nicht als unwirtschaftlich abgelehnt werden kann.

2Die Liste und die Informationen sind einmal monatlich zu aktualisieren. 3Zu jedem in der Liste genannten Tarifvertrag und zu jeder der in der Liste genannten kirchlichen Arbeitsrechtsregelungen sind, soweit diese Angaben dem jeweiligen Landesverband der Pflegekassen vorliegen, mindestens folgende Angaben zu veröffentlichen:

1. Laufzeit des Tarifvertrags oder der kirchlichen Arbeitsrechtsregelungen oder Datum, zu dem frühestens eine Kündigung erfolgen kann,
2. Angabe, ob eine Kündigung oder anderweitige Beendigung des Tarifvertrags oder der kirchlichen Arbeitsrechtsregelungen erfolgt ist,
3. Angabe, zu welchem Zeitpunkt die Kündigung oder anderweitige Beendigung wirksam wird,
4. Angabe, ob eine Änderung der Entlohnung nach § 72 Absatz 3b Satz 2 für Arbeitnehmerinnen und Arbeitnehmer, die Leistungen der Pflege oder Betreuung von Pflegebedürftigen erbringen, erfolgt ist und wenn ja, zu welchem Datum diese wirksam wird.

4Zu den erforderlichen Informationen nach Satz 1 Nummer 2 gehören insbesondere auch

1. das regional übliche Entlohnungsniveau im Sinne von Absatz 2 Satz 2 Nummer 1,
2. die regional üblichen Entlohnungsniveaus im Sinne von Absatz 2 Satz 2 Nummer 2 sowie
3. die regional üblichen Niveaus der pflegetypischen Zuschläge im Sinne von Absatz 2 Satz 2 Nummer 3.

5Die Landesverbände der Pflegekassen stellen sicher, dass die nach § 72 Absatz 3e Satz 2 und 3 übermittelten Fassungen der Tarifverträge und der kirchlichen Arbeitsrechtsregelungen den Pflegeeinrichtungen auf Wunsch zur Verfügung gestellt werden, soweit nicht zwingende betriebliche Gründe dagegensprechen.

(6) $_{1}$Der Spitzenverband Bund der Pflegekassen richtet bis zum 31. Dezember 2022 eine Geschäftsstelle ein. $_{2}$Jeder Landesverband der Pflegekassen kann die Geschäftsstelle beauftragen, ihn bei der Erfüllung der folgenden Aufgaben zu unterstützen oder die folgenden Aufgaben in seinem Auftrag für ihn durchzuführen:

1. Entgegennahme, Erfassung und Prüfung der nach § 72 Absatz 3e mitgeteilten Angaben oder Änderungen sowie der übermittelten Tarifverträge und kirchlichen Arbeitsrechtsregelungen,
2. Zurverfügungstellung der übermittelten Tarifverträge und kirchlichen Arbeitsrechtsregelungen nach Absatz 5 Satz 5,
3. Ermittlung
   a) des regional üblichen Entlohnungsniveaus im Sinne von Absatz 2 Satz 2 Nummer 1,
   b) der regional üblichen Entlohnungsniveaus im Sinne von Absatz 2 Satz 2 Nummer 2 sowie
   c) der regional üblichen Niveaus der pflegetypischen Zuschläge im Sinne von Absatz 2 Satz 2 Nummer 3,
4. Zusammenstellung der nach Absatz 5 zu veröffentlichenden Listen und Informationen sowie Veröffentlichung dieser Listen und Informationen.

$_{3}$Darüber hinaus soll die Geschäftsstelle die Landesverbände der Pflegekassen zu den in Satz 2 genannten Aufgaben fachlich beraten. $_{4}$Soweit ein Landesverband der Pflegekassen die Geschäftsstelle mit der Unterstützung bei den oder der Durchführung von den in Satz 2 genannten Aufgaben beauftragt, stellt er der Geschäftsstelle die hierfür erforderlichen Informationen und Unterlagen zur Verfügung, soweit die Erhebung dieser Informationen und Unterlagen nicht bereits Teil der Beauftragung der Geschäftsstelle ist. $_{5}$Die Pflegekassen sowie die Landesverbände der Pflegekassen berichten auf begründete Anforderung des Bundesministeriums für Gesundheit zu den Wirkungen der Regelungen der Absätze 1 bis 3 sowie des § 72 Absatz 3a bis 3e. $_{6}$Soweit ein Landesverband der Pflegekassen die Geschäftsstelle im Sinne von Satz 2 beauftragt hat, obliegt die Berichterstattung der Geschäftsstelle. $_{7}$Für die Berichterstattung nach den Sätzen 5 und 6 haben die Landesverbände der Pflegekassen oder die Geschäftsstelle auf Anforderung des Bundesministeriums für Gesundheit die von den Pflegekassen und Landesverbänden der Pflegekassen erhobenen oder erhaltenen nicht personenbezogenen Daten aufzubereiten und auszuwerten. $_{8}$Für die Evaluation nach § 72 Absatz 3f gelten die Sätze 5 bis 7 entsprechend. $_{9}$Soweit es erforderlich ist, können auch Informationen angefordert werden, die Betriebs- oder Geschäftsgeheimnisse enthalten. $_{10}$Die Geschäftsstelle hat dem Bundesministerium für Gesundheit bis zum 28. Februar 2026 zu berichten, unter welchen technischen Voraussetzungen Pflegeeinrichtungen, die im Sinne von § 72 Absatz 3a an Tarifverträge oder an kirchliche Arbeitsrechtsregelungen gebunden sind, die verpflichtenden Meldungen nach § 72 Absatz 3e Satz 1 auch aus den ihnen verfügbaren Daten ihrer Lohnbuchhaltung elektronisch übermitteln könnten. $_{11}$Das Bundesministerium für Gesundheit bestimmt mit der Anforderung die Art, den Umfang und die Art der Aufbereitung und Auswertung der angeforderten Informationen.

§ 83 Verordnung zur Regelung der Pflegevergütung

(1) Die Bundesregierung wird ermächtigt, durch Rechtsverordnung mit Zustimmung des Bundesrates Vorschriften zu erlassen über

1. die Pflegevergütung der Pflegeeinrichtungen einschließlich der Verfahrensregelungen zu ihrer Vereinbarung nach diesem Kapitel,
2. den Inhalt der Pflegeleistungen sowie bei stationärer Pflege die Abgrenzung zwischen den allgemeinen Pflegeleistungen (§ 84 Abs. 4), den Leistungen bei Unterkunft und Verpflegung (§ 87) und den Zusatzleistungen (§ 88),
3. die Rechnungs- und Buchführungsvorschriften der Pflegeeinrichtungen einschließlich einer Kosten- und Leistungsrechnung; bei zugelassenen Pflegeeinrichtungen, die neben den Leistungen nach diesem Buch auch andere Sozialleistungen im Sinne des Ersten Buches (gemischte Einrichtung) erbringen, kann der Anwendungsbereich der Verordnung auf den Gesamtbetrieb erstreckt werden,
4. Maßstäbe und Grundsätze für eine wirtschaftliche und leistungsbezogene, am Versorgungsauftrag (§ 72 Abs. 1) orientierte personelle Ausstattung der Pflegeeinrichtungen,
5. die nähere Abgrenzung der Leistungsaufwendungen nach Nummer 2 von den Investitionsaufwendungen und sonstigen Aufwendungen nach § 82 Abs. 2,

§ 90 bleibt unberührt.

(2) Nach Erlass der Rechtsverordnung sind Rahmenverträge und Schiedsstellenregelungen nach § 75 zu den von der Verordnung erfassten Regelungsbereichen nicht mehr zulässig.

Zweiter Abschnitt
Vergütung der stationären Pflegeleistungen

§ 84 Bemessungsgrundsätze

(1) $_{1}$Pflegesätze sind die Entgelte der Heimbewohner oder ihrer Kostenträger für die teil- oder voll-

stationären Pflegeleistungen des Pflegeheims sowie für die Betreuung und, soweit kein Anspruch auf außerklinische Intensivpflege nach § 37c des Fünften Buches besteht, für die medizinische Behandlungspflege. 2In den Pflegesätzen dürfen keine Aufwendungen berücksichtigt werden, die nicht der Finanzierungszuständigkeit der sozialen Pflegeversicherung unterliegen.

(2) 1Die Pflegesätze müssen leistungsgerecht sein. 2Sie sind nach dem Versorgungsaufwand, den der Pflegebedürftige nach Art und Schwere seiner Pflegebedürftigkeit benötigt, entsprechend den fünf Pflegegraden einzuteilen. 3Davon ausgehend sind bei vollstationärer Pflege nach § 43 für die Pflegegrade 2 bis 5 einrichtungseinheitliche Eigenanteile zu ermitteln; dies gilt auch bei Änderungen der Leistungsbeträge. 4Die Pflegesätze müssen einem Pflegeheim bei wirtschaftlicher Betriebsführung ermöglichen, seine Aufwendungen zu finanzieren und seinen Versorgungsauftrag zu erfüllen unter Berücksichtigung einer angemessenen Vergütung ihres Unternehmerrisikos. 5Überschüsse verbleiben dem Pflegeheim; Verluste sind von ihm zu tragen. 6Der Grundsatz der Beitragssatzstabilität ist zu beachten. 7Bei der Bemessung der Pflegesätze einer Pflegeeinrichtung können die Pflegesätze derjenigen Pflegeeinrichtungen, die nach Art und Größe sowie hinsichtlich der in Absatz 5 genannten Leistungs- und Qualitätsmerkmale im Wesentlichen gleichartig sind, angemessen berücksichtigt werden; Vergleichsdaten sind transparent darzustellen.

(3) Die Pflegesätze sind für alle Heimbewohner des Pflegeheimes nach einheitlichen Grundsätzen zu bemessen; eine Differenzierung nach Kostenträgern ist unzulässig.

(4) 1Mit den Pflegesätzen sind alle für die Versorgung der Pflegebedürftigen nach Art und Schwere ihrer Pflegebedürftigkeit erforderlichen Pflegeleistungen der Pflegeeinrichtung (allgemeine Pflegeleistungen) abgegolten. 2Für die allgemeinen Pflegeleistungen dürfen, soweit nichts anderes bestimmt ist, ausschließlich die nach § 85 oder § 86 vereinbarten oder nach § 85 Abs. 5 festgesetzten Pflegesätze berechnet werden, ohne Rücksicht darauf, wer zu ihrer Zahlung verpflichtet ist.

(5) 1In der Pflegesatzvereinbarung sind die wesentlichen Leistungs- und Qualitätsmerkmale der Einrichtung festzulegen. 2Hierzu gehören insbesondere

1. die Zuordnung des voraussichtlich zu versorgenden Personenkreises sowie Art, Inhalt und Umfang der Leistungen, die von der Einrichtung während des nächsten Pflegesatzzeitraums erwartet werden,
2. die von der Einrichtung für den voraussichtlich zu versorgenden Personenkreis individuell vorzuhaltende personelle Ausstattung, gegliedert nach Berufsgruppen, sowie
3. Art und Umfang der Ausstattung der Einrichtung mit Verbrauchsgütern (§ 82 Abs. 2 Nr. 1).

(6) 1Der Träger der Einrichtung ist verpflichtet, mit der vereinbarten personellen Ausstattung die Versorgung der Pflegebedürftigen jederzeit sicherzustellen. 2Er hat bei Personalengpässen oder -ausfällen durch geeignete Maßnahmen sicherzustellen, dass die Versorgung der Pflegebedürftigen nicht beeinträchtigt wird. 3Auf Verlangen einer Vertragspartei hat der Träger der Einrichtung in einem Personalabgleich nachzuweisen, dass die vereinbarte Personalausstattung tatsächlich bereitgestellt und bestimmungsgemäß eingesetzt wird. 4Das Nähere zur Durchführung des Personalabgleichs wird in den Verträgen nach § 75 Abs. 1 und 2 geregelt.

(7) 1Der Träger der Einrichtung ist ab dem 1. September 2022 verpflichtet, die bei der Vereinbarung der Pflegesätze zugrunde gelegte Bezahlung der Gehälter nach § 82c Absatz 1 oder Absatz 2a und der Entlohnung nach § 82c Absatz 2 jederzeit einzuhalten und auf Verlangen einer Vertragspartei nachzuweisen. 2Personenbezogene Daten sind zu anonymisieren. 3Der Spitzenverband Bund der Pflegekassen legt in Richtlinien bis zum 1. Juli 2022 das Nähere zur Durchführung des Nachweises nach Satz 1 fest. 4Dabei ist die Bundesarbeitsgemeinschaft der überörtlichen Träger der Sozialhilfe und der Eingliederungshilfe zu beteiligen; den Bundesvereinigungen der Träger von Pflegeeinrichtungen ist Gelegenheit zur Stellungnahme zu geben. 5§ 72 Absatz 3c Satz 5 und 6 gilt entsprechend.

(8) 1Vergütungszuschläge sind abweichend von Absatz 2 Satz 2 und Absatz 4 Satz 1 sowie unter entsprechender Anwendung des Absatzes 2 Satz 1 und 5, des Absatzes 7 und des § 87a zusätzliche Entgelte zur Pflegevergütung für die Leistungen nach § 43b. 2Der Vergütungszuschlag ist von der Pflegekasse zu tragen und von dem privaten Versicherungsunternehmen im Rahmen des vereinbarten Versicherungsschutzes zu erstatten; § 28 Absatz 2 ist entsprechend anzuwenden. 3Mit den Vergütungszuschlägen sind alle zusätzlichen Leistungen der Betreuung und Aktivierung in stationären Pflegeeinrichtungen abgegolten. 4Pflegebedürftige dürfen mit den Vergütungszuschlägen weder ganz noch teilweise belastet werden.

§ 85 Pflegesatzverfahren

(1) Art, Höhe und Laufzeit der Pflegesätze werden zwischen dem Träger des Pflegeheimes und den Leistungsträgern nach Absatz 2 vereinbart.

(2) 1Parteien der Pflegesatzvereinbarung (Vertragsparteien) sind der Träger des einzelnen zugelassenen Pflegeheimes sowie

1. die Pflegekassen oder sonstige Sozialversicherungsträger,
2. die für die Bewohner des Pflegeheimes zuständigen Träger der Sozialhilfe sowie
3. die Arbeitsgemeinschaften der unter Nummer 1 und 2 genannten Träger,

soweit auf den jeweiligen Kostenträger oder die Arbeitsgemeinschaft im Jahr vor Beginn der Pflegesatzverhandlungen jeweils mehr als fünf vom Hundert der Berechnungstage des Pflegeheimes entfallen. 2Die Pflegesatzvereinbarung ist für jedes zugelassene Pflegeheim gesondert abzuschließen; § 86 Abs. 2 bleibt unberührt. 3Die Vereinigungen der Pflegeheime im Land, die Landesverbände der Pflegekassen sowie der Verband der privaten Krankenversicherung e. V. im Land können sich am Pflegesatzverfahren beteiligen.

(3) 1Die Pflegesatzvereinbarung ist im voraus, vor Beginn der jeweiligen Wirtschaftsperiode des Pflegeheimes, für einen zukünftigen Zeitraum (Pflegesatzzeitraum) zu treffen. 2Das Pflegeheim hat Art, Inhalt, Umfang und Kosten der Leistungen, für die es eine Vergütung beansprucht, durch Pflegedokumentationen und andere geeignete Nachweise rechtzeitig vor Beginn der Pflegesatzverhandlungen darzulegen; es hat außerdem die schriftliche Stellungnahme der nach heimrechtlichen Vorschriften vorgesehenen Interessenvertretung der Bewohnerinnen und Bewohner beizufügen. 3Soweit dies zur Beurteilung seiner Wirtschaftlichkeit und Leistungsfähigkeit im Einzelfall erforderlich ist, hat das Pflegeheim auf Verlangen einer Vertragspartei zusätzliche Unterlagen vorzulegen und Auskünfte zu erteilen. 4Hierzu gehören auch pflegesatzerhebliche Angaben zum Jahresabschluß entsprechend den Grundsätzen ordnungsgemäßer Pflegebuchführung, zur personellen und sachlichen Ausstattung des Pflegeheims einschließlich der Kosten sowie zur tatsächlichen Stellenbesetzung und Eingruppierung. 5Dabei sind insbesondere die in der Pflegesatzverhandlung geltend gemachten, voraussichtlichen Personalkosten einschließlich entsprechender Erhöhungen im Vergleich zum bisherigen Pflegesatzzeitraum vorzuweisen. 6Personenbezogene Daten sind zu anonymisieren.

(4) 1Die Pflegesatzvereinbarung kommt durch Einigung zwischen dem Träger des Pflegeheimes und der Mehrheit der Kostenträger nach Absatz 2 Satz 1 zustande, die an der Pflegesatzverhandlung teilgenommen haben. 2Sie ist schriftlich abzuschließen. 3Soweit Vertragsparteien sich bei den Pflegesatzverhandlungen durch Dritte vertreten lassen, haben diese vor Verhandlungsbeginn den übrigen Vertragsparteien eine schriftliche Verhandlungs- und Abschlußvollmacht vorzulegen.

(5) 1Kommt eine Pflegesatzvereinbarung innerhalb von sechs Wochen nicht zustande, nachdem eine Vertragspartei schriftlich zu Pflegesatzverhandlungen aufgefordert hat, setzt die Schiedsstelle nach § 76 auf Antrag einer Vertragspartei die Pflegesätze unverzüglich, in der Regel binnen drei Monaten, fest; der Antrag kann auch gemeinsam von den Vertragsparteien vor Ablauf der sechs Wochen gestellt werden. 2Satz 1 gilt auch, soweit der nach Absatz 2 Satz 1 Nr. 2 zuständige Träger der Sozialhilfe der Pflegesatzvereinbarung innerhalb von zwei Wochen nach Vertragsschluß widerspricht; der Träger der Sozialhilfe kann im voraus verlangen, daß an Stelle der gesamten Schiedsstelle nur der Vorsitzende und die beiden weiteren unparteiischen Mitglieder oder nur der Vorsitzende allein entscheiden. 3Gegen die Festsetzung ist der Rechtsweg zu den Sozialgerichten gegeben. 4Ein Vorverfahren findet nicht statt; die Klage hat keine aufschiebende Wirkung.

(6) 1Pflegesatzvereinbarungen sowie Schiedsstellenentscheidungen nach Absatz 5 Satz 1 oder 2 treten zu dem darin unter angemessener Berücksichtigung der Interessen der Pflegeheimbewohner bestimmten Zeitpunkt in Kraft; sie sind für das Pflegeheim sowie für die in dem Heim versorgten Pflegebedürftigen und deren Kostenträger unmittelbar verbindlich. 2Ein rückwirkendes Inkrafttreten von Pflegesätzen ist nicht zulässig. 3Nach Ablauf des Pflegesatzzeitraums gelten die vereinbarten oder festgesetzten Pflegesätze bis zum Inkrafttreten neuer Pflegesätze weiter.

(7) 1Bei unvorhersehbaren wesentlichen Veränderungen der Annahmen, die der Vereinbarung oder Festsetzung der Pflegesätze zugrunde lagen, sind die Pflegesätze auf Verlangen einer Vertragspartei für den laufenden Pflegesatzzeitraum neu zu verhandeln. 2Unvorhersehbare wesentliche Veränderungen der Annahmen im Sinne des Satzes 1 liegen insbesondere bei einer erheblichen Abweichung der tatsächlichen Bewohnerstruktur sowie bei einer erheblichen Änderung der Energieaufwendungen vor. 3Die Absätze 3 bis 6 gelten entsprechend. 4Abweichend von Satz 3 in Verbindung mit Absatz 5 Satz 1 kann eine Festsetzung der Pflegesätze durch die Schiedsstelle bereits nach einem Monat beantragt werden, die binnen eines Monats erfolgen soll.

(8) 1Die Vereinbarung des Vergütungszuschlags nach § 84 Absatz 8 erfolgt auf der Grundlage, dass

1. die stationäre Pflegeeinrichtung für die zusätzliche Betreuung und Aktivierung der Pflegebedürftigen über zusätzliches Betreuungspersonal, in vollstationären Pflegeeinrichtungen in sozial-

versicherungspflichtiger Beschäftigung verfügt und die Aufwendungen für dieses Personal weder bei der Bemessung der Pflegesätze noch bei den Zusatzleistungen nach § 88 berücksichtigt werden,

2. in der Regel für jeden Pflegebedürftigen 5 Prozent der Personalaufwendungen für eine zusätzliche Vollzeitkraft finanziert wird und

3. die Vertragsparteien Einvernehmen erzielt haben, dass der vereinbarte Vergütungszuschlag nicht berechnet werden darf, soweit die zusätzliche Betreuung und Aktivierung für Pflegebedürftige nicht erbracht wird.

$_{2}$Pflegebedürftige und ihre Angehörigen sind von der stationären Pflegeeinrichtung im Rahmen der Verhandlung und des Abschlusses des stationären Pflegevertrages nachprüfbar und deutlich darauf hinzuweisen, dass ein zusätzliches Betreuungsangebot besteht. $_{3}$Im Übrigen gelten die Absätze 1 bis 7 entsprechend.

§ 86 Pflegesatzkommission

(1) $_{1}$Die Landesverbände der Pflegekassen, der Verband der privaten Krankenversicherung e. V., die überörtlichen oder ein nach Landesrecht bestimmter Träger der Sozialhilfe und die Vereinigungen der Pflegeheimträger im Land bilden regional oder landesweit tätige Pflegesatzkommissionen, die anstelle der Vertragsparteien nach § 85 Abs. 2 die Pflegesätze mit Zustimmung der betroffenen Pflegeheimträger vereinbaren können. $_{2}$§ 85 Abs. 3 bis 7 gilt entsprechend.

(2) $_{1}$Für Pflegeheime, die in derselben kreisfreien Gemeinde oder in demselben Landkreis liegen, kann die Pflegesatzkommission mit Zustimmung der betroffenen Pflegeheimträger für die gleichen Leistungen einheitliche Pflegesätze vereinbaren. $_{2}$Die beteiligten Pflegeheime sind befugt, ihre Leistungen unterhalb der nach Satz 1 vereinbarten Pflegesätze anzubieten.

(3) $_{1}$Die Pflegesatzkommission oder die Vertragsparteien nach § 85 Abs. 2 können auch Rahmenvereinbarungen abschließen, die insbesondere ihre Rechte und Pflichten, die Vorbereitung, den Beginn und das Verfahren der Pflegesatzverhandlungen sowie Art, Umfang und Zeitpunkt der vom Pflegeheim vorzulegenden Leistungsnachweise und sonstigen Verhandlungsunterlagen näher bestimmen. $_{2}$Satz 1 gilt nicht, soweit für das Pflegeheim verbindliche Regelungen nach § 75 getroffen worden sind.

§ 86a Verfahrensleitlinien für die Vergütungsverhandlungen und -vereinbarungen

(1) $_{1}$Aufforderungen zu Pflegesatzverhandlungen sollen rechtzeitig vor Beginn des angestrebten Pflegesatzzeitraumes bei den Kostenträgern nach § 85 Absatz 2 Satz 1 eingereicht werden. $_{2}$Diese bestimmen umgehend eine verbindliche Ansprechperson und teilen diese unverzüglich dem Träger der Pflegeeinrichtung mit. $_{3}$Nachweisforderungen gemäß § 85 Absatz 3 zur Darlegung der prospektiven Aufwendungen sind zeitnah nach Antragseingang zu stellen und zu bedienen. $_{4}$Die Ansprechperson nach Satz 2 kann befugt werden, die schriftliche Vertragserklärung mit Wirkung für und gegen die beteiligten Kostenträger unverzüglich nach der Einigung abzugeben.

(2) $_{1}$Die der Pflegesatzvereinbarung nach § 85 zugrunde gelegten maßgeblichen Annahmen und Werte sind derart zu hinterlegen oder auszuweisen, dass diese bei künftigen Anpassungen, auch in vereinfachten Anpassungsverfahren, für die Parteien leicht zugänglich sind. $_{2}$Die Pflegesatzkommissionen oder vergleichbare Gremien im Land sowie die Vertragsparteien nach § 85 Absatz 2 können entsprechende Empfehlungen für vereinfachte Anpassungsverfahren für die Pflegevergütung beschließen.

(3) $_{1}$Zur Unterstützung effizienter und bürokratiearmer Verfahren mit dem Ziel des Abschlusses weitsichtiger Pflegesatz- und Vergütungsvereinbarungen sind auf Bundesebene Empfehlungen nach dem Verfahren gemäß § 75 Absatz 6 bis zum 1. Oktober 2026 abzugeben. $_{2}$Die Empfehlungen betreffen insbesondere

1. die Anforderungen an geeignete Nachweise nach § 85 Absatz 3 zur Darlegung der voraussichtlichen Personal- und Sachaufwendungen einschließlich entsprechender Formulare zur Aufbereitung der Daten,

2. geeignete Formen zur Hinterlegung oder zum Ausweis der der Pflegesatz- oder Vergütungsvereinbarung zugrunde gelegten Personal- und Sachaufwendungen und Ausgangswerte, die bei Anschlussvereinbarungen einer Anpassung leicht zugänglich sind,

3. Methoden für vereinfachte Anpassungsverfahren bezogen auf Einzel- und Gruppenverfahren einschließlich geeigneter Parameter und Orientierungswerte bei der Vereinbarung von Pauschalen,

4. die Berücksichtigung nicht anderweitig gedeckter Aufwendungen sowie von Aufwandsentschädigungen für ehrenamtliche Unterstützung nach § 82b und

5. Handreichungen zum Umgang mit aktuellen Herausforderungen bei den Vereinbarungsverfahren.

$_{3}$In den Empfehlungen ist zu berücksichtigen, dass vereinbarte Pauschalen in Einzel- und Gruppenverfahren für jede Pflegeeinrichtung in einem ange-

5

messenen Verhältnis zur tatsächlichen Höhe von Personal- und Sachaufwendungen sowie von weiteren relevanten Positionen stehen müssen. 4Die Vertragspartner nach § 75 Absatz 1 in den Ländern können von Satz 2 abweichende Vorgaben in ihren Rahmenverträgen vereinbaren; im Übrigen sind die Empfehlungen nach Satz 2 für die Parteien der Pflegesatz- und Vergütungsvereinbarungen unmittelbar verbindlich.

(4) 1Kommen die Empfehlungen nach Absatz 3 innerhalb der in Absatz 3 Satz 1 genannten Frist ganz oder teilweise nicht zustande, bestellen die in § 75 Absatz 6 genannten Parteien gemeinsam eine unabhängige Schiedsperson. 2Kommt eine Einigung auf eine Schiedsperson bis zum Ablauf von 28 Kalendertagen ab der Feststellung der Nichteinigung nicht zustande, erfolgt eine Bestellung der Schiedsperson durch das Bundesministerium für Gesundheit im Einvernehmen mit dem Bundesministerium für Arbeit und Soziales. 3Die Schiedsperson setzt den betreffenden Empfehlungsinhalt einschließlich der Kostentragung des Verfahrens innerhalb von drei Monaten nach ihrer Bestellung fest.

(5) 1Die Empfehlungen nach Absatz 3 können, bevor sie insgesamt geeint sind, auch in Teilen abgegeben werden; hinsichtlich der Anwendung gilt bis zur Gesamteinigung Absatz 3 Satz 4 entsprechend. 2Die Empfehlungen sind von den Beteiligten anlassbezogen und in regelmäßigen Abständen auf Aktualisierungs- und Ergänzungsbedarf zu überprüfen.

§ 87 Unterkunft und Verpflegung

1Die als Pflegesatzparteien betroffenen Leistungsträger (§ 85 Abs. 2) vereinbaren mit dem Träger des Pflegeheimes die von den Pflegebedürftigen zu tragenden Entgelte für die Unterkunft und für die Verpflegung jeweils getrennt. 2Die Entgelte müssen in einem angemessenen Verhältnis zu den Leistungen stehen. 3§ 84 Abs. 3 und 4 und die §§ 85 und 86 gelten entsprechend; § 88 bleibt unberührt.

§ 87a Berechnung und Zahlung des Heimentgelts

(1) 1Die Pflegesätze, die Entgelte für Unterkunft und Verpflegung sowie die gesondert berechenbaren Investitionskosten (Gesamtheimentgelt) werden für den Tag der Aufnahme des Pflegebedürftigen in das Pflegeheim sowie für jeden weiteren Tag des Heimaufenthalts berechnet (Berechnungstag). 2Die Zahlungspflicht der Heimbewohner oder ihrer Kostenträger endet mit dem Tag, an dem der Heimbewohner aus dem Heim entlassen wird oder verstirbt. 3Zieht ein Pflegebedürftiger in ein anderes Heim um, darf nur das aufnehmende Pflegeheim ein Gesamtheimentgelt für den Verlegungstag berechnen. 4Von den Sätzen 1 bis 3 abweichende Vereinbarungen zwischen dem Pflegeheim und dem Heimbewohner oder dessen Kostenträger sind nichtig. 5Der Pflegeplatz ist im Fall vorübergehender Abwesenheit vom Pflegeheim für einen Abwesenheitszeitraum von bis zu 42 Tagen im Kalenderjahr für den Pflegebedürftigen freizuhalten. 6Abweichend hiervon verlängert sich der Abwesenheitszeitraum bei Krankenhausaufenthalten und bei Aufenthalten in Rehabilitationseinrichtungen für die Dauer dieser Aufenthalte. 7In den Rahmenverträgen nach § 75 sind für die nach den Sätzen 5 und 6 bestimmten Abwesenheitszeiträume, soweit drei Kalendertage überschritten werden, Abschläge von mindestens 25 vom Hundert der Pflegevergütung, der Entgelte für Unterkunft und Verpflegung und der Zuschläge nach § 92b vorzusehen.

(2) 1Bestehen Anhaltspunkte dafür, dass der pflegebedürftige Heimbewohner auf Grund der Entwicklung seines Zustands einem höheren Pflegegrad zuzuordnen ist, so ist er auf schriftliche Aufforderung des Heimträgers verpflichtet, bei seiner Pflegekasse die Zuordnung zu einem höheren Pflegegrad zu beantragen. 2Die Aufforderung ist zu begründen und auch der Pflegekasse sowie bei Sozialhilfeempfängern dem zuständigen Träger der Sozialhilfe zuzuleiten. 3Weigert sich der Heimbewohner, den Antrag zu stellen, kann der Heimträger ihm oder seinem Kostenträger ab dem ersten Tag des zweiten Monats nach der Aufforderung vorläufig den Pflegesatz nach dem nächsthöheren Pflegegrad berechnen. 4Werden die Voraussetzungen für einen höheren Pflegegrad vom Medizinischen Dienst nicht bestätigt und lehnt die Pflegekasse eine Höherstufung deswegen ab, hat das Pflegeheim dem Pflegebedürftigen den überzahlten Betrag unverzüglich zurückzuzahlen; der Rückzahlungsbetrag ist rückwirkend ab dem in Satz 3 genannten Zeitpunkt mit wenigstens 5 vom Hundert zu verzinsen.

(3) 1Die dem pflegebedürftigen Heimbewohner nach den §§ 41 bis 43 zustehenden Leistungsbeträge einschließlich des Leistungszuschlags nach § 43c sind von seiner Pflegekasse mit befreiender Wirkung unmittelbar an das Pflegeheim zu zahlen. 2Maßgebend für die Höhe des zu zahlenden Leistungsbetrags ist der Leistungsbescheid der Pflegekasse, unabhängig davon, ob der Bescheid bestandskräftig ist oder nicht. 3Die von den Pflegekassen zu zahlenden Leistungsbeträge werden bei vollstationärer Pflege (§ 43) zum 15. eines jeden Monats fällig.

(4) 1Pflegeeinrichtungen, die Leistungen im Sinne des § 43 erbringen, erhalten von der Pflegekasse zusätzlich den Betrag von 3085 Euro, wenn der Pflegebedürftige nach der Durchführung aktivie-

render oder rehabilitativer Maßnahmen in einen niedrigeren Pflegegrad zurückgestuft wurde oder festgestellt wurde, dass er nicht mehr pflegebedürftig im Sinne der §§ 14 und 15 ist. 2Der Betrag wird entsprechend § 30 angepasst. 3Der von der Pflegekasse gezahlte Betrag ist von der Pflegeeinrichtung zurückzuzahlen, wenn der Pflegebedürftige innerhalb von sechs Monaten in einen höheren Pflegegrad oder wieder als pflegebedürftig im Sinne der §§ 14 und 15 eingestuft wird.

§ 88 Zusatzleistungen

(1) 1Neben den Pflegesätzen nach § 85 und den Entgelten nach § 87 darf das Pflegeheim mit den Pflegebedürftigen über die im Versorgungsvertrag vereinbarten notwendigen Leistungen hinaus (§ 72 Abs. 1 Satz 2) gesondert ausgewiesene Zuschläge für

1. besondere Komfortleistungen bei Unterkunft und Verpflegung sowie
2. zusätzliche pflegerisch-betreuende Leistungen

vereinbaren (Zusatzleistungen). 2Der Inhalt der notwendigen Leistungen und deren Abgrenzung von den Zusatzleistungen werden in den Rahmenverträgen nach § 75 festgelegt.

(2) Die Gewährung und Berechnung von Zusatzleistungen ist nur zulässig, wenn:

1. dadurch die notwendigen stationären oder teilstationären Leistungen des Pflegeheimes (§ 84 Abs. 4 und § 87) nicht beeinträchtigt werden,
2. die angebotenen Zusatzleistungen nach Art, Umfang, Dauer und Zeitabfolge sowie die Höhe der Zuschläge und die Zahlungsbedingungen vorher schriftlich zwischen dem Pflegeheim und dem Pflegebedürftigen vereinbart worden sind,
3. das Leistungsangebot und die Leistungsbedingungen den Landesverbänden der Pflegekassen und den überörtlichen Trägern der Sozialhilfe im Land vor Leistungsbeginn schriftlich mitgeteilt worden sind.

§ 88a Wirtschaftlich tragfähige Vergütung für Kurzzeitpflege

(1) 1Zur Sicherstellung einer wirtschaftlich tragfähigen Vergütung in der Kurzzeitpflege sind Empfehlungen nach dem Verfahren gemäß § 75 Absatz 6 zur Kurzzeitpflege bis zum 20. April 2022 abzugeben. 2Die Empfehlungen berücksichtigen insbesondere die verschiedenen Arten und Formen sowie die inhaltlichen und strukturellen Besonderheiten der Kurzzeitpflege. 3Auf Grundlage dieser Empfehlungen haben die Vertragspartner nach § 75 Absatz 1 in den Ländern ihre Rahmenverträge für die Kurzzeitpflege zu überprüfen und bei Bedarf an die Empfehlungen anzupassen. 4Bis zur Entscheidung über eine Anpassung der Rahmenverträge nach Satz 3 sind die Empfehlungen nach Satz 1 für die Pflegekassen und die zugelassenen Pflegeeinrichtungen unmittelbar verbindlich.

(2) 1Kommen die Empfehlungen nach Absatz 1 innerhalb der in Absatz 1 Satz 1 genannten Frist ganz oder teilweise nicht zustande, bestellen die in § 75 Absatz 6 genannten Parteien gemeinsam eine unabhängige Schiedsperson. 2Kommt eine Einigung auf eine Schiedsperson bis zum Ablauf von 28 Kalendertagen ab der Feststellung der Nichteinigung auf die Empfehlungen nicht zustande, erfolgt eine Bestellung der Schiedsperson durch das Bundesministerium für Gesundheit im Einvernehmen mit dem Bundesministerium für Arbeit und Soziales. 3Die Schiedsperson setzt den betreffenden Empfehlungsinhalt einschließlich der Kostentragung des Verfahrens innerhalb von zwei Monaten nach Bestellung fest.

Dritter Abschnitt
Vergütung der ambulanten Pflegeleistungen

§ 89 Grundsätze für die Vergütungsregelung

(1) 1Die Vergütung der ambulanten Leistungen der häuslichen Pflegehilfe und der ergänzenden Unterstützungsleistungen bei der Nutzung von digitalen Pflegeanwendungen wird, soweit nicht die Gebührenordnung nach § 90 Anwendung findet, zwischen dem Träger des Pflegedienstes und den Leistungsträgern nach Absatz 2 für alle Pflegebedürftigen nach einheitlichen Grundsätzen vereinbart. 2Sie muß leistungsgerecht sein. 3Die Vergütung muss einem Pflegedienst bei wirtschaftlicher Betriebsführung ermöglichen, seine Aufwendungen zu finanzieren und seinen Versorgungsauftrag zu erfüllen unter Berücksichtigung einer angemessenen Vergütung ihres Unternehmerrisikos. 4Eine Differenzierung in der Vergütung nach Kostenträgern ist unzulässig.

(2) 1Vertragsparteien der Vergütungsvereinbarung sind die Träger des Pflegedienstes sowie

1. die Pflegekassen oder sonstige Sozialversicherungsträger,
2. die Träger der Sozialhilfe, die für die durch den Pflegedienst versorgten Pflegebedürftigen zuständig sind, sowie
3. die Arbeitsgemeinschaften der unter Nummer 1 und 2 genannten Träger,

soweit auf den jeweiligen Kostenträger oder die Arbeitsgemeinschaft im Jahr vor Beginn der Vergütungsverhandlungen jeweils mehr als 5 vom Hundert der vom Pflegedienst betreuten Pflegebedürftigen entfallen. 2Die Vergütungsvereinbarung ist für jeden Pflegedienst gesondert abzuschließen und gilt für den nach § 72 Abs. 3 Satz 3 vereinbarten Einzugsbereich, soweit nicht ausdrücklich etwas Abweichendes vereinbart wird.

5

(3) 1Die Vergütungen können, je nach Art und Umfang der Pflegeleistung, nach dem dafür erforderlichen Zeitaufwand oder unabhängig vom Zeitaufwand nach dem Leistungsinhalt des jeweiligen Pflegeeinsatzes, nach Komplexleistungen oder in Ausnahmefällen auch nach Einzelleistungen bemessen werden; sonstige Leistungen wie hauswirtschaftliche Versorgung, Behördengänge oder Fahrkosten können auch mit Pauschalen vergütet werden. 2Die Vergütungen haben zu berücksichtigen, dass Leistungen von mehreren Pflegebedürftigen gemeinsam abgerufen und in Anspruch genommen werden können; die sich aus einer gemeinsamen Leistungsinanspruchnahme ergebenden Zeit- und Kostenersparnisse kommen den Pflegebedürftigen zugute. 3Bei der Vereinbarung der Vergütung sind die Grundsätze für die Vergütung von längeren Wegezeiten, insbesondere in ländlichen Räumen, die in den Rahmenempfehlungen nach § 132a Absatz 1 Satz 4 Nummer 5 des Fünften Buches vorzusehen sind, zu berücksichtigen; die in den Rahmenempfehlungen geregelten Verfahren zum Vorweis der voraussichtlichen Personalkosten im Sinne von § 85 Absatz 3 Satz 5 können berücksichtigt werden. 4§ 84 Absatz 4 Satz 2 und Absatz 7, § 85 Absatz 3 bis 7, die §§ 86 und 86a gelten entsprechend.

5

§ 90 Gebührenordnung für ambulante Pflegeleistungen

(1) 1Das Bundesministerium für Gesundheit wird ermächtigt, im Einvernehmen mit dem Bundesministerium für Familie, Senioren, Frauen und Jugend und dem Bundesministerium für Arbeit und Soziales durch Rechtsverordnung mit Zustimmung des Bundesrates eine Gebührenordnung für die Vergütung der ambulanten Leistungen der häuslichen Pflegehilfe zu erlassen, soweit die Versorgung von der Leistungspflicht der Pflegeversicherung umfaßt ist. 2Die Vergütung muß leistungsgerecht sein, den Bemessungsgrundsätzen nach § 89 entsprechen und hinsichtlich ihrer Höhe regionale Unterschiede berücksichtigen. 3§ 82 Abs. 2 gilt entsprechend. 4In der Verordnung ist auch das Nähere zur Abrechnung der Vergütung zwischen den Pflegekassen und den Pflegediensten zu regeln.

(2) 1Die Gebührenordnung gilt nicht für die Vergütung von ambulanten Leistungen der häuslichen Pflegehilfe durch Familienangehörige und sonstige Personen, die mit dem Pflegebedürftigen in häuslicher Gemeinschaft leben. 2Soweit die Gebührenordnung Anwendung findet, sind die davon betroffenen Pflegeeinrichtungen und Pflegepersonen nicht berechtigt, über die Berechnung der Gebühren hinaus weitergehende Ansprüche an die Pflegebedürftigen oder deren Kostenträger zu stellen.

Vierter Abschnitt
Kostenerstattung, Pflegeheimvergleich

§ 91 Kostenerstattung

(1) Zugelassene Pflegeeinrichtungen, die auf eine vertragliche Regelung der Pflegevergütung nach den §§ 85 und 89 verzichten oder mit denen eine solche Regelung nicht zustande kommt, können den Preis für ihre ambulanten oder stationären Leistungen unmittelbar mit den Pflegebedürftigen vereinbaren.

(2) 1Den Pflegebedürftigen werden die ihnen von den Einrichtungen nach Absatz 1 berechneten Kosten für die pflegebedingten Aufwendungen erstattet. 2Die Erstattung darf jedoch 80 vom Hundert des Betrages nicht überschreiten, den die Pflegekasse für den einzelnen Pflegebedürftigen nach Art und Schwere seiner Pflegebedürftigkeit nach dem Dritten Abschnitt des Vierten Kapitels zu leisten hat. 3Eine weitergehende Kostenerstattung durch einen Träger der Sozialhilfe ist unzulässig.

(3) Die Absätze 1 und 2 gelten entsprechend für Pflegebedürftige, die nach Maßgabe dieses Buches bei einem privaten Versicherungsunternehmen versichert sind.

(4) Die Pflegebedürftigen und ihre Angehörigen sind von der Pflegekasse und der Pflegeeinrichtung rechtzeitig auf die Rechtsfolgen der Absätze 2 und 3 hinzuweisen.

§ 92 (weggefallen)

§ 92a Pflegeheimvergleich

(1) 1Die Bundesregierung wird ermächtigt, durch Rechtsverordnung mit Zustimmung des Bundesrates einen Pflegeheimvergleich anzuordnen, insbesondere mit dem Ziel,

1. die Landesverbände der Pflegekassen bei der Durchführung von Wirtschaftlichkeits- und Qualitätsprüfungen (§ 79, Elftes Kapitel),
2. die Vertragsparteien nach § 85 Abs. 2 bei der Bemessung der Vergütungen und Entgelte sowie
3. die Pflegekassen bei der Erstellung der Leistungs- und Preisvergleichslisten (§ 7 Abs. 3)

zu unterstützen. 2Die Pflegeheime sind länderbezogen, Einrichtung für Einrichtung, insbesondere hinsichtlich ihrer Leistungs- und Belegungsstrukturen, ihrer Pflegesätze und Entgelte sowie ihrer gesondert berechenbaren Investitionskosten miteinander zu vergleichen.

(2) In der Verordnung nach Absatz 1 sind insbesondere zu regeln:

1. die Organisation und Durchführung des Pflegeheimvergleichs durch eine oder mehrere von dem Spitzenverband Bund der Pflegekassen

oder den Landesverbänden der Pflegekassen gemeinsam beauftragte Stellen,
2. die Finanzierung des Pflegeheimvergleichs aus Verwaltungsmitteln der Pflegekassen,
3. die Erhebung der vergleichsnotwendigen Daten einschließlich ihrer Verarbeitung.

(3) 1Zur Ermittlung der Vergleichsdaten ist vorrangig auf die verfügbaren Daten aus den Versorgungsverträgen, sowie den Pflegesatz- und Entgeltvereinbarungen über

1. die Versorgungsstrukturen einschließlich der personellen und sächlichen Ausstattung,
2. die Leistungen, Pflegesätze und sonstigen Entgelte der Pflegeheime

und auf die Daten aus den Vereinbarungen über Zusatzleistungen zurückzugreifen. 2Soweit dies für die Zwecke des Pflegeheimvergleichs erforderlich ist, haben die Pflegeheime der mit der Durchführung des Pflegeheimvergleichs beauftragten Stelle auf Verlangen zusätzliche Unterlagen vorzulegen und Auskünfte zu erteilen, insbesondere auch über die von ihnen gesondert berechneten Investitionskosten (§ 82 Abs. 3 und 4).

(4) 1Durch die Verordnung nach Absatz 1 ist sicherzustellen, dass die Vergleichsdaten

1. den zuständigen Landesbehörden,
2. den Vereinigungen der Pflegeheimträger im Land,
3. den Landesverbänden der Pflegekassen,
4. dem Medizinischen Dienst,
5. dem Verband der privaten Krankenversicherung e. V. im Land sowie
6. den nach Landesrecht zuständigen Trägern der Sozialhilfe

zugänglich gemacht werden. 2Die Beteiligten nach Satz 1 sind befugt, die Vergleichsdaten ihren Verbänden oder Vereinigungen auf Bundesebene zu übermitteln; die Landesverbände der Pflegekassen sind verpflichtet, die für Prüfzwecke erforderlichen Vergleichsdaten den von ihnen zur Durchführung von Wirtschaftlichkeits- und Qualitätsprüfungen bestellten Sachverständigen zugänglich zu machen.

(5) 1Vor Erlass der Rechtsverordnung nach Absatz 1 sind der Spitzenverband Bund der Pflegekassen, der Verband der privaten Krankenversicherung e. V., die Bundesarbeitsgemeinschaft der überörtlichen Träger der Sozialhilfe, die Bundesvereinigung der kommunalen Spitzenverbände und die Vereinigungen der Träger der Pflegeheime auf Bundesebene anzuhören. 2Im Rahmen der Anhörung können diese auch Vorschläge für eine Rechtsverordnung nach Absatz 1 oder für einzelne Regelungen einer solchen Rechtsverordnung vorlegen.

(6) Der Spitzenverband Bund der Pflegekassen oder die Landesverbände der Pflegekassen sind berechtigt, jährlich Verzeichnisse der Pflegeheime mit den im Pflegeheimvergleich ermittelten Leistungs-, Belegungs- und Vergütungsdaten zu veröffentlichen.

(7) Personenbezogene Daten sind vor der Datenübermittlung oder der Erteilung von Auskünften zu anonymisieren.

(8) Die Bundesregierung wird ermächtigt, durch Rechtsverordnung mit Zustimmung des Bundesrates einen länderbezogenen Vergleich über die zugelassenen Pflegedienste (Pflegedienstvergleich) in entsprechender Anwendung der vorstehenden Absätze anzuordnen.

Fünfter Abschnitt
Integrierte Versorgung und Verträge zur pflegerischen Versorgung in gemeinschaftlichen Wohnformen

§ 92b Integrierte Versorgung

(1) Die Pflegekassen können mit zugelassenen Pflegeeinrichtungen und den weiteren Vertragspartnern nach § 140a Absatz 3 Satz 1 des Fünften Buches Verträge zur integrierten Versorgung schließen oder derartigen Verträgen mit Zustimmung der Vertragspartner beitreten.

(2) 1In den Verträgen nach Absatz 1 ist das Nähere über Art, Inhalt und Umfang der zu erbringenden Leistungen der integrierten Versorgung sowie deren Vergütung zu regeln. 2Diese Verträge können von den Vorschriften der §§ 75, 85 und 89 abweichende Regelungen treffen, wenn sie dem Sinn und der Eigenart der integrierten Versorgung entsprechen, die Qualität, die Wirksamkeit und die Wirtschaftlichkeit der Versorgung durch die Pflegeeinrichtungen verbessern oder aus sonstigen Gründen zur Durchführung der integrierten Versorgung erforderlich sind. 3In den Pflegevergütungen dürfen keine Aufwendungen berücksichtigt werden, die nicht der Finanzierungszuständigkeit der sozialen Pflegeversicherung unterliegen. 4Soweit Pflegeeinrichtungen durch die integrierte Versorgung Mehraufwendungen für Pflegeleistungen entstehen, vereinbaren die Beteiligten leistungsgerechte Zuschläge zu den Pflegevergütungen (§§ 85 und 89). 5§ 140a Absatz 2 Satz 1 bis 3 des Fünften Buches gilt für Leistungsansprüche der Pflegeversicherten gegenüber ihrer Pflegekasse entsprechend.

(3) § 140a Absatz 4 des Fünften Buches gilt für die Teilnahme der Pflegeversicherten an den integrierten Versorgungsformen entsprechend.

§ 92c Verträge zur pflegerischen Versorgung in gemeinschaftlichen Wohnformen

(1) 1Ambulante Pflegeeinrichtungen können Verträge zur pflegerischen Versorgung in gemein-

5

schaftlichen Wohnformen mit den Vertragsparteien nach § 89 Absatz 2 Satz 1 Nummer 1 bis 3 und mit den Landesverbänden der Krankenkassen und den Ersatzkassen gemeinsam und einheitlich schließen. $_{2}$Die Verträge regeln auf der Grundlage der Empfehlungen nach Absatz 5 und unter entsprechender Anwendung von § 89

1. ein Basispaket mit körperbezogenen Pflegemaßnahmen, pflegerischen Betreuungsmaßnahmen und Hilfen bei der Haushaltsführung gemäß § 36, deren Organisation eigens von der ambulanten Pflegeeinrichtung zur gemeinsamen und individuellen Leistungsinanspruchnahme der Pflegebedürftigen übernommen und deren Erbringung insgesamt sichergestellt wird,
2. eine über das Basispaket in Nummer 1 nach Art und Inhalt hinausgehende Versorgung der Pflegebedürftigen mit körperbezogenen Pflegemaßnahmen, pflegerischen Betreuungsmaßnahmen und Hilfen bei der Haushaltsführung gemäß § 36, die über die ambulante Pflegeeinrichtung gewährleistet wird; diese Leistungen können auf Wunsch des Pflegebedürftigen auch Angehörige, Pflegepersonen und ehrenamtlich Tätige oder Dritte erbringen,
3. eine Versorgung mit Leistungen der häuslichen Krankenpflege gemäß § 37 des Fünften Buches als Teil des in Nummer 1 genannten Basispakets sowie eine nach Art und Inhalt über das Basispaket hinausgehende Versorgung mit diesen Leistungen,
4. die wesentlichen Leistungs- und Qualitätsmerkmale der ambulanten Pflegeeinrichtung zur Erbringung der Leistungen nach den Nummern 1 bis 3,
5. Maßnahmen zur Qualitätssicherung einschließlich eines Qualitätsmanagements sowie die Verpflichtung zur Mitwirkung an Maßnahmen nach den §§ 114 und 114a und
6. die Vergütung und Abrechnung der Leistungen nach den Nummern 1 bis 3 unter Einbezug der bestehenden Leistungs- und Vergütungsvereinbarungen; hinsichtlich der in den Nummern 1 und 3 genannten Basispakete ist § 87a Absatz 1 entsprechend anzuwenden.

$_{3}$Bei der Vereinbarung einer Versorgung mit Leistungen der häuslichen Krankenpflege nach Satz 2 Nummer 3, die über das Basispaket hinausgehen, sind die Rahmenempfehlungen nach § 132a Absatz 1 des Fünften Buches zugrunde zu legen; § 132a Absatz 4 Satz 1 bis 10 und 16 bis 18 des Fünften Buches gilt entsprechend.

(2) $_{1}$Voraussetzung für den Vertragsabschluss nach Absatz 1 ist, dass

1. mehr als zwei pflegebedürftige Personen zur gemeinschaftlich organisierten pflegerischen Versorgung zusammenleben und die räumliche Gestaltung einer selbstbestimmten Versorgung entspricht und
2. eine qualitätsgesicherte pflegerische Versorgung für die Pflegebedürftigen auf Grundlage eines entsprechenden Versorgungskonzeptes sowie ein aufgaben- und kompetenzorientierter Personaleinsatz sichergestellt ist.

$_{2}$Mit Vertragsabschluss obliegt der ambulanten Pflegeeinrichtung nach Absatz 1 Satz 1 die Verantwortung für die Qualität der Leistungen nach Absatz 1 Satz 2 in der gemeinschaftlichen Wohnform, die von ihr selbst oder im Rahmen einer Kooperation von einem Pflegedienst im Sinne des § 71 Absatz 1 oder von einem Betreuungsdienst im Sinne des § 71 Absatz 1a erbracht werden. $_{3}$Betreuungsdienste im Sinne des § 71 Absatz 1a können keine Verträge nach Absatz 1 Satz 1 schließen. $_{4}$Träger von stationären Pflegeeinrichtungen, die gleichzeitig Träger einer selbständig wirtschaftenden ambulanten Pflegeeinrichtung sind, können einen Vertrag nach Absatz 1 für diese ambulante Pflegeeinrichtung schließen. $_{5}$Hierfür ist der Weg über einen Gesamtversorgungsvertrag nach § 72 Absatz 2 Satz 1 eröffnet.

(3) $_{1}$Im Fall der Nichteinigung wird der Vertragsinhalt auf Antrag einer Vertragspartei durch die Schiedsstelle nach § 76 festgelegt. $_{2}$Der Schiedsstelle gehören in diesem Fall auch Vertreter der Landesverbände der Krankenkassen und der Ersatzkassen an, die auf die Zahl der Vertreter der Pflegekassen angerechnet werden.

(4) $_{1}$Träger von ambulanten Pflegeeinrichtungen sind nicht zum Abschluss eines Vertrages nach Absatz 1 verpflichtet. $_{2}$Bis zum 1. Januar 2026 geschlossene Verträge auf Basis der Modelle zur Weiterentwicklung neuer Wohnformen nach diesem Buch können auf Verlangen des Einrichtungsträgers bis zum Vorliegen der Empfehlungen nach Absatz 5 sowie der Ergebnisse der Modellerprobung gemäß § 125d verlängert werden und sind nach deren Vorliegen innerhalb von zwölf Monaten anzupassen.

(5) $_{1}$Der Spitzenverband Bund der Pflegekassen, der Spitzenverband Bund der Krankenkassen und die Vereinigungen der Träger der Pflegeeinrichtungen auf Bundesebene beschließen unter Beteiligung des Medizinischen Dienstes Bund und des Verbandes der privaten Krankenversicherung e. V. gemeinsam mit der Bundesvereinigung der kommunalen Spitzenverbände und der Bundesarbeitsgemeinschaft der überörtlichen Träger der Sozialhilfe und der Eingliederungshilfe spätestens bis zum 1. Januar 2027 Empfehlungen zu den Vertragsinhalten und Vertragsvoraussetzungen nach den Absätzen 1 und 2. $_{2}$Die Erfahrungen und Erkenntnisse aus der wissen-

schaftlichen Evaluation der bereits durchgeführten Modelle zur Weiterentwicklung neuer Wohnformen nach diesem Buch sind insbesondere hinsichtlich der Kriterien Versorgungssicherheit, Selbstbestimmung und soziale Einbindung der Pflegebedürftigen bei den Empfehlungen nach Satz 1 zu Grunde zu legen. 3Die vorliegenden Erkenntnisse aus den Modellen nach § 8 Absatz 3a und 3b sowie die Vorgaben des Elften Kapitels zur Qualitätssicherung gemeinschaftlicher Wohnformen im Sinne des Absatzes 1 sind zu beachten. 4Die Empfehlungen beinhalten auch Aussagen

1. über die erforderliche Anwesenheit und Erreichbarkeit von Personal in den gemeinschaftlichen Wohnformen und
2. darüber, welche Leistungen der häuslichen Krankenpflege gemäß § 37 des Fünften Buches von dem in Absatz 1 Satz 2 Nummer 1 genannten Basispaket umfasst sein können.

5Die die Empfehlungen beschließenden Parteien arbeiten mit den maßgeblichen Organisationen der Pflegeberufe auf Bundesebene eng zusammen; die auf Bundesebene maßgeblichen Organisationen für die Wahrnehmung der Interessen und der Selbsthilfe pflegebedürftiger und behinderter Menschen wirken nach Maßgabe von § 118 mit. 6Werden die Empfehlungen innerhalb der genannten Frist ganz oder teilweise nicht beschlossen, bestellen die Parteien gemeinsam eine unabhängige Schiedsperson. 7Kommt eine Einigung auf eine Schiedsperson bis zum Ablauf von 28 Kalendertagen ab der Feststellung der Nichteinigung auf die Empfehlungen nicht zustande, erfolgt eine Bestellung der Schiedsperson durch das Bundesministerium für Gesundheit im Einvernehmen mit dem Bundesministerium für Arbeit und Soziales. 8Die Schiedsperson setzt den betreffenden Empfehlungsinhalt einschließlich der Kostentragung des Verfahrens innerhalb von zwei Monaten nach ihrer Bestellung fest.

(6) 1Der Spitzenverband Bund der Pflegekassen legt dem Bundesministerium für Gesundheit und dem Bundesministerium für Arbeit und Soziales zum 1. Januar 2030 einen unter wissenschaftlicher Begleitung zu erstellenden Bericht über den Stand der abgeschlossenen Verträge zur pflegerischen Versorgung in gemeinschaftlichen Wohnformen nach Absatz 1 vor. 2Der Schwerpunkt des Berichts liegt insbesondere auf der Zahl, dem Standort, der Trägerschaft, der Personalstruktur und -ausstattung, der Vergütung, den Leistungsausgaben und der Eigenbeteiligung der Pflegebedürftigen sowie auf der Qualität der Versorgung im Vergleich zur Versorgung in sonstiger ambulanter und in vollstationärer Pflege. 3Bei der Evaluation ist auch die Einbeziehung Angehöriger, sonstiger Pflegepersonen und ehrenamtlich Tätiger in die Versorgung zu berücksichtigen.

Neuntes Kapitel Datenschutz, Statistik und Interoperabilität

Erster Abschnitt Informationsgrundlagen

Erster Titel Grundsätze der Datenverarbeitung

§ 93 Anzuwendende Vorschriften

Für den Schutz personenbezogener Daten bei der Verarbeitung in der Pflegeversicherung gelten § 35 des Ersten Buches, die §§ 67 bis 84 und § 85a des Zehnten Buches sowie die Vorschriften dieses Buches.

§ 94 Personenbezogene Daten bei den Pflegekassen

(1) Die Pflegekassen dürfen personenbezogene Daten für Zwecke der Pflegeversicherung nur verarbeiten, soweit dies für:

1. die Feststellung des Versicherungsverhältnisses (§§ 20 bis 26) und der Mitgliedschaft (§ 49),
2. die Feststellung der Beitragspflicht und der Beiträge, deren Tragung und Zahlung (§§ 54 bis 61),
3. die Prüfung der Leistungspflicht und die Gewährung von Leistungen an Versicherte (§§ 4, 28 und 28a) sowie die Durchführung von Erstattungs- und Ersatzansprüchen,
4. die Beteiligung des Medizinischen Dienstes (§§ 18 bis 18c und 40),
5. die Abrechnung mit den Leistungserbringern und die Kostenerstattung (§§ 84 bis 91 und 105),
6. die Überwachung der Wirtschaftlichkeit, der Abrechnung und der Qualität der Leistungserbringung (§§ 79, 112, 113, 114, 114a, 115 und 117),

6a. den Abschluss und die Durchführung von Pflegesatzvereinbarungen (§§ 85, 86), Vergütungsvereinbarungen (§ 89), sowie Verträgen zur integrierten Versorgung (§ 92b),

7. die Aufklärung und Auskunft (§ 7),
8. die Koordinierung pflegerischer Hilfen (§ 12), die Pflegeberatung (§ 7a), das Ausstellen von Beratungsgutscheinen (§ 7b) sowie die Wahrnehmung der Aufgaben in den Pflegestützpunkten (§ 7c),
9. die Abrechnung mit anderen Leistungsträgern,
10. statistische Zwecke (§ 109),

10a. die Unterstützung der Versicherten bei der Durchsetzung des Herausgabeanspruchs nach § 109a Absatz 1 Satz 2 in Verbindung mit Absatz 4,
11. die Unterstützung der Versicherten bei der Verfolgung von Schadensersatzansprüchen (§ 115 Abs. 3 Satz 7),
12. Auswertungen nach § 25b des Fünften Buches

erforderlich ist.

(2) 1Die nach Absatz 1 erhobenen und gespeicherten personenbezogenen Daten dürfen für andere Zwecke nur verarbeitet werden, soweit dies durch Rechtsvorschriften des Sozialgesetzbuches angeordnet oder erlaubt ist. 2Auf Ersuchen des Betreuungsgerichts hat die Pflegekasse diesem zu dem in § 282 Abs. 1 des Gesetzes über das Verfahren in Familiensachen und in den Angelegenheiten der freiwilligen Gerichtsbarkeit genannten Zweck das nach den §§ 18 bis 18c zur Feststellung der Pflegebedürftigkeit erstellte Gutachten einschließlich der Befunde des Medizinischen Dienstes zu übermitteln.

(3) Versicherungs- und Leistungsdaten der für Aufgaben der Pflegekasse eingesetzten Beschäftigten einschließlich der Daten ihrer mitversicherten Angehörigen dürfen Personen, die kasseninterne Personalentscheidungen treffen oder daran mitwirken können, weder zugänglich sein noch diesen Personen von Zugriffsberechtigten offenbart werden.

§ 95 Personenbezogene Daten bei den Verbänden der Pflegekassen

(1) Die Verbände der Pflegekassen dürfen personenbezogene Daten für Zwecke der Pflegeversicherung nur verarbeiten, soweit diese für:

1. die Überwachung der Wirtschaftlichkeit, der Abrechnung und der Qualitätssicherung der Leistungserbringung (§§ 79, 112, 113, 114, 114a, 115 und 117),
1a. die Information über die Erbringer von Leistungen der Prävention, Teilhabe sowie von Leistungen und Hilfen zur Pflege (§ 7),
2. den Abschluss und die Durchführung von Versorgungsverträgen (§§ 72 bis 74), Pflegesatzvereinbarungen (§§ 85, 86), Vergütungsvereinbarungen (§ 89) sowie Verträgen zur integrierten Versorgung (§ 92b),
3. die Wahrnehmung der ihnen nach §§ 52 und 53 zugewiesenen Aufgaben,
4. die Unterstützung der Versicherten bei der Verfolgung von Schadensersatzansprüchen (§ 115 Abs. 3 Satz 7)

erforderlich sind.

(2) § 94 Abs. 2 und 3 gilt entsprechend.

§ 96 Gemeinsame Verarbeitung personenbezogener Daten

(1) 1Die Pflegekassen und die Krankenkassen dürfen erhobene personenbezogene Daten, die zur Erfüllung gesetzlicher Aufgaben jeder Stelle erforderlich sind, gemeinsam verarbeiten. 2Insoweit findet § 76 des Zehnten Buches im Verhältnis zwischen der Pflegekasse und der Krankenkasse, bei der sie errichtet ist (§ 46), keine Anwendung.

(2) § 286 des Fünften Buches gilt für die Pflegekassen entsprechend.

(3) Die Absätze 1 und 2 gelten entsprechend für die Verbände der Pflege- und Krankenkassen.

§ 97 Personenbezogene Daten beim Medizinischen Dienst

(1) 1Der Medizinische Dienst darf personenbezogene Daten für Zwecke der Pflegeversicherung nur verarbeiten, soweit dies für die Prüfungen, Beratungen und gutachtlichen Stellungnahmen nach den §§ 18 bis 18c, 40, 45f, 112, 113, 114, 114a, 115 und 117 erforderlich ist. 2Nach Satz 1 erhobene Daten dürfen für andere Zwecke nur verarbeitet werden, soweit dies durch Rechtsvorschriften des Sozialgesetzbuches angeordnet oder erlaubt ist.

(2) Der Medizinische Dienst darf personenbezogene Daten, die er für die Aufgabenerfüllung nach dem Fünften oder Elften Buch verarbeitet, auch für die Aufgaben des jeweils anderen Buches verarbeiten, wenn ohne die vorhandenen Daten diese Aufgaben nicht ordnungsgemäß erfüllt werden können.

(3) 1Die personenbezogenen Daten sind nach fünf Jahren zu löschen. 2§ 96 Abs. 2, § 98 und § 107 Abs. 1 Satz 2 und 3 und Abs. 2 gelten für den Medizinischen Dienst entsprechend. 3Der Medizinische Dienst hat Sozialdaten zur Identifikation des Versicherten getrennt von den medizinischen Sozialdaten des Versicherten zu speichern. 4Durch technische und organisatorische Maßnahmen ist sicherzustellen, dass die Sozialdaten nur den Personen zugänglich sind, die sie zur Erfüllung ihrer Aufgaben benötigen. 5Der Schlüssel für die Zusammenführung der Daten ist vom Beauftragten für den Datenschutz des Medizinischen Dienstes aufzubewahren und darf anderen Personen nicht zugänglich gemacht werden. 6Jede Zusammenführung ist zu protokollieren.

(4) Für das Akteneinsichtsrecht des Versicherten gilt § 25 des Zehnten Buches entsprechend.

§ 97a Qualitätssicherung durch Sachverständige

(1) 1Von den Landesverbänden der Pflegekassen bestellte sonstige Sachverständige (§ 114 Abs. 1 Satz 1) sind berechtigt, für Zwecke der Qualitätssi-

cherung und -prüfung Daten nach den §§ 112, 113, 114, 114a, 115 und 117 zu verarbeiten; sie dürfen die Daten an die Pflegekassen und deren Verbände sowie an die in den §§ 112, 114, 114a, 115 und 117 genannten Stellen übermitteln, soweit dies zur Erfüllung der gesetzlichen Aufgaben auf dem Gebiet der Qualitätssicherung und Qualitätsprüfung dieser Stellen erforderlich ist. 2Die Daten sind vertraulich zu behandeln.

(2) § 107 gilt entsprechend.

§ 97b Personenbezogene Daten bei den nach heimrechtlichen Vorschriften zuständigen Aufsichtsbehörden und den Trägern der Sozialhilfe

Die nach heimrechtlichen Vorschriften zuständigen Aufsichtsbehörden und die zuständigen Träger der Sozialhilfe sind berechtigt, die für Zwecke der Pflegeversicherung nach den §§ 112, 113, 114, 114a, 115 und 117 erhobenen personenbezogenen Daten zu verarbeiten, soweit dies zur Erfüllung ihrer gesetzlichen Aufgaben erforderlich ist; § 107 findet entsprechende Anwendung.

§ 97c Qualitätssicherung durch den Prüfdienst des Verbandes der privaten Krankenversicherung e. V.

1Bei Wahrnehmung der Aufgaben auf dem Gebiet der Qualitätssicherung und Qualitätsprüfung im Sinne dieses Buches durch den Prüfdienst des Verbandes der privaten Krankenversicherung e. V. gilt der Prüfdienst als Stelle im Sinne des § 35 Absatz 1 Satz 1 des Ersten Buches. 2Die §§ 97 und 97a gelten entsprechend.

§ 97d Begutachtung durch unabhängige Gutachter

(1) 1Von den Pflegekassen gemäß § 18 Absatz 1 Satz 1 beauftragte unabhängige Gutachter sind berechtigt, personenbezogene Daten des Antragstellers zu verarbeiten, soweit dies für die Zwecke der Begutachtung gemäß der §§ 18 bis 18c erforderlich ist. 2Die Daten sind vertraulich zu behandeln. 3Durch technische und organisatorische Maßnahmen ist sicherzustellen, dass die Daten nur den Personen zugänglich sind, die sie zur Erfüllung des dem Gutachter von den Pflegekassen nach § 18 Absatz 1 Satz 1 erteilten Auftrags benötigen.

(2) 1Die unabhängigen Gutachter dürfen das Ergebnis der Prüfung zur Feststellung der Pflegebedürftigkeit sowie die Präventions- und Rehabilitationsempfehlung gemäß den §§ 18 bis 18c an die sie beauftragende Pflegekasse übermitteln, soweit dies zur Erfüllung der gesetzlichen Aufgaben der Pflegekasse erforderlich ist; § 35 des Ersten Buches gilt entsprechend. 2Dabei ist sicherzustellen, dass das Ergebnis der Prüfung zur Feststellung der Pflegebedürftigkeit sowie die Präventions- und Rehabilitationsempfehlung nur den Personen zugänglich gemacht werden, die sie zur Erfüllung ihrer Aufgaben benötigen.

(3) 1Die personenbezogenen Daten sind nach fünf Jahren zu löschen. 2§ 107 Absatz 1 Satz 2 gilt entsprechend.

§ 98 Forschungsvorhaben

(1) Die Pflegekassen dürfen mit der Erlaubnis der Aufsichtsbehörde die Datenbestände leistungserbringer- und fallbeziehbar für zeitlich befristete und im Umfang begrenzte Forschungsvorhaben selbst auswerten und zur Durchführung eines Forschungsvorhabens über die sich aus § 107 ergebenden Fristen hinaus aufbewahren.

(2) Personenbezogene Daten sind zu anonymisieren.

Zweiter Titel
Informationsgrundlagen der Pflegekassen

§ 99 Versichertenverzeichnis

1Die Pflegekasse hat ein Versichertenverzeichnis zu führen. 2Sie hat in das Versichertenverzeichnis alle Angaben einzutragen, die zur Feststellung der Versicherungspflicht oder -berechtigung und des Anspruchs auf Familienversicherung, zur Bemessung und Einziehung der Beiträge sowie zur Feststellung des Leistungsanspruchs erforderlich sind.

§ 100 Nachweispflicht bei Familienversicherung

Die Pflegekasse kann die für den Nachweis einer Familienversicherung (§ 25) erforderlichen Daten vom Angehörigen oder mit dessen Zustimmung vom Mitglied erheben.

§ 101 Pflegeversichertennummer

1Die Pflegekasse verwendet für jeden Versicherten eine Versichertennummer, die mit der Krankenversichertennummer ganz oder teilweise übereinstimmen darf. 2Bei der Vergabe der Nummer für Versicherte nach § 25 ist sicherzustellen, daß der Bezug zu dem Angehörigen, der Mitglied ist, hergestellt werden kann.

§ 102 Angaben über Leistungsvoraussetzungen

1Die Pflegekasse hat Angaben über Leistungen, die zur Prüfung der Voraussetzungen späterer Leistungsgewährung erforderlich sind, zu speichern. 2Hierzu gehören insbesondere Angaben zur Feststellung der Voraussetzungen von Leistungsansprüchen und zur Leistung von Zuschüssen.

5

§ 103 Kennzeichen für Leistungsträger und Leistungserbringer

(1) Die Pflegekassen, die anderen Träger der Sozialversicherung und die Vertragspartner der Pflegekassen einschließlich deren Mitglieder verwenden im Schriftverkehr und für Abrechnungszwecke untereinander bundeseinheitliche Kennzeichen.

(2) § 293 Abs. 2 und 3 des Fünften Buches gilt entsprechend.

§ 103a IT-Sicherheit der Pflegekassen

(1) Pflegekassen sind verpflichtet, nach dem Stand der Technik angemessene organisatorische und technische Vorkehrungen zur Vermeidung von Störungen der Verfügbarkeit, Integrität und Vertraulichkeit ihrer informationstechnischen Systeme, Komponenten oder Prozesse zu treffen, die für die Funktionsfähigkeit der jeweiligen Pflegekasse und die Sicherheit der verarbeiteten Versicherteninformationen maßgeblich sind.

(2) Organisatorische und technische Vorkehrungen nach Absatz 1 sind angemessen, wenn der dafür erforderliche Aufwand nicht außer Verhältnis zu den Folgen eines Ausfalls oder einer Beeinträchtigung der Arbeitsprozesse der Pflegekasse oder der Sicherheit der verarbeiteten Versicherteninformationen steht.

(3) Die Pflegekassen erfüllen die Verpflichtungen nach Absatz 1, insbesondere indem sie einen branchenspezifischen Sicherheitsstandard für die informationstechnische Sicherheit der Pflegekassen in der jeweils gültigen Fassung anwenden, dessen Eignung vom Bundesamt für Sicherheit in der Informationstechnik nach § 30 Absatz 8 des BSI-Gesetzes festgestellt wurde.

(4) $_1$Die Pflegekassen sind verpflichtet, repräsentiert durch ihre Verbände und den Spitzenverband der Pflegekassen, in einem gemeinsam bestehenden oder zu schaffenden Branchenarbeitskreis an der Entwicklung des branchenspezifischen Sicherheitsstandards für die informationstechnische Sicherheit der Pflegekassen im Sinne des Absatzes 3 mitzuwirken. $_2$Die Pflegekassen, repräsentiert durch ihre Verbände und den Spitzenverband der Pflegekassen, haben darauf hinzuwirken, dass der branchenspezifische Sicherheitsstandard auch Vorgaben enthält zu

1. geeigneten Maßnahmen zur Erhöhung der Cybersecurity-Awareness,
2. dem Einsatz von Systemen zur Angriffserkennung, die geeignete Parameter und Merkmale aus dem laufenden Betrieb kontinuierlich und automatisch erfassen und auswerten, wobei diese dazu in der Lage sein sollten, fortwährend Bedrohungen zu identifizieren und zu vermeiden sowie für eingetretene Störungen geeignete Beseitigungsmaßnahmen vorzusehen (Maßnahmen zur Aufrechterhaltung der Betriebskontinuität),
3. an IT-Dienstleister zu stellende Sicherheitsanforderungen gemäß Absatz 6, sofern diese Leistungen für die Pflegekassen zur Wahrnehmung ihrer gesetzlichen Aufgaben erbringen.

(5) Die Verpflichtung nach Absatz 1 gilt für alle Pflegekassen, soweit sie nicht ohnehin als Betreiber kritischer Anlagen gemäß den §§ 30, 31 und 39 des BSI-Gesetzes angemessene organisatorische und technische Vorkehrungen zu treffen haben.

(6) Sofern eine Pflegekasse im Rahmen ihrer Aufgabenerfüllung IT-Dienstleistungen eines Dritten in Anspruch nimmt und eine Störung der Verfügbarkeit, Integrität und Vertraulichkeit der informationstechnischen Systeme, Komponenten oder Prozesse des Dritten zu einer Beeinträchtigung der Funktionsfähigkeit der jeweiligen Pflegekasse oder der Sicherheit der verarbeiteten Versicherteninformationen führen kann, so muss die Pflegekasse durch geeignete vertragliche Vereinbarungen sicherstellen, dass die Einhaltung des branchenspezifischen Sicherheitsstandards im Sinne des Absatzes 3 durch den Dritten gewährleistet wird.

(7) $_1$Der Spitzenverband der Pflegekassen legt bis einschließlich 30. Juni 2024 den branchenspezifischen Sicherheitsstandard im Sinne des Absatzes 3 in der jeweils aktuellen Fassung als Richtlinie zur Vermeidung von Störungen der Verfügbarkeit, Integrität und Vertraulichkeit der informationstechnischen Systeme, Komponenten oder Prozesse der Pflegekassen für diese verbindlich fest. $_2$Die Richtlinie ist jährlich an die jeweils aktuelle Fassung des branchenspezifischen Sicherheitsstandards anzupassen.

(8) $_1$Der Spitzenverband der Pflegekassen berichtet dem Bundesministerium für Gesundheit und den anderen zuständigen Aufsichtsbehörden der Pflegekassen erstmals bis zum 31. Dezember 2024 und danach jährlich über den aktuellen Stand der Umsetzung der Vorgaben der Richtlinie im Sinne des Absatzes 7. $_2$Dabei ist für jede Pflegekasse gesondert darzustellen, ob die Vorgaben der Richtlinie im Sinne des Absatzes 7 umgesetzt und welche Maßnahmen hierzu im Einzelnen ergriffen wurden.

Zweiter Abschnitt
Übermittlung von Leistungsdaten, Nutzung der Telematikinfrastruktur

§ 104 Pflichten der Leistungserbringer

(1) Die Leistungserbringer sind berechtigt und verpflichtet:

1. im Falle der Überprüfung der Notwendigkeit von Pflegehilfsmitteln (§ 40 Abs. 1),
2. im Falle eines Prüfverfahrens, soweit die Wirtschaftlichkeit oder die Qualität der Leistungen im Einzelfall zu beurteilen sind (§§ 79, 112, 113, 114, 114a, 115 und 117),
2a. im Falle des Abschlusses und der Durchführung von Versorgungsverträgen (§§ 72 bis 74), Pflegesatzvereinbarungen (§§ 85, 86), Vergütungsvereinbarungen (§ 89), sowie Verträgen zur integrierten Versorgung (§ 92b),
3. im Falle der Abrechnung pflegerischer Leistungen (§ 105)

die für die Erfüllung der Aufgaben der Pflegekassen und ihrer Verbände erforderlichen Angaben zu speichern und den Pflegekassen sowie den Verbänden oder den mit der Datenverarbeitung beauftragten Stellen zu übermitteln.

(2) Soweit dies für die in Absatz 1 Nr. 2 und 2a genannten Zwecke erforderlich ist, sind die Leistungserbringer berechtigt, die personenbezogenen Daten auch an die Medizinischen Dienste und die in den §§ 112, 113, 114, 114a, 115 und 117 genannten Stellen zu übermitteln.

(3) Trägervereinigungen dürfen die ihnen nach Absatz 2 oder § 115 Absatz 1 Satz 2 übermittelten personenbezogenen Daten verarbeiten, soweit dies für ihre Beteiligung an Qualitätsprüfungen oder Maßnahmen der Qualitätssicherung nach diesem Buch erforderlich ist.

§ 105 Abrechnung pflegerischer Leistungen

(1) $_1$Die an der Pflegeversorgung teilnehmenden Leistungserbringer sind verpflichtet,

1. in den Abrechnungsunterlagen die von ihnen erbrachten Leistungen nach Art, Menge und Preis einschließlich des Tages und der Zeit der Leistungserbringung aufzuzeichnen,
2. in den Abrechnungsunterlagen ihr Kennzeichen (§ 103), spätestens ab dem 1. Januar 2023 die Beschäftigtennummer nach § 293 Absatz 8 Satz 2 des Fünften Buches der Person, die die Leistung erbracht hat, sowie die Versichertennummer des Pflegebedürftigen anzugeben,
3. bei der Abrechnung über die Abgabe von Hilfsmitteln die Bezeichnungen des Hilfsmittelverzeichnisses nach § 78 zu verwenden.

$_2$Vom 1. Januar 1996 an sind maschinenlesbare Abrechnungsunterlagen zu verwenden.

(2) $_1$Das Nähere über Form und Inhalt der Abrechnungsunterlagen sowie Einzelheiten des Datenträgeraustausches werden vom Spitzenverband Bund der Pflegekassen im Einvernehmen mit den Verbänden der Leistungserbringer festgelegt. $_2$Der Spitzenverband Bund der Pflegekassen und die Verbände der Leistungserbringer legen bis zum 1. Januar 2018 die Einzelheiten für eine elektronische Datenübertragung aller Angaben und Nachweise fest, die für die Abrechnung pflegerischer Leistungen in der Form elektronischer Dokumente erforderlich sind. $_3$Kommt eine Festlegung nach Satz 1 oder Satz 2 ganz oder teilweise nicht zustande, wird ihr Inhalt für Abrechnungen von Leistungen der häuslichen Pflegehilfe im Sinne des § 36 sowie von häuslicher Krankenpflege nach § 37 des Fünften Buches durch die Schiedsstelle nach § 132a Absatz 3 Satz 1 des Fünften Buches auf Antrag des Spitzenverbandes Bund der Pflegekassen oder der Verbände der Leistungserbringer bestimmt. $_4$Die Schiedsstelle kann auch vom Bundesministerium für Gesundheit angerufen werden. $_5$Sie bestimmt den Inhalt der Festlegung innerhalb von drei Monaten ab der Anrufung. $_6$Die Regelungen der Rahmenempfehlung nach § 132a Absatz 1 Satz 4 Nummer 6 des Fünften Buches sind bei der Bestimmung durch die Schiedsstelle zu berücksichtigen. $_7$Für die elektronische Datenübertragung elektronischer Dokumente ist neben der qualifizierten elektronischen Signatur auch ein anderes sicheres Verfahren vorzusehen, das den Absender der Daten authentifiziert und die Integrität des elektronisch übermittelten Datensatzes gewährleistet. $_8$Zur Authentifizierung des Absenders der Daten können auch der elektronische Heilberufs- oder Berufsausweis nach § 339 Absatz 3 Satz 1 des Fünften Buches, die elektronische Gesundheitskarte nach § 291 des Fünften Buches sowie der elektronische Identitätsnachweis des Personalausweises genutzt werden; die zur Authentifizierung des Absenders der Daten erforderlichen Daten dürfen zusammen mit den übrigen übermittelten Daten gespeichert und verwendet werden.$_9$§ 302 Absatz 2 Satz 2 und 3 des Fünften Buches gilt entsprechend.

(3) $_1$Im Rahmen der Abrechnung pflegerischer Leistungen nach § 105 sind vorbehaltlich des Satzes 2 von den Pflegekassen und den Leistungserbringern ab dem 1. März 2021 ausschließlich elektronische Verfahren zur Übermittlung von Abrechnungsunterlagen einschließlich des Leistungsnachweises zu nutzen, wenn der Leistungserbringer

1. an die Telematikinfrastruktur angebunden ist,
2. ein von der Gesellschaft für Telematik nach § 311 Absatz 6 des Fünften Buches festgelegtes Verfahren zur Übermittlung der Daten nutzt und
3. der Pflegekasse die für die elektronische Übermittlung von Abrechnungsunterlagen erforderlichen Angaben übermittelt hat.

$_2$Die Verpflichtung nach Satz 1 besteht nach Ablauf von drei Monaten, nachdem der Leistungserbringer

5

die für die elektronische Übermittlung von Abrechnungsunterlagen erforderlichen Angaben an die Pflegekasse übermittelt hat.

§ 106 Abweichende Vereinbarungen

Die Landesverbände der Pflegekassen (§ 52) können mit den Leistungserbringern oder ihren Verbänden vereinbaren, daß

1. der Umfang der zu übermittelnden Abrechnungsbelege eingeschränkt,
2. bei der Abrechnung von Leistungen von einzelnen Angaben ganz oder teilweise abgesehen

wird, wenn dadurch eine ordnungsgemäße Abrechnung und die Erfüllung der gesetzlichen Aufgaben der Pflegekassen nicht gefährdet werden.

§ 106a Mitteilungspflichten

$_{1}$Zugelassene Pflegedienste, anerkannte Beratungsstellen, beauftragte Pflegefachpersonen sowie Beratungspersonen der kommunalen Gebietskörperschaften, die Beratungseinsätze nach § 37 Absatz 3 durchführen, sind mit Einwilligung des Versicherten berechtigt und verpflichtet, die für die Erfüllung der Aufgaben der Pflegekassen, der privaten Versicherungsunternehmen sowie der Beihilfefestsetzungsstellen erforderlichen Angaben zur Qualität der Pflegesituation und zur Notwendigkeit einer Verbesserung der zuständigen Pflegekasse, dem zuständigen privaten Versicherungsunternehmen und der zuständigen Beihilfefestsetzungsstelle zu übermitteln. $_{2}$Das Formular nach § 37 Abs. 4 Satz 2 wird unter Beteiligung des Bundesbeauftragten für den Datenschutz und die Informationsfreiheit und des Bundesministeriums für Gesundheit erstellt. $_{3}$Erteilt die pflegebedürftige Person die Einwilligung nicht, ist jedoch nach Überzeugung der Beratungsperson eine weitergehende Beratung angezeigt, übermittelt die jeweilige Beratungsstelle diese Einschätzung über die Erforderlichkeit einer weitergehenden Beratung der zuständigen Pflegekasse oder dem zuständigen privaten Versicherungsunternehmen.

§ 106b Finanzierung der Einbindung der Pflegeeinrichtungen in die Telematikinfrastruktur

(1) Zum Ausgleich

1. der erforderlichen Ausstattungskosten aufgrund von Anforderungen an die Ausstattung nach dem Fünften Buch, die in der Festlegungs-, Erprobungs- und Einführungsphase der Telematikinfrastruktur entstehen, und
2. der erforderlichen Betriebskosten, die im laufenden Betrieb der Telematikinfrastruktur entstehen,

erhalten nach § 72 zugelassene ambulante und stationäre Pflegeeinrichtungen in entsprechender Anwendung der Finanzierungsregelungen für die an der vertragsärztlichen Versorgung teilnehmenden Leistungserbringer die sich aus § 378 Absatz 2 des Fünften Buches ergebenden Erstattungen nach Maßgabe des Absatzes 2 in Form einer monatlichen Pauschale (TI-Pauschale) aus dem Ausgleichsfonds der Pflegeversicherung.

(2) $_{1}$Näheres zum Ausgleich nach Absatz 1, dem Zahlungs- und Abrechnungsverfahren sowie der Beteiligung der privaten Versicherungsunternehmen, die die private Pflege-Pflichtversicherung durchführen, an den Kosten, legen der Spitzenverband Bund der Pflegekassen, der Verband der Privaten Krankenversicherung e. V. und die Vereinigungen der Träger der Pflegeeinrichtungen auf Bundesebene in einer Finanzierungsvereinbarung im Benehmen mit dem Bundesministerium für Gesundheit fest. $_{2}$Grundlage dieser Finanzierungsvereinbarung sind die nach § 378 Absatz 2 des Fünften Buches vereinbarten Bundesmantelverträge. $_{3}$Ein abweichender Erstattungsbedarf der Pflegeeinrichtungen gegenüber den an der vertragsärztlichen Versorgung teilnehmenden Leistungserbringern aufgrund ihrer Besonderheiten, insbesondere bezogen auf Größe und Beschäftigtenanzahl, ist dabei zu berücksichtigen. $_{4}$Zudem sind Übergangsregelungen festzulegen, um die Erstattungsmodalitäten beim Übergang von den bisher geltenden auf die neuen Erstattungsregelungen zu bestimmen. $_{5}$Die Finanzierungsvereinbarung nach Satz 1 ist bis zum 29. Februar 2024 zu schließen. $_{6}$Kommt eine Vereinbarung nach Satz 1 nicht oder nicht vollständig bis zum 29. Februar 2024 zustande, legt das Bundesministerium für Gesundheit den Vereinbarungsinhalt innerhalb von zwei Monaten nach Ablauf der in Satz 1 genannten Frist fest. $_{7}$Klagen gegen die Festlegung des Vereinbarungsinhalts nach Satz 6 haben keine aufschiebende Wirkung.

(3) $_{1}$Die durch die Erstattung nach Absatz 1 entstehenden Kosten, soweit die ambulanten Pflegeeinrichtungen betroffen sind, tragen die gesetzlichen Krankenkassen und die soziale Pflegeversicherung in dem Verhältnis, das der Relation zwischen den Ausgaben der Krankenkassen für die häusliche Krankenpflege und den Ausgaben der sozialen Pflegeversicherung für Pflegesachleistungen im vorangegangenen Kalenderjahr entspricht. $_{2}$Bei den in § 39a Absatz 1 des Fünften Buches genannten stationären Hospizen, mit denen ein Versorgungsvertrag als stationäre Pflegeeinrichtung nach § 72 besteht, tragen die gesetzlichen Krankenkassen 80 Prozent der nach Absatz 1 entstehenden Erstattungen. $_{3}$Zur Finanzierung der den Krankenkassen nach den Sätzen 1 und 2 entstehenden Kosten er-

hebt der Spitzenverband Bund der Krankenkassen von den Krankenkassen eine Umlage gemäß dem Anteil der Versicherten der Krankenkassen an der Gesamtzahl der Versicherten aller Krankenkassen. 4Die privaten Versicherungsunternehmen, die die private Pflege-Pflichtversicherung durchführen, beteiligen sich mit einem Anteil von 7 Prozent an den Kosten, die sich gemäß Absatz 1 ergeben. 5Der jeweilige Finanzierungsanteil, der auf die privaten Versicherungsunternehmen entfällt, kann von dem Verband der Privaten Krankenversicherung e. V. unmittelbar an das Bundesamt für Soziale Sicherung zugunsten des Ausgleichsfonds der Pflegeversicherung nach § 65 geleistet werden. 6Das Nähere zum Umlageverfahren und zur Zahlung an den Ausgleichsfonds der Pflegeversicherung bestimmen der Spitzenverband Bund der Krankenkassen, der Verband der Privaten Krankenversicherung e. V. und das Bundesamt für Soziale Sicherung.

(4) Die nach den Absätzen 1 und 2 festgelegte Höhe der TI-Pauschale gilt ab dem 30. Juni 2023.

(5) 1Die Vereinbarungspartner nach Absatz 2 verhandeln die Höhe der TI-Pauschale im Abstand von jeweils zwei Jahren, orientieren sich dabei an den Anpassungen der Bundesmantelverträge nach § 378 Absatz 2 des Fünften Buches und schließen erforderlichenfalls eine neue Vereinbarung nach Absatz 2. 2Bis zum Abschluss einer neuen Vereinbarung gilt die jeweils bestehende Vereinbarung nach Absatz 2 fort.

§ 106c Einbindung der Medizinischen Dienste in die Telematikinfrastruktur

Bei der Erfüllung der ihnen nach diesem Buch zugewiesenen Aufgaben haben die Medizinischen Dienste gemäß § 278 des Fünften Buches und die Pflegekassen oder die Landesverbände der Pflegekassen für die gegenseitige Übermittlung von Daten die von der Gesellschaft für Telematik nach § 311 Absatz 6 des Fünften Buches festgelegten Verfahren zu verwenden, sofern der jeweilige Medizinische Dienst und die Pflegekasse oder der jeweilige Landesverband der Pflegekasse an die Telematikinfrastruktur angebunden sind.

Dritter Abschnitt
Datenlöschung, Auskunftspflicht

§ 107 Löschen von Daten

(1) 1Für das Löschen der für Aufgaben der Pflegekassen und ihrer Verbände gespeicherten personenbezogenen Daten gilt, daß

1. die Daten nach § 102 spätestens nach Ablauf von zehn Jahren,
2. sonstige Daten aus der Abrechnung pflegerischer Leistungen (§ 105), aus Wirtschaftlichkeitsprüfungen (§ 79), aus Prüfungen zur Qualitätssicherung (§§ 112, 113, 114, 114a, 115 und 117) und aus dem Abschluss oder der Durchführung von Verträgen (§§ 72 bis 74, 85, 86 oder 89) spätestens nach zwei Jahren

zu löschen sind. 2Die Fristen beginnen mit dem Ende des Geschäftsjahres, in dem die Leistungen gewährt oder abgerechnet wurden. 3Die Pflegekassen können für Zwecke der Pflegeversicherung Leistungsdaten länger aufbewahren, wenn sichergestellt ist, daß ein Bezug zu natürlichen Personen nicht mehr herstellbar ist.

(2) Im Falle des Wechsels der Pflegekasse ist die bisher zuständige Pflegekasse verpflichtet, auf Verlangen die für die Fortführung der Versicherung erforderlichen Angaben nach den §§ 99 und 102 der neuen Pflegekasse mitzuteilen.

§ 108 Auskünfte an Versicherte

(1) 1Die Pflegekassen unterrichten die Versicherten, indem sie den Versicherten auf Anforderung

1. eine Übersicht über die in einem Zeitraum von mindestens 18 Monaten vor der Anforderung in Anspruch genommenen Leistungen und deren Kosten übermitteln; auf Wunsch der Versicherten wird ihnen eine Übersicht über die von ihnen in Anspruch genommenen Leistungen und deren Kosten bis auf Widerruf regelmäßig jedes Kalenderhalbjahr übermittelt;
2. Auskünfte darüber geben, welche Leistungsbestandteile im Einzelnen durch Leistungserbringende in Bezug auf die Versicherten zur Abrechnung bei der Pflegekasse eingereicht worden sind; die Informationen sind in für die Versicherten verständlicher Form aufzubereiten;
3. eine Durchschrift der von Leistungserbringenden bei der Pflegekasse eingereichten Abrechnungsunterlagen übermitteln; sind die Abrechnungen in einer Form bei der Pflegekasse eingereicht worden, von der eine Durchschrift nicht gefertigt werden kann, sind die Abrechnungsinhalte in einer Form aufzubereiten und an die Versicherten zu übermitteln, die inhaltlich einer Durchschrift von Abrechnungsunterlagen entspricht; erforderlichenfalls sind dazu Erläuterungen zur Verfügung zu stellen, die die Abrechnungsinhalte für die Versicherten nachvollziehbar und verständlich machen.

2Die Übermittlung aller nach diesem Absatz bereitgestellten Informationen hat in einer für die Versicherten wahrnehmbaren Form zu erfolgen; die geltenden Anforderungen an den Datenschutz sind dabei zu beachten und die erforderliche Datensicherheit ist zu gewährleisten. 3Eine Mitteilung an die Leistungserbringer über die Unterrichtung des Versicherten nach diesem Absatz ist nicht zulässig. 4Die Pflegekassen können in ihren Satzungen das Nähere über das Verfahren der Unterrichtung regeln.

(2) 1Die Berechtigung der Versicherten, auf die in der elektronischen Patientenakte gespeicherten Angaben über ihre pflegerische Versorgung zuzugreifen, folgt aus § 336 Absatz 2 des Fünften Buches. 2§ 336 Absatz 2 Nummer 1 des Fünften Buches ist entsprechend auf die Pflegekassen anzuwenden.

Vierter Abschnitt Statistik

§ 109 Pflegestatistiken

5

(1) 1Die Bundesregierung wird ermächtigt, für Zwecke dieses Buches durch Rechtsverordnung mit Zustimmung des Bundesrates jährliche Erhebungen über ambulante und stationäre Pflegeeinrichtungen sowie über die häusliche Pflege als Bundesstatistik anzuordnen. 2Die Bundesstatistik kann folgende Sachverhalte umfassen:

1. Art der Pflegeeinrichtung und der Trägerschaft,
2. Art des Leistungsträgers und des privaten Versicherungsunternehmens,
3. in der ambulanten und stationären Pflege tätige Personen nach Geschlecht, Geburtsjahr, Beschäftigungsverhältnis, Tätigkeitsbereich, Dienststellung, Berufsabschluß auf Grund einer Ausbildung, Weiterbildung oder Umschulung, zusätzlich bei Auszubildenden und Umschülern Art der Ausbildung und Ausbildungsjahr, Beginn und Ende der Pflegetätigkeit,
4. sachliche Ausstattung und organisatorische Einheiten der Pflegeeinrichtung, Ausbildungsstätten an Pflegeeinrichtungen,
5. Pflegebedürftige nach Geschlecht, Geburtsjahr, Wohnort, Postleitzahl des Wohnorts vor dem Einzug in eine vollstationäre Pflegeeinrichtung, Art, Ursache, Grad und Dauer der Pflegebedürftigkeit, Art des Versicherungsverhältnisses,
6. in Anspruch genommene Pflegeleistungen nach Art, Dauer und Häufigkeit sowie nach Art des Kostenträgers,
7. Kosten der Pflegeeinrichtungen nach Kostenarten sowie Erlöse nach Art, Höhe und Kostenträgern.

3Auskunftspflichtig sind die Träger der Pflegeeinrichtungen, die Träger der Pflegeversicherung sowie die privaten Versicherungsunternehmen gegenüber den statistischen Ämtern der Länder; die Rechtsverordnung kann Ausnahmen von der Auskunftspflicht vorsehen.

(2) 1Die Bundesregierung wird ermächtigt, für Zwecke dieses Buches durch Rechtsverordnung mit Zustimmung des Bundesrates jährliche Erhebungen über die Situation Pflegebedürftiger und ehrenamtlich Pflegender als Bundesstatistik anzuordnen. 2Die Bundesstatistik kann folgende Sachverhalte umfassen:

1. Ursachen von Pflegebedürftigkeit,
2. Pflege- und Betreuungsbedarf der Pflegebedürftigen,
3. Pflege- und Betreuungsleistungen durch Pflegefachpersonen, Angehörige und ehrenamtliche Helfer sowie Angebote zur Unterstützung im Alltag,
4. Leistungen zur Prävention und Teilhabe,
5. Maßnahmen zur Erhaltung und Verbesserung der Pflegequalität,
6. Bedarf an Pflegehilfsmitteln und technischen Hilfen,
7. Maßnahmen zur Verbesserung des Wohnumfeldes.

3Auskunftspflichtig ist der Medizinische Dienst gegenüber den statistischen Ämtern der Länder; Absatz 1 Satz 3 zweiter Halbsatz gilt entsprechend.

(3) 1Die nach Absatz 1 Satz 3 und Absatz 2 Satz 3 Auskunftspflichtigen teilen die von der jeweiligen Statistik umfaßten Sachverhalte gleichzeitig den für die Planung und Investitionsfinanzierung der Pflegeeinrichtungen zuständigen Landesbehörden mit. 2Die Befugnis der Länder, zusätzliche, von den Absätzen 1 und 2 nicht erfaßte Erhebungen über Sachverhalte des Pflegewesens als Landesstatistik anzuordnen, bleibt unberührt. 3Die Verordnung nach Absatz 1 Satz 1 hat sicherzustellen, dass die Pflegeeinrichtungen diesen Auskunftsverpflichtungen gemeinsam mit der Auskunftsverpflichtung nach Absatz 1 durch eine einheitliche Auskunftserteilung nachkommen können.

(4) Daten der Pflegebedürftigen, der in der Pflege tätigen Personen, der Angehörigen und ehrenamtlichen Helfer dürfen für Zwecke der Bundesstatistik nur in anonymisierter Form an die statistischen Ämter der Länder übermittelt werden.

(5) Die Statistiken nach den Absätzen 1 und 2 sind für die Bereiche der ambulanten Pflege und der Kurzzeitpflege erstmals im Jahr 1996 für das Jahr 1995 vorzulegen, für den Bereich der stationären Pflege im Jahr 1998 für das Jahr 1997.

(6) Von der statistischen Geheimhaltungspflicht ausgenommen sind Angaben zur Art und zu den organisatorischen Einheiten der Pflegeeinrichtungen sowie zu den Entgelten der stationären Pflegeeinrichtungen. Die Pflicht zur Geheimhaltung besteht jedoch, wenn Träger der Pflegeeinrichtungen auf Ebene einzelner Verbände ausgewiesen werden.

Fünfter Abschnitt
Interoperabilität

§ 109a Recht auf Interoperabilität

(1) 1Den Versicherten sind auf Verlangen ihre personenbezogenen Gesundheitsdaten unverzüglich und kostenfrei von dem Datenverantwortlichen einer digitalen Pflegeanwendung nach § 40a im interoperablen Format herauszugeben. 2Die Versicherten können verlangen, dass ihre personenbezogenen Daten von der in Satz 1 genannten Stelle an einen Datenverantwortlichen einer digitalen Pflegeanwendung nach § 40a ihrer Wahl oder an ihre Pflegekasse oder an das private Pflegeversicherungsunternehmen, das die private Pflege-Pflichtversicherung durchführt, nach Absatz 4 im interoperablen Format übermittelt werden. 3§ 630f Absatz 3 und § 630g des Bürgerlichen Gesetzbuches bleiben hiervon unberührt.

(2) Das geltende interoperable Format bei der Übermittlung aus und in digitale Pflegeanwendungen ergibt sich aus den Interoperabilitätsanforderungen nach § 6 Absatz 1 in Verbindung mit § 7 der Digitale Pflegeanwendungen-Verordnung.

(3) 1Die Pflegekassen und die privaten Pflegeversicherungsunternehmen, die die private Pflege-Pflichtversicherung durchführen, sollen die Versicherten bei der Verfolgung ihrer Ansprüche nach Absatz 1 unterstützen. 2Die Unterstützung der Pflegekassen und der privaten Pflegeversicherungsunternehmen, die die private Pflege-Pflichtversicherung durchführen, nach Absatz 1 Satz 1 soll insbesondere umfassen, mit Einwilligung der Versicherten deren personenbezogene Daten stellvertretend für die Versicherten anzufordern.

(4) Die auf Grundlage der Einwilligung der Versicherten bei den Datenverantwortlichen einer digitalen Pflegeanwendung nach § 40a erhobenen Daten dürfen von den Pflegekassen und den privaten Pflegeversicherungsunternehmen, die die private Pflege-Pflichtversicherung durchführen, ausschließlich zum Zwecke der Unterstützung der Versicherten bei der Durchsetzung des Herausgabeanspruches nach Absatz 1 Satz 1 in Verbindung mit § 94 Absatz 1 Nummer 10a verarbeitet werden.

Zehntes Kapitel
Private Pflegeversicherung

§ 110 Regelungen für die private Pflegeversicherung

(1) Um sicherzustellen, daß die Belange der Personen, die nach § 23 zum Abschluß eines Pflegeversicherungsvertrages bei einem privaten Krankenversicherungsunternehmen verpflichtet sind, ausreichend gewahrt werden und daß die Verträge auf Dauer erfüllbar bleiben, ohne die Interessen der Versicherten anderer Tarife zu vernachlässigen, werden die im Geltungsbereich dieses Gesetzes zum Betrieb der Pflegeversicherung befugten privaten Krankenversicherungsunternehmen verpflichtet,

1. mit allen in § 22 und § 23 Abs. 1, 3 und 4 genannten versicherungspflichtigen Personen auf Antrag einen Versicherungsvertrag abzuschließen, der einen Versicherungsschutz in dem in § 23 Abs. 1 und 3 festgelegten Umfang vorsieht (Kontrahierungszwang); dies gilt auch für das nach § 23 Abs. 2 gewählte Versicherungsunternehmen,
2. in den Verträgen, die Versicherungspflichtige in dem nach § 23 Abs. 1 und 3 vorgeschriebenen Umfang abschließen,
   a) keinen Ausschluß von Vorerkrankungen der Versicherten,
   b) keinen Ausschluß bereits pflegebedürftiger Personen,
   c) keine längeren Wartezeiten als in der sozialen Pflegeversicherung (§ 33 Abs. 2),
   d) keine Staffelung der Prämien nach Geschlecht und Gesundheitszustand der Versicherten,
   e) keine Prämienhöhe, die den Höchstbeitrag der sozialen Pflegeversicherung übersteigt, bei Personen, die nach § 23 Abs. 3 einen Teilkostentarif abgeschlossen haben, keine Prämienhöhe, die 50 vom Hundert des Höchstbeitrages der sozialen Pflegeversicherung übersteigt,
   f) die beitragsfreie Mitversicherung der Kinder des Versicherungsnehmers unter denselben Voraussetzungen, wie in § 25 festgelegt,
   g) für Ehegatten oder Lebenspartner ab dem Zeitpunkt des Nachweises der zur Inanspruchnahme der Beitragsermäßigung berechtigenden Umstände keine Prämie in Höhe von mehr als 150 vom Hundert des Höchstbeitrages der sozialen Pflegeversicherung, wenn ein Ehegatte oder ein Lebenspartner kein Gesamteinkommen hat, das die in § 25 Abs. 1 Satz 1 Nr. 5 genannten Einkommensgrenzen überschreitet,

vorzusehen.

(2) 1Die in Absatz 1 genannten Bedingungen gelten für Versicherungsverträge, die mit Personen abgeschlossen werden, die zum Zeitpunkt des Inkrafttretens dieses Gesetzes Mitglied bei einem privaten Krankenversicherungsunternehmen mit Anspruch auf allgemeine Krankenhausleistungen sind oder sich nach Artikel 41 des Pflege-Versicherungsgesetzes innerhalb von sechs Monaten nach Inkrafttreten dieses

Gesetzes von der Versicherungspflicht in der sozialen Pflegeversicherung befreien lassen. $_2$Die in Absatz 1 Nr. 1 und 2 Buchstabe a bis f genannten Bedingungen gelten auch für Verträge mit Personen, die im Basistarif nach § 152 des Versicherungsaufsichtsgesetzes versichert sind. $_3$Für Personen, die im Basistarif nach § 152 des Versicherungsaufsichtsgesetzes versichert sind und deren Beitrag zur Krankenversicherung sich nach § 152 Absatz 4 des Versicherungsaufsichtsgesetzes vermindert, und für Personen, die Mitglied in einer in § 176 Absatz 1 des Fünften Buches genannten Solidargemeinschaft sind und deren Beitrag zur Solidargemeinschaft sich nach § 176 Absatz 5 des Fünften Buches vermindert, darf der Beitrag 50 vom Hundert des sich nach Absatz 1 Nr. 2 Buchstabe e ergebenden Beitrags nicht übersteigen; die Beitragsbegrenzung für Ehegatten oder Lebenspartner nach Absatz 1 Nr. 2 Buchstabe g gilt für diese Versicherten nicht. $_4$Würde allein durch die Zahlung des Beitrags zur Pflegeversicherung nach Satz 2 Hilfebedürftigkeit im Sinne des Zweiten oder Zwölften Buches entstehen, gilt Satz 3 entsprechend; die Hilfebedürftigkeit ist vom zuständigen Träger nach dem Zweiten oder Zwölften Buch auf Antrag des Versicherten zu prüfen und zu bescheinigen.

(3) Für Versicherungsverträge, die mit Personen abgeschlossen werden, die erst nach Inkrafttreten dieses Gesetzes Mitglied eines privaten Krankenversicherungsunternehmens mit Anspruch auf allgemeine Krankenhausleistungen werden oder die der Versicherungspflicht nach § 193 Abs. 3 des Versicherungsvertragsgesetzes genügen, gelten, sofern sie in Erfüllung der Vorsorgepflicht nach § 22 Abs. 1 und § 23 Absatz 1, 3, 4 und 4a geschlossen werden und Vertragsleistungen in dem in § 23 Abs. 1 und 3 festgelegten Umfang vorsehen, folgende Bedingungen:

1. Kontrahierungszwang,
2. kein Ausschluß von Vorerkrankungen der Versicherten,
3. keine Staffelung der Prämien nach Geschlecht,
4. keine längeren Wartezeiten als in der sozialen Pflegeversicherung,
5. für Versicherungsnehmer, die über eine Vorversicherungszeit von mindestens fünf Jahren in ihrer privaten Pflegeversicherung oder privaten Krankenversicherung verfügen, keine Prämienhöhe, die den Höchstbeitrag der sozialen Pflegeversicherung übersteigt; Absatz 1 Nr. 2 Buchstabe e gilt,
6. beitragsfreie Mitversicherung der Kinder des Versicherungsnehmers unter denselben Voraussetzungen, wie in § 25 festgelegt.

(4) Rücktritts- und Kündigungsrechte der Versicherungsunternehmen sind ausgeschlossen, solange der Kontrahierungszwang besteht.

(5) $_1$Die Versicherungsunternehmen haben den Versicherten Akteneinsicht zu gewähren. $_2$Sie haben die Berechtigten über das Recht auf Akteneinsicht zu informieren, wenn sie das Ergebnis einer Prüfung auf Pflegebedürftigkeit mitteilen. $_3$§ 25 des Zehnten Buches gilt entsprechend.

§ 110a Befristeter Zuschlag zu privaten Pflege-Pflichtversicherungsverträgen zur Finanzierung pandemiebedingter Mehrausgaben

(1) Für den Zeitraum vom 1. Juli 2021 bis zum 31. Dezember 2022 können private Versicherungsunternehmen, die die private Pflege-Pflichtversicherung durchführen, für bestehende Vertragsverhältnisse über die Prämie hinaus einen monatlichen Zuschlag erheben.

(2) $_1$Bei der Ermittlung der Höhe des Zuschlags nach Absatz 1 dürfen ausschließlich Mehrausgaben des privaten Versicherungsunternehmens berücksichtigt werden, die

1. aus der Erfüllung der Verpflichtung nach § 150 Absatz 4 Satz 5 entstehen oder entstanden sind und
2. nicht durch Minderausgaben im Bereich der privaten Pflege-Pflichtversicherung in dem Zeitraum, für den der Erstattungsbetrag nach § 150 Absatz 2 an die zugelassenen Pflegeeinrichtungen gezahlt wurde, kompensiert werden können.

$_2$Für die Ermittlung der Minderausgaben nach Satz 1 Nummer 2 ist ein Vergleich mit den Ausgaben im Bereich der privaten Pflege-Pflichtversicherung im entsprechenden Zeitraum des Jahres 2019 zugrunde zu legen. Alterungsrückstellungen sind für den Zuschlag nicht zu bilden.

(3) Die Mehrausgaben im Sinne des Absatzes 2 sind auf die Tarifstufen gemäß der Zahl der Leistungsempfänger der jeweiligen Tarifstufe zu verteilen und mit dem Zuschlag nach Absatz 1 gleichmäßig durch alle Versicherten der jeweiligen Tarifstufe der privaten Pflege-Pflichtversicherung zu finanzieren.

(4) $_1$Die Erhebung des Zuschlags nach den Absätzen 1 bis 3 bedarf der Zustimmung eines unabhängigen Treuhänders. $_2$§ 155 Absatz 1 des Versicherungsaufsichtsgesetzes ist entsprechend anzuwenden.

(5) $_1$Dem Versicherungsnehmer ist die Höhe des Zuschlags nach Absatz 1 unter Hinweis auf die hierfür maßgeblichen Gründe und auf dessen Befristung in Textform mitzuteilen. $_2$Der Zuschlag wird zu Beginn des zweiten Monats wirksam, der auf die

Mitteilung nach Satz 1 folgt. 3§ 205 Absatz 4 des Versicherungsvertragsgesetzes gilt entsprechend.

(6) Der Zuschlag nach Absatz 1 wird nicht für Personen erhoben, die

1. Anspruch auf Arbeitslosengeld haben,
2. Anspruch auf Leistungen der Grundsicherung für Arbeitsuchende nach dem Zweiten Buch haben oder
3. allein durch die Zahlung des Zuschlags hilfebedürftig im Sinne des Zweiten Buches würden.

§ 111 Risikoausgleich

(1) 1Die Versicherungsunternehmen, die eine private Pflegeversicherung im Sinne dieses Buches betreiben, müssen sich zur dauerhaften Gewährleistung der Regelungen für die private Pflegeversicherung nach § 110 sowie zur Aufbringung der Fördermittel nach den §§ 45c bis 45e und 123 und der Mittel nach § 8 Absatz 9 Satz 1 und 2 und § 125b Absatz 2 Satz 2 am Ausgleich der Versicherungsrisiken beteiligen und dazu ein Ausgleichssystem schaffen und erhalten, dem sie angehören. 2Das Ausgleichssystem muß einen dauerhaften, wirksamen Ausgleich der unterschiedlichen Belastungen gewährleisten; es darf den Marktzugang neuer Anbieter der privaten Pflegeversicherung nicht erschweren und muß diesen eine Beteiligung an dem Ausgleichssystem zu gleichen Bedingungen ermöglichen. 3In diesem System werden die Beiträge ohne die Kosten auf der Basis gemeinsamer Kalkulationsgrundlagen einheitlich für alle Unternehmen, die eine private Pflegeversicherung betreiben, ermittelt.

(2) Die Errichtung, die Ausgestaltung, die Änderung und die Durchführung des Ausgleichs unterliegen der Aufsicht der Bundesanstalt für Finanzdienstleistungsaufsicht.

Elftes Kapitel Qualitätssicherung, Sonstige Regelungen zum Schutz der Pflegebedürftigen

§ 112 Qualitätsverantwortung

(1) 1Die Träger der Pflegeeinrichtungen bleiben, unbeschadet des Sicherstellungsauftrags der Pflegekassen (§ 69), für die Qualität der Leistungen ihrer Einrichtungen einschließlich der Sicherung und Weiterentwicklung der Pflegequalität verantwortlich. 2Maßstäbe für die Beurteilung der Leistungsfähigkeit einer Pflegeeinrichtung und die Qualität ihrer Leistungen sind die für sie verbindlichen Anforderungen in den Vereinbarungen nach § 113 sowie die vereinbarten Leistungs- und Qualitätsmerkmale (§ 84 Abs. 5).

(2) 1Die zugelassenen Pflegeeinrichtungen sind verpflichtet, Maßnahmen der Qualitätssicherung sowie ein Qualitätsmanagement nach Maßgabe der Vereinbarungen nach § 113 durchzuführen und bei Qualitätsprüfungen nach § 114 mitzuwirken. 2Bei stationärer Pflege erstreckt sich die Qualitätssicherung neben den allgemeinen Pflegeleistungen auch auf die medizinische Behandlungspflege, die Betreuung, die Leistungen bei Unterkunft und Verpflegung (§ 87) sowie auf die Zusatzleistungen (§ 88).

(3) 1Der Medizinische Dienst und der Prüfdienst des Verbandes der privaten Krankenversicherung e. V. beraten die Pflegeeinrichtungen in Fragen der Qualitätssicherung mit dem Ziel, Qualitätsmängeln rechtzeitig vorzubeugen und die Eigenverantwortung der Pflegeeinrichtungen und ihrer Träger für die Sicherung und Weiterentwicklung der Pflegequalität zu stärken. 2Die Träger der Prüfinstitutionen sind verpflichtet, durch geeignete organisatorische und technische Maßnahmen sicherzustellen, dass auch in Krisensituationen eine qualifizierte Beratung erfolgen kann. 3Sie haben diese Maßnahmen im Internet bekannt zu machen.

§ 112a Übergangsregelung zur Qualitätssicherung bei Betreuungsdiensten

(1) Bis zur Einführung des neuen Qualitätssystems nach § 113b Absatz 4 Satz 2 Nummer 3 gelten für die Betreuungsdienste die Vorschriften des Elften Kapitels für ambulante Pflegedienste nach Maßgabe der folgenden Absätze.

(2) 1Der Medizinische Dienst Bund beschließt im Benehmen mit dem Spitzenverband Bund der Pflegekassen und unter Beteiligung des Prüfdienstes des Verbandes der privaten Krankenversicherung e. V. Richtlinien zu den Anforderungen an das Qualitätsmanagement und die Qualitätssicherung für ambulante Betreuungsdienste. 2Dabei sind die in dem Modellvorhaben zugrunde gelegten Vorgaben zu beachten. 3Mitarbeiterinnen und Mitarbeiter mit Betreuungsaufgaben können die nach den Richtlinien erforderlichen Qualifikationen auch berufsbegleitend erwerben. 4Die auf Bundesebene maßgeblichen Organisationen für die Wahrnehmung der Interessen und der Selbsthilfe der pflegebedürftigen und behinderten Menschen wirken nach Maßgabe von § 118 bei der Erarbeitung oder bei einer Änderung des Beschlusses mit.

(3) 1Der Medizinische Dienst Bund hat die Vereinigungen der Träger der Pflegeeinrichtungen auf Bundesebene, die maßgeblichen Organisationen der Pflegeberufe auf Bundesebene, den Verband der privaten Krankenversicherung e. V. sowie die Bundesarbeitsgemeinschaft der überörtlichen Träger der Sozialhilfe und die kommunalen Spitzen-

5

verbände auf Bundesebene bei der Erarbeitung oder bei einer Änderung des Beschlusses zu beteiligen. $_{2}$Ihnen ist innerhalb einer angemessenen Frist vor der Beschlussfassung und unter Übermittlung der hierfür erforderlichen Informationen Gelegenheit zur Stellungnahme zu geben. $_{3}$Die Stellungnahmen sind in die Entscheidung über den Inhalt der Richtlinien einzubeziehen.

(4) $_{1}$Die Richtlinien sind durch das Bundesministerium für Gesundheit zu genehmigen. $_{2}$Beanstandungen des Bundesministeriums für Gesundheit sind innerhalb der von ihm gesetzten Frist zu beheben.

(5) Eine Qualitätsberichterstattung zu Betreuungsdiensten findet in der Übergangszeit bis zur Einführung des neuen Qualitätssystems nach §113b Absatz 4 Satz 2 Nummer 3 nicht statt.

(6) Die Qualitätsprüfungs-Richtlinien des Medizinischen Dienstes Bund sind unverzüglich im Anschluss an den Richtlinienbeschluss nach Absatz 2 Satz 1 entsprechend anzupassen.

§113 Maßstäbe und Grundsätze zur Sicherung und Weiterentwicklung der Pflegequalität

(1) $_{1}$Der Spitzenverband Bund der Pflegekassen, die Bundesarbeitsgemeinschaft der überörtlichen Träger der Sozialhilfe und der Eingliederungshilfe, die kommunalen Spitzenverbände auf Bundesebene und die Vereinigungen der Träger der Pflegeeinrichtungen auf Bundesebene vereinbaren unter Beteiligung des Medizinischen Dienstes Bund, des Verbandes der privaten Krankenversicherung e. V., der maßgeblichen Organisationen der Pflegeberufe auf Bundesebene, der maßgeblichen Organisationen für die Wahrnehmung der Interessen und der Selbsthilfe der pflegebedürftigen und behinderten Menschen nach Maßgabe von §118 sowie unabhängiger Sachverständiger Maßstäbe und Grundsätze für die Qualität, Qualitätssicherung und Qualitätsdarstellung in der ambulanten, teilstationären, vollstationären und Kurzzeitpflege sowie für die Entwicklung eines einrichtungsinternen Qualitätsmanagements, das auf eine stetige Sicherung und Weiterentwicklung der Pflegequalität ausgerichtet ist und flexible Maßnahmen zur Qualitätssicherung in Krisensituationen umfasst. $_{2}$Die Vereinbarungen nach Satz 1 müssen auf der Grundlage der Empfehlungen nach §92c Absatz 5 innerhalb von sechs Monaten nach deren Vorliegen um Regelungen für die gemeinschaftlichen Wohnformen mit Verträgen zur pflegerischen Versorgung gemäß §92c ergänzt werden. $_{3}$In den Vereinbarungen sind insbesondere auch die Voraussetzungen für eine fachgerechte Pflegeprozessverantwortung sowie Anforderungen an eine praxistaugliche, den Pflegeprozess unterstützende und die Pflegequalität fördernde Pflegedokumentation zu regeln. $_{4}$Die Anforderungen an die Pflegedokumentation sind so zu gestalten, dass sie in der Regel vollständig in elektronischer Form erfolgen kann. $_{5}$Die Anforderungen dürfen über ein für die Pflegeeinrichtungen vertretbares und wirtschaftliches Maß nicht hinausgehen und sollen den Aufwand für die Pflegedokumentation in ein angemessenes Verhältnis zu den Aufgaben der pflegerischen Versorgung setzen. $_{6}$In den Vereinbarungen ist zu regeln, welche Fort- und Weiterbildungen ganz oder teilweise in digitaler Form durchgeführt werden können; geeignete Schulungen und Qualifikationsmaßnahmen sind durch die Pflegekassen anzuerkennen. $_{7}$Darüber hinaus ist in den Vereinbarungen zu regeln, dass die Mitarbeiterinnen und Mitarbeiter von ambulanten Pflegediensten, die Betreuungsmaßnahmen erbringen, entsprechend den Richtlinien nach §112a zu den Anforderungen an das Qualitätsmanagement und die Qualitätssicherung für ambulante Betreuungsdienste qualifiziert sein müssen. $_{8}$Die Vereinbarungen sind in regelmäßigen Abständen an den medizinisch-pflegefachlichen Fortschritt anzupassen. $_{9}$Soweit sich in den Pflegeeinrichtungen zeitliche Einsparungen ergeben, die Ergebnis der Weiterentwicklung der Pflegedokumentation auf Grundlage des pflegefachlichen Fortschritts durch neue, den Anforderungen nach Satz 5 entsprechende Pflegedokumentationsmodelle sind, führen diese nicht zu einer Absenkung der Pflegevergütung, sondern wirken der Arbeitsverdichtung entgegen. $_{10}$Die Vereinbarungen sind im Bundesanzeiger zu veröffentlichen und gelten vom ersten Tag des auf die Veröffentlichung folgenden Monats. $_{11}$Sie sind für alle Pflegekassen und deren Verbände sowie für die zugelassenen Pflegeeinrichtungen unmittelbar verbindlich.

(1a) $_{1}$In den Maßstäben und Grundsätzen für die stationäre Pflege nach Absatz 1 ist insbesondere das indikatorengestützte Verfahren zur vergleichenden Messung und Darstellung von Ergebnisqualität im stationären Bereich, das auf der Grundlage einer strukturierten Datenerhebung im Rahmen des internen Qualitätsmanagements eine Qualitätsberichterstattung und die externe Qualitätsprüfung ermöglicht, zu beschreiben. $_{2}$Insbesondere sind die Indikatoren, das Datenerhebungsinstrument sowie die bundesweiten Verfahren für die Übermittlung, Auswertung und Bewertung der Daten sowie die von Externen durchzuführende Prüfung der Daten festzulegen. $_{3}$Die datenschutzrechtlichen Bestimmungen sind zu beachten, insbesondere sind personenbezogene Daten von Versicherten vor der Übermittlung an die fachlich unabhängige Institution nach Absatz 1b zu pseudonymisieren. $_{4}$Eine Wiederherstellung des Personenbezugs durch die fachlich unabhängige Institution nach

Absatz 1b ist ausgeschlossen. $_{5}$Ein Datenschutzkonzept ist mit den zuständigen Datenschutzaufsichtsbehörden abzustimmen. $_{6}$Zur Sicherstellung der Wissenschaftlichkeit beschließen die Vertragsparteien nach Absatz 1 Satz 1 unverzüglich die Vergabe der Aufträge nach § 113b Absatz 4 Satz 2 Nummer 1 und 2.

(1b) $_{1}$Die Vertragsparteien nach Absatz 1 Satz 1 beauftragen im Rahmen eines Vergabeverfahrens eine fachlich unabhängige Institution, die entsprechend den Festlegungen nach Absatz 1a erhobenen Daten zusammenzuführen sowie leistungserbringerbeziehbar und fallbeziehbar nach Maßgabe von Absatz 1a auszuwerten. $_{2}$Zum Zweck der Prüfung der von den Pflegeeinrichtungen erbrachten Leistungen und deren Qualität nach den §§ 114 und 114a sowie zum Zweck der Qualitätsdarstellung nach § 115 Absatz 1a übermittelt die beauftragte Institution die Ergebnisse der nach Absatz 1a ausgewerteten Daten an die Landesverbände der Pflegekassen und die von ihnen beauftragten Prüfinstitutionen und Sachverständigen; diese dürfen die übermittelten Daten zu den genannten Zwecken verarbeiten. $_{3}$Die Vertragsparteien nach Absatz 1 Satz 1 vereinbaren diesbezüglich entsprechende Verfahren zur Übermittlung der Daten. $_{4}$Die datenschutzrechtlichen Bestimmungen sind jeweils zu beachten. $_{5}$Die Vertragsparteien nach Absatz 1 Satz 1 sind verpflichtet, dem Bundesministerium für Gesundheit auf Verlangen unverzüglich Auskunft über den Stand der Bearbeitung ihrer Aufgaben zu geben. $_{6}$Die Vertragsparteien nach Absatz 1 Satz 1 legen dem Bundesministerium für Gesundheit spätestens bis zum 31. Januar 2018 einen konkreten Zeitplan für die Bearbeitung ihrer Aufgaben vor, aus dem einzelne Umsetzungsschritte erkennbar sind. $_{7}$§ 113b Absatz 8 Satz 3 bis 5 gilt entsprechend.

(2) $_{1}$Die Vereinbarungen nach Absatz 1 können von jeder Partei mit einer Frist von einem Jahr ganz oder teilweise gekündigt werden. $_{2}$Nach Ablauf des Vereinbarungszeitraums oder der Kündigungsfrist gilt die Vereinbarung bis zum Abschluss einer neuen Vereinbarung weiter. $_{3}$Die am 1. Januar 2016 bestehenden Maßstäbe und Grundsätze zur Sicherung und Weiterentwicklung der Pflege gelten bis zum Abschluss der Vereinbarungen nach Absatz 1 fort.

§ 113a (weggefallen)

§ 113b Qualitätsausschuss

(1) $_{1}$Die von den Vertragsparteien nach § 113 im Jahr 2008 eingerichtete Schiedsstelle Qualitätssicherung entscheidet als Qualitätsausschuss nach Maßgabe der Absätze 2 bis 8. $_{2}$Die Vertragsparteien nach § 113 treffen die Vereinbarungen und erlassen die Beschlüsse nach § 37 Absatz 5, den §§ 113, 115 Absatz 1a, 1c und 3b sowie § 115a Absatz 1 und 2 durch diesen Qualitätsausschuss. $_{3}$Die Vertragsparteien nach § 113 treffen auch die zur Wahrnehmung ihrer Aufgaben und Pflichten nach den Absätzen 4 und 8 sowie nach § 8 Absatz 5 Satz 2 notwendigen Entscheidungen durch den Qualitätsausschuss.

(2) $_{1}$Der Qualitätsausschuss besteht aus Vertretern des Spitzenverbandes Bund der Pflegekassen (Leistungsträger) und aus Vertretern der Vereinigungen der Träger der Pflegeeinrichtungen auf Bundesebene (Leistungserbringer) in gleicher Zahl; Leistungsträger und Leistungserbringer können jeweils höchstens elf Mitglieder entsenden. $_{2}$Dem Qualitätsausschuss gehören auch ein Vertreter der Bundesarbeitsgemeinschaft der überörtlichen Träger der Sozialhilfe und ein Vertreter der kommunalen Spitzenverbände auf Bundesebene an; sie werden auf die Zahl der Leistungsträger angerechnet. $_{3}$Dem Qualitätsausschuss kann auch ein Vertreter des Verbandes der privaten Krankenversicherung e. V. angehören; die Entscheidung hierüber obliegt dem Verband der privaten Krankenversicherung e. V. $_{4}$Sofern der Verband der privaten Krankenversicherung e. V. ein Mitglied entsendet, wird dieses Mitglied auf die Zahl der Leistungsträger angerechnet. $_{5}$Dem Qualitätsausschuss soll auch ein Vertreter der maßgeblichen Organisationen der Pflegeberufe auf Bundesebene angehören; die Entscheidung hierüber obliegt den maßgeblichen Organisationen der Pflegeberufe auf Bundesebene. $_{6}$Sofern die maßgeblichen Organisationen der Pflegeberufe auf Bundesebene ein Mitglied entsenden, wird dieses Mitglied auf die Zahl der Leistungserbringer angerechnet. $_{7}$Eine Organisation kann nicht gleichzeitig der Leistungsträgerseite und der Leistungserbringerseite zugerechnet werden. $_{8}$Jedes Mitglied erhält eine Stimme; die Stimmen sind gleich zu gewichten. $_{9}$Der Medizinische Dienst Bund wirkt in den Sitzungen und an den Beschlussfassungen im Qualitätsausschuss, auch in seiner erweiterten Form nach Absatz 3, beratend mit. $_{10}$Die auf Bundesebene maßgeblichen Organisationen für die Wahrnehmung der Interessen und der Selbsthilfe pflegebedürftiger und behinderter Menschen wirken in den Sitzungen und an den Beschlussfassungen im Qualitätsausschuss, auch in seiner erweiterten Form nach Absatz 3, nach Maßgabe von § 118 mit.

(3) $_{1}$Kommt im Qualitätsausschuss eine Vereinbarung, ein Beschluss oder eine Entscheidung nach Absatz 1 Satz 2 und 3 ganz oder teilweise nicht durch einvernehmliche Einigung zustande, so wird der Qualitätsausschuss auf Verlangen von mindestens einer Vertragspartei nach § 113, eines Mitglieds des Qualitätsausschusses oder des Bundesministeriums für Gesundheit um einen unpartei-

ischen Vorsitzenden und zwei weitere unparteiische Mitglieder erweitert (erweiterter Qualitätsausschuss). 2Sofern die Organisationen, die Mitglieder in den Qualitätsausschuss entsenden, nicht bis zum 31. März 2016 die Mitglieder nach Maßgabe von Absatz 2 Satz 1 benannt haben, wird der Qualitätsausschuss durch die drei unparteiischen Mitglieder gebildet. 3Der unparteiische Vorsitzende und die weiteren unparteiischen Mitglieder sowie deren Stellvertreter führen ihr Amt als Ehrenamt. 4Der unparteiische Vorsitzende wird vom Bundesministerium für Gesundheit benannt; der Stellvertreter des unparteiischen Vorsitzenden und die weiteren unparteiischen Mitglieder sowie deren Stellvertreter werden von den Vertragsparteien nach § 113 gemeinsam benannt. 5Mitglieder des Qualitätsausschusses können nicht als Stellvertreter des unparteiischen Vorsitzenden oder der weiteren unparteiischen Mitglieder benannt werden. 6Kommt eine Einigung über die Benennung der unparteiischen Mitglieder nicht innerhalb einer vom Bundesministerium für Gesundheit gesetzten Frist zustande, erfolgt die Benennung durch das Bundesministerium für Gesundheit. 7Der erweiterte Qualitätsausschuss setzt mit der Mehrheit seiner Mitglieder den Inhalt der Vereinbarungen oder der Beschlüsse der Vertragsparteien nach § 113 fest. 8Die Festsetzungen des erweiterten Qualitätsausschusses haben die Rechtswirkung einer vertraglichen Vereinbarung, Beschlussfassung oder Entscheidung im Sinne der Absätze 4 und 8, des § 8 Absatz 5 Satz 2, des § 37 Absatz 5, der §§ 113 und 115 Absatz 1a, 1c und 3b. 9Der erweiterte Qualitätsausschuss kann sich bis zu zweimal pro Kalenderjahr auf Initiative des unparteiischen Vorsitzenden auch mit Themen zur Qualität, Qualitätssicherung und Qualitätsdarstellung befassen, die über die konkreten gesetzlichen Aufträge hinausgehen und zu diesen Themen Entscheidungen treffen. 10Mit einfacher Mehrheit kann der erweiterte Qualitätsausschuss auch darüber entscheiden, ob eine Arbeitsgruppe gemäß Absatz 7 Satz 1 Nummer 8 eingerichtet und vom unparteiischen Vorsitzenden mit Unterstützung der Geschäftsstelle nach Absatz 6 geleitet wird.

(3a) 1Die beschlussfassenden Sitzungen des Qualitätsausschusses und des erweiterten Qualitätsausschusses sind in der Regel öffentlich und werden zeitgleich als Live-Video-Übertragung im Internet angeboten sowie in einer Mediathek zum späteren Abruf verfügbar gehalten. 2Die nichtöffentlichen Beratungen des Qualitätsausschusses und des erweiterten Qualitätsausschusses, insbesondere auch die Beratungen in den vorbereitenden Gremien, sind einschließlich der Beratungsunterlagen und Niederschriften vertraulich.

(4) 1Die Vertragsparteien nach § 113 beauftragen zur Sicherstellung der Wissenschaftlichkeit bei der Wahrnehmung ihrer Aufgaben mit Unterstützung der qualifizierten Geschäftsstelle nach Absatz 6 fachlich unabhängige wissenschaftliche Einrichtungen oder Sachverständige. 2Diese wissenschaftlichen Einrichtungen oder Sachverständigen werden beauftragt, insbesondere

1. bis zum 31. März 2017 die Instrumente für die Prüfung der Qualität der Leistungen, die von den stationären Pflegeeinrichtungen erbracht werden, und für die Qualitätsberichterstattung in der stationären Pflege zu entwickeln, wobei
   a) insbesondere die 2011 vorgelegten Ergebnisse des vom Bundesministerium für Gesundheit und vom Bundesministerium für Familie, Senioren, Frauen und Jugend geförderten Projektes „Entwicklung und Erprobung von Instrumenten zur Beurteilung der Ergebnisqualität in der stationären Altenhilfe" und die Ergebnisse der dazu durchgeführten Umsetzungsprojekte einzubeziehen sind und
   b) Aspekte der Prozess- und Strukturqualität zu berücksichtigen sind;
2. bis zum 31. März 2017 auf der Grundlage der Ergebnisse nach Nummer 1 unter Beachtung des Prinzips der Datensparsamkeit ein bundesweites Datenerhebungsinstrument, bundesweite Verfahren für die Übermittlung und Auswertung der Daten einschließlich einer Bewertungssystematik sowie für die von Externen durchzuführende Prüfung der Daten zu entwickeln;
3. bis zum 30. Juni 2017 die Instrumente für die Prüfung der Qualität der von den ambulanten Pflegeeinrichtungen erbrachten Leistungen und für die Qualitätsberichterstattung in der ambulanten Pflege zu entwickeln, eine anschließende Pilotierung durchzuführen und einen Abschlussbericht bis zum 31. März 2018 vorzulegen;
4. ergänzende Instrumente für die Ermittlung und Bewertung von Lebensqualität zu entwickeln;
5. die Umsetzung der nach den Nummern 1 bis 3 entwickelten Verfahren zur Qualitätsmessung und Qualitätsdarstellung wissenschaftlich zu evaluieren und den Vertragsparteien nach § 113 Vorschläge zur Anpassung der Verfahren an den neuesten Stand der wissenschaftlichen Erkenntnisse zu unterbreiten sowie
6. bis zum 1. Januar 2029 spezifische Regelungen für die Prüfung der Qualität der Leistungen von ambulanten Pflegediensten und ihren Kooperationspartnern in gemeinschaftlichen Wohnformen mit Verträgen zur pflegerischen Versorgung gemäß § 92c und für die Qualitätsberichterstattung zu entwickeln und einen Abschlussbericht

vorzulegen; dabei ist auch zu prüfen, ob ein indikatorengestütztes Verfahren zur vergleichenden Messung und Darstellung von Ergebnisqualität in gemeinschaftlichen Wohnformen anwendbar ist; sofern dies der Fall ist, sind diesbezügliche Vorschläge zur Umsetzung vorzulegen.

₃Das Bundesministerium für Gesundheit, das Bundesministerium für Bildung, Familie, Senioren, Frauen und Jugend in Abstimmung mit dem Bundesministerium für Gesundheit und der unparteiische Vorsitzende nach Absatz 3 Satz 1 können den Vertragsparteien nach § 113 weitere Themen zur wissenschaftlichen Bearbeitung vorschlagen. ₄Die Ablehnung eines Vorschlags muss in einer schriftlichen Stellungnahme begründet werden. ₅Diese ist auf der Internetseite des Qualitätsausschusses zu veröffentlichen.

(4a) ₁Die Vertragsparteien nach § 113 stellen sicher, dass die nach Absatz 4 Satz 2 Nummer 1, 2, 3 und 6 entwickelten Qualitätssysteme dem medizinisch-pflegefachlichen und technischen Fortschritt entsprechend weiterentwickelt werden. ₂Sie haben darauf hinzuwirken, dass die Evaluationsergebnisse nach Absatz 4 Satz 2 Nummer 5 umgesetzt und die Berichte des Spitzenverbandes Bund der Pflegekassen nach § 114c Absatz 3 bei der Weiterentwicklung der Qualitätssysteme nach Satz 1 berücksichtigt werden. ₃Zur Sicherstellung der Wissenschaftlichkeit bei der Weiterentwicklung der Qualitätssysteme beauftragen die Vertragsparteien fachlich unabhängige wissenschaftliche Einrichtungen oder Sachverständige. ₄Für die Erteilung und Bearbeitung der Aufträge gilt Absatz 5 Satz 2 bis 5 entsprechend.

(5) ₁Die Finanzierung der Aufträge nach Absatz 4 und der Aufträge und Vorhaben nach Absatz 4a erfolgt aus Mitteln des Ausgleichsfonds der Pflegeversicherung nach § 8 Absatz 4. ₂Bei der Bearbeitung der Aufträge nach Absatz 4 Satz 2 ist zu gewährleisten, dass die Arbeitsergebnisse umsetzbar sind. ₃Der jeweilige Auftragnehmer hat darzulegen, zu welchen finanziellen Auswirkungen die Umsetzung der Arbeitsergebnisse führen wird. ₄Den Arbeitsergebnissen ist diesbezüglich eine Praktikabilitäts- und Kostenanalyse beizufügen. ₅Die Ergebnisse der Arbeiten nach Absatz 4 Satz 2 sind dem Bundesministerium für Gesundheit zur Kenntnisnahme vor der Veröffentlichung vorzulegen.

(6) ₁Die Vertragsparteien nach § 113 richten gemeinsam bis zum 31. März 2016 eine unabhängige qualifizierte Geschäftsstelle des Qualitätsausschusses ein. ₂Die Geschäftsstelle nimmt auch die Aufgaben einer wissenschaftlichen Beratungs- und Koordinierungsstelle wahr. ₃Sie soll insbesondere den Qualitätsausschuss und seine Mitglieder fachwissenschaftlich beraten, die Auftragsverfahren nach Absatz 4 koordinieren und die wissenschaftlichen Arbeitsergebnisse für die Entscheidungen im Qualitätsausschuss aufbereiten. ₄Näheres zur Zusammensetzung und Arbeitsweise der qualifizierten Geschäftsstelle regeln die Vertragsparteien nach § 113 in der Geschäftsordnung nach Absatz 7. ₅Die Vertragsparteien richten ab dem 1. September 2023 dauerhaft zusätzlich eine Referentenstelle zur Unterstützung der nach § 118 maßgeblichen Interessensvertretungen beim Qualitätsausschuss Pflege ein. ₆Die Interessensvertretungen haben das Recht, die Stelle zu besetzen und den Arbeitsort in Abstimmung mit der Geschäftsstelle zu bestimmen.

(7) ₁Die Vertragsparteien nach § 113 vereinbaren in einer Geschäftsordnung mit dem Verband der privaten Krankenversicherung e. V., mit den maßgeblichen Organisationen der Pflegeberufe auf Bundesebene und mit den auf Bundesebene maßgeblichen Organisationen für die Wahrnehmung der Interessen und der Selbsthilfe pflegebedürftiger und behinderter Menschen das Nähere zur Arbeitsweise des Qualitätsausschusses, insbesondere

1. zur Benennung der Mitglieder und der unparteiischen Mitglieder,
2. zur Amtsdauer, Amtsführung und Entschädigung für den Zeitaufwand der unparteiischen Mitglieder,
3. zum Vorsitz,
4. zu den Beschlussverfahren,
5. zur Errichtung einer qualifizierten Geschäftsstelle auch mit der Aufgabe als wissenschaftliche Beratungs- und Koordinierungsstelle nach Absatz 6,
6. zur Sicherstellung der jeweiligen Auftragserteilung nach Absatz 4,
7. zur Einbeziehung weiterer Sachverständiger oder Gutachter,
8. zur Bildung von Arbeitsgruppen,
9. zur Gewährleistung der Beteiligungs- und Mitberatungsrechte nach diesem Gesetz einschließlich der Erstattung von Reisekosten, eines Verdienstausfalls sowie die Zahlung eines Pauschbetrages nach § 118 Absatz 1 Satz 6 sowie
10. zur Verteilung der Kosten für die Entschädigung der unparteiischen Mitglieder und der einbezogenen weiteren Sachverständigen und Gutachter sowie für die Erstattung von Reisekosten nach § 118 Absatz 1 Satz 6; die Kosten können auch den Kosten der qualifizierten Geschäftsstelle nach Absatz 6 zugerechnet werden.

₂Die Geschäftsordnung und die Änderung der Geschäftsordnung sind durch das Bundesministerium für Gesundheit im Benehmen mit dem Bundesministerium für Familie, Senioren, Frauen und Jugend zu genehmigen. $_{3}$Kommt die Geschäftsordnung nicht bis zum 29. Februar 2016 zustande, wird ihr Inhalt durch das Bundesministerium für Gesundheit im Benehmen mit dem Bundesministerium für Familie, Senioren, Frauen und Jugend bestimmt.

(8) $_{1}$Die Vertragsparteien nach §113 sind verpflichtet, dem Bundesministerium für Gesundheit jährlich zum 1. September über ihre Arbeit, insbesondere über den Stand der Bearbeitung der Aufgaben nach Absatz 1 Satz 2 und über den Stand der Auftragserteilung und Bearbeitung der nach den Absätzen 4 und 4a zu erteilenden Aufträge, sowie über gegebenenfalls erforderliche besondere Maßnahmen zur Einhaltung von Fristen zu berichten. $_{2}$Die besonderen Schwierigkeiten, die zu einer Fristüberschreitung geführt haben, sind im Einzelnen darzulegen. $_{3}$Die Vertragsparteien legen dem Bundesministerium für Gesundheit auf Verlangen jederzeit einen konkreten Zeitplan für die Bearbeitung ihrer Aufgaben vor, aus dem einzelne Umsetzungsschritte erkennbar sind. $_{4}$Der Zeitplan ist durch das Bundesministerium für Gesundheit im Benehmen mit dem Bundesministerium für Familie, Senioren, Frauen und Jugend zu genehmigen. $_{5}$Die Vertragsparteien nach §113 sind verpflichtet, das Bundesministerium für Gesundheit unverzüglich zu informieren, wenn absehbar ist, dass ein Zeitziel des Zeitplans nicht eingehalten werden kann. $_{6}$In diesem Fall kann das Bundesministerium für Gesundheit im Benehmen mit dem Bundesministerium für Familie, Senioren, Frauen und Jugend einzelne Umsetzungsschritte im Wege der Ersatzvornahme selbst vornehmen.

(9) $_{1}$Die durch den Qualitätsausschuss getroffenen Entscheidungen sind dem Bundesministerium für Gesundheit vorzulegen, ausgenommen sind die zur Wahrnehmung der Aufgabe nach §8 Absatz 5 Satz 2 getroffenen Entscheidungen. $_{2}$Es kann die Entscheidungen innerhalb von zwei Monaten beanstanden. $_{3}$Das Bundesministerium für Gesundheit kann im Rahmen der Prüfung vom Qualitätsausschuss zusätzliche Informationen und ergänzende Stellungnahmen anfordern; bis zu deren Eingang ist der Lauf der Frist nach Satz 2 unterbrochen. $_{4}$Beanstandungen des Bundesministeriums für Gesundheit sind innerhalb der von ihm gesetzten Frist zu beheben. $_{5}$Die Nichtbeanstandung von Entscheidungen kann vom Bundesministerium für Gesundheit mit Auflagen verbunden werden. $_{6}$Kommen Entscheidungen des Qualitätsausschusses ganz oder teilweise nicht fristgerecht zustande oder werden die Beanstandungen des Bundesministeriums für Gesundheit nicht innerhalb der von ihm gesetzten Frist behoben, kann das Bundesministerium für Gesundheit den Inhalt der Vereinbarungen und der Beschlüsse nach Absatz 1 Satz 2 festsetzen. $_{7}$Bei den Verfahren nach den Sätzen 1 bis 6 setzt sich das Bundesministerium für Gesundheit mit dem Bundesministerium für Familie, Senioren, Frauen und Jugend ins Benehmen. $_{8}$Bezüglich der Vereinbarungen nach §115 Absatz 3b setzt sich das Bundesministerium für Gesundheit bei den Verfahren nach den Sätzen 1 bis 6 darüber hinaus mit dem Bundesministerium für Arbeit und Soziales ins Benehmen.

(10) $_{1}$Gegen eine Entscheidung des Qualitätsausschusses nach Absatz 1 und gegen Anordnungen und Maßnahmen des Bundesministeriums für Gesundheit nach Absatz 9 Satz 2, 3, 5 und 6 ist der Rechtsweg zu den Sozialgerichten gegeben. $_{2}$Ein Vorverfahren findet nicht statt; die Klage hat keine aufschiebende Wirkung.

§113c Personalbemessung in vollstationären Pflegeeinrichtungen

(1) Ab dem 1. Juli 2023 kann in den Pflegesatzvereinbarungen nach §84 Absatz 5 Satz 2 Nummer 2 für vollstationäre Pflegeeinrichtungen höchstens die sich aus nachfolgenden Personalanhaltswerten ergebende personelle Ausstattung mit Pflege- und Betreuungspersonal vereinbart werden:

1. für Hilfskraftpersonal ohne Ausbildung nach Nummer 2
   a) 0,0872 Vollzeitäquivalente je Pflegebedürftigen des Pflegegrades 1,
   b) 0,1202 Vollzeitäquivalente je Pflegebedürftigen des Pflegegrades 2,
   c) 0,1449 Vollzeitäquivalente je Pflegebedürftigen des Pflegegrades 3,
   d) 0,1627 Vollzeitäquivalente je Pflegebedürftigen des Pflegegrades 4,
   e) 0,1758 Vollzeitäquivalente je Pflegebedürftigen des Pflegegrades 5,
2. für Hilfskraftpersonal mit landesrechtlich geregelter Helfer- oder Assistenzausbildung in der Pflege mit einer Ausbildungsdauer von mindestens einem Jahr
   a) 0,0564 Vollzeitäquivalente je Pflegebedürftigen des Pflegegrades 1,
   b) 0,0675 Vollzeitäquivalente je Pflegebedürftigen des Pflegegrades 2,
   c) 0,1074 Vollzeitäquivalente je Pflegebedürftigen des Pflegegrades 3,
   d) 0,1413 Vollzeitäquivalente je Pflegebedürftigen des Pflegegrades 4,
   e) 0,1102 Vollzeitäquivalente je Pflegebedürftigen des Pflegegrades 5,
3. für Fachkraftpersonal
   a) 0,0770 Vollzeitäquivalente je Pflegebedürftigen des Pflegegrades 1,

b) 0,1037 Vollzeitäquivalente je Pflegebedürftigen des Pflegegrades 2,
c) 0,1551 Vollzeitäquivalente je Pflegebedürftigen des Pflegegrades 3,
d) 0,2463 Vollzeitäquivalente je Pflegebedürftigen des Pflegegrades 4,
e) 0,3842 Vollzeitäquivalente je Pflegebedürftigen des Pflegegrades 5.

(2) 1Abweichend von Absatz 1 kann ab dem 1. Juli 2023 eine höhere personelle Ausstattung mit Pflege- und Betreuungspersonal vereinbart werden, wenn

1. in der bestehenden Pflegesatzvereinbarung gemäß § 84 Absatz 5 Satz 2 Nummer 2 bereits eine personelle Ausstattung vereinbart ist, die über die personelle Ausstattung nach Absatz 1 hinausgeht und diese personelle Ausstattung von der Pflegeeinrichtung vorgehalten wird, oder
2. in dem am 30. Juni 2023 geltenden Rahmenvertrag nach § 75 Absatz 1 eine höhere personelle Ausstattung für Fachkraftpersonal geregelt ist, als nach Absatz 1 Nummer 3 vereinbart werden kann, oder
3. die Pflegeeinrichtung sachliche Gründe für die Überschreitung der personellen Ausstattung nach Absatz 1 darlegen kann.

2Als sachlicher Grund nach Satz 1 Nummer 3 gilt unter anderem die Vereinbarung einer personellen Ausstattung mit Pflege- und Betreuungspersonal, das

1. auf Grundlage eines entsprechenden betrieblichen Konzepts ganz oder teilweise in Personalpools oder im Rahmen vergleichbarer betrieblicher Ausfallkonzepte tätig ist, mit denen die vertragliche vereinbarte Personalausstattung bei kurzfristigen Personalausfällen oder vorübergehend nicht besetzbaren Stellen sichergestellt wird, oder
2. für die Zwecke des Modellvorhabens nach § 8 Absatz 3b beschäftigt wurde oder
3. die Erlaubnis zum Führen der Berufsbezeichnung nach § 1 Satz 2 des Pflegeberufegesetzes hat und überwiegend Leistungen der unmittelbar bewohnerbezogenen Pflege oder Betreuung von Pflegebedürftigen erbringt.

(3) 1Sofern ab dem 1. Juli 2023 eine personelle Ausstattung mit Pflege- und Betreuungspersonal vereinbart wird, die über die mindestens zu vereinbarende personelle Ausstattung im Sinne von Absatz 5 Satz 1 Nummer 1 hinausgeht, kann die Pflegeeinrichtung

1. bis zum 31. Dezember 2026 für die Stellenanteile der personellen Ausstattung nach Absatz 1 Nummer 2, die über die mindestens zu vereinbarende personelle Ausstattung hinausgehen, auch Personal vorhalten, das über eine mindestens einjährige medizinische, soziale oder hauswirtschaftliche Qualifikation verfügt und entsprechend der Qualifikation administrative oder pflegerische Aufgaben zur Entlastung des Fachkraftpersonals nach Absatz 1 Nummer 3 übernimmt, und
2. für die Stellenanteile der personellen Ausstattung, die über die mindestens zu vereinbarende personelle Ausstattung hinausgehen, auch Pflegehilfskraftpersonal vorhalten,
   a) das eine der folgenden Ausbildungen berufsbegleitend durchläuft:
      aa) für Stellenanteile nach Absatz 1 Nummer 2 eine Ausbildung, die die von der Arbeits- und Sozialministerkonferenz 2012 und von der Gesundheitsministerkonferenz 2013 als Mindestanforderung beschlossenen „Eckpunkte für die in Länderzuständigkeit liegenden Ausbildungen zu Assistenz- und Helferberufen in der Pflege" (BAnz AT 17. 02. 2016 B3) erfüllt, oder
      bb) für Stellenanteile nach Absatz 1 Nummer 3 eine Ausbildung nach Teil 2, Teil 3 oder Teil 5 des Pflegeberufegesetzes oder einen Anpassungslehrgang nach § 40 Absatz 3 oder § 41 Absatz 2, 3, 4 oder 5 des Pflegeberufegesetzes oder
   b) das für Stellenanteile nach Absatz 1 Nummer 2 berücksichtigt werden kann, wenn das Bestehen einer berufsqualifizierenden Prüfung aufgrund von berufspraktischen Erfahrungen in der Pflege, sonstigen Qualifizierungsmaßnahmen oder beidem nach landesrechtlichen Regelungen auf die Dauer der in Absatz 1 Nummer 2 genannten Ausbildungen angerechnet werden kann. 2Finanziert werden kann auch die Differenz zwischen dem Gehalt der Pflegehilfskraft und der Ausbildungsvergütung, sofern die Pflegehilfskraft mindestens ein Jahr beruflich tätig war.

3Finanziert werden kann auch die Differenz zwischen dem Gehalt der Pflegehilfskraft und der Ausbildungsvergütung, sofern die Pflegehilfskraft mindestens ein Jahr beruflich tätig war. 4Finanziert werden können zudem Ausbildungsaufwendungen, soweit diese Aufwendungen nicht von anderer Stelle finanziert werden. 5Die Stellenanteile, die bis zum 31. Dezember 2026 mit Personal nach Satz 1 Nummer 1 besetzt wurden, können ab dem 1. Januar 2027 zusätzlich zu den verhandelten Stellenanteilen nach Absatz 1 Nummer 2 vereinbart werden. 6Der Durchführung einer Ausbildung nach Satz 1 Nummer 2 Buchstabe a Doppelbuchstabe aa steht es gleich, wenn die Pflegeeinrichtung nachweist, dass die Ausbildung schnellstmöglich, spätestens jedoch bis zum 30. Dezember 2028, begonnen wird und das Pflegehilfskraftpersonal bei Abschluss der Vereinbarung mindestens fünf Jahre mit im Jahresdurchschnitt mindestens hälftiger Vollzeitbeschäftigung in der Pflege tätig war.

(4) $_{1}$Der Spitzenverband Bund der Pflegekassen und die Vereinigungen der Träger der Pflegeeinrichtungen auf Bundesebene geben unter Beteiligung des Medizinischen Dienstes Bund, des Verbandes der privaten Krankenversicherung e. V. sowie unabhängiger Sachverständiger gemeinsam mit der Bundesvereinigung der kommunalen Spitzenverbände und der Bundesarbeitsgemeinschaft der überörtlichen Träger der Sozialhilfe und der Eingliederungshilfe gemeinsame Empfehlungen zu den Inhalten der Verträge nach Absatz 5 ab. $_{2}$Die gemeinsamen Empfehlungen nach Satz 1 umfassen auch Empfehlungen zu den Aufgabenbereichen für Personal nach Absatz 2 Satz 2 Nummer 3; wissenschaftliche Expertisen, die nach §8 Absatz 3c erarbeitet wurden, sind dabei zu berücksichtigen. $_{3}$Die Parteien nach Satz 1 arbeiten im Rahmen der gemeinsamen Empfehlungen mit den maßgeblichen Organisationen der Pflegeberufe auf Bundesebene sowie den auf Bundesebene maßgeblichen Organisationen für die Wahrnehmung der Interessen und der Selbsthilfe pflegebedürftiger und behinderter Menschen eng zusammen. $_{4}$Kommen die gemeinsamen Empfehlungen nach Satz 1 nicht zustande, wird auf Antrag einer Partei nach Satz 1 ein Schiedsgremium aus drei unparteiischen und unabhängigen Schiedspersonen gebildet. $_{5}$Der unparteiische Vorsitzende des Schiedsgremiums und die zwei weiteren unparteiischen Mitglieder führen ihr Amt als Ehrenamt. $_{6}$Sie werden vom Spitzenverband Bund der Pflegekassen und den Vereinigungen der Träger der Pflegeeinrichtungen auf Bundesebene benannt. $_{7}$Kommt eine Einigung über ihre Benennung nicht innerhalb einer vom Bundesministerium für Gesundheit gesetzten Frist zustande, erfolgt die Benennung durch das Bundesministerium für Gesundheit im Einvernehmen mit dem Bundesministerium für Arbeit und Soziales. $_{8}$Das Schiedsgremium setzt mit der Mehrheit seiner Mitglieder spätestens bis zum Ablauf von zwei Monaten nach seiner Bestellung die gemeinsamen Empfehlungen fest. $_{9}$Die Kosten des Schiedsverfahrens tragen der Spitzenverband Bund der Pflegekassen und die Vereinigungen zu gleichen Teilen.

(5) $_{1}$Abweichend von §75 Absatz 3 Satz 1 sind in den Rahmenverträgen nach §75 Absatz 1 ab dem 1. Juli 2023 für die vollstationäre Pflege unter Berücksichtigung der Personalanhaltswerte nach Absatz 1 insbesondere zu regeln:

1. die mindestens zu vereinbarende personelle Ausstattung, die sich aus den Personalanhaltszahlen für das Pflege- und Betreuungspersonal einschließlich des Anteils der ausgebildeten Fachkräfte aus den Vorgaben der zum 30. Juni 2023 geltenden Rahmenverträge nach §75 Absatz 1 in Verbindung mit landesrechtlichen Vorgaben ergibt; dabei sind auch die Pflegesituation in der Nacht sowie Besonderheiten in Bezug auf Einrichtungsgrößen und Einrichtungskonzeptionen einzubeziehen,
2. besondere Personalbedarfe beispielsweise für die Pflegedienstleitung, für Qualitätsbeauftragte oder für die Praxisanleitung, die zusätzlich zur personellen Ausstattung nach Absatz 1 vereinbart werden können,
3. die erforderlichen Qualifikationen für das Pflege- und Betreuungspersonal, das von der Pflegeeinrichtung für die personelle Ausstattung nach Absatz 1 oder Absatz 2 vorzuhalten ist; bei der personellen Ausstattung mit Fachkräften sollen neben Pflegefachpersonen auch andere Fachkräfte aus dem Gesundheits- und Sozialbereich vorgehalten werden können, dazu gehören insbesondere staatlich anerkannte Hauswirtschafter, Ergotherapeuten, Logopäden, medizinische Fachangestellte und Physiotherapeuten sowie konzeptabhängig Heilerziehungspfleger, deren Qualifikationsprofil die Voraussetzungen des Beschlusses der Kultusministerkonferenz vom 16. Dezember 2021 „Kompetenzorientiertes Qualifikationsprofil für die Ausbildung von Heilerziehungspflegerinnen und Heilerziehungspflegern an Fachschulen" in der Fassung, die auf der Internetseite der Kultusministerkonferenz veröffentlicht ist, erfüllen; die erforderlichen Qualifikationen für das vorzuhaltende Personal nach Absatz 1 Nummer 1 oder 2 werden auch eingehalten, wenn hierfür das Personal mit einer jeweils höheren Qualifikation vorgehalten wird; im Fall des §72 Absatz 3b Satz 1 Nummer 1 bis 3 wird die Eingruppierung und im Fall des §72 Absatz 3b Satz 1 Nummer 4 die Zuordnung zu einer Qualifikationsgruppe jeweils durch den konkreten Einsatz bestimmt.

$_{2}$Geregelt werden kann auch, dass die Personalanhaltswerte nach Absatz 1 Nummer 1 weiter nach Qualifikationen unterteilt werden. $_{3}$§75 Absatz 1 Satz 4 gilt entsprechend. $_{4}$Ab dem 1. Juli 2023 gelten die Empfehlungen nach Absatz 4 als unmittelbar verbindlich, soweit die Rahmenverträge nach §75 Absatz 1 keine Vorgaben nach Satz 1 Nummer 1 bis 3 regeln.

(6) $_{1}$Ab dem 1. Juli 2023 können Anträge auf Vergütungszuschläge zur Finanzierung von zusätzlichen Fachkräften nach §8 Absatz 6 und von zusätzlichen Pflegehilfskräften nach §84 Absatz 9 in Verbindung mit §85 Absatz 9 bis 11 jeweils nicht

mehr gestellt werden. 2Vergütungszuschläge nach Satz 1, die bis zum Beginn des ersten nach dem 1. Juli 2023 stattfindenden Pflegesatzverfahrens vereinbart oder beschieden worden sind, werden in diesem Pflegesatzverfahren in die Pflegesätze nach § 84 Absatz 1 und die Leistungs- und Qualitätsmerkmale nach § 84 Absatz 5 übertragen. 3Die Übertragung hat spätestens bis zum 31. Dezember 2025 zu erfolgen.

(7) 1Das Bundesministerium für Gesundheit prüft alle zwei Jahre, erstmals im Jahr 2025, eine Anpassung der Personalanhaltswerte nach Absatz 1 und der Grundlagen für die mindestens zu vereinbarende personelle Ausstattung nach Absatz 5 Satz 1 Nummer 1. 2Die Prüfung erfolgt insbesondere im Hinblick auf

1. die vorliegenden Erkenntnisse aus der wissenschaftlich gestützten Begleitung der Einführung und Weiterentwicklung des wissenschaftlich fundierten Verfahrens zur einheitlichen Bemessung des Personalbedarfs in Pflegeeinrichtungen nach qualitativen und quantitativen Maßstäben für vollstationäre Pflegeeinrichtungen nach § 8 Absatz 3b,
2. die Erkenntnisse aus dem Bericht des Spitzenverbandes Bund der Pflegekassen nach Absatz 8 und
3. die Arbeitsmarkt- und Ausbildungssituation im Pflegebereich.

3Das Bundesministerium für Gesundheit legt unverzüglich im Anschluss an die Prüfung nach Satz 1 im Einvernehmen mit dem Bundesministerium für Familie, Senioren, Frauen und Jugend und dem Bundesministerium für Arbeit und Soziales den gesetzgebenden Körperschaften des Bundes einen Bericht über das Ergebnis der Prüfung nach Satz 1 und die tragenden Gründe sowie einen Vorschlag für die weitere Umsetzung des wissenschaftlich fundierten Verfahrens zur einheitlichen Bemessung des Personalbedarfs nach qualitativen und quantitativen Maßstäben für vollstationäre Pflegeeinrichtungen vor.

(8) 1Das Bundesministerium für Gesundheit legt erstmals bis zum 30. Juni 2024 und anschließend alle zwei Jahre, beginnend mit dem 31. Dezember 2025, im Einvernehmen mit dem Bundesministerium für Familie, Senioren, Frauen und Jugend und dem Bundesministerium für Arbeit und Soziales sowie nach Anhörung der Länder, des Spitzenverbandes Bund der Pflegekassen, der Arbeitsgemeinschaften der örtlichen Träger der Sozialhilfe und der überörtlichen Träger der Sozialhilfe, des Verbandes der privaten Krankenversicherung e. V. und der Vereinigungen der Träger der stationären Pflegeeinrichtungen Zielwerte für eine bundeseinheitliche, mindestens zu vereinbarende personelle Ausstattung fest. 2Die Festlegung wird durch Veröffentlichung im Bundesanzeiger bekannt gemacht. 3Der Spitzenverband Bund der Pflegekassen berichtet dem Bundesministerium für Gesundheit erstmals bis zum 30. Juni 2025, aufgeschlüsselt nach Ländern für den Stichtag 1. Mai 2025, und anschließend alle zwei Jahre, beginnend mit dem 31. Dezember 2026, aufgeschlüsselt nach Ländern für den Stichtag 1. November des Berichtsjahres, ob vollstationäre Pflegeeinrichtungen, die eine Pflegesatzvereinbarung im Sinne von Absatz 1 geschlossen haben, die Zielwerte nach Satz 1 einhalten können und welche Auswirkungen auf die pflegerische Versorgung durch die Einführung einer bundeseinheitlichen, mindestens zu vereinbarenden personellen Ausstattung zu erwarten wären. 4Ferner berichtet der Spitzenverband Bund der Pflegekassen über den Umfang des Pflegehilfskraftpersonals, das nach Absatz 2 Nummer 1 die Personalanhaltswerte nach Absatz 1 Nummer 1 überschreitet, über den Umfang des Pflegehilfskraftpersonals, das nach Absatz 3 vorgehalten wird, und über die Anzahl der vollstationären Pflegeeinrichtungen, die Personal- und Organisationsentwicklungsmaßnahmen durchführen, die im Modellprojekt nach § 8 Absatz 3b entwickelt und erprobt wurden oder die sich an den Zielen und der Konzeption der Modellprojekte nach § 8 Absatz 3b orientieren. 5Die Grundlagen des Berichts nach den Sätzen 3 und 4 legt der Spitzenverband Bund der Pflegekassen bis zum 31. März 2024 fest. 6Die Grundlagen des Berichts bedürfen der Zustimmung des Bundesministeriums für Gesundheit.

§ 113d Geschäftsstelle zur Begleitung und Unterstützung der fachlich fundierten Personal- und Organisationsentwicklung von Pflegeeinrichtungen

1Die maßgeblichen Organisationen der Pflegeberufe auf Bundesebene beauftragen gemeinsam mit den Vertragsparteien nach § 113 Absatz 1 Satz 1 bis zum 31. Dezember 2026 eine unabhängige qualifizierte Geschäftsstelle mit der Begleitung und Unterstützung einer fachlich fundierten Personal- und Organisationsentwicklung von Pflegeeinrichtungen. 2Die beauftragte Geschäftsstelle soll insbesondere die folgenden Zielgruppen und Maßnahmen unterstützen:

1. Pflegefachpersonen und Pflegeeinrichtungen bei der fachgerechten Wahrnehmung der Pflegeprozessverantwortung,
2. Pflegefachpersonen und Pflegeeinrichtungen bei der Umsetzung von Pflegedokumentationskonzepten, die den Anforderungen des § 113 Absatz 1 Satz 3 bis 5 entsprechen,
3. Pflegeeinrichtungen bei der Umsetzung von personzentrierten und kompetenzorientierten

Personal- und Organisationsentwicklungsmaßnahmen, für vollstationäre Pflegeeinrichtungen auch nach §113c Absatz 3 Satz 1 Nummer 1,

4. Pflegeeinrichtungen bei der Umsetzung pflegerischer Aufgaben auf der Grundlage der wissenschaftlichen Expertisen nach §8 Absatz 3c sowie bei der Entwicklung und Umsetzung von Führungs- und Delegationskonzepten und
5. Pflegefachpersonen und Pflegeeinrichtungen bei der Umsetzung eines ganzheitlichen, personzentrierten Pflegeverständnisses, das die Stärkung der Selbständigkeit und der Fähigkeiten der pflegebedürftigen Menschen in den Mittelpunkt stellt.

3Die Unterstützung nach Satz 2 soll insbesondere erfolgen durch

1. die Entwicklung und Durchführung von Schulungsmaßnahmen zu den Maßnahmen nach Satz 2, insbesondere für Multiplikatorinnen und Multiplikatoren, um entsprechende Schulungsmaßnahmen bundesweit in geeigneter regionaler Dichte und Häufigkeit anbieten zu können, sowie
2. die Entwicklung und Bewertung fachlicher Informationen, von Assessmentinstrumenten und Konzepten zur Nutzung durch Pflegefachpersonen und Leitungskräfte in der Pflege zu den Maßnahmen nach Satz 2 und die öffentliche Bereitstellung dieser Informationen, Assessmentinstrumente und Konzepte im Internet.

4Der Medizinische Dienst Bund und die maßgeblichen Organisationen für die Wahrnehmung der Interessen und der Selbsthilfe der pflegebedürftigen und behinderten Menschen nach Maßgabe von §118 sowie weitere relevante Fachorganisationen sind bei der Entwicklung der Maßnahmen nach Satz 2 zu beteiligen. 5Näheres zur Zusammensetzung und Arbeitsweise der Geschäftsstelle, insbesondere zur Auswahl und Qualifikation der Multiplikatorinnen und Multiplikatoren, regeln die maßgeblichen Organisationen der Pflegeberufe auf Bundesebene und die Vertragsparteien nach §113 Absatz 1 Satz 1 in einer Geschäftsordnung. 6Die Geschäftsstelle ist bis zum 31. Dezember 2029 befristet. 7Sie legt der oder dem Bevollmächtigten der Bundesregierung für Pflege jährlich, erstmals zum 31. März 2028, einen Bericht über ihre Arbeit vor.

§114 Qualitätsprüfungen

(1) 1Zur Durchführung einer Qualitätsprüfung erteilen die Landesverbände der Pflegekassen dem Medizinischen Dienst, dem Prüfdienst des Verbandes der privaten Krankenversicherung e. V. im Umfang von 10 Prozent der in einem Jahr anfallenden Prüfaufträge oder den von ihnen bestellten Sachverständigen einen Prüfauftrag. 2Der Prüfauftrag enthält Angaben zur Prüfart, zum Prüfgegenstand und zum Prüfumfang. 3Die Prüfung erfolgt als Regelprüfung, Anlassprüfung oder Wiederholungsprüfung. 4Die Pflegeeinrichtungen haben die ordnungsgemäße Durchführung der Prüfungen zu ermöglichen. 5Vollstationäre Pflegeeinrichtungen sind ab dem 1. Januar 2014 verpflichtet, die Landesverbände der Pflegekassen unmittelbar nach einer Regelprüfung darüber zu informieren, wie die ärztliche, fachärztliche und zahnärztliche Versorgung sowie die Arzneimittelversorgung in den Einrichtungen geregelt sind. 6Sie sollen insbesondere auf Folgendes hinweisen:

1. auf den Abschluss und den Inhalt von Kooperationsverträgen oder die Einbindung der Einrichtung in Ärztenetze,
2. auf den Abschluss von Vereinbarungen mit Apotheken sowie
3. ab dem 1. Juli 2016 auf die Zusammenarbeit mit einem Hospiz- und Palliativnetz.

7Wesentliche Änderungen hinsichtlich der ärztlichen, fachärztlichen und zahnärztlichen Versorgung, der Arzneimittelversorgung sowie der Zusammenarbeit mit einem Hospiz- und Palliativnetz sind den Landesverbänden der Pflegekassen innerhalb von vier Wochen zu melden.

(1a) 1Die Prüfaufträge nach Absatz 1 werden ab dem 1. Januar 2028 digital erteilt. 2Der Spitzenverband Bund der Pflegekassen errichtet im Einvernehmen mit dem Medizinischen Dienst Bund und dem Verband der privaten Krankenversicherung e. V. zur Planung, zur Auftragsvergabe und zur Durchführung von Qualitätsprüfungen bis zum 31. Oktober 2027 eine Daten- und Kommunikationsplattform; durch die Landesverbände der Pflegekassen eingesetzte digitale Formate zur Übermittlung der Prüfaufträge und der Ergebnisse der Qualitätsprüfungen nach §115 Absatz 1 sind dabei zu berücksichtigen. 3Die privaten Versicherungsunternehmen, die die private Pflege-Pflichtversicherung durchführen, beteiligen sich mit 10 Prozent an den Kosten für den Aufbau und den Betrieb der Daten- und Kommunikationsplattform. 4Die Plattform enthält aktuelle einrichtungsbezogene Daten und Informationen, insbesondere zu Anzahl und Art der durchgeführten Prüfungen sowie für den vollstationären Bereich zu unangemeldeten Prüfungen nach §114a Absatz 1 Satz 3 und zu Verlängerungen des Prüfrhythmus nach §114c. 5Der Spitzenverband Bund der Pflegekassen erstellt auf Grundlage der Daten- und Kommunikationsplattform statistische Datenauswertungen

1. zur Anzahl der erteilten Prüfaufträge und durchgeführten Qualitätsprüfungen in vollstationä-

ren, teilstationären und ambulanten Pflegeeinrichtungen sowie in gemeinschaftlichen Wohnformen,

2. zur Prüfquote des Prüfdienstes des Verbandes der privaten Krankenversicherung e. V. und
3. zur Anzahl der Verlängerungen des Prüfrhythmus nach § 114c und der unangemeldeten Prüfungen nach § 114a Absatz 1 Satz 3.

(2) $_{1}$Die Landesverbände der Pflegekassen veranlassen in zugelassenen Pflegeeinrichtungen bis zum 31. Dezember 2010 mindestens einmal und ab dem Jahre 2011 regelmäßig im Abstand von höchstens einem Jahr eine Prüfung durch den Medizinischen Dienst, den Prüfdienst des Verbandes der privaten Krankenversicherung e. V. oder durch von ihnen bestellte Sachverständige (Regelprüfung). $_{2}$Die Richtlinien nach § 114c zur Verlängerung des Prüfrhythmus bei guter Qualität sind zu beachten. $_{3}$Die Landesverbände der Pflegekassen erteilen die Prüfaufträge für zugelassene vollstationäre Pflegeeinrichtungen auf der Grundlage der von der Datenauswertungsstelle nach § 113 Absatz 1b Satz 3 übermittelten Ergebnisse. $_{4}$Zu prüfen ist, ob die Qualitätsanforderungen nach diesem Buch und nach den auf dieser Grundlage abgeschlossenen vertraglichen Vereinbarungen erfüllt sind. $_{5}$Die Regelprüfung erfasst insbesondere wesentliche Aspekte des Pflegezustandes und die Wirksamkeit der Pflege- und Betreuungsmaßnahmen (Ergebnisqualität). $_{6}$Sie kann auch auf den Ablauf, die Durchführung und die Evaluation der Leistungserbringung (Prozessqualität) sowie die unmittelbaren Rahmenbedingungen der Leistungserbringung (Strukturqualität) erstreckt werden. $_{7}$Die Regelprüfung bezieht sich auf die Qualität der allgemeinen Pflegeleistungen, der medizinischen Behandlungspflege, der Betreuung einschließlich der zusätzlichen Betreuung und Aktivierung im Sinne des § 43b, der Leistungen bei Unterkunft und Verpflegung (§ 87), der Zusatzleistungen (§ 88) und der Leistungen des Basispaketes bei gemeinschaftlichen Wohnformen mit Verträgen zur pflegerischen Versorgung (§ 92c). $_{8}$Auch die nach § 37 des Fünften Buches erbrachten Leistungen der häuslichen Krankenpflege sind in die Regelprüfung einzubeziehen, unabhängig davon, ob von der Pflegeversicherung Leistungen nach § 36 erbracht werden. $_{9}$In die Regelprüfung einzubeziehen sind auch Leistungen der außerklinischen Intensivpflege nach § 37c des Fünften Buches, die auf der Grundlage eines Versorgungsvertrages mit den Krankenkassen gemäß § 132l Absatz 5 Nummer 4 des Fünften Buches erbracht werden, unabhängig davon, ob von der Pflegeversicherung Leistungen nach § 36 erbracht werden. $_{10}$In den Fällen nach Satz 9 ist in die Regelprüfung mindestens eine Person, die Leistungen der außerklinischen Intensivpflege an einem der in § 37c Absatz 2 Satz 1 Nummer 4 des Fünften Buches genannten Orte erhält, einzubeziehen. $_{11}$Die Regelprüfung umfasst auch die Abrechnung der genannten Leistungen. $_{12}$Zu prüfen ist auch, ob die Versorgung der Pflegebedürftigen den Empfehlungen der Kommission für Infektionsprävention in medizinischen Einrichtungen und in Einrichtungen und Unternehmen der Pflege und Eingliederungshilfe nach § 23 Absatz 1 des Infektionsschutzgesetzes entspricht und, sofern stationäre Pflegeeinrichtungen im Sinne des § 71 Absatz 2 geprüft werden, ob die Verpflichtung zur Übermittlung von Daten nach § 35 Absatz 6 des Infektionsschutzgesetzes erfüllt wurde.

(2a) $_{1}$Der Medizinische Dienst Bund beschließt im Benehmen mit dem Spitzenverband Bund der Pflegekassen und dem Prüfdienst des Verbandes der privaten Krankenversicherung e. V. sowie im Einvernehmen mit dem Bundesministerium für Gesundheit bis zum 1. Juni 2026 das Nähere zur Durchführbarkeit von Prüfungen, insbesondere, unter welchen Voraussetzungen Prüfaufträge angesichts längerfristiger Krisensituationen von nationaler oder regionaler Tragweite angemessen sind und ob und welche spezifischen Vorgaben, insbesondere zum Schutz der pflegebedürftigen Personen und der Mitarbeitenden der Pflegeeinrichtungen und der Prüfdienste, zu beachten sind. $_{2}$Dabei sind insbesondere aktuelle wissenschaftliche und krisenrelevante Erkenntnisse zu berücksichtigen. $_{3}$Der Beschluss nach Satz 1 ist entsprechend der Entwicklung einer jeweiligen Krisensituation von nationaler oder regionaler Tragweite vom Medizinischen Dienst Bund im Benehmen mit dem Spitzenverband Bund der Pflegekassen und dem Prüfdienst des Verbandes der privaten Krankenversicherung e. V. sowie im Einvernehmen mit dem Bundesministerium für Gesundheit unverzüglich zu aktualisieren. $_{4}$Er ist für die Landesverbände der Pflegekassen, die Medizinischen Dienste und den Prüfdienst des Verbandes der privaten Krankenversicherung e. V. verbindlich. $_{5}$Wenn Krisensituationen von nationaler oder regionaler Tragweite der Durchführung von Qualitätsprüfungen entgegenstehen, kann auf Grundlage des Beschlusses nach Satz 1 von den zeitlichen Vorgaben für den Abstand von Qualitätsprüfungen nach Absatz 2 Satz 1 und § 114c Absatz 1 Satz 1 abgewichen und der Abstand um höchstens ein Jahr verlängert werden.

(3) $_{1}$Die Landesverbände der Pflegekassen haben im Rahmen der Zusammenarbeit mit den nach heimrechtlichen Vorschriften zuständigen Aufsichtsbehörden (§ 117) vor einer Regelprüfung insbesondere zu erfragen, ob Qualitätsanforderungen nach diesem Buch und den auf seiner Grundlage

5

abgeschlossenen vertraglichen Vereinbarungen in einer Prüfung der nach heimrechtlichen Vorschriften zuständigen Aufsichtsbehörde oder in einem nach Landesrecht durchgeführten Prüfverfahren berücksichtigt worden sind. 2Hierzu können auch Vereinbarungen auf Landesebene zwischen den Landesverbänden der Pflegekassen und den nach heimrechtlichen Vorschriften zuständigen Aufsichtsbehörden sowie den für weitere Prüfverfahren zuständigen Aufsichtsbehörden getroffen werden. 3Um Doppelprüfungen zu vermeiden, haben die Landesverbände der Pflegekassen den Prüfumfang der Regelprüfung in angemessener Weise zu verringern, wenn

1. die Prüfungen nicht länger als neun Monate zurückliegen,
2. die Prüfergebnisse nach pflegefachlichen Kriterien den Ergebnissen einer Regelprüfung gleichwertig sind und
3. die Veröffentlichung der von den Pflegeeinrichtungen erbrachten Leistungen und deren Qualität gemäß §115 Absatz 1a gewährleistet ist.

4Die Pflegeeinrichtung kann verlangen, dass von einer Verringerung der Prüfpflicht abgesehen wird.

(4) 1Bei Anlassprüfungen geht der Prüfauftrag in der Regel über den jeweiligen Prüfanlass hinaus; er umfasst eine vollständige Prüfung mit dem Schwerpunkt der Ergebnisqualität. 2Gibt es im Rahmen einer Anlass-, Regel- oder Wiederholungsprüfung sachlich begründete Hinweise auf eine nicht fachgerechte Pflege bei Pflegebedürftigen, auf die sich die Prüfung nicht erstreckt, sind die betroffenen Pflegebedürftigen unter Beachtung der datenschutzrechtlichen Bestimmungen in die Prüfung einzubeziehen. 3Die Prüfung ist insgesamt als Anlassprüfung durchzuführen. 4Im Zusammenhang mit einer zuvor durchgeführten Regel- oder Anlassprüfung kann von den Landesverbänden der Pflegekassen eine Wiederholungsprüfung veranlasst werden, um zu überprüfen, ob die festgestellten Qualitätsmängel durch die nach §115 Abs. 2 angeordneten Maßnahmen beseitigt worden sind.

§114a Durchführung der Qualitätsprüfungen

(1) 1Der Medizinische Dienst, der Prüfdienst des Verbandes der privaten Krankenversicherung e. V. und die von den Landesverbänden der Pflegekassen bestellten Sachverständigen sind im Rahmen ihres Prüfauftrags nach §114 jeweils berechtigt und verpflichtet, an Ort und Stelle zu überprüfen, ob die zugelassenen Pflegeeinrichtungen die Leistungs- und Qualitätsanforderungen nach diesem Buch erfüllen. 2Die Prüfungen sind grundsätzlich zwei Arbeitstage zuvor anzukündigen; Anlassprüfungen sollen unangemeldet erfolgen. 3Die Prüfungen in zugelassenen vollstationären Pflegeeinrichtungen sollen unangekündigt erfolgen, wenn die Einrichtung ihrer Verpflichtung nach §114b Absatz 1 gar nicht nachkommt, die Datenübermittlung unvollständig war oder von der Datenauswertungsstelle nach §113 Absatz 1b mangelnde Plausibilität der übermittelten Daten festgestellt wurde. 4Der Medizinische Dienst, der Prüfdienst des Verbandes der privaten Krankenversicherung e. V. und die von den Landesverbänden der Pflegekassen bestellten Sachverständigen beraten im Rahmen der Qualitätsprüfungen die Pflegeeinrichtungen in Fragen der Qualitätssicherung. 5§112 Abs. 3 gilt entsprechend.

(2) 1Sowohl bei teil- als auch bei vollstationärer Pflege sind der Medizinische Dienst, der Prüfdienst des Verbandes der privaten Krankenversicherung e. V. und die von den Landesverbänden der Pflegekassen bestellten Sachverständigen jeweils berechtigt, zum Zwecke der Qualitätssicherung die für das Pflegeheim benutzten Grundstücke und Räume jederzeit zu betreten, dort Prüfungen und Besichtigungen vorzunehmen, sich mit den Pflegebedürftigen, ihren Angehörigen, vertretungsberechtigten Personen und Betreuern in Verbindung zu setzen sowie die Beschäftigten und die Interessenvertretung der Bewohnerinnen und Bewohner zu befragen. 2Bei der Prüfung von ambulanten Pflegediensten sind der Medizinische Dienst, der Prüfdienst des Verbandes der privaten Krankenversicherung e. V. und die von den Landesverbänden der Pflegekassen bestellten Sachverständigen berechtigt, die Qualität der Leistungen des Pflegedienstes mit Einwilligung der von dem Pflegedienst versorgten Person auch in deren Wohnung zu überprüfen; bei ambulanten Pflegediensten mit Verträgen zur pflegerischen Versorgung in gemeinschaftlichen Wohnformen nach §92c sind diese berechtigt, die Qualität der Leistungen des Pflegedienstes sowohl in den Gemeinschaftsräumen als auch in den Wohnräumen der versorgten Personen zu überprüfen. 3Soweit Räume im Sinne der Sätze 1 und 2 zweiter Halbsatz einem Wohnrecht unterliegen, dürfen sie ohne Einwilligung der darin Wohnenden nur betreten werden, soweit dies zur Verhütung dringender Gefahren für die öffentliche Sicherheit und Ordnung erforderlich ist; das Grundrecht der Unverletzlichkeit der Wohnung (Artikel 13 Absatz 1 des Grundgesetzes) wird insoweit eingeschränkt. 4Prüfungen und Besichtigungen zur Nachtzeit sind nur zulässig, wenn und soweit das Ziel der Qualitätssicherung zu anderen Tageszeiten nicht erreicht werden kann. 5Der Medizinische Dienst und der Prüfdienst des Verbandes der privaten Krankenversicherung e. V. sollen die nach heimrechtlichen Vorschriften zuständige Aufsichtsbehörde an Prüfungen beteiligen, soweit dadurch die Prüfung nicht verzögert wird.

(3) 1Die Prüfungen beinhalten auch Inaugenscheinnahmen des gesundheitlichen und pflegerischen Zustands von durch die Pflegeeinrichtung versorgten Personen. 2Zum gesundheitlichen und pflegerischen Zustand der durch Inaugenscheinnahme in die Prüfung einbezogenen Personen können sowohl diese Personen selbst als auch Beschäftigte der Pflegeeinrichtungen, Betreuer und Angehörige sowie Mitglieder der heimrechtlichen Interessenvertretungen der Bewohnerinnen und Bewohner befragt werden. 3Bei der Beurteilung der Pflegequalität sind die Pflegedokumentation, die Inaugenscheinnahme von Personen nach Satz 1 und Befragungen der Beschäftigten der Pflegeeinrichtungen sowie der durch Inaugenscheinnahme in die Prüfung einbezogenen Personen, ihrer Angehörigen und der vertretungsberechtigten Personen angemessen zu berücksichtigen. 4An die Pflegedokumentation dürfen nur die in den Maßstäben und Grundsätzen nach § 113 Absatz 1 Satz 2 festgelegten Anforderungen gestellt werden. 5Die Teilnahme an Inaugenscheinnahmen und Befragungen ist freiwillig. 6Durch die Ablehnung dürfen keine Nachteile entstehen. 7Einsichtnahmen in Pflegedokumentationen, Inaugenscheinnahmen von Personen nach Satz 1 und Befragungen von Personen nach Satz 2 sowie die damit jeweils zusammenhängende Verarbeitung personenbezogener Daten von durch Inaugenscheinnahme in die Prüfung einbezogenen Personen zum Zwecke der Erstellung eines Prüfberichts bedürfen der Einwilligung der betroffenen Personen.

(3a) 1Die Pflegeeinrichtungen haben im Rahmen ihrer Mitwirkungspflicht nach § 114 Absatz 1 Satz 4 insbesondere die Namen und Kontaktdaten der von ihnen versorgten Personen an die jeweiligen Prüfer weiterzuleiten. 2Die Prüfer sind jeweils verpflichtet, die durch Inaugenscheinnahme nach Absatz 3 Satz 1 in die Qualitätsprüfung einzubeziehenden Personen vor der Durchführung der Qualitätsprüfung in verständlicher Weise über die für die Einwilligung in die Prüfhandlungen nach Absatz 3 Satz 6 wesentlichen Umstände aufzuklären. 3Ergänzend kann auch auf Unterlagen Bezug genommen werden, die die durch Inaugenscheinnahme in die Prüfung einzubeziehende Person in Textform erhält. 4Die Aufklärung muss so rechtzeitig erfolgen, dass die durch Inaugenscheinnahme in die Prüfung einzubeziehende Person ihre Entscheidung über die Einwilligung wohlüberlegt treffen kann. 5Die Einwilligung nach Absatz 2 oder Absatz 3 kann erst nach Bekanntgabe der Einbeziehung der in Augenschein zu nehmenden Person in die Qualitätsprüfung erklärt werden und muss in einer Urkunde oder auf andere zur dauerhaften Wiedergabe in Schriftzeichen geeignete Weise gegenüber den Prüfern abgegeben werden, die Person des Erklärenden benennen und den Abschluss der Erklärung durch Nachbildung der Namensunterschrift oder anders erkennbar machen (Textform). 6Ist die durch Inaugenscheinnahme in die Prüfung einzubeziehende Person einwilligungsunfähig, ist die Einwilligung eines hierzu Berechtigten einzuholen, wobei dieser nach Maßgabe der Sätze 2 bis 4 aufzuklären ist. 7Ist ein Berechtigter nicht am Ort einer unangemeldeten Prüfung anwesend und ist eine rechtzeitige Einholung der Einwilligung in Textform nicht möglich, so genügt nach einer den Maßgaben der Sätze 2 bis 4 entsprechenden Aufklärung durch die Prüfer ausnahmsweise eine mündliche Einwilligung, wenn andernfalls die Durchführung der Prüfung erschwert würde. 8Die mündliche Einwilligung oder Nichteinwilligung des Berechtigten sowie die Gründe für ein ausnahmsweises Abweichen von der erforderlichen Textform sind schriftlich oder elektronisch zu dokumentieren.

(4) 1Auf Verlangen sind Vertreter der betroffenen Pflegekassen oder ihrer Verbände, des zuständigen Sozialhilfeträgers sowie des Verbandes der privaten Krankenversicherung e. V. an den Prüfungen nach den Absätzen 1 bis 3 zu beteiligen. 2Der Träger der Pflegeeinrichtung kann verlangen, dass eine Vereinigung, deren Mitglied er ist (Trägervereinigung), an der Prüfung nach den Absätzen 1 bis 3 beteiligt wird. 3Ausgenommen ist eine Beteiligung nach Satz 1 oder nach Satz 2, soweit dadurch die Durchführung einer Prüfung voraussichtlich verzögert wird. 4Unabhängig von ihren eigenen Prüfungsbefugnissen nach den Absätzen 1 bis 3 sind der Medizinische Dienst, der Prüfdienst des Verbandes der privaten Krankenversicherung e. V. und die von den Landesverbänden der Pflegekassen bestellten Sachverständigen jeweils befugt, sich an Überprüfungen von zugelassenen Pflegeeinrichtungen zu beteiligen, soweit sie von der nach heimrechtlichen Vorschriften zuständigen Aufsichtsbehörde nach Maßgabe heimrechtlicher Vorschriften durchgeführt werden. 5Sie haben in diesem Fall ihre Mitwirkung an der Überprüfung der Pflegeeinrichtung auf den Bereich der Qualitätssicherung nach diesem Buch zu beschränken.

(5) 1Unterschreitet der Prüfdienst des Verbandes der privaten Krankenversicherung e. V. die in § 114 Absatz 1 Satz 1 genannte, auf das Bundesgebiet bezogene Prüfquote, beteiligen sich die privaten Versicherungsunternehmen, die die private Pflege-Pflichtversicherung durchführen, anteilig bis zu einem Betrag von 10 Prozent an den Kosten der Qualitätsprüfungen der ambulanten und stationären Pflegeeinrichtungen. 2Stellt der Spitzenverband Bund der Pflegekassen auf Grundlage der Berichterstattung nach § 114c Absatz 3 Satz 3 eine Unter-

schreitung der Prüfquote des Prüfdienstes des Verbandes der privaten Krankenversicherung e. V. fest, übermittelt er die entsprechenden Daten an das Bundesamt für Soziale Sicherung. $_{3}$In diesem Fall stellt das Bundesamt für Soziale Sicherung die Höhe der Unterschreitung sowie die Höhe der durchschnittlichen Kosten von Prüfungen im Wege einer Schätzung nach Anhörung des Verbandes der privaten Krankenversicherung e. V., des Spitzenverbandes Bund der Pflegekassen und des Medizinischen Dienstes Bund fest. $_{4}$Der Finanzierungsanteil ergibt sich aus der Multiplikation der Durchschnittskosten mit der Differenz zwischen der Anzahl der vom Prüfdienst des Verbandes der privaten Krankenversicherung e. V. durchgeführten Prüfungen und der Anzahl der Prüfungen, die nach der in §114 Absatz 1 Satz 1 genannten Prüfquote durchzuführen sind. $_{5}$Im Rahmen der Anhörung nach Satz 3 kann der Verband der privaten Krankenversicherung e. V. den Nachweis erbringen, dass die Unterschreitung der Prüfquote nicht von ihm oder seinem Prüfdienst zu vertreten ist. $_{6}$Gelingt der Nachweis zur Überzeugung des Bundesamtes für Soziale Sicherung nicht, fordert dieses den Verband der privaten Krankenversicherung e. V. auf, den Finanzierungsanteil binnen vier Wochen an den Ausgleichsfonds (§65) zu zahlen.

(5a) Der Spitzenverband Bund der Pflegekassen vereinbart bis zum 31. Oktober 2011 mit dem Verband der privaten Krankenversicherung e. V. das Nähere über die Zusammenarbeit bei der Durchführung von Qualitätsprüfungen durch den Prüfdienst des Verbandes der privaten Krankenversicherung e. V., insbesondere über Maßgaben zur Prüfquote, Auswahlverfahren der zu prüfenden Pflegeeinrichtungen und Maßnahmen der Qualitätssicherung, sowie zur einheitlichen Veröffentlichung von Ergebnissen der Qualitätsprüfungen durch den Verband der privaten Krankenversicherung e. V.

(6) $_{1}$Die Medizinischen Dienste und der Prüfdienst des Verbandes der privaten Krankenversicherung e. V. berichten dem Medizinischen Dienst Bund zum 30. Juni 2020, danach in Abständen von zwei Jahren, über ihre Erfahrungen mit der Anwendung der Beratungs- und Prüfvorschriften nach diesem Buch, über die Ergebnisse ihrer Qualitätsprüfungen sowie über ihre Erkenntnisse zum Stand und zur Entwicklung der Pflegequalität und der Qualitätssicherung. $_{2}$Sie stellen unter Beteiligung des Medizinischen Dienstes Bund die Vergleichbarkeit der gewonnenen Daten sicher. $_{3}$Der Medizinische Dienst Bund führt die Berichte der Medizinischen Dienste, des Prüfdienstes des Verbandes der privaten Krankenversicherung e. V. und seine eigenen Erkenntnisse und Erfahrungen zur Entwicklung der Pflegequalität und der Qualitätssicherung zu einem Bericht zusammen und legt diesen innerhalb eines halben Jahres dem Spitzenverband Bund der Pflegekassen, dem Bundesministerium für Gesundheit, dem Bundesministerium für Familie, Senioren, Frauen und Jugend sowie dem Bundesministerium für Arbeit und Soziales und den zuständigen Länderministerien vor.

(7) $_{1}$Der Medizinische Dienst Bund beschließt im Benehmen mit dem Spitzenverband Bund der Pflegekassen und dem Prüfdienst des Verbandes der privaten Krankenversicherung e. V. zur verfahrensrechtlichen Konkretisierung Richtlinien über die Durchführung der Prüfung der in Pflegeeinrichtungen erbrachten Leistungen und deren Qualität nach §114 sowohl für den ambulanten und den stationären Bereich als auch für gemeinschaftliche Wohnformen mit Verträgen zur pflegerischen Versorgung gemäß §92c. $_{2}$In den Richtlinien sind die Maßstäbe und Grundsätze zur Sicherung und Weiterentwicklung der Pflegequalität nach §113 zu berücksichtigen. $_{3}$Die Richtlinien für gemeinschaftliche Wohnformen mit Verträgen zur pflegerischen Versorgung gemäß §92c sind auf der Grundlage der Empfehlungen nach §92c Absatz 5 innerhalb von sechs Monaten nach der $_{4}$Ergänzung der Vereinbarungen gemäß §113 Absatz 1 Satz 2 zu beschließen. $_{5}$Sie treten jeweils gleichzeitig mit der entsprechenden Qualitätsdarstellungsvereinbarung nach §115 Absatz 1a in Kraft. $_{6}$Die maßgeblichen Organisationen für die Wahrnehmung der Interessen und der Selbsthilfe der pflegebedürftigen und behinderten Menschen wirken nach Maßgabe von §118 mit. $_{7}$Der Medizinische Dienst Bund hat die Vereinigungen der Träger der Pflegeeinrichtungen auf Bundesebene, die maßgeblichen Organisationen der Pflegeberufe auf Bundesebene, den Verband der privaten Krankenversicherung e. V. sowie die Bundesarbeitsgemeinschaft der überörtlichen Träger der Sozialhilfe und der Eingliederungshilfe und die kommunalen Spitzenverbände auf Bundesebene zu beteiligen. $_{8}$Ihnen ist unter Übermittlung der hierfür erforderlichen Informationen innerhalb einer angemessenen Frist vor der Entscheidung Gelegenheit zur Stellungnahme zu geben; die Stellungnahmen sind in die Entscheidung einzubeziehen. $_{9}$Die Richtlinien sind in regelmäßigen Abständen an den medizinisch-pflegefachlichen Fortschritt anzupassen. $_{10}$Dabei ist auch zu prüfen, inwieweit über ein fachlich vertretbares und wirtschaftliches Maß hinausgehende Anforderungen reduziert und Doppelprüfungen vermieden werden können. $_{11}$Sie sind durch das Bundesministerium für Gesundheit im Benehmen mit dem Bundesministerium für Bildung, Familie, Senioren, Frauen und Jugend zu genehmigen. $_{12}$Beanstandungen des Bundesministeriums für Gesundheit sind innerhalb der von ihm gesetzten Frist

zu beheben. $_{13}$Die Richtlinien über die Durchführung der Qualitätsprüfung sind für die Medizinischen Dienste und den Prüfdienst des Verbandes der privaten Krankenversicherung e. V. verbindlich.

§ 114b Erhebung und Übermittlung von indikatorenbezogenen Daten zur vergleichenden Messung und Darstellung von Ergebnisqualität in vollstationären Pflegeeinrichtungen

(1) $_{1}$Die zugelassenen vollstationären Pflegeeinrichtungen sind verpflichtet, ab dem 1. Oktober 2019 bis zum 31. Dezember 2021 einmal und ab dem 1. Januar 2022 halbjährlich zu einem bestimmten Stichtag indikatorenbezogene Daten zur vergleichenden Messung und Darstellung von Ergebnisqualität im vollstationären Bereich zu erheben und an die Datenauswertungsstelle nach § 113 Absatz 1b zu übermitteln. $_{2}$Die indikatorenbezogenen Daten sind auf der Grundlage einer strukturierten Datenerhebung im Rahmen des internen Qualitätsmanagements zu erfassen. $_{3}$Wenn die Datenauswertungsstelle nach § 113 Absatz 1b bis zum 15. September 2019 nicht eingerichtet ist, haben die Landesverbände der Pflegekassen die Erfüllung der Aufgaben nach § 113 Absatz 1b sicherzustellen.

(2) Die von den Einrichtungen gemäß Absatz 1 Satz 1 übermittelten indikatorenbezogenen Daten werden entsprechend den Qualitätsdarstellungsvereinbarungen nach § 115 Absatz 1a mit Ausnahme der zwischen dem 1. Oktober 2019 und dem 31. Dezember 2021 erhobenen und übermittelten Daten veröffentlicht.

(3) $_{1}$Aus den Mitteln des Ausgleichsfonds der Pflegeversicherung wird im Jahr 2019 ein einmaliger Förderbetrag in Höhe von 1000 Euro für jede zugelassene vollstationäre Pflegeeinrichtung bereitgestellt, um die für die Erhebung von indikatorenbezogenen Daten zur vergleichenden Messung und Darstellung von Ergebnisqualität notwendigen Schulungen in den Einrichtungen zu unterstützen. $_{2}$Die Modalitäten der Auszahlung der Fördermittel durch eine Pflegekasse werden von den Landesverbänden der Pflegekassen festgelegt. $_{3}$Die privaten Versicherungsunternehmen, die die private Pflege-Pflichtversicherung durchführen, beteiligen sich mit einem Anteil von 7 Prozent an den Kosten. $_{4}$Der jeweilige Finanzierungsanteil, der auf die privaten Versicherungsunternehmen entfällt, kann von dem Verband der privaten Krankenversicherung e. V. unmittelbar an das Bundesversicherungsamt zugunsten des Ausgleichsfonds der Pflegeversicherung nach § 65 geleistet werden. $_{5}$Der Spitzenverband Bund der Pflegekassen, der Verband der privaten Krankenversicherung e. V. und das Bundesversicherungsamt regeln das Nähere über das Verfahren zur Bereitstellung der notwendigen Finanzmittel aus dem Ausgleichsfonds der Pflegeversicherung sowie zur Feststellung und Erhebung der Beträge der privaten Versicherungsunternehmen, die die private Pflege-Pflichtversicherung durchführen, durch Vereinbarung.

§ 114c Richtlinien zur Verlängerung des Prüfrhythmus in vollstationären, teilstationären und ambulanten Einrichtungen bei guter Qualität und zur Veranlassung unangemeldeter Prüfungen; Berichtspflicht

(1) $_{1}$Abweichend von § 114 Absatz 2 soll eine Prüfung in einer zugelassenen vollstationären Pflegeeinrichtung ab dem 1. Januar 2023 und in einer zugelassenen teilstationären oder ambulanten Pflegeeinrichtung ab dem 1. Januar 2027 regelmäßig im Abstand von höchstens zwei Jahren stattfinden, wenn durch die jeweilige Einrichtung ein hohes Qualitätsniveau erreicht worden ist. $_{2}$Die Landesverbände der Pflegekassen informieren die betroffenen Einrichtungen entsprechend den Maßgaben eines vom Spitzenverband Bund der Pflegekassen festgelegten bundeseinheitlichen Informationsverfahrens über die Verlängerung des Prüfrhythmus. $_{3}$Der Medizinische Dienst Bund legt im Benehmen mit dem Spitzenverband Bund der Pflegekassen und unter Beteiligung des Prüfdienstes des Verbandes der privaten Krankenversicherung e. V. in Richtlinien Kriterien zur Feststellung eines hohen Qualitätsniveaus sowie Kriterien für die Veranlassung unangemeldeter Prüfungen nach § 114a Absatz 1 Satz 3 fest. $_{4}$Bei der Erstellung der Richtlinien sind für vollstationäre und teilstationäre Einrichtungen die Empfehlungen heranzuziehen, die in dem Abschlussbericht des wissenschaftlichen Verfahrens zur Entwicklung der Instrumente und Verfahren für Qualitätsprüfungen nach den §§ 114 bis 114b und die Qualitätsdarstellung nach § 115 Absatz 1a in der stationären Pflege „Darstellung der Konzeption für das neue Prüfverfahren und die Qualitätsdarstellung" in der vom Qualitätsausschuss Pflege am 17. September 2018 abgenommenen Fassung zum indikatorengestützten Verfahren dargelegt wurden. $_{5}$Dabei sind die Besonderheiten der teilstationären Pflege zu berücksichtigen. $_{6}$Die Feststellung, ob ein hohes Qualitätsniveau durch eine vollstationäre Einrichtung erreicht worden ist, soll von den Landesverbänden der Pflegekassen auf der Grundlage der durch die Datenauswertungsstelle nach § 113 Absatz 1b Satz 3 übermittelten Daten und der Ergebnisse der nach § 114 durchgeführten Qualitätsprüfungen erfolgen. $_{7}$Die Ergebnisse der Qualitätsprüfungen sind hierbei für teilstationäre Pflegeeinrichtungen allein maßgeblich. $_{8}$Für ambulante Pflegeeinrichtungen sollen mit ihrem Wirksamwerden die Instrumente für die

Prüfung der Qualität nach §113b Absatz 4 Satz 2 Nummer 3 sowie die Ergebnisse der nach §114 durchgeführten Qualitätsprüfungen für die Feststellung sowie für die Erstellung der Richtlinien im Übrigen maßgeblich sein. 9Die auf Bundesebene maßgeblichen Organisationen für die Wahrnehmung der Interessen und der Selbsthilfe pflegebedürftiger und behinderter Menschen wirken nach Maßgabe von §118 an der Erstellung und Änderung der Richtlinien mit. 10Der Medizinische Dienst Bund hat die Vereinigungen der Träger der Pflegeeinrichtungen auf Bundesebene, die maßgeblichen Organisationen der Pflegeberufe auf Bundesebene, den Verband der privaten Krankenversicherung e. V., die Bundesarbeitsgemeinschaft der überörtlichen Träger der Sozialhilfe und der Eingliederungshilfe und die kommunalen Spitzenverbände auf Bundesebene zu beteiligen. 11Ihnen ist unter Übermittlung der hierfür erforderlichen Informationen innerhalb einer angemessenen Frist vor der Entscheidung Gelegenheit zur Stellungnahme zu geben; die Stellungnahmen sind in die Entscheidung einzubeziehen. 12Die Kriterien nach Satz 3 sind auf der Basis der empirischen Erkenntnisse der Datenauswertungsstelle nach §113 Absatz 1b zur Messung und Bewertung der Qualität der Pflege in den Einrichtungen sowie des allgemein anerkannten Standes der medizinisch-pflegerischen Erkenntnisse regelmäßig, erstmals nach zwei Jahren, zu überprüfen.

5

(2) 1Die Richtlinien werden erst wirksam, wenn das Bundesministerium für Gesundheit sie genehmigt. 2Die Genehmigung gilt als erteilt, wenn die Richtlinien nicht innerhalb eines Monats, nachdem sie dem Bundesministerium für Gesundheit vorgelegt worden sind, beanstandet werden. 3Beanstandungen des Bundesministeriums für Gesundheit sind innerhalb der von ihm gesetzten Frist zu beheben.

(3) 1Der Spitzenverband Bund der Pflegekassen berichtet dem Bundesministerium für Gesundheit zum 30. Juni 2022, zum 31. März 2023 und danach jährlich über die Erfahrungen der Pflegekassen mit

1. der Erhebung und Übermittlung von indikatorenbezogenen Daten zur vergleichenden Messung und Darstellung von Ergebnisqualität in vollstationären Pflegeeinrichtungen nach §114b Absatz 1 und
2. Qualitätsprüfungen, die nach §114 in vollstationären, teilstationären und ambulanten Pflegeeinrichtungen sowie in gemeinschaftlichen Wohnformen mit Verträgen zur pflegerischen Versorgung gemäß §92c durchgeführt werden; die entsprechenden Daten sollen nach Ländern aufgeschlüsselt werden.

2Für die Berichterstattung zum 31. März 2023 beauftragt der Spitzenverband Bund der Pflegekassen eine unabhängige wissenschaftliche Einrichtung oder einen unabhängigen Sachverständigen mit der Evaluation der in den Qualitätsdarstellungsvereinbarungen festgelegten Bewertungssystematik für die Ergebnisse der Qualitätsprüfungen. 3Der Bericht nach Satz 1 hat erstmals zum 31. März 2028 und danach jährlich jeweils eine statistische Datenauswertung gemäß §114 Absatz 1a Satz 5 aufgeschlüsselt nach Ländern zum Stichtag 31. Dezember zu enthalten.

§115 Ergebnisse von Qualitätsprüfungen, Qualitätsdarstellung, Vergütungskürzung

(1) 1Die Medizinischen Dienste, der Prüfdienst des Verbandes der privaten Krankenversicherung e. V. sowie die von den Landesverbänden der Pflegekassen für Qualitätsprüfungen bestellten Sachverständigen haben das Ergebnis einer jeden Qualitätsprüfung sowie die dabei gewonnenen Daten und Informationen den Landesverbänden der Pflegekassen und den zuständigen Trägern der Sozialhilfe sowie den nach heimrechtlichen Vorschriften zuständigen Aufsichtsbehörden im Rahmen ihrer Zuständigkeit und bei häuslicher Pflege den zuständigen Pflegekassen zum Zwecke der Erfüllung ihrer gesetzlichen Aufgaben sowie der betroffenen Pflegeeinrichtung mitzuteilen. 2Die Landesverbände der Pflegekassen sind befugt und auf Anforderung verpflichtet, die ihnen nach Satz 1 bekannt gewordenen Daten und Informationen mit Zustimmung des Trägers der Pflegeeinrichtung auch seiner Trägervereinigung zu übermitteln, soweit deren Kenntnis für die Anhörung oder eine Stellungnahme der Pflegeeinrichtung zu einem Bescheid nach Absatz 2 erforderlich ist. 3Gegenüber Dritten sind die Prüfer und die Empfänger der Daten zur Verschwiegenheit verpflichtet; dies gilt nicht für die zur Veröffentlichung der Ergebnisse von Qualitätsprüfungen nach Absatz 1a erforderlichen Daten und Informationen.

(1a) 1Die Landesverbände der Pflegekassen stellen sicher, dass die von Pflegeeinrichtungen erbrachten Leistungen und deren Qualität für die Pflegebedürftigen und ihre Angehörigen verständlich, übersichtlich und vergleichbar sowohl im Internet als auch in anderer geeigneter Form kostenfrei veröffentlicht werden. 2Die Vertragsparteien nach §113 vereinbaren insbesondere auf der Grundlage der Maßstäbe und Grundsätze nach §113 Absatz 1 und der Richtlinien zur Durchführung der Prüfung der in Pflegeeinrichtungen erbrachten Leistungen und deren Qualität nach §114a Absatz 7, welche Ergebnisse bei der Darstellung der Qualität für den ambulanten und den stationären Bereich sowie für gemeinschaftliche Wohnformen mit Verträgen zur pflegerischen Versorgung gemäß § 92c zugrunde zu legen sind und inwieweit die Ergebnisse durch weitere Informationen ergänzt werden. $_{3}$In den Vereinbarungen sind die Ergebnisse der nach § 113b Absatz 4 Satz 2 Nummer 1, 2, 3 und 6 vergebenen Aufträge zu berücksichtigen. $_{4}$Die Vereinbarungen umfassen auch die Form der Darstellung einschließlich einer Bewertungssystematik (Qualitätsdarstellungsvereinbarungen). $_{5}$Bei Anlassprüfungen nach § 114 Absatz 4 bilden die Prüfergebnisse aller in die Prüfung einbezogenen Pflegebedürftigen die Grundlage für die Bewertung und Darstellung der Qualität. $_{6}$Personenbezogene Daten sind zu anonymisieren. $_{7}$Ergebnisse von Wiederholungsprüfungen sind zeitnah zu berücksichtigen. $_{8}$Bei der Darstellung der Qualität ist die Art der Prüfung als Anlass-, Regel- oder Wiederholungsprüfung kenntlich zu machen. $_{9}$Das Datum der letzten Prüfung durch den Medizinischen Dienst oder durch den Prüfdienst des Verbandes der privaten Krankenversicherung e. V., eine Einordnung des Prüfergebnisses nach einer Bewertungssystematik sowie eine Zusammenfassung der Prüfergebnisse sind an gut sichtbarer Stelle in jeder Pflegeeinrichtung und jeder gemeinschaftlichen Wohnform mit einem Vertrag zur pflegerischen Versorgung gemäß § 92c auszuhängen. $_{10}$Die auf Bundesebene maßgeblichen Organisationen für die Wahrnehmung der Interessen und der Selbsthilfe der pflegebedürftigen und behinderten Menschen wirken nach Maßgabe von § 118 mit. $_{11}$Die Qualitätsdarstellungsvereinbarungen für gemeinschaftliche Wohnformen mit Verträgen zur pflegerischen Versorgung gemäß § 92c sind von den Vertragsparteien unverzüglich nach Inkrafttreten der Richtlinien zu Qualitätsprüfungen in gemeinschaftlichen Wohnformen nach § 114a Absatz 7 unter Beteiligung des Medizinischen Dienstes Bund, des Verbandes der privaten Krankenversicherung e. V. und der maßgeblichen Organisationen der Pflegeberufe auf Bundesebene zu schließen. $_{12}$Die Qualitätsdarstellungsvereinbarungen sind an den medizinisch-pflegefachlichen Fortschritt anzupassen. $_{13}$Bestehende Vereinbarungen gelten bis zum Abschluss einer neuen Vereinbarung fort; dies gilt entsprechend auch für die bestehenden Vereinbarungen über die Kriterien der Veröffentlichung einschließlich der Bewertungssystematik (Pflege-Transparenzvereinbarungen).

(1b) $_{1}$Die Landesverbände der Pflegekassen stellen sicher, dass ab dem 1. Januar 2014 die Informationen gemäß § 114 Absatz 1 über die Regelungen zur ärztlichen, fachärztlichen und zahnärztlichen Versorgung sowie zur Arzneimittelversorgung und ab dem 1. Juli 2016 die Informationen gemäß § 114 Absatz 1 zur Zusammenarbeit mit einem Hospiz- und Palliativnetz in vollstationären Einrichtungen für die Pflegebedürftigen und ihre Angehörigen verständlich, übersichtlich und vergleichbar sowohl im Internet als auch in anderer geeigneter Form kostenfrei zur Verfügung gestellt werden. $_{2}$Die Pflegeeinrichtungen sind verpflichtet, die Informationen nach Satz 1 an gut sichtbarer Stelle in der Pflegeeinrichtung auszuhängen. $_{3}$Die Landesverbände der Pflegekassen übermitteln die Informationen nach Satz 1 an den Verband der privaten Krankenversicherung e. V. zum Zweck der einheitlichen Veröffentlichung.

(1c) $_{1}$Die Landesverbände der Pflegekassen haben Dritten für eine zweckgerechte, nicht gewerbliche Nutzung die Daten, die nach den Qualitätsdarstellungsvereinbarungen nach Absatz 1a der Darstellung der Qualität zu Grunde liegen, sowie rückwirkend zum 1. Januar 2017 ab dem 1. April 2017 die Daten, die nach den nach § 115a übergeleiteten Pflege-Transparenzvereinbarungen der Darstellung der Qualität bis zum Inkrafttreten der Qualitätsdarstellungsvereinbarungen zu Grunde liegen, auf Antrag in maschinen- und menschenlesbarer sowie plattformunabhängiger Form zur Verarbeitung und Veröffentlichung zur Verfügung zu stellen. $_{2}$Das Nähere zu der Übermittlung der Daten an Dritte, insbesondere zum Datenformat, zum Datennutzungsvertrag, zu den Nutzungsrechten und den Pflichten des Nutzers bei der Verwendung der Daten, bestimmen die Vertragsparteien nach § 113 bis zum 31. März 2017 in Nutzungsbedingungen, die dem Datennutzungsvertrag unabdingbar zu Grunde zu legen sind. $_{3}$Mit den Nutzungsbedingungen ist eine nicht missbräuchliche, nicht wettbewerbsverzerrende und manipulationsfreie Verwendung der Daten sicherzustellen. $_{4}$Der Dritte hat zu gewährleisten, dass die Herkunft der Daten für die Endverbraucherin oder den Endverbraucher transparent bleibt. $_{5}$Dies gilt insbesondere, wenn eine Verwendung der Daten in Zusammenhang mit anderen Daten erfolgt. $_{6}$Für die Informationen nach Absatz 1b gelten die Sätze 1 bis 4 entsprechend. $_{7}$Die Übermittlung der Daten erfolgt gegen Ersatz der entstehenden Verwaltungskosten, es sei denn, es handelt sich bei den Dritten um öffentlich-rechtliche Stellen. $_{8}$Die entsprechenden Aufwendungen sind von den Landesverbänden der Pflegekassen nachzuweisen.

(2) $_{1}$Soweit bei einer Prüfung nach diesem Buch Qualitätsmängel festgestellt werden, entscheiden die Landesverbände der Pflegekassen nach Anhörung des Trägers der Pflegeeinrichtung und der beteiligten Trägervereinigung unter Beteiligung des zuständigen Trägers der Sozialhilfe, welche Maßnahmen zu treffen sind, erteilen dem Träger der Einrichtung hierüber einen Bescheid und setzen ihm darin zugleich eine angemessene Frist zur Beseitigung der festgestellten Mängel. $_{2}$Werden nach

Satz 1 festgestellte Mängel nicht fristgerecht beseitigt, können die Landesverbände der Pflegekassen gemeinsam den Versorgungsvertrag gemäß §74 Abs. 1, in schwerwiegenden Fällen nach §74 Abs. 2, kündigen. $_{3}$§73 Abs. 2 gilt entsprechend.

(3) $_{1}$Hält die Pflegeeinrichtung ihre gesetzlichen oder vertraglichen Verpflichtungen, insbesondere ihre Verpflichtungen zu einer qualitätsgerechten Leistungserbringung aus dem Versorgungsvertrag (§72) ganz oder teilweise nicht ein, sind die nach dem Achten Kapitel vereinbarten Pflegevergütungen für die Dauer der Pflichtverletzung entsprechend zu kürzen. $_{2}$Über die Höhe des Kürzungsbetrags ist zwischen den Vertragsparteien nach §85 Abs. 2 Einvernehmen anzustreben. $_{3}$Kommt eine Einigung nicht zustande, entscheidet auf Antrag einer Vertragspartei die Schiedsstelle nach §76 in der Besetzung des Vorsitzenden und der beiden weiteren unparteiischen Mitglieder. $_{4}$Gegen die Entscheidung nach Satz 3 ist der Rechtsweg zu den Sozialgerichten gegeben; ein Vorverfahren findet nicht statt, die Klage hat aufschiebende Wirkung. $_{5}$Der vereinbarte oder festgesetzte Kürzungsbetrag ist von der Pflegeeinrichtung bis zur Höhe ihres Eigenanteils an die betroffenen Pflegebedürftigen und im Weiteren an die Pflegekassen zurückzuzahlen; soweit die Pflegevergütung als nachrangige Sachleistung von einem anderen Leistungsträger übernommen wurde, ist der Kürzungsbetrag an diesen zurückzuzahlen. $_{6}$Der Kürzungsbetrag kann nicht über die Vergütungen oder Entgelte nach dem Achten Kapitel refinanziert werden. $_{7}$Schadensersatzansprüche der betroffenen Pflegebedürftigen nach anderen Vorschriften bleiben unberührt; §66 des Fünften Buches gilt entsprechend.

(3a) $_{1}$Eine Verletzung der Verpflichtungen zu einer qualitätsgerechten Leistungserbringung im Sinne des Absatzes 3 Satz 1 wird unwiderlegbar vermutet

1. bei einem planmäßigen und zielgerichteten Verstoß des Trägers der Einrichtung gegen seine Verpflichtung zur Einhaltung der nach §84 Absatz 5 Satz 2 Nummer 2 vereinbarten Personalausstattung oder
2. bei nicht nur vorübergehenden Unterschreitungen der nach §84 Absatz 5 Satz 2 Nummer 2 vereinbarten Personalausstattung.

$_{2}$Entsprechendes gilt bei Nichtbezahlung der nach §82c zugrunde gelegten Gehälter und Entlohnung. $_{3}$Abweichend von Absatz 3 Satz 2 und 3 ist das Einvernehmen über den Kürzungsbetrag unverzüglich herbeizuführen und die Schiedsstelle hat in der Regel binnen drei Monaten zu entscheiden. $_{4}$Bei Verstößen im Sinne von Satz 1 Nummer 1 können die Landesverbände der Pflegekassen gemeinsam den Versorgungsvertrag gemäß §74 Absatz 1, in schwerwiegenden Fällen nach §74 Absatz 2, kündigen; §73 Absatz 2 gilt entsprechend.

(3b) $_{1}$Die Vertragsparteien nach §113 vereinbaren durch den Qualitätsausschuss gemäß §113b bis zum 1. Januar 2018 das Verfahren zur Kürzung der Pflegevergütung nach den Absätzen 3 und 3a. $_{2}$Die Vereinbarungen sind im Bundesanzeiger zu veröffentlichen und gelten vom ersten Tag des auf die Veröffentlichung folgenden Monats. $_{3}$Sie sind für alle Pflegekassen und deren Verbände sowie für die zugelassenen Pflegeeinrichtungen unmittelbar verbindlich.

(4) $_{1}$Bei Feststellung schwerwiegender, kurzfristig nicht behebbarer Mängel in der stationären Pflege sind die Pflegekassen verpflichtet, den betroffenen Heimbewohnern auf deren Antrag eine andere geeignete Pflegeeinrichtung zu vermitteln, welche die Pflege, Versorgung und Betreuung nahtlos übernimmt. $_{2}$Bei Sozialhilfeempfängern ist der zuständige Träger der Sozialhilfe zu beteiligen.

(5) $_{1}$Stellen der Medizinische Dienst oder der Prüfdienst des Verbandes der privaten Krankenversicherung e. V. schwerwiegende Mängel in der ambulanten Pflege oder in der Versorgung in gemeinschaftlichen Wohnformen mit Verträgen zur pflegerischen Versorgung gemäß §92c fest, kann die zuständige Pflegekasse dem Pflegedienst auf Empfehlung des Medizinischen Dienstes oder des Prüfdienstes des Verbandes der privaten Krankenversicherung e. V. die weitere Versorgung des Pflegebedürftigen vorläufig untersagen; §73 Absatz 2 gilt entsprechend. $_{2}$Die Pflegekasse hat dem Pflegebedürftigen in diesem Fall einen anderen geeigneten Pflegedienst zu vermitteln, der die Pflege oder die Versorgung in einer gemeinschaftlichen Wohnform mit Verträgen zur pflegerischen Versorgung gemäß §92c nahtlos übernimmt; dabei ist so weit wie möglich das Wahlrecht des Pflegebedürftigen nach §2 Abs. 2 zu beachten. $_{3}$Absatz 4 Satz 2 gilt entsprechend.

(6) $_{1}$In den Fällen der Absätze 4 und 5 haftet der Träger der Pflegeeinrichtung gegenüber den betroffenen Pflegebedürftigen und deren Kostenträgern für die Kosten der Vermittlung einer anderen ambulanten oder stationären Pflegeeinrichtung oder einer anderen gemeinschaftlichen Wohnform mit Verträgen zur pflegerischen Versorgung gemäß §92c, soweit er die Mängel in entsprechender Anwendung des §276 des Bürgerlichen Gesetzbuches zu vertreten hat. $_{2}$Absatz 3 Satz 7 bleibt unberührt.

§115a Übergangsregelung für Pflege-Transparenzvereinbarungen und Qualitätsprüfungs-Richtlinien

(1) $_{1}$Die Vertragsparteien nach §113 passen unter Beteiligung des Medizinischen Dienstes Bund, des Verbandes der privaten Krankenversicherung e. V.

und der Verbände der Pflegeberufe auf Bundesebene die Pflege-Transparenzvereinbarungen an dieses Gesetz in der am 1. Januar 2017 geltenden Fassung an (übergeleitete Pflege-Transparenzvereinbarungen). 2Die auf Bundesebene maßgeblichen Organisationen für die Wahrnehmung der Interessen und der Selbsthilfe der pflegebedürftigen und behinderten Menschen wirken nach Maßgabe von § 118 mit. Kommt bis zum 30. April 2016 keine einvernehmliche Einigung zustande, entscheidet der erweiterte Qualitätsausschuss nach § 113b Absatz 3 bis zum 30. Juni 2016. 3Die übergeleiteten Pflege-Transparenzvereinbarungen gelten ab 1. Januar 2017 bis zum Inkrafttreten der in § 115 Absatz 1a vorgesehenen Qualitätsdarstellungsvereinbarungen.

(2) Schiedsstellenverfahren zu den Pflege-Transparenzvereinbarungen, die am 1. Januar 2016 anhängig sind, werden nach Maßgabe des § 113b Absatz 2, 3 und 8 durch den Qualitätsausschuss entschieden; die Verfahren sind bis zum 30. Juni 2016 abzuschließen.

(3) Die Richtlinien über die Prüfung der in Pflegeeinrichtungen erbrachten Leistungen und deren Qualität nach § 114 (Qualitätsprüfungs-Richtlinien) in der am 31. Dezember 2015 geltenden Fassung gelten nach Maßgabe der Absätze 4 und 5 bis zum Inkrafttreten der Richtlinien über die Durchführung der Prüfung der in Pflegeeinrichtungen erbrachten Leistungen und deren Qualität nach § 114a Absatz 7 fort und sind für den Medizinischen Dienst und den Prüfdienst des Verbandes der privaten Krankenversicherung e. V. verbindlich.

(4) 1Der Spitzenverband Bund der Pflegekassen passt unter Beteiligung des Medizinischen Dienstes Bund und des Prüfdienstes des Verbandes der privaten Krankenversicherung e. V. die Qualitätsprüfungs- Richtlinien unverzüglich an dieses Gesetz in der am 1. Januar 2016 geltenden Fassung an. 2Die auf Bundesebene maßgeblichen Organisationen für die Wahrnehmung der Interessen und der Selbsthilfe der pflegebedürftigen und behinderten Menschen wirken nach Maßgabe von § 118 mit. 3Der Spitzenverband Bund der Pflegekassen hat die Vereinigungen der Träger der Pflegeeinrichtungen auf Bundesebene, die Verbände der Pflegeberufe auf Bundesebene, den Verband der privaten Krankenversicherung e. V. sowie die Bundesarbeitsgemeinschaft der überörtlichen Träger der Sozialhilfe und die kommunalen Spitzenverbände auf Bundesebene zu beteiligen. 4Ihnen ist unter Übermittlung der hierfür erforderlichen Informationen innerhalb einer angemessenen Frist vor der Entscheidung Gelegenheit zur Stellungnahme zu geben; die Stellungnahmen sind in die Entscheidung einzubeziehen. 5Die angepassten Qualitätsprüfungs-Richtlinien bedürfen der Genehmigung des Bundesministeriums für Gesundheit.

(5) 1Der Spitzenverband Bund der Pflegekassen passt unter Beteiligung des Medizinischen Dienstes Bund und des Prüfdienstes des Verbandes der privaten Krankenversicherung e. V. die nach Absatz 4 angepassten Qualitätsprüfungs-Richtlinien bis zum 30. September 2016 an die nach Absatz 1 übergeleiteten und gegebenenfalls nach Absatz 2 geänderten Pflege-Transparenzvereinbarungen an. 2Die auf Bundesebene maßgeblichen Organisationen für die Wahrnehmung der Interessen und der Selbsthilfe der pflegebedürftigen und behinderten Menschen wirken nach Maßgabe von § 118 mit. 3Der Spitzenverband Bund der Pflegekassen hat die Vereinigungen der Träger der Pflegeeinrichtungen auf Bundesebene, die Verbände der Pflegeberufe auf Bundesebene, den Verband der privaten Krankenversicherung e. V. sowie die Bundesarbeitsgemeinschaft der überörtlichen Träger der Sozialhilfe und die kommunalen Spitzenverbände auf Bundesebene zu beteiligen. 4Ihnen ist unter Übermittlung der hierfür erforderlichen Informationen innerhalb einer angemessenen Frist vor der Entscheidung Gelegenheit zur Stellungnahme zu geben; die Stellungnahmen sind in die Entscheidung einzubeziehen. 5Die angepassten Qualitätsprüfungs-Richtlinien bedürfen der Genehmigung des Bundesministeriums für Gesundheit und treten zum 1. Januar 2017 in Kraft.

§ 116 Kostenregelungen

(1) Die Prüfkosten bei Wirksamkeits- und Wirtschaftlichkeitsprüfungen nach § 79 sind als Aufwand in der nächstmöglichen Vergütungsvereinbarung nach dem Achten Kapitel zu berücksichtigen; sie können auch auf mehrere Vergütungszeiträume verteilt werden.

(2) 1Die Kosten der Schiedsstellenentscheidung nach § 115 Abs. 3 Satz 3 trägt der Träger der Pflegeeinrichtung, soweit die Schiedsstelle eine Vergütungskürzung anordnet; andernfalls sind sie von den als Kostenträgern betroffenen Vertragsparteien gemeinsam zu tragen. 2Setzt die Schiedsstelle einen niedrigeren Kürzungsbetrag fest als von den Kostenträgern gefordert, haben die Beteiligten die Verfahrenskosten anteilig zu zahlen.

(3) 1Die Bundesregierung wird ermächtigt, durch Rechtsverordnung mit Zustimmung des Bundesrates die Entgelte für die Durchführung von Wirtschaftlichkeitsprüfungen zu regeln. 2In der Rechtsverordnung können auch Mindest- und Höchstsätze festgelegt werden; dabei ist den berechtigten Interessen der Wirtschaftlichkeitsprüfer (§ 79) sowie der zur Zahlung der Entgelte verpflichteten Pflegeeinrichtungen Rechnung zu tragen.

5

§ 117 Zusammenarbeit mit den nach heimrechtlichen Vorschriften zuständigen Aufsichtsbehörden

(1) 1Die Landesverbände der Pflegekassen sowie der Medizinische Dienst und der Prüfdienst des Verbandes der privaten Krankenversicherung e. V. arbeiten mit den nach heimrechtlichen Vorschriften zuständigen Aufsichtsbehörden bei der Zulassung und der Überprüfung der Pflegeeinrichtungen eng zusammen, um ihre wechselseitigen Aufgaben nach diesem Buch und nach den heimrechtlichen Vorschriften insbesondere durch

1. regelmäßige gegenseitige Information und Beratung,
2. Terminabsprachen für eine gemeinsame oder arbeitsteilige Überprüfung von Pflegeeinrichtungen einschließlich der vollständigen Übernahme der Überprüfung nach heimrechtlichen Vorschriften durch den Medizinischen Dienst im Auftrag der Heimaufsichtsbehörden und nach Maßgabe von dazu zwischen diesen getroffenen Vereinbarungen über Verfahrensweise und Kostentragung sowie
3. Verständigung über die im Einzelfall notwendigen Maßnahmen

wirksam aufeinander abzustimmen. 2Dabei ist sicherzustellen, dass Doppelprüfungen nach Möglichkeit vermieden werden. 3Zur Erfüllung dieser Aufgaben sind die Landesverbände der Pflegekassen sowie der Medizinische Dienst und der Prüfdienst des Verbandes der privaten Krankenversicherung e. V. verpflichtet, in den Arbeitsgemeinschaften nach den heimrechtlichen Vorschriften mitzuwirken und sich an entsprechenden Vereinbarungen zu beteiligen.

(2) 1Die Landesverbände der Pflegekassen sowie der Medizinische Dienst und der Prüfdienst des Verbandes der privaten Krankenversicherung e. V. können mit den nach heimrechtlichen Vorschriften zuständigen Aufsichtsbehörden oder den obersten Landesbehörden ein Modellvorhaben vereinbaren, das darauf zielt, eine abgestimmte Vorgehensweise bei der Prüfung der Qualität von Pflegeeinrichtungen nach diesem Buch und nach heimrechtlichen Vorschriften zu erarbeiten. 2Von den Richtlinien nach § 114a Absatz 7 und den nach § 115 Absatz 1a bundesweit getroffenen Vereinbarungen kann dabei für die Zwecke und die Dauer des Modellvorhabens abgewichen werden. 3Die Verantwortung der Pflegekassen und ihrer Verbände für die inhaltliche Bestimmung, Sicherung und Prüfung der Pflege-, Versorgungs- und Betreuungsqualität nach diesem Buch kann durch eine Zusammenarbeit mit den nach heimrechtlichen Vorschriften zuständigen Aufsichtsbehörden oder den obersten Landesbehörden weder eingeschränkt noch erweitert werden.

(3) 1Zur Verwirklichung der engen Zusammenarbeit sind die Landesverbände der Pflegekassen sowie der Medizinische Dienst und der Prüfdienst des Verbandes der privaten Krankenversicherung e. V. berechtigt und auf Anforderung verpflichtet, der nach heimrechtlichen Vorschriften zuständigen Aufsichtsbehörde die ihnen nach diesem Buch zugänglichen Daten über die Pflegeeinrichtungen, insbesondere über die Zahl und Art der Pflegeplätze und der betreuten Personen (Belegung), über die personelle und sächliche Ausstattung sowie über die Leistungen und Vergütungen der Pflegeeinrichtungen, mitzuteilen. 2Personenbezogene Daten sind vor der Datenübermittlung zu anonymisieren.

(4) 1Erkenntnisse aus der Prüfung von Pflegeeinrichtungen sind vom Medizinischen Dienst, dem Prüfdienst des Verbandes der privaten Krankenversicherung e. V. oder von den sonstigen Sachverständigen oder Stellen, die Qualitätsprüfungen nach diesem Buch durchführen, unverzüglich der nach heimrechtlichen Vorschriften zuständigen Aufsichtsbehörde mitzuteilen, soweit sie zur Vorbereitung und Durchführung von aufsichtsrechtlichen Maßnahmen nach den heimrechtlichen Vorschriften erforderlich sind. 2§ 115 Abs. 1 Satz 1 bleibt hiervon unberührt.

(5) 1Die Pflegekassen und ihre Verbände sowie der Medizinische Dienst und der Prüfdienst des Verbandes der privaten Krankenversicherung e. V. tragen die ihnen durch die Zusammenarbeit mit den nach heimrechtlichen Vorschriften zuständigen Aufsichtsbehörden entstehenden Kosten. 2Eine Beteiligung an den Kosten nach heimrechtlichen Vorschriften zuständigen Aufsichtsbehörden oder anderer von der nach heimrechtlichen Vorschriften zuständigen Aufsichtsbehörde beteiligter Stellen oder Gremien ist unzulässig.

(6) 1Durch Anordnungen der nach heimrechtlichen Vorschriften zuständigen Aufsichtsbehörde bedingte Mehr- oder Minderkosten sind, soweit sie dem Grunde nach vergütungsfähig im Sinne des § 82 Abs. 1 sind, in der nächstmöglichen Pflegesatzvereinbarung zu berücksichtigen. 2Der Widerspruch oder die Klage einer Vertragspartei oder eines Beteiligten nach § 85 Abs. 2 gegen die Anordnung hat keine aufschiebende Wirkung.

§ 118 Beteiligung von Interessenvertretungen, Verordnungsermächtigung

(1) 1Bei Erarbeitung oder Änderung

1. der in § 17 Absatz 1 und 1c, § 112a Absatz 2, § 114a Absatz 7, § 114c Absatz 1 und § 115a Absatz 3 bis 5 vorgesehenen Richtlinien,

2. der Vereinbarungen und Beschlüsse nach § 37 Absatz 5 in der ab dem 1. Januar 2017 geltenden Fassung, den §§ 113, 115 Absatz 1a sowie § 115a Absatz 1 Satz 3 und Absatz 2 durch den Qualitätsausschuss nach § 113b sowie der Vereinbarungen und Beschlüsse nach § 113c und der Vereinbarungen nach § 115a Absatz 1 Satz 1 und
3. von Empfehlungen nach § 92c Absatz 5

wirken die auf Bundesebene maßgeblichen Organisationen für die Wahrnehmung der Interessen und der Selbsthilfe pflegebedürftiger und behinderter Menschen nach Maßgabe der Verordnung nach Absatz 2 beratend mit. 2Das Mitberatungsrecht beinhaltet auch das Recht zur Anwesenheit bei Beschlussfassungen. 3Bei den durch den Qualitätsausschuss nach § 113b zu treffenden Entscheidungen erhalten diese Organisationen das Recht, Anträge zu stellen. 4Der Qualitätsausschuss nach § 113b hat über solche Anträge in der nächsten Sitzung zu beraten. 5Wenn über einen Antrag nicht entschieden werden kann, soll in der Sitzung das Verfahren hinsichtlich der weiteren Beratung und Entscheidung festgelegt werden. 6Ehrenamtlich Tätige, die von den auf Bundesebene maßgeblichen Organisationen nach Maßgabe einer auf Grund des Absatzes 2 erlassenen Verordnung in die Gremien des Qualitätsausschusses nach § 113b entsandt werden, damit sie dort die in den Sätzen 1 und 3 genannten Rechte dieser Organisationen wahrnehmen, haben Anspruch auf Erstattung der Reisekosten, die ihnen durch die Entsendung entstanden sind, sowie auf den Ersatz des Verdienstausfalls in entsprechender Anwendung des § 41 Absatz 2 des Vierten Buches und einen Pauschbetrag für Zeitaufwand in Höhe eines Fünfzigstels der monatlichen Bezugsgröße (§ 18 des Vierten Buches) für jeden Kalendertag einer Sitzung. 7Das Nähere regeln die Vereinbarungspartner in der Geschäftsordnung nach § 113b Absatz 7.

(2) Das Bundesministerium für Gesundheit wird ermächtigt, durch Rechtsverordnung mit Zustimmung des Bundesrates Einzelheiten festzulegen für

1. die Voraussetzungen der Anerkennung der für die Wahrnehmung der Interessen und der Selbsthilfe der pflegebedürftigen und behinderten Menschen maßgeblichen Organisationen auf Bundesebene, insbesondere zu den Erfordernissen an die Organisationsform und die Offenlegung der Finanzierung, sowie
2. das Verfahren der Beteiligung.

§ 118a Maßgebliche Organisationen der Pflegeberufe auf Bundesebene, Verordnungsermächtigung

(1) 1Bei den Aufgaben nach diesem und dem Fünften Buch wirken die für die Wahrnehmung der Interessen der Pflegeberufe maßgeblichen Organisationen auf Bundesebene (maßgebliche Organisationen der Pflegeberufe auf Bundesebene) im Rahmen der in der jeweiligen Regelung vorgesehenen Beteiligungsform mit. 2Die maßgeblichen Organisationen der Pflegeberufe auf Bundesebene müssen dabei die berufsständischen Körperschaften des öffentlichen Rechts auf Landesebene, die Belange von beruflich Pflegenden vertreten, und weitere Organisationen, die Belange von beruflich Pflegenden auf Bundesebene vertreten, beteiligen.

(2) 1Ehrenamtlich Tätige, die von den auf Bundesebene maßgeblichen Organisationen der Pflegeberufe nach Maßgabe einer auf Grund des Absatzes 3 erlassenen Rechtsverordnung beteiligt werden, damit sie die in Absatz 1 Satz 1 und 2 genannten Rechte dieser Organisationen wahrnehmen, haben in den in der Verordnung nach Absatz 3 geregelten Fällen Anspruch auf Erstattung der Reisekosten, die ihnen durch die Entsendung entstanden sind, sowie auf den Ersatz des Verdienstausfalls. 2Das Nähere wird in der Verordnung nach Absatz 3 geregelt.

(3) Das Bundesministerium für Gesundheit wird ermächtigt, im Einvernehmen mit dem Bundesministerium für Bildung, Familie, Senioren, Frauen und Jugend durch Rechtsverordnung mit Zustimmung des Bundesrates das Nähere festzulegen über

1. die Voraussetzungen für eine Anerkennung der maßgeblichen Organisationen der Pflegeberufe auf Bundesebene,
2. die anerkannten maßgeblichen Organisationen der Pflegeberufe auf Bundesebene,
3. das Verfahren der Beteiligung sowie
4. die Voraussetzungen, den Umfang, die Finanzierung und das Verfahren für die Erstattung von Reisekosten und des Ersatzes des Verdienstausfalls.

§ 119 Verträge mit Pflegeheimen außerhalb des Anwendungsbereichs des Wohn- und Betreuungsvertragsgesetzes

Für den Vertrag zwischen dem Träger einer zugelassenen stationären Pflegeeinrichtung, auf die das Wohn- und Betreuungsvertragsgesetz keine Anwendung findet, und dem pflegebedürftigen Bewohner gelten die Vorschriften über die Verträge nach dem Wohn- und Betreuungsvertragsgesetz entsprechend.

§ 120 Pflegevertrag bei häuslicher Pflege

(1) 1Bei häuslicher Pflege übernimmt der zugelassene Pflegedienst spätestens mit Beginn des ersten Pflegeeinsatzes auch gegenüber dem Pflegebedürftigen die Verpflichtung, diesen nach Art und Schwere seiner Pflegebedürftigkeit, entsprechend den von ihm in Anspruch genommenen Leistungen

5

der häuslichen Pflegehilfe im Sinne des § 36 zu versorgen (Pflegevertrag). 2Bei jeder wesentlichen Veränderung des Zustandes des Pflegebedürftigen hat der Pflegedienst dies der zuständigen Pflegekasse unverzüglich mitzuteilen.

(2) 1Der Pflegedienst hat nach Aufforderung der zuständigen Pflegekasse unverzüglich eine Ausfertigung des Pflegevertrages auszuhändigen. 2Der Pflegevertrag kann von dem Pflegebedürftigen jederzeit ohne Einhaltung einer Frist gekündigt werden.

(3) 1In dem Pflegevertrag sind mindestens Art, Inhalt und Umfang der Leistungen einschließlich der dafür mit den Kostenträgern nach § 89 vereinbarten Vergütungen für jede Leistung oder jeden Leistungskomplex einschließlich ergänzender Unterstützungsleistungen bei der Nutzung von digitalen Pflegeanwendungen gesondert zu beschreiben. 2Der Pflegedienst hat den Pflegebedürftigen vor Vertragsschluss und bei jeder wesentlichen Veränderung in der Regel schriftlich über die voraussichtlichen Kosten zu unterrichten. 3Bei der Vereinbarung des Pflegevertrages ist zu berücksichtigen, dass der Pflegebedürftige Leistungen von mehreren Leistungserbringern in Anspruch nimmt. 4Ebenso zu berücksichtigen ist die Bereitstellung der Informationen für eine Nutzung des Umwandlungsanspruchs nach § 45a Absatz 4.

(4) 1Der Anspruch des Pflegedienstes auf Vergütung seiner Leistungen der häuslichen Pflegehilfe im Sinne des § 36 und seiner ergänzenden Unterstützungsleistungen im Sinne des § 39a ist unmittelbar gegen die zuständige Pflegekasse zu richten. 2Soweit die von dem Pflegebedürftigen abgerufenen Leistungen nach Satz 1 den von der Pflegekasse mit Bescheid festgelegten und von ihr zu zahlenden leistungsrechtlichen Höchstbetrag überschreiten, darf der Pflegedienst dem Pflegebedürftigen für die zusätzlich abgerufenen Leistungen keine höhere als die nach § 89 vereinbarte Vergütung berechnen.

Zwölftes Kapitel Bußgeldvorschrift

§ 121 Bußgeldvorschrift

(1) Ordnungswidrig handelt, wer vorsätzlich oder leichtfertig

1. der Verpflichtung zum Abschluß oder zur Aufrechterhaltung des privaten Pflegeversicherungsvertrages nach § 23 Abs. 1 Satz 1 und 2 oder § 23 Abs. 4 oder der Verpflichtung zur Aufrechterhaltung des privaten Pflegeversicherungsvertrages nach § 22 Abs. 1 Satz 2 nicht nachkommt,
2. entgegen § 50 Abs. 1 Satz 1, § 51 Abs. 1 Satz 1 und 2, § 51 Abs. 3 oder entgegen Artikel 42 Abs. 4 Satz 1 oder 2 des Pflege-Versicherungsgesetzes eine Meldung nicht, nicht richtig, nicht vollständig oder nicht rechtzeitig erstattet,
3. entgegen § 50 Abs. 3 Satz 1 Nr. 1 eine Auskunft nicht, nicht richtig, nicht vollständig oder nicht rechtzeitig erteilt oder entgegen § 50 Abs. 3 Satz 1 Nr. 2 eine Änderung nicht, nicht richtig, nicht vollständig oder nicht rechtzeitig mitteilt,
4. entgegen § 50 Abs. 3 Satz 2 die erforderlichen Unterlagen nicht, nicht vollständig oder nicht rechtzeitig vorlegt,
5. entgegen Artikel 42 Abs. 1 Satz 3 des Pflege-Versicherungsgesetzes den Leistungsumfang seines privaten Versicherungsvertrages nicht oder nicht rechtzeitig anpaßt,
6. mit der Entrichtung von sechs Monatsprämien zur privaten Pflegeversicherung in Verzug gerät,
7. entgegen § 128 Absatz 1 Satz 4 die dort genannten Daten nicht, nicht richtig, nicht vollständig oder nicht rechtzeitig übermittelt.

(2) Die Ordnungswidrigkeit kann mit einer Geldbuße bis zu 2500 Euro geahndet werden.

(3) Für die von privaten Versicherungsunternehmen begangenen Ordnungswidrigkeiten nach Absatz 1 Nummer 2 und 7 ist das Bundesamt für Soziale Sicherung die Verwaltungsbehörde im Sinne des § 36 Abs. 1 Nr. 1 des Gesetzes über Ordnungswidrigkeiten.

(4) 1Die für die Verfolgung und Ahndung der Ordnungswidrigkeiten nach Absatz 1 Nummer 1 und 6 zuständige Verwaltungsbehörde im Sinne des § 36 Absatz 1 Nummer 2 Buchstabe a oder Absatz 2 des Gesetzes über Ordnungswidrigkeiten kann die zur Ermittlung des Sachverhalts erforderlichen Auskünfte, auch elektronisch und als elektronisches Dokument, bei den nach § 51 Absatz 1 Satz 1 und 2 und Absatz 2 Meldepflichtigen einholen. 2Diese sollen bei der Ermittlung des Sachverhalts mitwirken. 3Sie sollen insbesondere ihnen bekannte Tatsachen und Beweismittel angeben. 4Eine weitergehende Pflicht, bei der Ermittlung des Sachverhalts mitzuwirken, insbesondere eine Pflicht zum persönlichen Erscheinen oder zur Aussage, besteht nur, soweit sie durch Rechtsvorschrift besonders vorgesehen ist.

Dreizehntes Kapitel Befristete Modellvorhaben

§ 122 Kooperationsprojekt zu Erleichterungen in der Praxis bei der Beantragung von Leistungen der Pflegeversicherung

(1) 1Der Spitzenverband Bund der Pflegekassen bildet gemeinsam mit den Pflegekassen, unter Ein-

beziehung der Verbände der Pflegekassen auf Bundesebene, vom 1. April 2026 bis zum 31. Juli 2030 ein Gremium zur Kooperation hinsichtlich der Reduktion, Vereinfachung und Vereinheitlichung von Formularen oder anderen formalen Vorgaben, die von Pflegekassen im Rahmen der Beantragung von Leistungen der Pflegeversicherung eingesetzt werden. 2Das Gremium untersucht die von Pflegekassen bisher eingesetzten Formulare und formalen Vorgaben und überprüft und entwickelt diese sowie Hilfestellungen bei der Antragstellung mit den folgenden Zielsetzungen weiter:

1. den Einsatz von Vorgaben und die Abfrage von Informationen jeweils auf das für die Antragsbearbeitung notwendige Maß zu reduzieren und Informationen, die der Pflegekasse bereits bekannt sind, nicht unnötig erneut abzufragen,
2. aus Sicht der Versicherten nachvollziehbare und verständliche Formulierungen zu verwenden, den Einsatz von Formularen und anderen formalen Vorgaben darauf auszurichten, dass diese für die Antragstellenden als Hilfestellung dienen, sowie deutlich erkennbar zu machen, wenn ein Formular als Hilfestellung zur Verfügung gestellt wird, eine rechtliche Pflicht zur Nutzung aber nicht besteht,
3. wo dies sinnvoll erscheint, für die Antragstellenden Erläuterungen zur Verfügung zu stellen, auch durch Einbindung von Erläuterungen in Online-Beantragungsmöglichkeiten; mit Erläuterungen kann auch nachvollziehbar gemacht werden, wofür die abgefragten Angaben benötigt werden oder welche Folgen es hat, wenn bestimmte Angaben nicht gemacht werden,
4. niedrigschwellig auf bestehende Möglichkeiten der Beratung zu und Unterstützung bei der Beantragung von Leistungen hinzuweisen, einschließlich beispielsweise Kontaktdaten konkreter Ansprechpartnerinnen und Ansprechpartner, sowie außerdem, soweit diese vorhanden sind und es sich als sinnvoll erweist, auf weitere Unterstützungs- und Informationsmöglichkeiten hinzuweisen, beispielsweise Auskunftsansprüche oder auch digitale Hilfestellungen, und
5. eine gute Digitalisierbarkeit der Bearbeitung von Anträgen, die bei den Pflegekassen eingehen, vorzubereiten.

3In die Überlegungen sind dabei gleichberechtigt sowohl digitale Möglichkeiten der Antragstellung als auch andere, nicht digitale Möglichkeiten und Zugangswege zu einer Antragstellung einzubeziehen. 4In die Untersuchung können ebenfalls formale Vorgaben mit einbezogen werden, die sich nicht auf die Beantragung von Leistungen der Pflegeversicherung beziehen. 5Der Verband der privaten Krankenversicherung e. V. wird auf dessen Wunsch in das Gremium einbezogen. 6Die Umsetzung der in dem Gremium erarbeiteten Ergebnisse durch die Pflegekassen im Rahmen der Selbstverwaltung erfolgt fortlaufend; das Gremium veranlasst bei Vorliegen von umsetzungsreifen Ergebnissen jeweils die Weitergabe an die für die Umsetzung zuständigen Stellen, um Erleichterungen in der Praxis zeitnah zu verwirklichen.

(2) Zu den Aufgaben des Gremiums gehört auch

1. sich im Rahmen der Selbstverwaltung der Pflegekassen für eine sachgerechte Verankerung einer dauerhaften Vereinfachung und Vereinheitlichung bei der Beantragung von Leistungen der Pflegeversicherung und einer Reduktion formaler Vorgaben auf das erforderliche Maß einzusetzen sowie dabei ebenfalls eine für alle Beteiligten praxisgerechte Digitalisierbarkeit im Rahmen der Antragsbearbeitung in den Blick zu nehmen,
2. die Erstellung eines Leitfadens für ein versichertengerechtes Vorgehen und eine empfehlenswerte Gestaltung von Hilfestellungen bei der Beantragung von Leistungen der Pflegeversicherung,
3. in die Beratungen mit einzubeziehen und Vorschläge zu entwickeln, wie schlanke und schnelle, zugleich aber auch die zweckgerechte Verwendung von Mitteln der Pflegeversicherung sicherstellende Verfahren zum Vorgehen bei Kostenerstattungsansprüchen nach diesem Buch gestaltet werden könnten.

(3) 1Im Hinblick auf die Erreichung der in Absatz 1 genannten Ziele und die Verwirklichung der in Absatz 2 genannten Aufgaben sind nach diesem Buch Anspruchsberechtigte, für diese Vertretungsberechtigte und Pflegepersonen sowie Versicherte ohne oder mit geringen Vorerfahrungen mit Leistungen nach diesem Buch einzubeziehen. 2Die Einbeziehung erfolgt durch Einbindung verschiedener entsprechender Vertreterinnen und Vertreter dieser Gruppen in dem Gremium nach Absatz 1 sowie darüber hinaus auch wissenschaftlich gestützt. 3Das Gremium kann eine Einbeziehung weiterer Beteiligter, insbesondere beispielsweise des Medizinischen Dienstes Bund und der Gesellschaft für Telematik nach § 310 des Fünften Buches, vorsehen.

(4) 1Für die Aufgaben nach den Absätzen 1 bis 3 kann der Spitzenverband Bund der Pflegekassen Mittel nach § 8 Absatz 3 einsetzen. 2Die Maßnahmen sind mit dem Bundesministerium für Gesundheit abzustimmen. 3Näheres über das Verfahren zur Auszahlung der aus dem Ausgleichsfonds zu finanzierenden Fördermittel regeln der Spitzenverband Bund der Pflegekassen und das Bundesamt für Soziale Sicherung durch Vereinbarung. 4Soweit

im Rahmen der Maßnahmen personenbezogene Daten benötigt werden sollten, können diese nur mit Einwilligung der betroffenen Person erhoben, verarbeitet und genutzt werden.

(5) 1Der Spitzenverband Bund der Pflegekassen berichtet dem Bundesministerium für Gesundheit jährlich über den Fortschritt der Arbeit des Gremiums und die erfolgte Umsetzung von Ergebnissen. 2Auf Verlangen des Bundesministeriums für Gesundheit kann dieses an Sitzungen des Gremiums teilnehmen. 3Spätestens bis zum 31. Dezember 2030 legt der Spitzenverband Bund der Pflegekassen dem Bundesministerium für Gesundheit einen Abschlussbericht zu dem Projekt vor und berichtet über die bis dahin erfolgten sowie absehbaren Umsetzungen und die weiteren geplanten Umsetzungen der in dem Gremium entwickelten Erkenntnisse durch die Pflegekassen.

§ 123 Gemeinsame Modellvorhaben für Unterstützungsmaßnahmen und -strukturen vor Ort und im Quartier

(1) 1Im Zeitraum von 2025 bis 2029 fördert der Spitzenverband Bund der Pflegekassen regionalspezifische Modellvorhaben für innovative Unterstützungsmaßnahmen und -strukturen für Pflegebedürftige, ihre Angehörigen und vergleichbar Nahestehende vor Ort und im Quartier. 2Die Förderung erfolgt, unbeschadet des Absatzes 5 Satz 3, im Zeitraum von 2025 bis 2028 aus dem Ausgleichsfonds mit bis zu 30 Millionen Euro je Kalenderjahr; im Jahr 2029 erfolgt die Förderung ausschließlich mit nicht verbrauchten Mitteln des Jahres 2028 nach Maßgabe des Absatzes 5 Satz 3. 3Die Förderung dient insbesondere dazu,

1. die Situation der Pflegebedürftigen und ihrer Angehörigen und vergleichbar Nahestehenden zu erleichtern,
2. den Zugang zu den vorhandenen Pflege- und Unterstützungsangeboten zu verbessern,
3. die Pflegeprävalenz positiv zu beeinflussen,
4. den Fachkräftebedarf zu decken sowie ehrenamtliche Strukturen aufzubauen,
5. eine bedarfsgerechte integrierte Sozialplanung zur Entwicklung des Sozialraumes zu unterstützen,
6. Unterstützungs- und Entlastungsstrukturen für Pflegearrangements auf- und auszubauen und zu stabilisieren,
7. innovative Konzepte zur Stärkung der gesellschaftlichen Solidarität zu entwickeln oder
8. die Pflegeangebote untereinander digital zu vernetzen.

4Die Förderung nach den Sätzen 1 und 2 erfolgt, wenn die Modellvorhaben auf der Grundlage landes- oder kommunalrechtlicher Vorschriften auch durch das jeweilige Land oder die jeweilige kommunale Gebietskörperschaft gefördert werden. 5Sie erfolgt jeweils in gleicher Höhe wie die Förderung, die vom Land oder von der kommunalen Gebietskörperschaft für die einzelne Fördermaßnahme geleistet wird, so dass insgesamt ein Fördervolumen von 60 Millionen Euro im Kalenderjahr erreicht werden kann. 6Die Förderung von Modellvorhaben durch den Spitzenverband Bund der Pflegekassen nach den Sätzen 1 und 2 setzt voraus, dass diese den Empfehlungen nach Absatz 3 entsprechen, und erfolgt jeweils im Einvernehmen mit dem Bundesministerium für Gesundheit.

(2) Die privaten Versicherungsunternehmen, die die private Pflege-Pflichtversicherung durchführen, beteiligen sich mit insgesamt 7 Prozent des in Absatz 1 Satz 2 genannten Fördervolumens an der Förderung nach Absatz 1 Satz 1 und 2.

(3) 1Der Spitzenverband Bund der Pflegekassen beschließt im Einvernehmen mit dem Verband der privaten Krankenversicherung e. V. und den Ländern Empfehlungen, in denen festzulegen ist,

1. was die Ziele und der Inhalt der Förderung sind,
2. welche Voraussetzungen vorliegen müssen, damit die Förderung gewährt wird,
3. für welche Dauer die Förderung gewährt wird,
4. wie die Förderung durchgeführt wird,
5. nach welchem Verfahren die Fördermittel vergeben, ausgezahlt und abgewickelt werden,
6. welchen Anforderungen die Einbringung von Zuschüssen der kommunalen Gebietskörperschaften als Personal- oder Sachmittel mit Zweckbindung genügen müssen, sowie wie im Einzelfall zu prüfen ist, ob die Nutzung von Mitteln und Möglichkeiten der Arbeitsförderung zweckentsprechend eingesetzt werden kann, und
7. wie die Zwischen- und Abschlussberichte der wissenschaftlichen Begleitung dem Spitzenverband Bund der Pflegekassen zugehen.

2Vor dem Beschluss der Empfehlungen müssen die kommunalen Spitzenverbände auf Bundesebene, die Landesverbände der Pflegekassen, die Bundesarbeitsgemeinschaft der überörtlichen Träger der Sozialhilfe und der Eingliederungshilfe, die auf Bundesebene maßgeblichen Organisationen für die Wahrnehmung der Interessen und der Selbsthilfe pflegebedürftiger und behinderter Menschen und ihrer Angehörigen, das Bundesamt für Soziale Sicherung sowie die oder der Bevollmächtigte der Bundesregierung für Pflege angehört werden. 3Die Empfehlungen bedürfen der Zustimmung des Bundesministeriums für Gesundheit unter Beteiligung des Bundesministeriums für Familie, Senioren,

Frauen und Jugend. $_{4}$Sie sind dem Bundesministerium für Gesundheit bis zum 30. Juni 2024 vorzulegen.

(4) $_{1}$Die Modellvorhaben sind auf längstens vier Jahre zu befristen. $_{2}$Bei der Vereinbarung und Durchführung von Modellvorhaben kann von den Regelungen des § 37 Absatz 3 bis 9, des Siebten und des Achten Kapitels abgewichen werden, soweit dies zur Erreichung der Ziele eines Modellvorhabens zwingend erforderlich ist.

(5) $_{1}$Die nach Absatz 1 Satz 2 zur Verfügung stehenden Fördermittel werden nach dem Königsteiner Schlüssel aufgeteilt. $_{2}$Die Auszahlung der Mittel für ein Modellvorhaben erfolgt, sobald für das Modellvorhaben eine konkrete Förderzusage durch das Land oder die kommunale Gebietskörperschaft vorliegt. $_{3}$Die Fördermittel, die in einem Land im jeweiligen Kalenderjahr bis einschließlich 2028 nicht in Anspruch genommen worden sind, erhöhen im Folgejahr bis einschließlich 2029 das Fördervolumen des jeweiligen Landes.

(6) $_{1}$Der Finanzierungsanteil, der auf die privaten Versicherungsunternehmen entfällt, kann vom Verband der privaten Krankenversicherung e. V. unmittelbar an das Bundesamt für Soziale Sicherung zugunsten des Ausgleichsfonds der Pflegeversicherung nach § 65 überwiesen werden. $_{2}$Näheres über das Verfahren zur Durchführung und Abwicklung der Förderung und zur Auszahlung der Fördermittel, die aus dem Ausgleichsfonds zu finanzieren sind, sowie über die Zahlung und Abrechnung des Finanzierungsanteils der privaten Versicherungsunternehmen regeln das Bundesamt für Soziale Sicherung, der Spitzenverband Bund der Pflegekassen und der Verband der privaten Krankenversicherung e. V. durch Vereinbarung.

§ 124 Wissenschaftliche Begleitung und Auswertung der gemeinsamen Modellvorhaben für Unterstützungsmaßnahmen und -strukturen vor Ort und im Quartier

(1) $_{1}$Für jedes Modellvorhaben nach § 123 haben Modellträger eine wissenschaftliche Begleitung und Auswertung vorzusehen. $_{2}$Die Auswertung erfolgt nach allgemein anerkannten wissenschaftlichen Standards hinsichtlich der Wirksamkeit, Qualität und Kosten.

(2) In der wissenschaftlichen Begleitung ist zu untersuchen, welche Folgen eine Übernahme in die flächendeckende Regelversorgung hätte, und insbesondere darzulegen,

1. welche personellen oder finanziellen Mittel dies jeweils erfordern würde und auf welche Weise diese personellen und finanziellen Mittel bereitgestellt oder erschlossen werden könnten,
2. welche Vor- oder Nachteile gegenüber der geltenden Rechtslage zu erwarten sind und
3. welche Rechtsgrundlagen für eine Umsetzung zu ändern oder zu schaffen wären.

(3) $_{1}$In der wissenschaftlichen Begleitung sind Zwischenberichte und Abschlussberichte über die Ergebnisse der Auswertungen der Modellvorhaben zu erstellen. $_{2}$Die Zwischenberichte müssen vom Spitzenverband Bund der Pflegekassen spätestens zur Hälfte der Laufzeit des Modellvorhabens dem Bundesministerium für Gesundheit vorgelegt werden, die Abschlussberichte spätestens sechs Monate nach Ende des Modellvorhabens. $_{3}$Die Vorlage muss in barrierefreier Form erfolgen. $_{4}$Über die Veröffentlichung entscheidet das Bundesministerium für Gesundheit im Benehmen mit den kommunalen Spitzenverbänden auf Bundesebene, mit den Ländern und mit dem Spitzenverband Bund der Pflegekassen sowie dem Verband der privaten Krankenversicherung e. V.

(4) Die wissenschaftliche Begleitung und Auswertung der Modellvorhaben werden als Teil der Modellvorhaben entsprechend § 123 gefördert.

§ 125 Modellvorhaben zur Einbindung der Pflegeeinrichtungen in die Telematikinfrastruktur

$_{1}$Für eine wissenschaftlich gestützte Erprobung der Einbindung der Pflegeeinrichtungen in die Telematikinfrastruktur werden aus Mitteln des Ausgleichsfonds der Pflegeversicherung zusätzlich 10 Millionen Euro im Zeitraum von 2020 bis 2024 zur Verfügung gestellt. $_{2}$Für die Förderung gilt § 8 Absatz 3 entsprechend mit der Maßgabe, dass die Maßnahmen in Abstimmung mit der Gesellschaft für Telematik und der Kassenärztlichen Bundesvereinigung zu planen und durchzuführen sind.

§ 125a Modellvorhaben zur Erprobung von Telepflege

(1) Für eine wissenschaftlich gestützte Erprobung von Telepflege zur Verbesserung der pflegerischen Versorgung von Pflegebedürftigen werden aus Mitteln des Ausgleichsfonds der Pflegeversicherung 5 Millionen Euro im Zeitraum von 2022 bis 2025 zur Verfügung gestellt.

(2) Für die Förderung gilt § 8 Absatz 3 entsprechend mit der Maßgabe, dass die Planung des Modellvorhabens im Benehmen mit den Verbänden der Träger der Pflegeeinrichtungen auf Bundesebene, mit geeigneten Verbänden der Digitalwirtschaft sowie mit der Gesellschaft für Telematik nach § 310 des Fünften Buches erfolgt.

(3) Der Spitzenverband Bund der Pflegekassen erarbeitet im Benehmen mit den Verbänden der Träger der Pflegeeinrichtungen auf Bundesebene, mit

geeigneten Verbänden der Digitalwirtschaft und mit der Gesellschaft für Telematik sowie unter Beteiligung der maßgeblichen Organisationen der Pflegeberufe auf Bundesebene, den auf Bundesebene maßgeblichen Organisationen für die Wahrnehmung der Interessen und der Selbsthilfe pflegebedürftiger und behinderter Menschen nach §118 und der oder des Bevollmächtigten der Bundesregierung für Pflege bis zum 31. Dezember 2027 Empfehlungen zur Umsetzung der Ergebnisse der wissenschaftlich gestützten Erprobung von Telepflege zur Verbesserung der pflegerischen Versorgung in der ambulanten und in der stationären Langzeitpflege.

§125b Kompetenzzentrum Digitalisierung und Pflege

(1) $_{1}$Beim Spitzenverband Bund der Pflegekassen wird ein Kompetenzzentrum Digitalisierung und Pflege eingerichtet. $_{2}$Die Aufgaben des Kompetenzzentrums umfassen:

1. regelmäßige Analyse und Evaluation der Umsetzung digitaler Potentiale im Bereich der ambulanten und stationären Langzeitpflege,
2. Entwicklung von konkreten Empfehlungen insbesondere für Leistungserbringer, Pflegekassen, die für die Wahrnehmung der Interessen der Industrie maßgeblichen Bundesverbände aus dem Bereich der Informationstechnologie im Gesundheitswesen und in der Pflege sowie für Pflegeberatungsstellen, mit dem Ziel der Weiterentwicklung der Digitalisierung in der Langzeitpflege, unter Berücksichtigung der Vorgaben des §78a,
3. Prüfung und Nutzung der Möglichkeiten der Digitalisierung bei der Vermittlung von Plätzen und Angeboten im Bereich der ambulanten und stationären Langzeitpflege und Erarbeitung von Empfehlungen, und
4. Unterstützung des Wissenstransfers bei Themen der Digitalisierung in der Langzeitpflege für pflegebedürftige Menschen, ihre Pflegepersonen nach §19, beruflich Pflegende und Pflegeberatende mit geeigneten Maßnahmen.

(2) $_{1}$Für die Einrichtung des Kompetenzzentrums Digitalisierung und Pflege werden aus Mitteln des Ausgleichsfonds der Pflegeversicherung 10 Millionen Euro im Zeitraum von 2023 bis 2027 zur Verfügung gestellt. $_{2}$Die privaten Versicherungsunternehmen, die die private Pflege-Pflichtversicherung durchführen, beteiligen sich mit einem Anteil von 7 Prozent an den Kosten, die sich gemäß Satz 1 ergeben. $_{3}$Dieser Finanzierungsanteil kann von dem Verband der privaten Krankenversicherung e. V. unmittelbar an das Bundesamt für Soziale Sicherung zugunsten des Ausgleichsfonds der Pflegeversicherung nach §65 geleistet werden. $_{4}$Der Spitzenverband Bund der Pflegekassen bestimmt Ziele, Inhalte, Planung und Durchführung des Kompetenzzentrums im Einvernehmen mit dem Bundesministerium für Gesundheit und im Benehmen mit den Verbänden der Pflegekassen, den Ländern, dem Verband der privaten Krankenversicherung e. V., dem Bundesministerium für Arbeit und Soziales, der Bundesarbeitsgemeinschaft der überörtlichen Träger der Sozialhilfe und der Eingliederungshilfe, den kommunalen Spitzenverbänden auf Bundesebene, den Vereinigungen der Träger der Pflegeeinrichtungen auf Bundesebene, dem Deutschen Pflegerat, den auf Bundesebene maßgeblichen Organisationen für die Wahrnehmung der Interessen und der Selbsthilfe pflegebedürftiger und behinderter Menschen nach §118 sowie deren Pflegepersonen nach §19, den für die Wahrnehmung der Interessen der Industrie maßgeblichen Bundesverbänden aus dem Bereich der Informationstechnologie im Gesundheitswesen und in der Pflege, der Kassenärztlichen Bundesvereinigung sowie mit der Gesellschaft für Telematik und, soweit vorhanden, mit Kompetenzzentren auf Bundes- und Landesebene. $_{5}$Die Gesellschaft für Telematik soll insbesondere bei der Umsetzung der Aufgaben nach Absatz 1 beteiligt werden, sofern diese einen Bezug zur Telematikinfrastruktur aufweisen. $_{6}$Ebenso ist die oder der Bundesbeauftragte für den Datenschutz und die Informationsfreiheit ins Benehmen zu setzen, sofern datenschutzrechtliche Belange betroffen sind. $_{7}$Für die Förderung gilt §8 Absatz 3 Satz 5, 8 und 12 entsprechend.

(3) Näheres über das Verfahren zur Auszahlung der aus dem Ausgleichsfonds der Pflegeversicherung zu finanzierenden Fördermittel regeln der Spitzenverband Bund der Pflegekassen und das Bundesamt für Soziale Sicherung durch Vereinbarung.

(4) $_{1}$Der Spitzenverband Bund der Pflegekassen veranlasst im Einvernehmen mit dem Bundesministerium für Gesundheit eine wissenschaftliche Begleitung und Auswertung der Arbeit des Kompetenzzentrums durch unabhängige Sachverständige. $_{2}$Begleitung und Auswertung erfolgen nach allgemein anerkannten wissenschaftlichen Standards hinsichtlich der Wirksamkeit, Qualität und Kosten der Arbeit des Kompetenzzentrums. $_{3}$Die unabhängigen Sachverständigen haben Berichte über die Ergebnisse der Auswertungen zu erstellen. $_{4}$Der Spitzenverband Bund der Pflegekassen legt über das Bundesministerium für Gesundheit dem Deutschen Bundestag bis 2028 jährlich, erstmals zum 1. März 2024, einen barrierefreien Bericht über die Arbeit und Ergebnisse des Kompetenzzentrums vor.

(5) $_{1}$Der Spitzenverband Bund der Pflegekassen richtet einen Beirat zur Begleitung der Arbeit des

Kompetenzzentrums im Einvernehmen mit dem Bundesministerium für Gesundheit ein. 2Der Beirat besteht aus Vertreterinnen und Vertretern der Länder, der Bundesarbeitsgemeinschaft der überörtlichen Träger der Sozialhilfe und der Eingliederungshilfe, der kommunalen Spitzenverbände auf Bundesebene, des Verbands der privaten Krankenversicherung e. V., der Verbände der Pflegekassen auf Bundesebene, der Verbände der Pflegeeinrichtungen auf Bundesebene, der Vereinigungen der Träger der Pflegeeinrichtungen auf Bundesebene, des Deutschen Pflegerates, der auf Bundesebene maßgeblichen Organisationen für die Wahrnehmung der Interessen und der Selbsthilfe pflegebedürftiger und behinderter Menschen nach § 118 sowie deren Pflegepersonen nach § 19, der für die Wahrnehmung der Interessen der Industrie maßgeblichen Bundesverbände aus dem Bereich der Informationstechnologie im Gesundheitswesen und in der Pflege, der Kassenärztlichen Bundesvereinigung, der Gesellschaft für Telematik, der Wissenschaft sowie des Bundesministeriums für Arbeit und Soziales, des Bundesministeriums für Bildung und Forschung, des Bundesministeriums für Familie, Senioren, Frauen und Jugend, des Bundesministeriums für Gesundheit und der oder des Bevollmächtigten der Bundesregierung für Pflege.

(6) Der Spitzenverband Bund der Pflegekassen informiert regelmäßig und aktuell über die Aktivitäten und Ergebnisse des Kompetenzzentrums auf einer eigens dafür eingerichteten barrierefreien Internetseite.

§ 125c Modellvorhaben zur Erprobung digitaler Verhandlungen der Pflegevergütung

1Der Spitzenverband Bund der Pflegekassen führt in den Jahren 2026 und 2027 aus den Mitteln nach § 8 Absatz 3 Modellvorhaben zur Erprobung digitaler Verhandlungen der Pflegevergütung nach dem Achten Kapitel durch. 2Die Modellvorhaben sind darauf auszurichten, dass die Beteiligten dem allgemein anerkannten Stand entsprechende, technisch verfügbare Möglichkeiten elektronischer und digitaler Verfahren für die Verhandlungen einbeziehen, damit Verhandlungen effizient und zügig zum Abschluss gebracht werden können. 3Für die Modellvorhaben ist eine wissenschaftliche Begleitung und Auswertung vorzusehen. 4Soweit im Rahmen der Modellvorhaben einrichtungsbezogene Daten benötigt werden, können diese mit Einwilligung der teilnehmenden Pflegeeinrichtungen erhoben, verarbeitet und genutzt werden; personenbezogene Daten dürfen nicht erhoben werden. 5Der Spitzenverband Bund der Pflegekassen bestimmt Ziele, Dauer, Inhalte und Durchführung der Modellvorhaben. 6Die Modellvorhaben sind mit dem Bundesministerium für Gesundheit unter Beteiligung des Bundesministeriums für Arbeit und Soziales abzustimmen.

§ 125d Modellvorhaben zur Erprobung der Flexibilisierung der Leistungserbringung stationärer Pflegeeinrichtungen

(1) 1Der Spitzenverband Bund der Pflegekassen kann in den Jahren 2026 bis 2028 aus den Mitteln nach § 8 Absatz 3 Modellvorhaben zur Erprobung der Flexibilisierung der Leistungserbringung von zugelassenen stationären Pflegeeinrichtungen nach Satz 2 vereinbaren. 2Gegenstand der Erprobung sind

1. der dauerhafte Einbezug von An- und Zugehörigen in die vollstationäre pflegerische Versorgung und dadurch die Abwahlmöglichkeit professionell erbrachter Leistungen nach § 43 sowie
2. die Erbringung von Leistungen im Sinne des § 36 und die Versorgung mit häuslicher Krankenpflege gemäß § 37 des Fünften Buches durch voll- und teilstationäre Pflegeeinrichtungen für Versicherte außerhalb der Pflegeeinrichtung.

(2) 1Die Modellvorhaben sind darauf auszurichten, die Wirkungen auf die pflegerische Versorgung umfassend, insbesondere bezüglich Planbarkeit, Verlässlichkeit, Qualität, Wirtschaftlichkeit, Inhalt der erbrachten Leistungen, Kosteneffizienz, Auswirkungen auf den Personalbedarf und in Bezug auf die von den Pflegebedürftigen zu tragenden Kosten, zu untersuchen und dabei die Akzeptanz bei den Pflegebedürftigen, den Pflegekräften und den pflegenden An- und Zugehörigen einzubeziehen. 2Im Hinblick auf Absatz 1 Satz 2 Nummer 1 ist insbesondere zu untersuchen, wie der Beitrag der An- und Zugehörigen an der Versorgung so bestimmt und deren Anleitung in einem Maße sichergestellt werden kann, dass der Beitrag vollwertig in die Versorgung einbezogen werden und sich eigenanteilsreduzierend auswirken kann. 3Darüber hinaus sind entsprechende Haftungsfragen zu klären. 4Im Hinblick auf Absatz 1 Satz 2 Nummer 2 ist insbesondere zu untersuchen, ob und wie durch vertragliche Festlegung der Leistungs- und Kostenabgrenzung ausreichend notwendige Transparenz geschaffen werden kann, um eine Doppelfinanzierung beim Personaleinsatz zu vermeiden. 5Die Modellvorhaben sind auf längstens zwei Jahre zu befristen. 6Für die Modellvorhaben ist eine wissenschaftliche Begleitung und Auswertung vorzusehen. 7Soweit im Rahmen der Modellvorhaben personenbezogene Daten benötigt werden, können diese mit Einwilligung der betreffenden Person erhoben, verarbeitet und genutzt werden. 8Der

5

Spitzenverband Bund der Pflegekassen bestimmt Ziele, Dauer, Inhalte und Durchführung der Modellvorhaben. 9Die Modellvorhaben sind mit dem Bundesministerium für Gesundheit im Einvernehmen mit dem Bundesministerium für Arbeit und Soziales abzustimmen.

(3) 1Die am Modellvorhaben teilnehmenden Pflegeeinrichtungen erproben mindestens eine der in Absatz 1 Satz 2 genannten Flexibilisierungen. 2Es sind jeweils die Vorschriften dieses Buches anzuwenden; im Einzelfall kann von den Regelungen des Siebten und des Achten Kapitels abgewichen werden. 3Bei einer Erprobung, die die in Absatz 1 Satz 2 Nummer 2 genannten Leistungen der häuslichen Krankenpflege gemäß § 37 des Fünften Buches zum Gegenstand hat, haben die teilnehmenden Pflegeeinrichtungen als Leistungserbringer mit den Landesverbänden der Krankenkassen und den Ersatzkassen gemeinsam und einheitlich einen Vertrag nach § 132a Absatz 4 des Fünften Buches abzuschließen. 4Im Einzelfall kann bei Vertragsschluss von den Vorgaben des § 132a Absatz 4 des Fünften Buches abgewichen werden. 5Die Flexibilisierung der Leistungserbringung der teilnehmenden Pflegeeinrichtungen zur Versorgung kann bis zu zwei Jahre nach dem Ende des Modellvorhabens und bis zu zwölf Monate nach dem Vorliegen der Empfehlungen nach § 92c Absatz 5 gültig bleiben.

Vierzehntes Kapitel
Zulagenförderung der privaten Pflegevorsorge

§ 126 Zulageberechtigte

1Personen, die nach dem Dritten Kapitel in der sozialen oder privaten Pflegeversicherung versichert sind (zulageberechtigte Personen), haben bei Vorliegen einer auf ihren Namen lautenden privaten Pflege-Zusatzversicherung unter den in § 127 Absatz 2 genannten Voraussetzungen Anspruch auf eine Pflegevorsorgezulage. 2Davon ausgenommen sind Personen, die das 18. Lebensjahr noch nicht vollendet haben, sowie Personen, die vor Abschluss der privaten Pflege-Zusatzversicherung bereits als Pflegebedürftige Leistungen nach dem Vierten Kapitel oder gleichwertige Vertragsleistungen der privaten Pflege-Pflichtversicherung beziehen oder bezogen haben.

§ 127 Pflegevorsorgezulage; Fördervoraussetzungen

(1) 1Leistet die zulageberechtigte Person mindestens einen Beitrag von monatlich 10 Euro im jeweiligen Beitragsjahr zugunsten einer auf ihren Namen lautenden, gemäß Absatz 2 förderfähigen privaten Pflege-Zusatzversicherung, hat sie Anspruch auf eine Zulage in Höhe von monatlich 5 Euro. 2Die Zulage wird bei dem Mindestbeitrag nach Satz 1 nicht berücksichtigt. 3Die Zulage wird je zulageberechtigter Person für jeden Monat nur für einen Versicherungsvertrag gewährt. 4Der Mindestbeitrag und die Zulage sind für den förderfähigen Tarif zu verwenden.

(2) 1Eine nach diesem Kapitel förderfähige private Pflege-Zusatzversicherung liegt vor, wenn das Versicherungsunternehmen hierfür

1. die Kalkulation nach Art der Lebensversicherung gemäß § 146 Absatz 1 Nummer 1 und 2 des Versicherungsaufsichtsgesetzes vorsieht,
2. allen in § 126 genannten Personen einen Anspruch auf Versicherung gewährt,
3. auf das ordentliche Kündigungsrecht sowie auf eine Risikoprüfung und die Vereinbarung von Risikozuschlägen und Leistungsausschlüssen verzichtet,
4. bei Vorliegen von Pflegebedürftigkeit im Sinne des § 14 einen vertraglichen Anspruch auf Auszahlung von Geldleistungen für jeden der in § 15 Absatz 3 und 7 aufgeführten Pflegegrade, dabei in Höhe von mindestens 600 Euro für Pflegegrad 5, vorsieht; die tariflich vorgesehenen Geldleistungen dürfen dabei die zum Zeitpunkt des Vertragsabschlusses jeweils geltende Höhe der Leistungen dieses Buches nicht überschreiten, eine Dynamisierung bis zur Höhe der allgemeinen Inflationsrate ist jedoch zulässig; weitere Leistungen darf der förderfähige Tarif nicht vorsehen,
5. bei der Feststellung des Versicherungsfalles sowie der Festsetzung des Pflegegrades dem Ergebnis des Verfahrens zur Feststellung der Pflegebedürftigkeit gemäß den §§ 18 bis 18c folgt; bei Versicherten der privaten Pflege-Pflichtversicherung sind die entsprechenden Feststellungen des privaten Versicherungsunternehmens zugrunde zu legen,
6. die Wartezeit auf höchstens fünf Jahre beschränkt,
7. einem Versicherungsnehmer, der hilfebedürftig im Sinne des Zweiten oder Zwölften Buches ist oder allein durch Zahlung des Beitrags hilfebedürftig würde, einen Anspruch gewährt, den Vertrag ohne Aufrechterhaltung des Versicherungsschutzes für eine Dauer von mindestens drei Jahren ruhen zu lassen oder den Vertrag binnen einer Frist von drei Monaten nach Eintritt der Hilfebedürftigkeit rückwirkend zum Zeitpunkt des Eintritts zu kündigen; für den Fall der Ruhendstellung beginnt diese Frist mit dem Ende der Ruhendstellung, wenn Hilfebedürftigkeit weiterhin vorliegt,

8. die Höhe der in Ansatz gebrachten Verwaltungs- und Abschlusskosten begrenzt; das Nähere dazu wird in der Rechtsverordnung nach § 130 geregelt.

2Der Verband der privaten Krankenversicherung e. V. wird damit beliehen, hierfür bracheneinheitliche Vertragsmuster festzulegen, die von den Versicherungsunternehmen als Teil der Allgemeinen Versicherungsbedingungen förderfähiger Pflege-Zusatzversicherungen zu verwenden sind. 3Die Beleihung nach Satz 2 umfasst die Befugnis, für Versicherungsunternehmen, die förderfähige private Pflege-Zusatzversicherungen anbieten, einen Ausgleich für Überschäden einzurichten; § 111 Absatz 1 Satz 1 und 2 und Absatz 2 gilt entsprechend. 4Die Fachaufsicht über den Verband der privaten Krankenversicherung e. V. zu den in den Sätzen 2 und 3 genannten Aufgaben übt das Bundesministerium für Gesundheit aus.

(3) Der Anspruch auf die Zulage entsteht mit Ablauf des Kalenderjahres, für das die Beiträge zu einer privaten Pflege-Zusatzversicherung gemäß § 127 Absatz 1 geleistet worden sind (Beitragsjahr).

§ 128 Verfahren; Haftung des Versicherungsunternehmens

(1) 1Die Zulage gemäß § 127 Absatz 1 wird auf Antrag gewährt. 2Die zulageberechtigte Person bevollmächtigt das Versicherungsunternehmen mit dem Abschluss des Vertrags über eine förderfähige private Pflege-Zusatzversicherung, die Zulage für jedes Beitragsjahr zu beantragen. 3Sofern eine Zulagenummer oder eine Versicherungsnummer nach § 147 des Sechsten Buches für die zulageberechtigte Person noch nicht vergeben ist, bevollmächtigt sie zugleich ihr Versicherungsunternehmen, eine Zulagenummer bei der zentralen Stelle zu beantragen. 4Das Versicherungsunternehmen ist verpflichtet, der zentralen Stelle nach amtlich vorgeschriebenem Datensatz durch amtlich bestimmte Datenfernübertragung zur Feststellung der Anspruchsberechtigung auf Auszahlung der Zulage zugleich mit dem Antrag in dem Zeitraum vom 1. Januar bis zum 31. März des Kalenderjahres, das auf das Beitragsjahr folgt, Folgendes zu übermitteln:

1. die Antragsdaten,
2. die Höhe der für die zulagefähige private Pflege-Zusatzversicherung geleisteten Beiträge,
3. die Vertragsdaten,
4. die Versicherungsnummer nach § 147 des Sechsten Buches, die Zulagenummer der zulageberechtigten Person oder einen Antrag auf Vergabe einer Zulagenummer,
5. weitere zur Auszahlung der Zulage erforderliche Angaben,
6. die Bestätigung, dass der Antragsteller eine zulageberechtigte Person im Sinne des § 126 ist, sowie
7. die Bestätigung, dass der jeweilige Versicherungsvertrag die Voraussetzungen des § 127 Absatz 2 erfüllt.

5Die zulageberechtigte Person ist verpflichtet, dem Versicherungsunternehmen unverzüglich eine Änderung der Verhältnisse mitzuteilen, die zu einem Wegfall des Zulageanspruchs führt. 6Hat für das Beitragsjahr, für das das Versicherungsunternehmen bereits eine Zulage beantragt hat, kein Zulageanspruch bestanden, hat das Versicherungsunternehmen diesen Antragsdatensatz zu stornieren.

(2) 1Die Auszahlung der Zulage erfolgt durch eine zentrale Stelle bei der Deutschen Rentenversicherung Bund; das Nähere, insbesondere die Höhe der Verwaltungskostenerstattung, wird durch Verwaltungsvereinbarung zwischen dem Bundesministerium für Gesundheit und der Deutschen Rentenversicherung Bund geregelt. 2Die Zulage wird bei Vorliegen der Voraussetzungen an das Versicherungsunternehmen gezahlt, bei dem der Vertrag über die private Pflege-Zusatzversicherung besteht, für den die Zulage beantragt wurde. 3Wird für eine zulageberechtigte Person die Zulage für mehr als einen privaten Pflege-Zusatzversicherungsvertrag beantragt, so wird die Zulage für den jeweiligen Monat nur für den Vertrag gewährt, für den der Antrag zuerst bei der zentralen Stelle eingegangen ist. 4Soweit der zuständige Träger der Rentenversicherung keine Versicherungsnummer vergeben hat, vergibt die zentrale Stelle zur Erfüllung der ihr zugewiesenen Aufgaben eine Zulagenummer. 5Im Fall eines Antrags nach Absatz 1 Satz 3 teilt die zentrale Stelle dem Versicherungsunternehmen die Zulagenummer mit; von dort wird sie an den Antragsteller weitergeleitet. 6Die zentrale Stelle stellt aufgrund der ihr vorliegenden Informationen fest, ob ein Anspruch auf Zulage besteht, und veranlasst die Auszahlung an das Versicherungsunternehmen zugunsten der zulageberechtigten Person. 7Ein gesonderter Zulagebescheid ergeht vorbehaltlich des Satzes 9 nicht. 8Das Versicherungsunternehmen hat die erhaltenen Zulagen unverzüglich dem begünstigten Vertrag gutzuschreiben. 9Eine Festsetzung der Zulage erfolgt nur auf besonderen Antrag der zulageberechtigten Person. 10Der Antrag ist schriftlich innerhalb eines Jahres nach Übersendung der Information nach Absatz 3 durch das Versicherungsunternehmen vom Antragsteller an das Versicherungsunternehmen zu richten. 11Das Versicherungsunternehmen leitet den Antrag der zentralen Stelle zur Festsetzung zu. 12Es hat dem

5

Antrag eine Stellungnahme und die zur Festsetzung erforderlichen Unterlagen beizufügen. 13Die zentrale Stelle teilt die Festsetzung auch dem Versicherungsunternehmen mit. 14Erkennt die zentrale Stelle nachträglich, dass der Zulageanspruch nicht bestanden hat oder weggefallen ist, so hat sie zu Unrecht gutgeschriebene oder ausgezahlte Zulagen zurückzufordern und dies dem Versicherungsunternehmen durch Datensatz mitzuteilen.

(3) 1Kommt die zentrale Stelle zu dem Ergebnis, dass kein Anspruch auf Zulage besteht oder bestanden hat, teilt sie dies dem Versicherungsunternehmen mit. 2Dieses hat die versicherte Person innerhalb eines Monats nach Eingang des entsprechenden Datensatzes darüber zu informieren.

(4) Das Versicherungsunternehmen haftet im Fall der Auszahlung einer Zulage gegenüber dem Zulageempfänger dafür, dass die in § 127 Absatz 2 genannten Voraussetzungen erfüllt sind.

(5) 1Die von der zentralen Stelle veranlassten Auszahlungen von Pflegevorsorgezulagen sowie die entstehenden Verwaltungskosten werden vom Bundesministerium für Gesundheit getragen. 2Zu den Verwaltungskosten gehören auch die entsprechenden Kosten für den Aufbau der technischen und organisatorischen Infrastruktur. 3Soweit das Bundesamt für Soziale Sicherung die Aufsicht über die zentrale Stelle ausübt, untersteht es abweichend von § 94 Absatz 2 Satz 2 des Vierten Buches dem Bundesministerium für Gesundheit.

§ 129 Wartezeit bei förderfähigen Pflege-Zusatzversicherungen

Soweit im Vertrag über eine gemäß § 127 Absatz 2 förderfähige private Pflege-Zusatzversicherung eine Wartezeit vereinbart wird, darf diese abweichend von § 197 Absatz 1 des Versicherungsvertragsgesetzes fünf Jahre nicht überschreiten.

§ 130 Verordnungsermächtigung

Das Bundesministerium für Gesundheit wird ermächtigt, im Einvernehmen mit dem Bundesministerium der Finanzen und dem Bundesministerium für Arbeit und Soziales durch Rechtsverordnung ohne Zustimmung des Bundesrates Vorschriften zu erlassen, die Näheres regeln über

1. die zentrale Stelle gemäß § 128 Absatz 2 und ihre Aufgaben,
2. das Verfahren für die Ermittlung, Festsetzung, Auszahlung, Rückzahlung und Rückforderung der Zulage,
3. den Datenaustausch zwischen Versicherungsunternehmen und zentraler Stelle nach § 128 Absatz 1 und 2,
4. die Begrenzung der Höhe der bei förderfähigen Pflege-Zusatzversicherungen in Ansatz gebrachten Verwaltungs- und Abschlusskosten.

Fünfzehntes Kapitel Bildung eines Pflegevorsorgefonds

§ 131 Pflegevorsorgefonds

In der sozialen Pflegeversicherung wird ein Sondervermögen unter dem Namen „Vorsorgefonds der sozialen Pflegeversicherung" errichtet.

§ 132 Zweck des Vorsorgefonds

1Das Sondervermögen dient der langfristigen Stabilisierung der Beitragsentwicklung in der sozialen Pflegeversicherung. 2Es darf nach Maßgabe des § 136 nur zur Finanzierung der Leistungsaufwendungen der sozialen Pflegeversicherung verwendet werden.

§ 133 Rechtsform und Vertretung in gerichtlichen Verfahren

1Das Sondervermögen ist nicht rechtsfähig. 2Es kann unter seinem Namen im rechtsgeschäftlichen Verkehr handeln, klagen und verklagt werden. 3Die Vertretung des Sondervermögens in gerichtlichen Verfahren erfolgt ab dem 1. Januar 2020 durch das Bundesversicherungsamt. 4Die Entscheidung über die Einleitung eines gerichtlichen Verfahrens trifft das Bundesversicherungsamt im Einvernehmen mit dem in dem in § 134 Absatz 2 Satz 3 genannten Anlageausschuss vertretenen Bundesministerium für Gesundheit. 5Dem Bundesversicherungsamt bezüglich der Vertretung des Sondervermögens in gerichtlichen Verfahren entstehende Kosten werden aus Mitteln des Pflegevorsorgefonds getragen. 6Der allgemeine Gerichtsstand des Sondervermögens ist Bonn. 7Die Vertretung des Sondervermögens in gerichtlichen Verfahren einschließlich der Entscheidung über die Einleitung gerichtlicher Verfahren erfolgt bis zum Ablauf des 31. Dezember 2019 durch das Bundesministerium für Gesundheit. 8Für bis zum Ablauf des 31. Dezember 2019 anhängig gewordene gerichtliche Verfahren verbleibt die Vertretung bis zum Abschluss der Verfahren beim Bundesministerium für Gesundheit.

§ 134 Verwaltung und Anlage der Mittel

(1) 1Die Verwaltung und die Anlage der Mittel des Sondervermögens werden der Deutschen Bundesbank übertragen. 2Für die Verwaltung des Sondervermögens und seiner Mittel werden der Bundesbank entsprechend § 20 Satz 2 des Gesetzes über die Deutsche Bundesbank keine Kosten erstattet.

(2) 1Die dem Sondervermögen zufließenden Mittel einschließlich der Erträge sind unter sinngemäßer

Anwendung der Anlagerichtlinien für die Sondervermögen „Versorgungsrücklage des Bundes", „Versorgungsfonds des Bundes", „Versorgungsfonds der Bundesagentur für Arbeit" und „Vorsorgefonds der sozialen Pflegeversicherung" (Anlagerichtlinien Sondervermögen) zu marktüblichen Bedingungen anzulegen. 2Dabei ist der in Aktien oder Aktienfonds angelegte Anteil des Sondervermögens ab dem Jahr 2035 über einen Zeitraum von höchstens zehn Jahren abzubauen. 3Das Bundesministerium für Gesundheit ist im Anlageausschuss nach § 5 der Anlagerichtlinien für die Sondervermögen „Versorgungsrücklage des Bundes", „Versorgungsfonds des Bundes", „Versorgungsfonds der Bundesagentur für Arbeit" und „Vorsorgefonds der sozialen Pflegeversicherung" (Anlagerichtlinien Sondervermögen) vertreten.

(3) Für Zwecke der Doppelbesteuerungsabkommen gilt das Sondervermögen als in Deutschland ansässige Person, die der deutschen Besteuerung unterliegt.

§ 135 Zuführung der Mittel

(1) 1Das Bundesamt für Soziale Sicherung führt dem Sondervermögen monatlich zum 20. des Monats zu Lasten des Ausgleichsfonds einen Betrag zu, der einem Zwölftel von 0,1 Prozent der beitragspflichtigen Einnahmen der sozialen Pflegeversicherung des Vorjahres entspricht. 2Für die Berechnung des Abführungsbetrags wird der Beitragssatz gemäß § 55 Absatz 1 zugrunde gelegt.

(2) Die Zuführung nach Absatz 1 erfolgt erstmals zum 20. Februar 2015 und endet mit der Zahlung für Dezember 2033.

(3) Für das Jahr 2023 erfolgt die Zuführung nach Absatz 1 im Jahr 2024 in zwölf Raten in Höhe von je einem Zwölftel von 0,1 Prozent der beitragspflichtigen Einnahmen der sozialen Pflegeversicherung des Vorjahres.

(4) 1Abweichend von Absatz 1 beträgt die Zuführung an das Sondervermögen für die Jahre 2024 bis 2027 jährlich 700 Millionen Euro. 2Sie erfolgt monatlich zum 20. des Monats in zwölf Raten in Höhe von jeweils einem Zwölftel des Jahresbetrages. 3Nach dem Jahr 2027 werden die Zuführungen an das Sondervermögen nach Absatz 1 wieder aufgenommen.

§ 136 Verwendung des Sondervermögens

1Ab dem Jahr 2035 kann das Sondervermögen zur Sicherung der Beitragssatzstabilität der sozialen Pflegeversicherung verwendet werden, wenn ohne eine Zuführung von Mitteln an den Ausgleichsfonds eine Beitragssatzanhebung erforderlich würde, die nicht auf über eine allgemeine Dynamisierung der Leistungen hinausgehenden Leistungsverbesserungen beruht. 2Die Obergrenze der jährlich auf Anforderung des Bundesamtes für Soziale Sicherung an den Ausgleichsfonds abführbaren Mittel ist der 20. Teil des Realwertes des zum 31. Dezember 2034 vorhandenen Mittelbestandes des Sondervermögens. 3Erfolgt in einem Jahr kein Abruf, so können die für dieses Jahr vorgesehenen Mittel in den Folgejahren mit abgerufen werden, wenn ohne eine entsprechende Zuführung von Mitteln an den Ausgleichsfonds eine Beitragssatzanhebung erforderlich würde, die nicht auf über eine allgemeine Dynamisierung der Leistungen hinausgehenden Leistungsverbesserungen beruht.

§ 137 Vermögenstrennung

Das Vermögen ist von dem übrigen Vermögen der sozialen Pflegeversicherung sowie von seinen Rechten und Verbindlichkeiten getrennt zu halten.

§ 138 Jahresrechnung

1Die Deutsche Bundesbank legt dem Bundesministerium für Gesundheit jährlich einen Bericht über die Verwaltung der Mittel des Sondervermögens vor. 2Darin sind der Bestand des Sondervermögens einschließlich der Forderungen und Verbindlichkeiten sowie die Einnahmen und Ausgaben auszuweisen.

§ 139 Auflösung

Das Sondervermögen gilt nach Auszahlung seines Vermögens als aufgelöst.

Sechzehntes Kapitel
Überleitungs- und Übergangsrecht

Erster Abschnitt
Regelungen zur Rechtsanwendung im Übergangszeitraum, zur Überleitung in die Pflegegrade, zum Besitzstandsschutz für Leistungen der Pflegeversicherung sowie Übergangsregelungen im Begutachtungsverfahren im Rahmen der Einführung des neuen Pflegebedürftigkeitsbegriffs

§ 140 Anzuwendendes Recht und Überleitung in die Pflegegrade

(1) 1Die Feststellung des Vorliegens von Pflegebedürftigkeit oder einer erheblich eingeschränkten Alltagskompetenz nach § 45a in der am 31. Dezember 2016 geltenden Fassung erfolgt jeweils auf der Grundlage des zum Zeitpunkt der Antragstellung geltenden Rechts. 2Der Erwerb einer Anspruchsberechtigung auf Leistungen der Pflegeversicherung richtet sich ebenfalls nach dem zum Zeitpunkt der Antragstellung geltenden Recht.

5

(2) 1Versicherte der sozialen Pflegeversicherung und der privaten Pflege-Pflichtversicherung,

1. bei denen das Vorliegen einer Pflegestufe im Sinne der §§14 und 15 in der am 31. Dezember 2016 geltenden Fassung oder einer erheblich eingeschränkten Alltagskompetenz nach §45a in der am 31. Dezember 2016 geltenden Fassung festgestellt worden ist und
2. bei denen spätestens am 31. Dezember 2016 alle Voraussetzungen für einen Anspruch auf eine regelmäßig wiederkehrende Leistung der Pflegeversicherung vorliegen,

werden mit Wirkung ab dem 1. Januar 2017 ohne erneute Antragstellung und ohne erneute Begutachtung nach Maßgabe von Satz 3 einem Pflegegrad zugeordnet. 2Die Zuordnung ist dem Versicherten schriftlich mitzuteilen. 3Für die Zuordnung gelten die folgenden Kriterien:

5

1. Versicherte, bei denen eine Pflegestufe nach den §§14 und 15 in der am 31. Dezember 2016 geltenden Fassung, aber nicht zusätzlich eine erheblich eingeschränkte Alltagskompetenz nach §45a in der am 31. Dezember 2016 geltenden Fassung festgestellt wurde, werden übergeleitet
   a) von Pflegestufe I in den Pflegegrad 2,
   b) von Pflegestufe II in den Pflegegrad 3,
   c) von Pflegestufe III in den Pflegegrad 4 oder
   d) von Pflegestufe III in den Pflegegrad 5, soweit die Voraussetzungen für Leistungen nach §36 Absatz 4 oder §43 Absatz 3 in der am 31. Dezember 2016 geltenden Fassung festgestellt wurden;
2. Versicherte, bei denen eine erheblich eingeschränkte Alltagskompetenz nach §45a in der am 31. Dezember 2016 geltenden Fassung festgestellt wurde, werden übergeleitet
   a) bei nicht gleichzeitigem Vorliegen einer Pflegestufe nach den §§14 und 15 in der am 31. Dezember 2016 geltenden Fassung in den Pflegegrad 2,
   b) bei gleichzeitigem Vorliegen der Pflegestufe I nach den §§14 und 15 in der am 31. Dezember 2016 geltenden Fassung in den Pflegegrad 3,
   c) bei gleichzeitigem Vorliegen der Pflegestufe II nach den §§14 und 15 in der am 31. Dezember 2016 geltenden Fassung in den Pflegegrad 4,
   d) bei gleichzeitigem Vorliegen der Pflegestufe III nach den §§14 und 15 in der am 31. Dezember 2016 geltenden Fassung, auch soweit zusätzlich die Voraussetzungen für Leistungen nach §36 Absatz 4 oder §43 Absatz 3 in der am 31. Dezember 2016 geltenden Fassung festgestellt wurden, in den Pflegegrad 5.

(3) 1Die Zuordnung zu dem Pflegegrad, in den der Versicherte gemäß Absatz 2 übergeleitet worden ist, bleibt auch bei einer Begutachtung nach dem ab dem 1. Januar 2017 geltenden Recht erhalten, es sei denn, die Begutachtung führt zu einer Anhebung des Pflegegrades oder zu der Feststellung, dass keine Pflegebedürftigkeit im Sinne der §§14 und 15 in der ab dem 1. Januar 2017 geltenden Fassung mehr vorliegt. 2Satz 1 gilt auch bei einem Erlöschen der Mitgliedschaft im Sinne von §35 ab dem 1. Januar 2017, wenn die neue Mitgliedschaft unmittelbar im Anschluss begründet wird. 3Die Pflegekasse, bei der die Mitgliedschaft beendet wird, ist verpflichtet, der Pflegekasse, bei der die neue Mitgliedschaft begründet wird, die bisherige Einstufung des Versicherten rechtzeitig schriftlich mitzuteilen. 4Entsprechendes gilt bei einem Wechsel zwischen privaten Krankenversicherungsunternehmen und einem Wechsel von sozialer zu privater sowie von privater zu sozialer Pflegeversicherung.

(4) 1Stellt ein Versicherter, bei dem das Vorliegen einer Pflegebedürftigkeit oder einer erheblich eingeschränkten Alltagskompetenz nach §45a in der am 31. Dezember 2016 geltenden Fassung festgestellt wurde, ab dem 1. Januar 2017 einen erneuten Antrag auf Feststellung von Pflegebedürftigkeit und lagen die tatsächlichen Voraussetzungen für einen höheren als durch die Überleitung erreichten Pflegegrad bereits vor dem 1. Januar 2017 vor, richten sich die ab dem Zeitpunkt der Änderung der tatsächlichen Verhältnisse zu erbringenden Leistungen im Zeitraum vom 1. November 2016 bis 31. Dezember 2016 nach dem ab 1. Januar 2017 geltenden Recht. 2Entsprechendes gilt für Versicherte bei einem privaten Pflegeversicherungsunternehmen.

§141 Besitzstandsschutz und Übergangsrecht zur sozialen Sicherung von Pflegepersonen

(1) 1Versicherte der sozialen Pflegeversicherung und der privaten Pflege-Pflichtversicherung sowie Pflegepersonen, die am 31. Dezember 2016 Anspruch auf Leistungen der Pflegeversicherung haben, erhalten Besitzstandsschutz auf die ihnen unmittelbar vor dem 1. Januar 2017 zustehenden, regelmäßig wiederkehrenden Leistungen nach den §§36, 37, 38, 38a, 40 Absatz 2, den §§41, 44a, 45b, 123 und 124 in der am 31. Dezember 2016 geltenden Fassung. 2Hinsichtlich eines Anspruchs auf den erhöhten Betrag nach §45b in der am 31. Dezember 2016 geltenden Fassung richtet sich die Gewährung von Besitzstandsschutz abwei-

chend von Satz 1 nach Absatz 2. 3Für Versicherte, die am 31. Dezember 2016 Leistungen nach § 43 bezogen haben, richtet sich der Besitzstandsschutz nach Absatz 3. 4Kurzfristige Unterbrechungen im Leistungsbezug lassen den Besitzstandsschutz jeweils unberührt.

(2) 1Versicherte,

1. die am 31. Dezember 2016 einen Anspruch auf den erhöhten Betrag nach § 45b Absatz 1 in der am 31. Dezember 2016 geltenden Fassung haben und
2. deren Höchstleistungsansprüche, die ihnen nach den §§ 36, 37 und 41 unter Berücksichtigung des § 140 Absatz 2 und 3 ab dem 1. Januar 2017 zustehen, nicht um jeweils mindestens 83 Euro monatlich höher sind als die entsprechenden Höchstleistungsansprüche, die ihnen nach den §§ 36, 37 und 41 unter Berücksichtigung des § 123 in der am 31. Dezember 2016 geltenden Fassung am 31. Dezember 2016 zustanden,

haben ab dem 1. Januar 2017 Anspruch auf einen Zuschlag auf den Entlastungsbetrag nach § 45b in der ab dem 1. Januar 2017 jeweils geltenden Fassung. 2Die Höhe des monatlichen Zuschlags ergibt sich aus der Differenz zwischen 208 Euro und dem Leistungsbetrag, der in § 45b Absatz 1 Satz 1 in der ab dem 1. Januar 2017 jeweils geltenden Fassung festgelegt ist. 3Das Bestehen eines Anspruchs auf diesen Zuschlag ist den Versicherten schriftlich mitzuteilen und zu erläutern. 4Für den Zuschlag auf den Entlastungsbetrag gilt § 45b Absatz 3 entsprechend. 5Bei Versicherten, die keinen Anspruch auf einen Zuschlag haben und deren Ansprüche nach § 45b zum 1. Januar 2017 von 208 Euro auf 125 Euro monatlich abgesenkt werden, sind zur Sicherstellung des Besitzstandsschutzes monatlich Leistungen der Pflegeversicherung in Höhe von bis zu 83 Euro nicht auf Fürsorgeleistungen zur Pflege anzurechnen.

(3) (weggefallen)

(4) 1Für Personen, die am 31. Dezember 2016 wegen nicht erwerbsmäßiger Pflege rentenversicherungspflichtig waren und Anspruch auf die Zahlung von Beiträgen zur gesetzlichen Rentenversicherung nach § 44 in der am 31. Dezember 2016 geltenden Fassung hatten, besteht die Versicherungspflicht für die Dauer dieser Pflegetätigkeit fort. 2Die beitragspflichtigen Einnahmen ab dem 1. Januar 2017 bestimmen sich in den Fällen des Satzes 1 nach Maßgabe des § 166 Absatz 2 und 3 des Sechsten Buches in der am 31. Dezember 2016 geltenden Fassung, wenn sie höher sind als die beitragspflichtigen Einnahmen, die sich aus dem ab dem 1. Januar 2017 geltenden Recht ergeben.

(4a) 1In den Fällen des § 140 Absatz 4 richten sich die Versicherungspflicht als Pflegeperson in der Rentenversicherung und die Bestimmung der beitragspflichtigen Einnahmen für Zeiten vor dem 1. Januar 2017 nach den §§ 3 und 166 des Sechsten Buches in der bis zum 31. Dezember 2016 geltenden Fassung. 2Die dabei anzusetzende Pflegestufe erhöht sich entsprechend dem Anstieg des Pflegegrades gegenüber dem durch die Überleitung erreichten Pflegegrad.

(5) 1Absatz 4 ist ab dem Zeitpunkt nicht mehr anwendbar, zu dem nach dem ab dem 1. Januar 2017 geltenden Recht festgestellt wird, dass

1. bei der versorgten Person keine Pflegebedürftigkeit im Sinne der §§ 14 und 15 in der ab dem 1. Januar 2017 geltenden Fassung vorliegt oder
2. die pflegende Person keine Pflegeperson im Sinne des § 19 in der ab dem 1. Januar 2017 geltenden Fassung ist.

2Absatz 4 ist auch nicht mehr anwendbar, wenn sich nach dem 31. Dezember 2016 eine Änderung in den Pflegeverhältnissen ergibt, die zu einer Änderung der beitragspflichtigen Einnahmen nach § 166 Absatz 2 des Sechsten Buches in der ab dem 1. Januar 2017 geltenden Fassung führt oder ein Ausschlussgrund nach § 3 Satz 2 oder 3 des Sechsten Buches eintritt.

(6) Für Pflegepersonen im Sinne des § 44 Absatz 2 gelten die Absätze 4, 4a und 5 entsprechend.

(7) 1Für Personen, die am 31. Dezember 2016 wegen nicht erwerbsmäßiger Pflege in der gesetzlichen Unfallversicherung versicherungspflichtig waren, besteht die Versicherungspflicht für die Dauer dieser Pflegetätigkeit fort. 2Satz 1 gilt, soweit und solange sich aus dem ab dem 1. Januar 2017 geltenden Recht keine günstigeren Ansprüche ergeben. 3Satz 1 ist ab dem Zeitpunkt nicht mehr anwendbar, zu dem nach dem ab dem 1. Januar 2017 geltenden Recht festgestellt wird, dass bei der versorgten Person keine Pflegebedürftigkeit im Sinne der §§ 14 und 15 in der ab dem 1. Januar 2017 geltenden Fassung vorliegt.

(8) 1Pflegebedürftige, die am 31. Dezember 2016 von zugelassenen Pflegeeinrichtungen ohne Vergütungsvereinbarung versorgt werden, haben ab dem 1. Januar 2017 Anspruch auf Erstattung der Kosten für die pflegebedingten Aufwendungen gemäß § 91 Absatz 2 in Höhe des ihnen für den Monat Dezember 2016 zustehenden Leistungsbetrages, wenn dieser höher ist als der ihnen für Januar 2017 zustehende Leistungsbetrag. 2Dies gilt entsprechend für Versicherte der privaten Pflege-Pflichtversicherung.

§ 142 Übergangsregelungen im Begutachtungsverfahren

1Bei Versicherten, die nach § 140 von einer Pflegestufe in einen Pflegegrad übergeleitet wurden,

5

werden bis zum 1. Januar 2019 keine Wiederholungsbegutachtungen nach § 18 Absatz 2 Satz 5 durchgeführt; auch dann nicht, wenn die Wiederholungsbegutachtung vor diesem Zeitpunkt vom Medizinischen Dienst oder anderen unabhängigen Gutachtern empfohlen wurde. 2Abweichend von Satz 1 können Wiederholungsbegutachtungen durchgeführt werden, wenn eine Verbesserung der gesundheitlich bedingten Beeinträchtigungen der Selbständigkeit oder der Fähigkeiten, insbesondere aufgrund von durchgeführten Operationen oder Rehabilitationsmaßnahmen, zu erwarten ist.

§ 142a Übergangsregelung für eine telefonische Begutachtung

(1) 1Um die Feststellung von Pflegebedürftigkeit und Einstufung in einen Pflegegrad aufgrund eines strukturierten telefonischen Interviews ergänzend oder alternativ zu einer Untersuchung des Versicherten in seinem Wohnbereich zu ermöglichen, hat der Medizinische Dienst Bund im Benehmen mit dem Spitzenverband Bund der Pflegekassen die Richtlinien nach § 17 Absatz 1 unter Berücksichtigung der Maßgaben des Absatzes 2 anzupassen. 2§ 17 Absatz 1 Satz 2 bis 6 findet Anwendung.

(2) 1Den Anpassungen nach Absatz 1 sind die Ergebnisse mindestens einer durch den Medizinischen Dienst Bund oder durch einen Medizinischen Dienst nach § 278 des Fünften Buches beauftragten pflegewissenschaftlichen Studie zugrunde zu legen, die fachlich begründete Aussagen dazu trifft, ob, in welchen Fallkonstellationen und jeweils unter welchen Voraussetzungen eine Begutachtung zur Feststellung der Pflegebedürftigkeit durch ein strukturiertes telefonisches Interview ergänzend oder alternativ zur Untersuchung des Antragstellers in seinem Wohnbereich erfolgen kann. 2Die Studien nach Satz 1 haben ebenfalls Aussagen darüber zu beinhalten, ob die Ergebnisse zur Feststellung von Pflegebedürftigkeit durch ein strukturiertes telefonisches Interview im Hinblick auf den festzustellenden Pflegegrad und die gutachterlichen Empfehlungen und Stellungnahmen nach dem Zweiten Kapitel den Ergebnissen einer persönlichen Untersuchung des Versicherten in seinem Wohnbereich gleichzusetzen sind. 3Eine Begutachtung aufgrund eines strukturierten telefonischen Interviews ist ausgeschlossen, wenn

1. es sich um eine erstmalige Untersuchung des Antragstellers handelt, in der geprüft wird, ob die Voraussetzungen der Pflegebedürftigkeit erfüllt sind und welcher Pflegegrad vorliegt,
2. es sich um eine Untersuchung aufgrund eines Widerspruchs gegen eine Entscheidung der Pflegekasse zum festgestellten Pflegegrad handelt,
3. es sich um eine Prüfung der Pflegebedürftigkeit von Kindern handelt oder
4. die der Begutachtung unmittelbar vorangegangene Begutachtung das Ergebnis enthält, dass Pflegebedürftigkeit im Sinne des § 14 Absatz 1 nicht vorliegt.

4Sowohl Personen- und Altersgruppen als auch Begutachtungsanlässe und Begutachtungssituationen, in denen eine Begutachtung durch ein strukturiertes telefonisches Interview aus fachlicher Sicht entweder nicht oder nur bei Anwesenheit einer weiteren Person, die die antragstellende Person bei der Begutachtung unterstützt, angezeigt ist, sind in den Anpassungen nach Absatz 1 abschließend aufzuführen. 5Für Fallkonstellationen nach Satz 4 ist eine ergänzende oder alternative Begutachtung aufgrund eines strukturierten telefonischen Interviews ausgeschlossen oder, sofern die Anwesenheit einer weiteren Person zur Unterstützung bei der Begutachtung angezeigt ist, nur bei Anwesenheit einer weiteren Person möglich; die Anwesenheit der Unterstützungsperson ist vor Beginn der Begutachtung festzustellen. 6Gutachterinnen und Gutachter, die strukturierte telefonische Interviews durchführen, müssen über Vorerfahrungen in der Begutachtung mittels persönlicher Untersuchung von Versicherten in deren Wohnbereich verfügen; weitere Einzelheiten zu der Qualifikation von Gutachterinnen und Gutachtern sind in den Anpassungen nach Absatz 1 vorzugeben.

(3) 1§ 17 Absatz 2 findet Anwendung. 2Eine Genehmigung des Bundesministeriums für Gesundheit wird frühestens am 15. August 2023 wirksam. 3Die Nichtbeanstandung der nach Absatz 1 angepassten Richtlinien kann vom Bundesministerium für Gesundheit mit Auflagen verbunden werden. 4Das Bundesministerium für Gesundheit kann zur Erfüllung dieser Auflagen eine angemessene Frist setzen.

(4) 1Mit Wirksamwerden der nach Absatz 1 vorgenommenen Anpassungen der Richtlinien nach § 17 Absatz 1 kann abweichend von den entsprechenden Bestimmungen des Zweiten Kapitels die Feststellung der Pflegebedürftigkeit und Einstufung in einen Pflegegrad ergänzend oder alternativ zur Untersuchung des Versicherten in seinem Wohnbereich aufgrund eines strukturierten telefonischen Interviews, das auch per Videotelefonie durchgeführt werden kann, erfolgen; bei der Durchführung der Begutachtung per Videotelefonie sind die nach § 365 Absatz 1 Satz 1 des Fünften Buches vereinbarten Anforderungen an die technischen Verfahren zu Videosprechstunden einzuhalten. 2Der Wunsch des Antragstellers, persönlich in seinem Wohnbereich untersucht zu werden, geht einer Begutachtung durch ein strukturiertes telefonisches

Interview vor. 3Der Antragsteller ist über sein Wahlrecht nach Satz 2 durch die Gutachterin oder den Gutachter zu informieren; die Entscheidung des Antragstellers ist im Begutachtungsformular schriftlich oder elektronisch zu dokumentieren.

(5) 1Der Medizinische Dienst Bund berichtet dem Bundesministerium für Gesundheit bis zum 30. Juni 2024 über die Erfahrungen der Medizinischen Dienste mit der Durchführung von strukturierten telefonischen Interviews zur Feststellung der Pflegebedürftigkeit und über erforderliche Änderungsbedarfe in den Richtlinien nach § 17 Absatz 1. 2Für die Berichterstattung nach Satz 1 beauftragt der Medizinische Dienst Bund eine unabhängige wissenschaftliche Einrichtung oder einen unabhängigen Sachverständigen mit der begleitenden Evaluation von Begutachtungen, die auf Grundlage der Anpassungen nach Absatz 1 durchgeführt werden; der Evaluationsbericht ist dem Bundesministerium für Gesundheit unverzüglich vorzulegen.

§ 143 Sonderanpassungsrecht für die Allgemeinen Versicherungsbedingungen und die technischen Berechnungsgrundlagen privater Pflegeversicherungsverträge

(1) Bei einer Pflegeversicherung, bei der die Prämie nach Art der Lebensversicherung berechnet wird und bei der das ordentliche Kündigungsrecht des Versicherers gesetzlich oder vertraglich ausgeschlossen ist, kann der Versicherer seine Allgemeinen Versicherungsbedingungen auch für bestehende Versicherungsverhältnisse entsprechend den Vorgaben nach § 140 ändern, soweit der Versicherungsfall durch den Pflegebedürftigkeitsbegriff nach den §§ 14 und 15 bestimmt wird.

(2) 1Der Versicherer ist zudem berechtigt, auch für bestehende Versicherungsverhältnisse die technischen Berechnungsgrundlagen insoweit zu ändern, als die Leistungen an die Pflegegrade nach § 140 Absatz 2 und die Prämien daran angepasst werden. 2§ 155 Absatz 1 und 2 des Versicherungsaufsichtsgesetzes findet Anwendung.

(3) 1Dem Versicherungsnehmer sind die geänderten Versicherungsbedingungen nach Absatz 1 und die Neufestsetzung der Prämie nach Absatz 2 unter Kenntlichmachung der Unterschiede sowie unter Hinweis auf die hierfür maßgeblichen Gründe in Textform mitzuteilen. 2Anpassungen nach den Absätzen 1 und 2 werden zu Beginn des zweiten Monats wirksam, der auf die Benachrichtigung des Versicherungsnehmers folgt.

(4) Gesetzlich oder vertraglich vorgesehene Sonderkündigungsrechte des Versicherungsnehmers bleiben hiervon unberührt.

Zweiter Abschnitt
Sonstige Überleitungs-, Übergangs- und Besitzstandsschutzregelungen

§ 144 Überleitungs- und Übergangsregelungen, Verordnungsermächtigung

(1) Für Personen, die am 31. Dezember 2014 einen Anspruch auf einen Wohngruppenzuschlag nach § 38a in der am 31. Dezember 2014 geltenden Fassung haben, wird diese Leistung weiter erbracht, wenn sich an den tatsächlichen Verhältnissen nichts geändert hat.

(2) 1Am 31. Dezember 2016 nach Landesrecht anerkannte niedrigschwellige Betreuungsangebote und niedrigschwellige Entlastungsangebote im Sinne der §§ 45b und 45c in der zu diesem Zeitpunkt geltenden Fassung gelten auch ohne neues Anerkennungsverfahren als nach Landesrecht anerkannte Angebote zur Unterstützung im Alltag im Sinne des § 45a in der ab dem 1. Januar 2017 geltenden Fassung. 2Die Landesregierungen werden ermächtigt, durch Rechtsverordnung hiervon abweichende Regelungen zu treffen.

(3) 1Soweit Versicherte im Zeitraum vom 1. Januar 2015 bis zum 31. Dezember 2016 die Anspruchsvoraussetzungen nach § 45b Absatz 1 oder Absatz 1a in der bis zum 31. Dezember 2016 geltenden Fassung erfüllt haben und ab dem 1. Januar 2017 die Anspruchsvoraussetzungen nach § 45b Absatz 1 Satz 1 in der ab dem 1. Januar 2017 geltenden Fassung erfüllen, können sie Leistungsbeträge nach § 45b, die sie in der Zeit vom 1. Januar 2015 bis zum 31. Dezember 2016 nicht zum Bezug von Leistungen nach § 45b Absatz 1 Satz 6 in der bis zum 31. Dezember 2016 geltenden Fassung genutzt haben, bis zum 31. Dezember 2018 zum Bezug von Leistungen nach § 45b Absatz 1 Satz 3 in der ab dem 1. Januar 2017 geltenden Fassung einsetzen. 2Die in Satz 1 genannten Mittel können ebenfalls zur nachträglichen Kostenerstattung für Leistungen nach § 45b Absatz 1 Satz 6 in der bis zum 31. Dezember 2016 geltenden Fassung genutzt werden, die von den Anspruchsberechtigten in der Zeit vom 1. Januar 2015 bis zum 31. Dezember 2016 bezogen worden sind. 3Die Kostenerstattung nach Satz 2 ist bis zum Ablauf des 31. Dezember 2018 zu beantragen. 4Dem Antrag sind entsprechende Belege über entstandene Eigenbelastungen im Zusammenhang mit der Inanspruchnahme der bezogenen Leistungen beizufügen.

(4) Die im Jahr 2015 gemäß § 45c zur Verfügung gestellten Fördermittel, die nach § 45c Absatz 5 Satz 2 in der bis zum 31. Dezember 2016 geltenden Fassung auf das Folgejahr 2016 übertragen und bis zum Ende des Jahres 2016 in den Ländern nicht in Anspruch genommen worden sind, können im Jahr

5

2017 gemäß § 45c Absatz 6 Satz 3 bis 9 in der ab dem 1. Januar 2017 geltenden Fassung von den Ländern beantragt werden, die im Jahr 2015 mindestens 80 Prozent der auf sie gemäß § 45c Absatz 5 Satz 1 in der bis zum 31. Dezember 2016 geltenden Fassung nach dem Königsteiner Schlüssel entfallenden Mittel ausgeschöpft haben.

(5) 1In Fällen, in denen am 31. Dezember 2016 der Bezug von Leistungen der Pflegeversicherung mit Leistungen der Eingliederungshilfe für Menschen mit Behinderungen nach dem Zwölften Buch, dem Bundesversorgungsgesetz oder dem Achten Buch bereits zusammentrifft, muss eine Vereinbarung nach § 13 Absatz 4 in der ab dem 1. Januar 2017 geltenden Fassung nur dann abgeschlossen werden, wenn einer der beteiligten Träger oder der Leistungsbezieher dies verlangt. 2Trifft der Bezug von Leistungen der Pflegeversicherung außerdem mit Leistungen der Hilfe zur Pflege nach dem Zwölften Buch oder dem Bundesversorgungsgesetz zusammen, gilt Satz 1 entsprechend.

(6) Die Leistungsbeträge, die für Leistungen der Verhinderungspflege gemäß § 39 sowie für Leistungen der Kurzzeitpflege gemäß § 42 im Zeitraum vom 1. Januar 2025 bis einschließlich zum 30. Juni 2025 verbraucht worden sind, werden auf den Leistungsbetrag des Gemeinsamen Jahresbetrags nach § 42a für das Kalenderjahr 2025 angerechnet.

§ 145 Besitzstandsschutz für pflegebedürftige Menschen mit Behinderungen in häuslicher Pflege

1Für pflegebedürftige Menschen mit Behinderungen, die am 1. Januar 2017 Anspruch auf Leistungen der Pflegeversicherung bei häuslicher Pflege haben und in einer Wohnform leben, auf die § 43a in der am 1. Januar 2017 geltenden Fassung keine Anwendung findet, findet § 43a auch in der ab dem 1. Januar 2020 geltenden Fassung keine Anwendung. 2Wechseln diese pflegebedürftigen Menschen mit Behinderungen nach dem 1. Januar 2017 die Wohnform, findet Satz 1 keine Anwendung, solange sie in einer Wohnform leben, auf die § 43a in der am 1. Januar 2017 geltenden Fassung Anwendung gefunden hätte, wenn sie am 1. Januar 2017 in einer solchen Wohnform gelebt hätten.

§ 146 Übergangs- und Überleitungsregelung zur Beratung nach § 37 Absatz 3

(1) Für die jeweilige beratende Stelle gelten die Vergütungssätze nach § 37 Absatz 3 Satz 5 und 6 in der am 31. Dezember 2018 geltenden Fassung so lange, bis die Vergütung für Beratungseinsätze erstmals für die jeweilige beratende Stelle vereinbart oder durch die Landesverbände der Pflegekassen festgelegt wird.

(2) Zugelassene stationäre Pflegeeinrichtungen im Sinne des § 71 Absatz 2, die Beratungseinsätze nach § 37 Absatz 3 in der bis zum 31. Dezember 2018 geltenden Fassung durchgeführt haben, gelten ab dem 1. Januar 2019 als nach § 37 Absatz 7 anerkannte Beratungsstellen.

§ 146a Übergangsregelung zur Versorgung von pflegebedürftigen Mitgliedern geistlicher Genossenschaften, Diakonissen und ähnlichen Personen in ordensinterner Pflege

(1) 1Die Pflegekassen übernehmen im Zeitraum vom 1. Januar 2026 bis zum 31. Dezember 2035 die pflegebedingten Aufwendungen einschließlich der Aufwendungen für Betreuung und die Aufwendungen der medizinischen Behandlungspflege für pflegebedürftige satzungsmäßige Mitglieder geistlicher Genossenschaften, Diakonissen und ähnliche Personen, wenn

1. diese innerhalb des Klausurbereichs einer Ordenseinrichtung leben, in der die pflegerische Versorgung der Ordensmitglieder oder Angehöriger anderer Ordensgemeinschaften bis zum 31. Dezember 2025 auf eigener vertraglicher Grundlage mit den Pflegekassen erbracht wurde, und
2. die pflegerische Versorgung weiterhin innerhalb des Klausurbereichs einer Ordenseinrichtung erbracht und durch diese sichergestellt wird.

2Der Anspruch ist in Abhängigkeit vom jeweiligen Pflegegrad je Kalendermonat auf die Höhe der Beträge nach § 43 Absatz 2 Satz 2 und Absatz 3 begrenzt. 3Weitere Ansprüche auf Leistungen nach den §§ 36 bis 45h stehen den Pflegebedürftigen daneben nicht zu.

(2) Der Spitzenverband Bund der Pflegekassen für die Verbände der Pflegekassen auf Bundesebene und die Vereinigungen der Ordensgemeinschaften entwickeln gemeinsam ein Konzept zur langfristigen pflegerischen Versorgung der pflegebedürftigen Personen nach Absatz 1 unter Einhaltung der Vorschriften dieses Buches und ergreifen entsprechende Maßnahmen zur Umsetzung.

Dritter Abschnitt
Maßnahmen zur Aufrechterhaltung der pflegerischen Versorgung während der durch das neuartige Coronavirus SARS-CoV-2 verursachten Pandemie

§ 147 Verfahren zur Feststellung der Pflegebedürftigkeit nach § 18

(1) 1Abweichend von § 18 Absatz 2 Satz 1 kann die Begutachtung bis einschließlich 31. März 2022 ohne Untersuchung des Versicherten in seinem

Wohnbereich erfolgen, wenn dies zur Verhinderung des Risikos einer Ansteckung des Versicherten oder des Gutachters mit dem Coronavirus SARS-CoV-2 zwingend erforderlich ist; der Wunsch des Versicherten, persönlich in seinem Wohnbereich untersucht zu werden, ist zu berücksichtigen. 2Grundlage für die Begutachtung bilden bis zu diesem Zeitpunkt insbesondere die zum Versicherten zur Verfügung stehenden Unterlagen sowie die Angaben und Auskünfte, die beim Versicherten, seinen Angehörigen und sonstigen zur Auskunft fähigen Personen einzuholen sind. 3Der Medizinische Dienst des Spitzenverbandes Bund der Krankenkassen entwickelt im Benehmen mit dem Spitzenverband Bund der Pflegekassen bis zum 31. Oktober 2020 bundesweit einheitliche Maßgaben dafür, unter welchen Schutz- und Hygieneanforderungen eine Begutachtung durch eine Untersuchung des Versicherten in seinem Wohnbereich stattfindet und in welchen Fällen, insbesondere bei welchen Personengruppen, eine Begutachtung ohne Untersuchung des Versicherten in seinem Wohnbereich zwingend erforderlich ist.

(2) Abweichend von § 18 Absatz 2 Satz 5 werden bis einschließlich 31. März 2021 keine Wiederholungsbegutachtungen durchgeführt, auch dann nicht, wenn die Wiederholungsbegutachtung vor diesem Zeitpunkt vom Medizinischen Dienst oder anderen unabhängigen Gutachterinnen und Gutachtern empfohlen wurde.

(3) 1Abweichend von § 18 Absatz 3 Satz 2 ist die Frist, in welcher dem Antragsteller die Entscheidung der Pflegekasse schriftlich mitzuteilen ist, bis einschließlich 30. September 2020 unbeachtlich. 2Abweichend von Satz 1 ist einem Antragsteller, bei dem ein besonders dringlicher Entscheidungsbedarf vorliegt, spätestens 25 Arbeitstage nach Eingang des Antrags bei der zuständigen Pflegekasse die Entscheidung der Pflegekasse schriftlich mitzuteilen. 3Der Spitzenverband Bund der Pflegekassen entwickelt unverzüglich, spätestens bis einschließlich 9. April 2020, bundesweit einheitliche Kriterien für das Vorliegen, die Gewichtung und die Feststellung eines besonders dringlichen Entscheidungsbedarfs. 4Die Pflegekassen und die privaten Versicherungsunternehmen berichten in der nach § 18 Absatz 3b Satz 4 zu veröffentlichenden Statistik über die Anwendung der Kriterien zum Vorliegen und zur Feststellung eines besonders dringlichen Entscheidungsbedarfs.

(4) Abweichend von § 18 Absatz 3a Satz 1 Nummer 2 ist die Pflegekasse bis einschließlich 30. September 2020 nur bei Vorliegen eines besonders dringlichen Entscheidungsbedarfs gemäß Absatz 3 dazu verpflichtet, dem Antragsteller mindestens drei unabhängige Gutachter zur Auswahl zu benennen, wenn innerhalb von 20 Arbeitstagen nach Antragstellung keine Begutachtung erfolgt ist.

(5) § 18 Absatz 3b Satz 1 bis 3 findet bis einschließlich 30. September 2020 keine Anwendung.

(6) Absatz 1 gilt für Anträge auf Pflegeleistungen, die zwischen dem 1. Oktober 2020 und dem 31. März 2022 gestellt werden.

§ 148 Beratungsbesuche nach § 37

1Abweichend von § 37 Absatz 3 Satz 1 erfolgt die von den Pflegebedürftigen abzurufende Beratung bis einschließlich 31. März 2022 telefonisch, digital oder per Videokonferenz, wenn die oder der Pflegebedürftige dies wünscht. 2Die Pflegekasse oder das private Versicherungsunternehmen darf das Pflegegeld abweichend von § 37 Absatz 6 nicht kürzen oder entziehen, wenn die oder der Pflegebedürftige in dem Zeitraum vom 1. März 2022 bis einschließlich zum 30. Juni 2022 keine Beratung nach § 37 Absatz 3 Satz 1 abruft. 3Die Pflegekassen und die privaten Versicherungsunternehmen haben diese Ausnahmeregelung den Pflegegeldempfängern kurzfristig in geeigneter Form zur Kenntnis zu bringen.

§ 149 Einrichtungen zur Inanspruchnahme von Kurzzeitpflege und anderweitige vollstationäre pflegerische Versorgung

(1) 1Bis einschließlich 30. September 2020 besteht der Anspruch auf Kurzzeitpflege in Einrichtungen, die stationäre Leistungen zur medizinischen Vorsorge oder Rehabilitation erbringen, abweichend von § 42 Absatz 4 auch ohne dass gleichzeitig eine Maßnahme der medizinischen Vorsorge oder Rehabilitation für eine Pflegeperson erbracht wird. 2Die Vergütung richtet sich nach dem durchschnittlichen Vergütungssatz gemäß § 111 Absatz 5 des Fünften Buches der Vorsorge- oder Rehabilitationseinrichtung.

(2) Abweichend von § 42 Absatz 2 Satz 2 übernehmen die Pflegekassen bei Kurzzeitpflege in dem Zeitraum vom 28. März 2020 bis einschließlich 30. September 2020 in Einrichtungen, die stationäre Leistungen zur medizinischen Vorsorge oder Rehabilitation erbringen, Aufwendungen bis zu einem Gesamtbetrag von 2418 Euro.

(3) 1Ist eine pflegerische Versorgung von bereits vollstationär versorgten Pflegebedürftigen in einer vollstationären Pflegeeinrichtung auf Grund der SARS-CoV-2-Pandemie quarantänebedingt nicht zu gewährleisten, kann diese für die Dauer von maximal 14 Kalendertagen in dem Zeitraum vom 23. Mai 2020 bis einschließlich 30. September 2020 auch in einer Einrichtung erbracht werden, die Leistungen zur medizinischen Vorsorge oder Reha-

5

bilitation erbringt (anderweitige vollstationäre pflegerische Versorgung). $_{2}$Im begründeten Einzelfall kann in Abstimmung mit der Pflegekasse des Pflegebedürftigen auch eine pflegerische Versorgung von mehr als 14 Tagen in einer Einrichtung erbracht werden, die Leistungen zur medizinischen Vorsorge oder Rehabilitation erbringt. $_{3}$Der Pflegeplatz des Pflegebedürftigen ist von der bisherigen vollstationären Pflegeeinrichtung während seiner Abwesenheit freizuhalten. $_{4}$Die Berechnung des Heimentgeltes und seine Zahlung an die bisherige vollstationäre Pflegeeinrichtung sowie der nach § 43 von der Pflegekasse an die bisherige vollstationäre Pflegeeinrichtung zu gewährende Leistungsbetrag bleiben unverändert. $_{5}$Die Vergütung der anderweitigen vollstationären pflegerischen Versorgung richtet sich nach dem durchschnittlichen Vergütungssatz nach § 111 Absatz 5 des Fünften Buches für die Vorsorge- oder Rehabilitationseinrichtung. $_{6}$Sie wird der Einrichtung von den Pflegekassen entsprechend dem Verfahren nach § 150 Absatz 2 Satz 2 bis 4 erstattet. $_{7}$Der Spitzenverband Bund der Pflegekassen kann im Benehmen mit den Verbänden der Träger von vollstationären Pflegeeinrichtungen sowie im Benehmen mit den Verbänden der stationären medizinischen Rehabilitations- und Vorsorgeeinrichtungen Empfehlungen zur formellen Abwicklung des Abrechnungsverfahrens abgeben.

§ 150 Sicherstellung der pflegerischen Versorgung, Kostenerstattung für Pflegeeinrichtungen und Pflegebedürftige

(1) (weggefallen)

(2) $_{1}$Der Anspruch der zugelassenen Pflegeeinrichtungen auf Erstattung von Beschaffungskosten für die selbst beschafften PoC-Antigen-Tests und Antigen-Tests zur Eigenanwendung und insoweit von Durchführungsaufwendungen kann im Rahmen der für diese Einrichtungen nach der Coronavirus-Testverordnung in ihrer jeweils geltenden Fassung festgelegten Kontingente bei einer Pflegekasse, die Partei des Versorgungsvertrages ist, regelmäßig zum Monatsende geltend gemacht werden. $_{2}$Die Auszahlung des gesamten Erstattungsbetrages hat innerhalb von 14 Kalendertagen über eine Pflegekasse zu erfolgen. $_{3}$Die Auszahlung kann vorläufig erfolgen.

(3) $_{1}$Der Spitzenverband Bund der Pflegekassen legt im Benehmen mit den Bundesvereinigungen der Träger stationärer und ambulanter Pflegeeinrichtungen unverzüglich das Nähere für das Erstattungsverfahren und die erforderlichen Nachweise für seine Mitglieder fest. $_{2}$Dabei sind gemessen an der besonderen Herausforderung von allen Beteiligten pragmatische Lösungen in der Umsetzung vorzusehen. $_{3}$Die Festlegungen bedürfen der Zustimmung des Bundesministeriums für Gesundheit. $_{4}$Der Spitzenverband Bund der Pflegekassen berichtet dem Bundesministerium für Gesundheit regelmäßig über die Ausgabenentwicklung.

(4) $_{1}$Bei ambulanten Pflegeeinrichtungen tragen die gesetzlichen Krankenkassen und die soziale Pflegeversicherung die nach Absatz 2 entstehenden Erstattungen entsprechend dem Verhältnis, das dem Verhältnis zwischen den Ausgaben der Krankenkassen für die häusliche Krankenpflege und den Ausgaben der sozialen Pflegeversicherung für Pflegesachleistungen im vorangegangenen Kalenderjahr entspricht. $_{2}$Bei den in § 39a Absatz 1 des Fünften Buches genannten stationären Hospizen, mit denen ein Versorgungsvertrag als stationäre Pflegeeinrichtung nach § 72 besteht, tragen die gesetzlichen Krankenkassen 80 Prozent der nach Absatz 2 entstehenden Erstattungen. $_{3}$Zur Finanzierung der den Krankenkassen nach den Sätzen 1 und 2 entstehenden Kosten erhebt der Spitzenverband Bund der Krankenkassen von den Krankenkassen eine Umlage gemäß dem Anteil der Versicherten der Krankenkassen an der Gesamtzahl der Versicherten aller Krankenkassen. $_{4}$Das Nähere zum Umlageverfahren und zur Zahlung an die Pflegeversicherung bestimmt der Spitzenverband Bund der Krankenkassen. $_{5}$Die privaten Versicherungsunternehmen, die die private Pflege-Pflichtversicherung durchführen, beteiligen sich mit einem Anteil von 7 Prozent an den Kosten, die sich gemäß Absatz 2 ergeben. $_{6}$Das Bundesamt für Soziale Sicherung stellt die Höhe des Finanzierungsanteils der privaten Versicherungsunternehmen auf Basis der vierteljährlichen Finanzstatistiken der gesetzlichen Kranken- und Pflegekassen fest. $_{7}$Die entsprechende Zahlung wird binnen vier Wochen fällig. $_{8}$Der jeweilige Finanzierungsanteil, der auf die privaten Versicherungsunternehmen entfällt, kann von dem Verband der privaten Krankenversicherung e. V. unmittelbar an das Bundesamt für Soziale Sicherung zugunsten des Ausgleichsfonds der Pflegeversicherung nach § 65 geleistet werden.

(5) $_{1}$Die Pflegekassen können nach ihrem Ermessen zur Vermeidung von durch das neuartige Coronavirus SARS-CoV-2 im Einzelfall im häuslichen Bereich verursachten pflegerischen Versorgungsengpässen, Kostenerstattung in Höhe der ambulanten Sachleistungsbeträge (§ 36) nach vorheriger Antragstellung gewähren, wenn die Maßnahmen nach Absatz 1 Satz 3 nicht ausreichend sind; dabei haben sie vorrangig Leistungserbringer zu berücksichtigen, die von Pflegefachpersonen geleitet werden. $_{2}$Entsprechende Kostenerstattungszusagen sind jeweils auf bis zu drei Monate zu begrenzen. $_{3}$Der Spitzenverband Bund der Pflegekassen legt Einzelheiten dazu

in Empfehlungen fest. ₄Die Pflegekassen können bei Bedarf bereits vor dem Vorliegen der Empfehlungen Kostenerstattungen zusagen. ₅Die Pflegekassen können aus wichtigen Gründen die Kostenerstattungszusage jederzeit widerrufen.

(5a) ₁Den nach Maßgabe des gemäß § 45a Absatz 3 erlassenen Landesrechts anerkannten Angeboten zur Unterstützung im Alltag entstandene und nachgewiesene Beschaffungskosten und Durchführungsaufwendungen im Sinne des Absatzes 2 Satz 1 werden aus Mitteln der Pflegeversicherung erstattet. ₂Die Auszahlung kann vorläufig erfolgen. ₃Der Spitzenverband Bund der Pflegekassen legt in Abstimmung mit dem Bundesministerium für Gesundheit unverzüglich das Nähere für das Erstattungsverfahren fest. ₄Absatz 4 Satz 5 bis 8 gilt entsprechend.

(5b) ₁Abweichend von § 45b Absatz 1 Satz 3 können Pflegebedürftige des Pflegegrades 1 den Entlastungsbetrag auch für die Inanspruchnahme anderer Hilfen im Wege der Kostenerstattung einsetzen, wenn dies zur Überwindung von infolge des neuartigen Coronavirus SARS-CoV-2 verursachten Versorgungsengpässen erforderlich ist. ₂§ 45b Absatz 2 Satz 3 und Absatz 4 findet keine Anwendung. ₃Der Spitzenverband Bund der Pflegekassen legt Einzelheiten zum Einsatz des Entlastungsbetrags für andere Hilfen nach Satz 1 in Empfehlungen fest.

(5c) Abweichend von § 45b Absatz 1 Satz 5 zweiter Halbsatz kann der im Jahr 2019 sowie der im Jahr 2020 nicht verbrauchte Betrag für die Leistung nach § 45b Absatz 1 Satz 1 in den Zeitraum bis zum 30. September 2021 übertragen werden.

(5d) ₁Abweichend von § 44a Absatz 3 Satz 1 haben Beschäftigte im Sinne des § 7 Absatz 1 des Pflegezeitgesetzes Anspruch auf Pflegeunterstützungsgeld für bis zu insgesamt 20 Arbeitstage, um die Pflege eines pflegebedürftigen nahen Angehörigen im Sinne des § 7 Absatz 3 des Pflegezeitgesetzes sicherzustellen oder zu organisieren, unabhängig davon, ob eine kurzzeitige Arbeitsverhinderung im Sinne des § 2 des Pflegezeitgesetzes vorliegt, wenn

1. die Beschäftigten glaubhaft darlegen, dass sie die Pflege oder die Organisation der Pflege auf Grund der SARS-CoV-2-Pandemie übernehmen,
2. die Beschäftigten keinen Anspruch auf Entgeltfortzahlung vom Arbeitgeber, Kranken- oder Verletztengeld bei Erkrankung oder Unfall eines Kindes nach § 45 des Fünften Buches oder nach § 45 Absatz 4 des Siebten Buches haben und
3. die häusliche Pflege nicht anders sichergestellt werden kann.

₂Abweichend von § 44a Absatz 6 Satz 1 haben landwirtschaftliche Unternehmer nach § 2 Absatz 1 Nummer 1 und 2 des Zweiten Gesetzes über die Krankenversicherung der Landwirte Anspruch auf Betriebshilfe für bis zu insgesamt 20 Arbeitstage, um die Pflege eines pflegebedürftigen nahen Angehörigen im Sinne des § 7 Absatz 3 des Pflegezeitgesetzes sicherzustellen oder zu organisieren, unabhängig davon, ob eine akut aufgetretene Pflegesituation vorliegt, sofern die Voraussetzungen nach Satz 1 Nummer 1 und 3 erfüllt sind. ₃Abweichend von § 44a Absatz 6 Satz 3 haben privat pflegeversicherte landwirtschaftliche Unternehmer Anspruch auf Kostenerstattung für bis zu insgesamt 20 Arbeitstage Betriebshilfe, um die Pflege eines pflegebedürftigen nahen Angehörigen im Sinne des § 7 Absatz 3 des Pflegezeitgesetzes sicherzustellen oder zu organisieren, unabhängig davon, ob eine akut aufgetretene Pflegesituation vorliegt, sofern die Voraussetzungen nach Satz 1 Nummer 1 und 3 erfüllt sind.

(6) ₁Die Absätze 1, 5 und 5b gelten bis einschließlich 30. April 2023. ₂Absatz 5d gilt in dem Zeitraum vom 23. Mai 2020 bis einschließlich 30. April 2023.

5

§ 150a Pflegebonus zur Anerkennung der besonderen Leistungen in der Coronavirus-SARS-CoV-2-Pandemie

(1) ₁Die zugelassenen Pflegeeinrichtungen sind verpflichtet, jeder und jedem ihrer Beschäftigten im Jahr 2022 eine einmalige Sonderleistung nach Maßgabe der Absätze 2 bis 6 und 8 (Corona-Pflegebonus) zu zahlen. ₂Gleiches gilt für Arbeitgeber, deren Arbeitnehmerinnen oder Arbeitnehmer in Einrichtungen nach Satz 1 im Rahmen einer Arbeitnehmerüberlassung oder eines Werk- oder Dienstleistungsvertrags eingesetzt werden.

(2) ₁Anspruch auf einen Corona-Pflegebonus haben Vollzeitbeschäftigte, die im Zeitraum vom 1. November 2020 bis einschließlich zum 30. Juni 2022 (Bemessungszeitraum) mindestens drei Monate in einer zugelassenen oder für eine zugelassene Pflegeeinrichtung tätig waren und die am 30. Juni 2022 in einer zugelassenen oder für eine zugelassene Pflegeeinrichtung beschäftigt und tätig sind. ₂Einen Anspruch auf einen Corona-Pflegebonus haben auch Vollzeitbeschäftigte, die im Bemessungszeitraum mindestens drei Monate in einer zugelassenen oder für eine zugelassene Pflegeeinrichtung tätig waren und

1. am 30. Juni 2022 nur deshalb nicht mehr beschäftigt und tätig sind, weil für sie zu diesem Zeitpunkt ein Anspruch auf Rente aus der gesetzlichen Rentenversicherung bestand oder
2. am 30. Juni 2022 nur deshalb nicht beschäftigt und tätig sind, weil sie Krankengeld, Krankentagegeld, Verletztengeld, Versorgungskrankengeld, Übergangsgeld, Pflegeunterstützungsgeld oder Mutterschaftsgeld beziehen oder nach den

gesetzlichen Vorschriften Erziehungsgeld oder Elterngeld beziehen oder Elternzeit oder eine Freistellung nach §3 des Pflegezeitgesetzes in Anspruch nehmen oder Wehrdienst oder Zivildienst leisten.

3Einen Anspruch auf einen Corona-Pflegebonus haben auch Freiwillige im Sinne von §2 des Bundesfreiwilligendienstgesetzes und Freiwillige im Sinne von §2 des Jugendfreiwilligendienstegesetzes im freiwilligen sozialen Jahr, die im Bemessungszeitraum mindestens drei Monate in einer zugelassenen oder für eine zugelassene Pflegeeinrichtung ihren Dienst geleistet haben. 4Die Höhe des Corona-Pflegebonus beträgt

1. 550 Euro für Beschäftigte, die Leistungen nach diesem Buch oder im ambulanten Bereich nach dem Fünften Buch durch die direkte Pflege und Betreuung von Pflegebedürftigen erbringen,
2. 370 Euro für andere Beschäftigte, die in einem Umfang von mindestens 25 Prozent ihrer Arbeitszeit gemeinsam mit Pflegebedürftigen tagesstrukturierend, aktivierend, betreuend oder pflegend tätig sind,
3. 60 Euro für Freiwillige im Sinne von §2 des Bundesfreiwilligendienstgesetzes und Freiwillige im Sinne von §2 des Jugendfreiwilligendienstegesetzes im freiwilligen sozialen Jahr und
4. 190 Euro für alle Beschäftigten, die nicht unter die Nummern 1 bis 3 fallen.

(3) 1Den folgenden Auszubildenden, die mit einer zugelassenen Pflegeeinrichtung einen Ausbildungsvertrag geschlossen haben oder im Bemessungszeitraum mindestens drei Monate in einer zugelassenen Pflegeeinrichtung zur Durchführung der praktischen Ausbildung tätig waren, ist ein Corona-Pflegebonus in Höhe von 330 Euro zu zahlen:

1. Auszubildenden zur Altenpflegerin oder zum Altenpfleger nach §58 Absatz 2 des Pflegeberufegesetzes,
2. Auszubildenden zur Altenpflegerin oder zum Altenpfleger nach §66 Absatz 2 des Pflegeberufegesetzes,
3. Auszubildenden zur Gesundheits- und Krankenpflegerin oder zum Gesundheits- und Krankenpfleger nach §66 Absatz 1 Satz 1 Nummer 1 des Pflegeberufegesetzes,
4. Auszubildenden zur Gesundheits- und Kinderkrankenpflegerin oder zum Gesundheits- und Kinderkrankenpfleger nach §58 Absatz 1 des Pflegeberufegesetzes,
5. Auszubildenden zur Gesundheits- und Kinderkrankenpflegerin oder zum Gesundheits- und Kinderkrankenpfleger nach §66 Absatz 1 Satz 1 Nummer 2 des Pflegeberufegesetzes oder
6. Auszubildenden zur Pflegefachfrau oder zum Pflegefachmann nach dem Pflegeberufegesetz.

2Satz 1 gilt entsprechend für Auszubildende in landesrechtlich geregelten Assistenz- oder Helferausbildungen in der Pflege von mindestens einjähriger Dauer.

(4) 1An Beschäftigte, die im Bemessungszeitraum mindestens drei Monate in einer zugelassenen Pflegeeinrichtung tätig waren und in dieser Zeit ganz oder teilweise in Teilzeit gearbeitet haben, ist der Corona-Pflegebonus anteilig im Verhältnis zu den in Absatz 2 Satz 1 genannten Höhen zu zahlen. 2Der jeweilige Anteil entspricht dem Anteil der von ihnen wöchentlich durchschnittlich in dem Bemessungszeitraum tatsächlich geleisteten Stunden im Verhältnis zur regelmäßigen Wochenarbeitszeit der bei derselben Pflegeeinrichtung Vollzeitbeschäftigten, mindestens jedoch dem Anteil der mit ihnen vertraglich vereinbarten durchschnittlichen Wochenarbeitszeit im Verhältnis zur regelmäßigen Wochenarbeitszeit der bei der Pflegeeinrichtung Vollzeitbeschäftigten. 3Abweichend von Satz 1 ist der Corona-Pflegebonus nach Absatz 2 ungekürzt an Teilzeitbeschäftigte zu zahlen, wenn sie im Bemessungszeitraum mindestens drei Monate in einer zugelassenen Pflegeeinrichtung tätig waren und ihre wöchentliche tatsächliche oder vertragliche Arbeitszeit in diesem Zeitraum 35 Stunden oder mehr betrug.

(5) Die folgenden Unterbrechungen der Tätigkeit im Bemessungszeitraum sind für die Berechnung des dreimonatigen Zeitraums, in dem die Beschäftigten im Bemessungszeitraum mindestens in einer zugelassenen Pflegeeinrichtung tätig sein müssen, unbeachtlich:

1. Unterbrechungen von bis zu 14 Kalendertagen,
2. Unterbrechungen auf Grund einer COVID-19-Erkrankung,
3. Unterbrechungen auf Grund von Quarantänemaßnahmen,
4. Unterbrechungen auf Grund eines Arbeitsunfalls oder
5. Unterbrechungen wegen Erholungsurlaubs.

(6) 1Soweit Beschäftigte einer Pflegeeinrichtung im Bemessungszeitraum ganz oder teilweise in Kurzarbeit gearbeitet haben, sind für die Bemessung der diesen Beschäftigten jeweils zustehenden Corona-Pflegeboni die von ihnen wöchentlich durchschnittlich im Bemessungszeitraum tatsächlich geleisteten Stunden maßgeblich. 2Absatz 4 gilt im Übrigen entsprechend.

(7) 1Die zugelassenen Pflegeeinrichtungen und die Arbeitgeber im Sinne von Absatz 1 Satz 2 erhalten

im Wege der Vorauszahlung von der sozialen Pflegeversicherung den Betrag erstattet, den sie für die Auszahlung der in den Absätzen 2 bis 4 und 6 genannten Corona-Pflegeboni benötigen. $_{2}$Die in den Absätzen 2 bis 4 und 6 genannten Corona-Pflegeboni können nicht nach § 150 Absatz 2 erstattet werden. $_{3}$Auch wenn ein nach Absatz 9 erhöhter Corona-Pflegebonus als Sonderleistung gezahlt wird oder wenn von den zugelassenen Pflegeeinrichtungen an ihre Beschäftigten vergleichbare Sonderleistungen gezahlt werden, können die gezahlten Beträge nicht nach § 150 Absatz 2 erstattet werden. $_{4}$Sonderleistungen nach Satz 3 sind bei der Bemessung der Pflegevergütung der zugelassenen Pflegeeinrichtungen berücksichtigungsfähig. $_{5}$Die Pflegeeinrichtungen und die Arbeitgeber im Sinne von Absatz 1 Satz 2 melden den Pflegekassen den Betrag, den sie für die Auszahlung der in den Absätzen 2 bis 4 und 6 genannten Corona-Pflegeboni benötigen, bis spätestens 31. Juli 2022. $_{6}$Die Pflegekassen stellen sicher, dass alle Pflegeeinrichtungen und alle Arbeitgeber im Sinne von Absatz 1 Satz 2 diesen Betrag von der sozialen Pflegeversicherung bis spätestens 30. September 2022 für die Beschäftigten und Arbeitnehmer im Sinne von Absatz 1 Satz 2 erhalten. $_{7}$Für Auszubildende nach Absatz 3 muss die Meldung nach Satz 5 spätestens am 30. September 2022 und die Auszahlung nach Satz 6 bis spätestens zum 31. Oktober 2022 erfolgen. $_{8}$Der Bund zahlt zur Refinanzierung der durch die Pflegekassen an die zugelassenen Pflegeeinrichtungen und die Arbeitgeber im Sinne von Absatz 1 Satz 2 gezahlten Vorauszahlungen bis zum 1. September 2022 einen Betrag in Höhe von 500 Millionen Euro an den Ausgleichsfonds. $_{9}$Die Pflegeeinrichtungen und die Arbeitgeber im Sinne von Absatz 1 Satz 2 haben den Pflegekassen bis spätestens 15. Februar 2023 die tatsächliche Auszahlungssumme der Corona-Pflegeboni sowie die Zahl der Empfängerinnen und Empfänger anzuzeigen. $_{10}$Der Spitzenverband Bund der Pflegekassen legt im Benehmen mit den Bundesvereinigungen der Träger stationärer und ambulanter Pflegeeinrichtungen und geeigneten Verbänden der Arbeitgeber im Sinne von Absatz 1 Satz 2 auf Bundesebene unverzüglich das Nähere für das Verfahren einschließlich angemessener Möglichkeiten zur Prüfung, Rückforderung und Aufrechnung durch die Pflegekassen sowie der Information der Beschäftigten und Arbeitnehmer im Sinne von Absatz 1 Satz 2 über ihren Anspruch fest. $_{11}$Die Verfahrensregelungen bedürfen der Zustimmung des Bundesministeriums für Gesundheit.

(8) $_{1}$Die Auszahlung des jeweiligen Corona-Pflegebonus an die jeweiligen Beschäftigten erfolgt durch die zugelassene Pflegeeinrichtung oder den Arbeitgeber im Sinne von Absatz 1 Satz 2, bei der oder dem die Beschäftigten am 30. Juni 2022 beschäftigt sind; die Auszahlung hat unverzüglich nach Erhalt der Vorauszahlung nach Absatz 7, spätestens mit der nächstmöglichen regelmäßigen Entgeltauszahlung, jedenfalls aber bis zum 31. Dezember 2022 zu erfolgen. $_{2}$Sie ist den Beschäftigten in der gesamten ihnen nach den Absätzen 2 bis 4 und 6 zustehenden Höhe in Geld über das Arbeitsentgelt und sonstige Bezüge hinaus auszuzahlen. $_{3}$Eine Aufrechnung mit Ansprüchen der Pflegeeinrichtung oder der Arbeitgeber nach Absatz 1 Satz 2 gegen den Beschäftigten oder Arbeitnehmer nach Absatz 1 Satz 2 ist ausgeschlossen. $_{4}$Der Corona-Pflegebonus ist unpfändbar. $_{5}$Die Sätze 1 bis 4 gelten entsprechend für die Ausbildungsvergütung sowie für das Taschengeld für Freiwillige im Sinne des § 2 des Bundesfreiwilligendienstgesetzes und für Freiwillige im Sinne des § 2 des Jugendfreiwilligendienstegesetzes im freiwilligen sozialen Jahr.

(9) $_{1}$Der Corona-Pflegebonus kann durch die Länder und die zugelassenen Pflegeeinrichtungen über die in den Absätzen 2 bis 6 genannten Höchstbeträge hinaus für alle Beschäftigten in Pflegeeinrichtungen erhöht werden. $_{2}$Gleiches gilt für die Arbeitgeber und Arbeitnehmer im Sinne von Absatz 1 Satz 2. $_{3}$Die Länder regeln ihr Verfahren. $_{4}$Sie können sich dabei an den Verfahrensregelungen dieser Vorschrift, insbesondere an den genannten Fristen, orientieren. $_{5}$Sofern ein Land den Corona-Pflegebonus nach Satz 1 erhöht, kann es das Verfahren einschließlich der Auszahlung als Sonderleistung über die im jeweiligen Land zuständigen Pflegekassen durchführen, wenn es ihnen die Verwaltungskosten hierfür erstattet. $_{6}$In diesem Fall sind die im Land zuständigen Pflegekassen dazu verpflichtet, das Verfahren einschließlich der Auszahlung dieser Sonderleistung an die zugelassenen Pflegeeinrichtungen zusammen mit dem Corona-Pflegebonus für das Land durchzuführen und hierfür ein geeignetes Verfahren vorzusehen.

§ 150b Nichtanrechnung von Arbeitstagen mit Bezug von Pflegeunterstützungsgeld, Betriebshilfe oder Kostenerstattung gemäß § 150 Absatz 5d

Die Arbeitstage, für die Pflegeunterstützungsgeld im Geltungszeitraum von § 150 Absatz 5d Satz 1, Betriebshilfe im Geltungszeitraum von § 150 Absatz 5d Satz 2 oder Kostenerstattung im Geltungszeitraum von § 150 Absatz 5d Satz 3 in Anspruch genommen worden ist, werden auf die Arbeitstage, für die Pflegeunterstützungsgeld gemäß § 44a Absatz 3, Betriebshilfe gemäß § 44a Absatz 6 Satz 1 oder Kostenerstattung gemäß § 44a Absatz 6

Satz 3 in Anspruch genommen werden kann, nicht angerechnet.

§ 150c Sonderleistungen für zugelassene voll- und teilstationäre Pflegeeinrichtungen zur Anerkennung und Umsetzung zusätzlicher Aufgaben nach § 35 Absatz 1 des Infektionsschutzgesetzes

(1) 1Die zugelassenen voll- und teilstationären Pflegeeinrichtungen sind verpflichtet, im Zeitraum vom 1. Oktober 2022 bis zum 30. April 2023 monatliche Sonderleistungen nach Maßgabe der Absätze 2 bis 5 zu zahlen. 2Sie haben die nach § 35 Absatz 1 Satz 6 des Infektionsschutzgesetzes in der Einrichtung benannten Personen gegenüber den Pflegekassen zu melden.

(2) 1Anspruch auf eine Sonderleistung nach Absatz 1 haben die in den zugelassenen voll- und teilstationären Pflegeeinrichtungen beschäftigten Personen mit Ausnahme der Leitung der Einrichtung, die nach § 35 Absatz 1 Satz 6 des Infektionsschutzgesetzes benannt und gegenüber den Pflegekassen gemeldet sind. 2Die Höhe der Sonderleistung beträgt je Pflegeeinrichtung und Monat insgesamt

1. bei Pflegeeinrichtungen mit bis zu 40 Plätzen 500 Euro,
2. bei Pflegeeinrichtungen mit 41 bis zu 80 Plätzen 750 Euro,
3. bei Pflegeeinrichtungen mit mehr als 80 Plätzen 1000 Euro.

(3) Sofern mehrere Personen anspruchsberechtigt sind, ist die Sonderleistung von der jeweiligen Pflegeeinrichtung entsprechend aufzuteilen.

(4) 1Die Sonderleistung nach Absatz 1 ist von den Pflegekassen monatlich im Zeitraum vom 1. Oktober 2022 bis zum 30. April 2023 an die zugelassenen voll- und teilstationären Pflegeeinrichtungen zu zahlen; sie wird zum 15. eines jeden Monats und erstmalig am 15. November 2022 fällig. 2Die Auszahlung an die betreffende Einrichtung erfolgt einheitlich über eine Pflegekasse vor Ort. 3Die Meldung nach Absatz 1 Satz 2 hat bis zum 31. Oktober 2022 zu erfolgen. 4Sofern sie nicht rechtzeitig erfolgt, wird die Zahlung der Sonderleistung erst zum 15. des Folgemonats des Tages der Meldung nach Absatz 1 Satz 2 rückwirkend bis zu diesem Tag aufgenommen. 5Die Pflegeeinrichtungen haben den Pflegekassen nach dem 30. April 2023 bis spätestens zum 30. Juni 2023 die tatsächliche Auszahlungssumme der Sonderleistungen sowie die Anzahl der Empfängerinnen und Empfänger anzuzeigen. 6Die Landesverbände der Pflegekassen stellen insgesamt die sachgerechte Verfahrensbearbeitung einschließlich angemessener Möglichkeiten zur Prüfung, Rückforderung und Aufrechnung durch die Pflegekassen sicher.

(5) 1Die Auszahlung der Sonderleistung nach Absatz 1 erfolgt spätestens mit der nächstmöglichen regelmäßigen Entgeltauszahlung. 2Die Sonderleistung ist den Beschäftigten in der ihnen nach Absatz 2 Satz 2 zustehenden Höhe in Geld über das Arbeitsentgelt und sonstige Bezüge hinaus auszuzahlen. 3Eine Aufrechnung mit Ansprüchen der Pflegeeinrichtung gegen den Beschäftigten ist ausgeschlossen. 4Die Sonderleistung ist unpfändbar.

(6) 1Aus finanziellen Mitteln des Ausgleichsfonds wird im Zeitraum vom 1. Oktober 2022 bis zum 30. April 2023 ein monatlicher Förderbetrag in Höhe von 250 Euro für jede zugelassene voll- oder teilstationäre Pflegeeinrichtung bereitgestellt, um die Umsetzung der Aufgaben im Sinne des § 35 Absatz 1 Satz 6 und 7 des Infektionsschutzgesetzes sachgerecht zu unterstützen. 2Sofern die Pflegeeinrichtungen keine Meldungen nach Absatz 1 Satz 2 durchgeführt haben, erhalten sie auch keine finanziellen Mittel nach diesem Absatz. 3Absatz 4 findet entsprechend Anwendung.

§ 151 Qualitätsprüfungen nach § 114

Abweichend von § 114 Absatz 2 Satz 1 und 2 finden bis einschließlich 30. September 2020 keine Regelprüfungen statt.

§ 152 Verordnungsermächtigung

Das Bundesministerium für Gesundheit kann nach einer erneuten Risikobeurteilung bei Fortbestehen oder erneutem Risiko für ein Infektionsgeschehen im Zusammenhang mit dem neuartigen Coronavirus SARS-CoV-2 den Befristungszeitraum der §§ 147 bis 151 jeweils durch Rechtsverordnung mit Zustimmung des Bundesrates um jeweils bis zu einem halben Jahr verlängern.

§ 153 Erstattung pandemiebedingter Kosten durch den Bund; Verordnungsermächtigung

1Wenn der Mittelbestand der sozialen Pflegeversicherung aufgrund pandemiebedingter Mehrausgaben absehbar das gesetzliche Betriebsmittel- und Rücklagesoll der Pflegekassen zu unterschreiten droht, gewährt der Bundeshaushalt der sozialen Pflegeversicherung in den Jahren 2021 bis einschließlich 2023 einen Zuschuss in erforderlicher Höhe (Bundeszuschuss). 2Das Bundesministerium für Gesundheit wird ermächtigt, das Nähere durch Rechtsverordnung im Einvernehmen mit dem Bundesministerium der Finanzen ohne Zustimmung des Bundesrates zu bestimmen.

Vierter Abschnitt
Maßnahmen zum Ausgleich außergewöhnlicher Kostenentwicklungen

§ 154 Ergänzungshilfen für stationäre Pflegeeinrichtungen zum Ausgleich steigender Preise für Erdgas, Wärme und Strom

(1) $_{1}$Zugelassene voll- und teilstationäre Pflegeeinrichtungen erhalten von den Pflegekassen für den Zeitraum Oktober 2022 bis einschließlich April 2024 für leitungsgebundenes Erdgas, leitungsgebundene Fernwärme und leitungsgebundenen Strom eine Erstattung der Differenz zwischen der abschlägigen Vorauszahlung für den Verbrauch des Monats März 2022 und der jeweiligen laufenden monatlichen abschlägigen Vorauszahlung für die genannten Verbrauchsgüter für den Betrieb der Pflegeeinrichtung (Ergänzungshilfe). $_{2}$Dabei sind für den jeweiligen Zeitraum an die Einrichtungen gewährte öffentliche Zuschüsse oder andere Unterstützungsmaßnahmen mit gleicher Zielsetzung vom Erstattungsbetrag nach Satz 1 abzuziehen. $_{3}$Der Nachweis der nach Satz 1 gemachten Angaben hat durch entsprechende Dokumente des Versorgers zu erfolgen. $_{4}$Sofern gewährte öffentliche Zuschüsse oder andere Unterstützungsmaßnahmen bei der Bestimmung der Erstattungsdifferenz nach Satz 1 zunächst nicht bekannt waren, sind diese unverzüglich gegenüber der Pflegekasse anzuzeigen und im Verfahren nach Absatz 2 mindernd zu berücksichtigen. $_{5}$Bei voll- und teilstationären Pflegeeinrichtungen, die nach dem 31. März 2022 den Betrieb aufgenommen haben, wird die abschlägige Vorauszahlung angesetzt, die sich aufgrund des Neukundenpreises zum 15. Februar 2022 ergibt. $_{6}$Der Neukundenpreis nach Satz 5 ist den zugelassenen voll- und teilstationären Pflegeeinrichtungen von den Versorgern verpflichtend mitzuteilen.

(2) $_{1}$Die zugelassenen voll- und teilstationären Pflegeeinrichtungen haben die nach Absatz 1 notwendigen Angaben an die Pflegekassen jeweils bis zum 15. des Folgemonats zu übermitteln. $_{2}$Die Ergänzungshilfe kann ausschließlich für den Vormonat, bei erstmaliger Beantragung auch rückwirkend für die zurückliegenden Monate Oktober 2022 bis Februar 2023 geltend gemacht werden. $_{3}$Die erstmalige Einreichung der Angaben durch die Pflegeeinrichtungen hat spätestens 15 Tage nach Vorliegen der Richtlinien des Spitzenverbandes Bund der Pflegekassen nach Absatz 3 zu erfolgen. $_{4}$Die letztmalige Einreichung jeglicher Nachweise für beantragte Ergänzungshilfen muss bis zum 30. August 2024 erfolgen. $_{5}$Der sich auf der Basis von Nachweisen ergebende Erstattungsbetrag ist jeweils spätestens vier Wochen nach Eingang aller nötigen Angaben auszuzahlen. $_{6}$Solange sich die Höhe der monatlichen abschlägigen Vorauszahlung oder die Höhe von gewährten öffentlichen Zuschüssen oder anderen Unterstützungsmaßnahmen nicht ändert, wird der Erstattungsbetrag auch für die Folgemonate gewährt. $_{7}$Bei Änderungen ist den Pflegekassen die neue abschlägige Vorauszahlung oder die geänderte Höhe gewährter öffentlicher Zuschüsse oder anderer Unterstützungsmaßnahmen mitzuteilen. $_{8}$Nachzahlungen, die sich aus den jeweiligen Jahresabrechnungen der Versorger für den in Absatz 1 Satz 1 genannten Zeitraum ergeben, können die Pflegeeinrichtungen zusätzlich geltend machen. $_{9}$Rückzahlungen, die sich aus den jeweiligen Jahresabrechnungen der Versorger für den in Absatz 1 Satz 1 genannten Zeitraum ergeben, sind an die Pflegekassen weiterzuleiten. $_{10}$Die Jahresabrechnungen der Versorger für den in Absatz 1 Satz 1 genannten Zeitraum haben die Pflegeeinrichtungen den Pflegekassen unverzüglich nach Erhalt vorzulegen. $_{11}$Sofern die jeweiligen Jahresabrechnungen der Versorger für den in Absatz 1 Satz 1 genannten Zeitraum den Leistungserbringern bis zum 30. August 2024 noch nicht vorliegen, sind diese abweichend von Satz 4 bis zum 30. Juni 2026 bei den Pflegekassen nachzureichen. $_{12}$Nachzahlungen nach Satz 8 oder Rückzahlungen nach Satz 9, die jeweils nach Satz 11 geltend gemacht werden, erfolgen zu Lasten oder zu Gunsten der sozialen Pflegeversicherung. $_{13}$Jahresabrechnungen, die nicht oder nach dem 30. Juni 2026 bei den Pflegekassen eingereicht werden, führen zu einer Kürzung ausgezahlter Ergänzungshilfen der Pflegeeinrichtungen um 100 Prozent für den betreffenden Zeitraum.

(3) $_{1}$Der Spitzenverband Bund der Pflegekassen legt in Abstimmung mit dem Bundesministerium für Gesundheit unverzüglich in Richtlinien das Nähere zum Zahlungsverfahren sowie zur Meldung nach Absatz 4 Satz 4 fest. $_{2}$Hierbei ist auch jeweils eine für die Auszahlung zuständige Pflegekasse zu bestimmen. $_{3}$Das Bundesamt für Soziale Sicherung ist an den Richtlinien nach Satz 1 zu beteiligen; den Bundesvereinigungen der Träger von stationären Pflegeeinrichtungen ist Gelegenheit zur Stellungnahme zu geben.

(4) $_{1}$Die ausgezahlten Beträge werden den Pflegekassen im Verfahren des monatlichen Ausgleichs nach § 67 vom Bundesamt für Soziale Sicherung erstattet. $_{2}$Der Bund zahlt zur Refinanzierung der durch die Pflegekassen an die zugelassenen voll- und teilstationären Pflegeeinrichtungen geleisteten Ergänzungshilfen und erstatteten Energieberatungskosten in den Jahren 2023 und 2024 insgesamt bis zu 2 Milliarden Euro an den Ausgleichsfonds. $_{3}$Der Bund zahlt die Mittel in Höhe von

5

1,5 Milliarden Euro für das Jahr 2023 bis zum 6. Januar 2023 und Mittel in Höhe von 500 Millionen Euro für das Jahr 2024 bis zum 29. Dezember 2023 an den Ausgleichsfonds. 4Die Pflegekassen melden monatlich bis zum 10. die Summe der im Vormonat an die zugelassenen Pflegeeinrichtungen geleisteten Ergänzungshilfen zum Ausgleich steigender Energiekosten sowie die Summe der im Vormonat an die zugelassenen Pflegeeinrichtungen geleisteten Ergänzungshilfen zum Ausgleich steigender Stromkosten an den Spitzenverband Bund der Pflegekassen. 5Dieser leitet die Angaben gesammelt innerhalb von zehn Tagen an das Bundesamt für Soziale Sicherung weiter. 62023 nicht verausgabte Mittel des Bundes sind in das Jahr 2024 übertragbar. 72024 nicht verausgabte Mittel fließen bis zum Jahresende 2024 an den Bundeshaushalt zurück.

5

(5) 1Für den Zeitraum der Inanspruchnahme der Ergänzungshilfen nach Absatz 1 besteht kein Anspruch auf prospektive Berücksichtigung gestiegener Aufwendungen für leitungsgebundenes Erdgas, leitungsgebundene Fernwärme und leitungsgebundenen Strom bei der Bemessung und Vereinbarung der Pflegevergütung nach §85 sowie der Entgelte für Unterkunft und Verpflegung nach § 87. 2§82 Absatz 5 findet mit der Maßgabe Anwendung, dass die Pflegekassen als Partei der Pflegesatzvereinbarung verpflichtet sind, mit den weiteren Parteien die Voraussetzungen für den Abschluss einer entsprechenden Ergänzungsvereinbarung zu prüfen; besteht ein Bedarf für eine Ergänzungsvereinbarung, so ist diese innerhalb von acht Wochen nach Erhalt der Angaben nach Absatz 2 Satz 1 abzuschließen. 3Dabei sind Doppelfinanzierungen für zurückliegende Zeiträume in der prospektiv ausgerichteten Ergänzungsvereinbarung mit zu berücksichtigen. 4Die Pflegesatzkommissionen nach §86 sowie vergleichbare landesspezifische Vertragsgremien der Selbstverwaltung können sich auf Verfahren für die Umsetzung verständigen. 5Die Pflegeeinrichtungen haben den Pflegekassen die Umsetzung der Ergänzungsvereinbarung nachzuweisen.

(6) 1Zugelassene voll- und teilstationäre Pflegeeinrichtungen, die einen Erstattungsbetrag nach Absatz 1 erhalten, werden verpflichtet, bis zum 31. Dezember 2023 eine Energieberatung durch einen Gebäudeenergieberater durchführen zu lassen. 2Die Pflegeeinrichtungen sind verpflichtet, den Pflegekassen einen Nachweis über die erfolgte Beratung und die konkreten Maßnahmen zur Umsetzung der Empfehlungen zu übermitteln. 3Wird der Nachweis bis zum 15. Januar 2024 nicht an die Pflegekassen übermittelt, wird der ausgezahlte Erstattungsbetrag für die Monate Januar 2024 bis einschließlich April 2024 um jeweils 20 Prozent gekürzt. 4Die Kosten der Energieberatung nach Satz 1, die zwischen dem 1. Dezember 2022 und dem 31. Dezember 2023 durchgeführt worden ist, sind mit Vorlage der Rechnung als Kostennachweis bis zum 30. August 2024 im Zuge der nach Absatz 1 Satz 1 geleisteten Ergänzungshilfe bei Einrichtungen mit bis zu 60 Plätzen bis zu einer Höhe von 4000 Euro, bei Einrichtungen mit bis zu 150 Plätzen bis zu einer Höhe von 6000 Euro und bei Einrichtungen mit mehr als 150 Plätzen bis zu einer Höhe von 7500 Euro erstattungsfähig, sofern diese Kosten nicht aus anderen Fördermitteln finanziert werden. 5Der sich nach diesem Absatz ergebende Erstattungsbetrag ist jeweils spätestens vier Wochen nach Eingang aller nötigen Angaben auszuzahlen.

(7) Der Spitzenverband Bund der Pflegekassen evaluiert die Auswirkungen der Regelungen dieses Abschnitts insbesondere auf die Entwicklung der Heimentgelte und legt hierzu bis zum 29. November 2024 einen entsprechenden Bericht vor.

Anlage 1
(zu § 15)

Einzelpunkte der Module 1 bis 6; Bildung der Summe der Einzelpunkte in jedem Modul

Modul 1: Einzelpunkte im Bereich der Mobilität

Das Modul umfasst fünf Kriterien, deren Ausprägungen in den folgenden Kategorien mit den nachstehenden Einzelpunkten gewertet werden:

Ziffer	Kriterien	selbständig	überwiegend selbständig	überwiegend unselbständig	unselbständig
1.1	Positionswechsel im Bett	0	1	2	3
1.2	Halten einer stabilen Sitzposition	0	1	2	3
1.3	Umsetzen	0	1	2	3
1.4	Fortbewegen innerhalb des Wohnbereichs	0	1	2	3
1.5	Treppensteigen	0	1	2	3

Modul 2: Einzelpunkte im Bereich der kognitiven und kommunikativen Fähigkeiten

Das Modul umfasst elf Kriterien, deren Ausprägungen in den folgenden Kategorien mit den nachstehenden Einzelpunkten gewertet werden:

Ziffer	Kriterien	Fähigkeit vorhanden/ unbeeinträchtigt	Fähigkeit größtenteilsvorhanden	Fähigkeit in geringem Maße vorhanden	Fähigkeit nicht vorhanden
2.1	Erkennen von Personen aus dem näheren Umfeld	0	1	2	3
2.2	Örtliche Orientierung	0	1	2	3
2.3	Zeitliche Orientierung	0	1	2	3
2.4	Erinnern an wesentliche Ereignisse oder Beobachtungen	0	1	2	3
2.5	Steuern von mehrschrittigen Alltagshandlungen	0	1	2	3
2.6	Treffen von Entscheidungen im Alltag	0	1	2	3
2.7	Verstehen von Sachverhalten und Informationen	0	1	2	3
2.8	Erkennen von Risiken und Gefahren	0	1	2	3
2.9	Mitteilen von elementaren Bedürfnissen	0	1	2	3
2.10	Verstehen von Aufforderungen	0	1	2	3
2.11	Beteiligen an einem Gespräch	0	1	2	3

Modul 3: Einzelpunkte im Bereich der Verhaltensweisen und psychische Problemlagen

Das Modul umfasst dreizehn Kriterien, deren Häufigkeit des Auftretens in den folgenden Kategorien mit den nachstehenden Einzelpunkten gewertet wird:

Ziffer	Kriterien	nie oder selten	selten (ein- bis dreimal innerhalb von zwei Wochen)	häufig (zweimal bis mehrmals wöchentlich, aber nicht täglich)	täglich
3.1	Motorisch geprägte Verhaltensauffälligkeiten	0	1	3	5
3.2	Nächtliche Unruhe	0	1	3	5
3.3	Selbstschädigendes und autoaggressives Verhalten	0	1	3	5
3.4	Beschädigen von Gegenständen	0	1	3	5
3.5	Physisch aggressives Verhalten gegenüber anderen Personen	0	1	3	5
3.6	Verbale Aggression	0	1	3	5
3.7	Andere pflegerelevante vokale Auffälligkeiten	0	1	3	5
3.8	Abwehr pflegerischer und anderer unterstützender Maßnahmen	0	1	3	5
3.9	Wahnvorstellungen	0	1	3	5
3.10	Ängste	0	1	3	5
3.11	Antriebslosigkeit bei depressiver Stimmungslage	0	1	3	5
3.12	Sozial inadäquate Verhaltensweisen	0	1	3	5
3.13	Sonstige pflegerelevante inadäquate Handlungen	0	1	3	5

Modul 4: Einzelpunkte im Bereich der Selbstversorgung

Das Modul umfasst dreizehn Kriterien:

Einzelpunkte für die Kriterien der Ziffern 4.1 bis 4.12

Die Ausprägungen der Kriterien 4.1 bis 4.12 werden in den folgenden Kategorien mit den nachstehenden Punkten gewertet:

Ziffer	Kriterien	selbständig	überwiegend selbständig	überwiegend unselbständig	unselbständig
4.1	Waschen des vorderen Oberkörpers	0	1	2	3
4.2	Körperpflege im Bereich des Kopfes (Kämmen, Zahnpflege/Prothesenreinigung, Rasieren)	0	1	2	3
4.3	Waschen des Intimbereichs	0	1	2	3
4.4	Duschen und Baden einschließlich Waschen der Haare	0	1	2	3
4.5	An- und Auskleiden des Oberkörpers	0	1	2	3
4.6	An- und Auskleiden des Unterkörpers	0	1	2	3
4.7	Mundgerechtes Zubereiten der Nahrung und Eingießen von Getränken	0	1	2	3
4.8	Essen	0	3	6	9

Ziffer	Kriterien	selbständig	überwiegend selbständig	überwiegend unselbständig	unselbständig
4.9	Trinken	0	2	4	6
4.10	Benutzen einer Toilette oder eines Toilettenstuhls	0	2	4	6
4.11	Bewältigen der Folgen einer Harninkontinenz und Umgang mit Dauerkatheter und Urostoma	0	1	2	3
4.12	Bewältigen der Folgen einer Stuhlinkontinenz und Umgang mit Stoma	0	1	2	3

Die Ausprägungen des Kriteriums der Ziffer 4.8 sowie die Ausprägung der Kriterien der Ziffern 4.9 und 4.10 werden wegen ihrer besonderen Bedeutung für die pflegerische Versorgung stärker gewichtet.

Die Einzelpunkte für die Kriterien der Ziffern 4.11 und 4.12 gehen in die Berechnung nur ein, wenn bei der Begutachtung beim Versicherten darüber hinaus die Feststellung „überwiegend inkontinent" oder „vollständig inkontinent" getroffen wird oder eine künstliche Ableitung von Stuhl oder Harn erfolgt.

Einzelpunkte für das Kriterium der Ziffer 4.13

Die Ausprägungen des Kriteriums der Ziffer 4.13 werden in den folgenden Kategorien mit den nachstehenden Einzelpunkten gewertet:

Ziffer	Kriterium	entfällt	teilweise	vollständig
4.13	Ernährung parental oder über Sonde	0	6	3

Das Kriterium ist mit „entfällt" (0 Punkte) zu bewerten, wenn eine regelmäßige und tägliche parenterale Ernährung oder Sondenernährung auf Dauer, voraussichtlich für mindestens sechs Monate, nicht erforderlich ist. Kann die parenterale Ernährung oder Sondenernährung ohne Hilfe durch andere selbständig durchgeführt werden, werden ebenfalls keine Punkte vergeben.

Das Kriterium ist mit „teilweise" (6 Punkte) zu bewerten, wenn eine parenterale Ernährung oder Sondenernährung zur Vermeidung von Mangelernährung mit Hilfe täglich und zusätzlich zur oralen Aufnahme von Nahrung oder Flüssigkeit erfolgt.

Das Kriterium ist mit „vollständig" (3 Punkte) zu bewerten, wenn die Aufnahme von Nahrung oder Flüssigkeit ausschließlich oder nahezu ausschließlich parenteral oder über eine Sonde erfolgt.

Bei einer vollständigen parenteralen Ernährung oder Sondenernährung werden weniger Punkte vergeben als bei einer teilweisen parenteralen Ernährung oder Sondenernährung, da der oft hohe Aufwand zur Unterstützung bei der oralen Nahrungsaufnahme im Fall ausschließlich parenteraler oder Sondenernährung weitgehend entfällt.

Einzelpunkte für das Kriterium der Ziffer 4.K

Bei Kindern im Alter bis 18 Monate werden die Kriterien der Ziffern 4.1 bis 4.13 durch das Kriterium 4.K ersetzt und wie folgt gewertet:

Ziffer	Kriterium	Einzelpunkte
4.K	Bestehen gravierender Probleme bei der Nahrungsaufnahme bei Kindern bis zu 18 Monaten, die einen außergewöhnlich pflegeintensiven Hilfebedarf auslösen	20

Modul 5: Einzelpunkte im Bereich der Bewältigung von und des selbständigen Umgangs mit krankheits- oder therapiebedingten Anforderungen und Belastungen

Das Modul umfasst sechzehn Kriterien.

Einzelpunkte für die Kriterien der Ziffern 5.1 bis 5.7

Die durchschnittliche Häufigkeit der Maßnahmen pro Tag bei den Kriterien der Ziffern 5.1 bis 5.7 wird in den folgenden Kategorien mit den nachstehenden Einzelpunkten gewertet:

Ziffer	Kriterien in Bezug auf	entfällt oder selbständig	Anzahl der Maßnahmen pro Tag	Anzahl der Maßnahmen pro Woche	Anzahl der Maßnahmen pro Monat
5.1	Medikation	0			
5.2	Injektionen (subcutan oder intramuskulär)	0			
5.3	Versorgung intravenöser Zugänge (Port)	0			
5.4	Absaugen und Sauerstoffgabe	0			
5.5	Einreibungen oder Kälte- und Wärmeanwendungen	0			
5.6	Messung und Deutung von Körperzuständen	0			
5.7	Körpernahe Hilfsmittel	0			
Summe der Maßnahmen aus 5.1 bis 5.7		0			
Umrechnung in Maßnahmen pro Tag		0			

Einzelpunkte für die Kriterien der Ziffern 5.1 bis 5.7

Maßnahme pro Tag	keine oder seltener als einmal täglich	mindestens einmal bis maximal dreimal täglich	mehr als dreimal bis maximal achtmal täglich	mehr als achtmal täglich
Einzelpunkte	0	1	2	3

Für jedes der Kriterien 5.1 bis 5.7 wird zunächst die Anzahl der durchschnittlich durchgeführten Maßnahmen, die täglich und auf Dauer, voraussichtlich für mindestens sechs Monate, vorkommen, in der Spalte pro Tag, die Maßnahmen, die wöchentlich und auf Dauer, voraussichtlich für mindestens sechs Monate, vorkommen, in der Spalte pro Woche und die Maßnahmen, die monatlich und auf Dauer, voraussichtlich für mindestens sechs Monate, vorkommen, in der Spalte pro Monat erfasst. Berücksichtigt werden nur Maßnahmen, die vom Versicherten nicht selbständig durchgeführt werden können.

Die Zahl der durchschnittlich durchgeführten täglichen, wöchentlichen und monatlichen Maßnahmen wird für die Kriterien 5.1 bis 5.7 summiert (erfolgt zum Beispiel täglich dreimal eine Medikamentengabe – Kriterium 5.1 – und einmal Blutzuckermessen – Kriterium 5.6 –, entspricht dies vier Maßnahmen pro Tag). Diese Häufigkeit wird umgerechnet in einen Durchschnittswert pro Tag. Für die Umrechnung der Maßnahmen pro Monat in Maßnahmen pro Tag wird die Summe der Maßnahmen pro Monat durch 30 geteilt. Für die Umrechnung der Maßnahmen pro Woche in Maßnahmen pro Tag wird die Summe der Maßnahmen pro Woche durch 7 geteilt.

Einzelpunkte für die Kriterien der Ziffern 5.8 bis 5.11

Die durchschnittliche Häufigkeit der Maßnahmen pro Tag bei den Kriterien der Ziffern 5.8 bis 5.11 wird in den folgenden Kategorien mit den nachstehenden Einzelpunkten gewertet:

Ziffer	Kriterien in Bezug auf	entfällt oder selbständig	Anzahl der Maßnahmen pro Tag	Anzahl der Maßnahmen pro Woche	Anzahl der Maßnahmen pro Monat
5.8	Verbandswechsel und Wundversorgung	0			
5.9	Versorgung mit Stoma	0			
5.10	Regelmäßige Einmalkatheterisierung und Nutzung von Abführmethoden	0			
5.11	Therapiemaßnahmen in häuslicher Umgebung	0			
Summe der Maßnahmen aus 5.8 bis 5.11		0			
Umrechnung in Maßnahmen pro Tag		0			

Einzelpunkte für die Kriterien der Ziffern 5.8 bis 5.11

Maßnahme pro Tag	keine oder seltener als einmal wöchentlich	ein- bis mehrmals wöchentlich	ein- bis unter dreimal täglich	mindestens dreimal täglich
Einzelpunkte	0	1	2	3

Für jedes der Kriterien 5.8 bis 5.11 wird zunächst die Anzahl der durchschnittlich durchgeführten Maßnahmen, die täglich und auf Dauer, voraussichtlich für mindestens sechs Monate, vorkommen, in der Spalte pro Tag, die Maßnahmen, die wöchentlich und auf Dauer, voraussichtlich für mindestens sechs Monate, vorkommen, in der Spalte pro Woche und die Maßnahmen, die monatlich und auf Dauer, voraussichtlich für mindestens sechs Monate, vorkommen, in der Spalte pro Monat erfasst. Berücksichtigt werden nur Maßnahmen, die vom Versicherten nicht selbständig durchgeführt werden können.

Die Zahl der durchschnittlich durchgeführten täglichen, wöchentlichen und monatlichen Maßnahmen wird für die Kriterien 5.8 bis 5.11 summiert. Diese Häufigkeit wird umgerechnet in einen Durchschnittswert pro Tag. Für die Umrechnung der Maßnahmen pro Monat in Maßnahmen pro Tag wird die Summe der Maßnahmen pro Monat durch 30 geteilt. Für die Umrechnung der Maßnahmen pro Woche in Maßnahmen pro Tag wird die Summe der Maßnahmen pro Woche durch 7 geteilt.

Einzelpunkte für die Kriterien der Ziffern 5.12 bis 5.K

Die durchschnittliche wöchentliche oder monatliche Häufigkeit von zeit- und technikintensiven Maßnahmen in häuslicher Umgebung, die auf Dauer, voraussichtlich für mindestens sechs Monate, vorkommen, wird in den folgenden Kategorien mit den nachstehenden Einzelpunkten gewertet:

Ziffer	Kriterium in Bezug auf	entfällt oder selbständig	täglich	wöchentliche Häufigkeit multipliziert mit	monatliche Häufigkeit multipliziert mit
5.12	Zeit- und technikintensive Maßnahmen in häuslicher Umgebung	0	60	8,6	2

Für das Kriterium der Ziffer 5.12 wird zunächst die Anzahl der regelmäßig und mit durchschnittlicher Häufigkeit durchgeführten Maßnahmen, die wöchentlich vorkommen, und die Anzahl der regelmäßig und mit durchschnittlicher Häufigkeit durchgeführten Maßnahmen, die monatlich vorkommen, erfasst. Kommen Maßnahmen regelmäßig täglich vor, werden 60 Punkte vergeben.

Jede regelmäßige wöchentliche Maßnahme wird mit 8,6 Punkten gewertet. Jede regelmäßige monatliche Maßnahme wird mit zwei Punkten gewertet.

Die durchschnittliche wöchentliche oder monatliche Häufigkeit der Kriterien der Ziffern 5.13 bis 5.K wird wie folgt erhoben und mit den nachstehenden Punkten gewertet:

Ziffer	Kriterien	entfällt oder selbständig	wöchentliche Häufigkeit multipliziert mit	monatliche Häufigkeit multipliziert mit
5.13	Arztbesuche	0	4,3	1
5.14	Besuch anderer medizinischer oder therapeutischer Einrichtungen (bis zu drei Stunden)	0	4,3	1
5.15	Zeitlich ausgedehnte Besuche anderer medizinischer oder therapeutischer Einrichtungen (länger als drei Stunden)	0	8,6	2
5.K	Besuche von Einrichtungen zur Frühförderung bei Kindern	0	4,3	1

Für jedes der Kriterien der Ziffern 5.13 bis 5.K wird zunächst die Anzahl der regelmäßig und mit durchschnittlicher Häufigkeit durchgeführten Besuche, die wöchentlich und auf Dauer, voraussichtlich für mindestens sechs Monate, vorkommen, und die Anzahl der regelmäßig und mit durchschnittlicher Häufigkeit durchgeführten Besuche, die monatlich und auf Dauer, voraussichtlich für mindestens sechs Monate, vorkommen, erfasst. Jeder regelmäßige monatliche Besuch wird mit einem Punkt gewertet. Jeder regelmäßige wöchentliche Besuch wird mit 4,3 Punkten gewertet. Handelt es sich um zeitlich ausgedehnte Arztbesuche oder Besuche von anderen medizinischen oder therapeutischen Einrichtungen, werden sie doppelt gewertet.

Die Punkte der Kriterien 5.12 bis 5.15 – bei Kindern bis 5.K – werden addiert. Die Kriterien der Ziffern 5.12 bis 5.15 – bei Kindern bis 5.K – werden anhand der Summe der so erreichten Punkte mit den nachstehenden Einzelpunkten gewertet:

Summe	Einzelpunkte
0 bis unter 4,3	0
4,3 bis unter 8,6	1
8,6 bis unter 12,9	2
12,9 bis unter 60	3
60 und mehr	6

Einzelpunkte für das Kriterium der Ziffer 5.16

Die Ausprägungen des Kriteriums der Ziffer 5.16 werden in den folgenden Kategorien mit den nachstehenden Einzelpunkten gewertet:

Ziffer	Kriterien	entfällt oder selbständig	überwiegend selbständig	überwiegend unselbständig	unselbständig
5.16	Einhaltung einer Diät und anderer krankheits- oder therapiebedingter Verhaltensvorschriften	0	1	2	3

Modul 6: Einzelpunkte im Bereich der Gestaltung des Alltagslebens und sozialer Kontakte

Das Modul umfasst sechs Kriterien, deren Ausprägungen in den folgenden Kategorien mit den nachstehenden Punkten gewertet werden:

Ziffer	Kriterien	selbständig	überwiegend selbständig	überwiegend unselbständig	unselbständig
6.1	Gestaltung des Tagesablaufs und Anpassung an Veränderungen	0	1	2	3
6.2	Ruhen und Schlafen	0	1	2	3
6.3	Sichbeschäftigen	0	1	2	3
6.4	Vornehmen von in die Zukunft gerichteten Planungen	0	1	2	3
6.5	Interaktion mit Personen im direkten Kontakt	0	1	2	3
6.6	Kontaktpflege zu Personen außerhalb des direkten Umfelds	0	1	2	3

Anlage 2
(zu § 15)

Bewertungssystematik (Summe der Punkte und gewichtete Punkte)
Schweregrad der Beeinträchtigungen der Selbständigkeit oder der Fähigkeiten im Modul

Module		Gewichtung	0 Keine	1 Geringe	2 Erhebliche	3 Schwere	4 Schwerste	
1	Mobilität	**10 %**	0 – 1	2 – 3	4 – 5	6 – 9	10 – 15	Summe der Einzelpunkte im Modul 1
			0	**2,5**	**5**	**7,5**	**10**	**Gewichtete Punkte im Modul 1**
2	Kognitive und kommunikative Fähigkeiten		0 – 1	2 – 5	6 – 10	11 – 16	17 – 33	Summe der Einzelpunkte im Modul 2
3	Verhaltensweisen und psychische Problemlagen	**15 %**	0	1 – 2	3 – 4	5 – 6	7 – 65	Summe der Einzelpunkte im Modul 3
	Höchster Wert aus Modul 2 oder Modul 3		**0**	**3,75**	**7,5**	**11,25**	**15**	**Gewichtete Punkte für die Module 2 und 3**
4	Selbstversorgung	**40 %**	0 – 2	3 – 7	8 – 18	19 – 36	37 – 54	Summe der Einzelpunkte im Modul 4
			0	**10**	**20**	**30**	**40**	**Gewichtete Punkte im Modul 4**
5	Bewältigung von und selbständiger Umgang mit krankheits- oder therapiebedingten Anforderungen und Belastungen	**20 %**	0	1	2 –3	4 – 5	6 – 15	Summe der Einzelpunkte im Modul 5
			0	**5**	**10**	**15**	**20**	**Gewichtete Punkte im Modul 5**
6	Gestaltung des Alltagslebens und sozialer Kontakte	**15 %**	0	1 – 3	4 – 6	7 – 11	12 – 18	Summe der Einzelpunkte im Modul 6
			0	**3,75**	**7,5**	**11,25**	**15**	**Gewichtete Punkte im Modul 6**
7	Außerhäusliche Aktivitäten		Die Berechnung einer Modulbewertung ist entbehrlich, da die Darstellung der qualitativen Ausprägungen bei den einzelnen Kriterien ausreichend ist, um Anhaltspunkte für eine Versorgungs- und Pflegeplanung ableiten zu können.					
8	Haushaltsführung							

Gesetz über die Pflegezeit (Pflegezeitgesetz – PflegeZG)

Vom 28. Mai 2008 (BGBl. I S. 874)

Zuletzt geändert durch
Gesetz zur Befugniserweiterung und Entbürokratisierung in der Pflege
vom 22. Dezember 2025 (BGBl. I Nr. 371)

Inhaltsübersicht

§ 1 Ziel des Gesetzes

Ziel des Gesetzes ist, Beschäftigten die Möglichkeit zu eröffnen, pflegebedürftige nahe Angehörige in häuslicher Umgebung zu pflegen und damit die Vereinbarkeit von Beruf und familiärer Pflege zu verbessern.

§ 2 Kurzzeitige Arbeitsverhinderung

(1) Beschäftigte haben das Recht, bis zu zehn Arbeitstage der Arbeit fernzubleiben, wenn dies erforderlich ist, um für einen pflegebedürftigen nahen Angehörigen in einer akut aufgetretenen Pflegesituation eine bedarfsgerechte Pflege zu organisieren oder eine pflegerische Versorgung in dieser Zeit sicherzustellen.

(2) Beschäftigte sind verpflichtet, dem Arbeitgeber ihre Verhinderung an der Arbeitsleistung und deren voraussichtliche Dauer unverzüglich mitzuteilen. Dem Arbeitgeber ist auf Verlangen eine ärztliche Bescheinigung oder eine Bescheinigung einer Pflegefachperson über die Pflegebedürftigkeit des nahen Angehörigen und die Erforderlichkeit der in Absatz 1 genannten Maßnahmen vorzulegen.

(3) Der Arbeitgeber ist zur Fortzahlung der Vergütung nur verpflichtet, soweit sich eine solche Verpflichtung aus anderen gesetzlichen Vorschriften oder aufgrund Vereinbarung ergibt. Ein Anspruch der Beschäftigten auf Zahlung von Pflegeunterstützungsgeld richtet sich nach § 44a Absatz 3 des Elften Buches Sozialgesetzbuch.

§ 3 Pflegezeit und sonstige Freistellungen

(1) Beschäftigte sind von der Arbeitsleistung vollständig oder teilweise freizustellen, wenn sie einen pflegebedürftigen nahen Angehörigen in häuslicher Umgebung pflegen (Pflegezeit). Der Anspruch nach Satz 1 besteht nicht gegenüber Arbeitgebern mit in der Regel 15 oder weniger Beschäftigten.

(2) Die Beschäftigten haben die Pflegebedürftigkeit des nahen Angehörigen durch Vorlage einer Bescheinigung der Pflegekasse oder des Medizinischen Dienstes der Krankenversicherung nachzuweisen. Bei in der privaten Pflege-Pflichtversicherung versicherten Pflegebedürftigen ist ein entsprechender Nachweis zu erbringen.

(3) Wer Pflegezeit beanspruchen will, muss dies dem Arbeitgeber spätestens zehn Arbeitstage vor Beginn in Textform ankündigen und gleichzeitig erklären, für welchen Zeitraum und in welchem Umfang die Freistellung von der Arbeitsleistung in Anspruch genommen werden soll. Wenn nur teilweise Freistellung in Anspruch genommen wird, ist auch die gewünschte Verteilung der Arbeitszeit anzugeben. Enthält die Ankündigung keine eindeutige Festlegung, ob die oder der Beschäftigte Pflegezeit oder Familienpflegezeit nach § 2 des Familienpflegezeitgesetzes in Anspruch nehmen will, und liegen die Voraussetzungen beider Freistellungsansprüche vor, gilt die Erklärung als Ankündigung von Pflegezeit. Beansprucht die oder der Beschäftigte nach der Pflegezeit Familienpflegezeit oder eine Freistellung nach § 2 Absatz 5 des Familienpflegezeitgesetzes zur Pflege oder Betreuung desselben pflegebedürftigen Angehörigen, muss sich die Familienpflegezeit oder die Freistellung nach § 2 Absatz 5 des Familienpflegezeitgesetzes unmittelbar an die Pflegezeit anschließen. In diesem Fall soll die oder der Beschäftigte möglichst frühzeitig erklären, ob sie oder er Familienpflegezeit oder eine Freistellung nach § 2 Absatz 5 des Familienpflegezeitgesetzes in Anspruch nehmen wird; abweichend von § 2a Absatz 1 Satz 1 des Familienpflegezeitgesetzes muss die Ankündigung spätestens drei Monate vor Beginn der Familienpflegezeit erfolgen. Wird Pflegezeit nach einer Familienpflegezeit oder einer Freistellung nach § 2 Absatz 5 des Familienpflegezeitgesetzes in Anspruch genommen, ist die Pflegezeit in unmittelbarem Anschluss an die Familienpflegezeit oder die Freistellung nach § 2 Absatz 5 des Familienpflegezeitgesetzes zu beanspruchen; sie ist abweichend von Satz 1 dem Arbeitgeber spätestens acht Wochen vor Beginn in Textform anzukündigen.

(4) Wenn nur teilweise Freistellung in Anspruch genommen wird, haben Arbeitgeber und Beschäftigte über die Verringerung und die Verteilung der Arbeitszeit eine schriftliche Vereinbarung zu treffen. Hierbei hat der Arbeitgeber den Wünschen der Beschäftigten zu entsprechen, es sei denn, dass dringende betriebliche Gründe entgegenstehen.

(5) Beschäftigte sind von der Arbeitsleistung vollständig oder teilweise freizustellen, wenn sie einen minderjährigen pflegebedürftigen nahen Angehörigen in häuslicher oder außerhäuslicher Umgebung betreuen. Die Inanspruchnahme dieser Freistellung ist jederzeit im Wechsel mit der Freistellung nach Absatz 1 im Rahmen der Gesamtdauer nach § 4 Absatz 1 Satz 4 möglich. Absatz 1 Satz 2 und die Absätze 2 bis 4 gelten entsprechend. Beschäftigte können diesen Anspruch wahlweise statt des Anspruchs auf Pflegezeit nach Absatz 1 geltend machen.

(6) Beschäftigte sind zur Begleitung eines nahen Angehörigen von der Arbeitsleistung vollständig oder teilweise freizustellen, wenn dieser an einer Erkrankung leidet, die progredient verläuft und bereits ein weit fortgeschrittenes Stadium erreicht hat, bei der eine Heilung ausgeschlossen und eine palliativmedizinische Behandlung notwendig ist und die lediglich eine begrenzte Lebenserwartung von Wochen oder wenigen Monaten erwarten lässt. Beschäftigte haben diese gegenüber dem

Arbeitgeber durch ein ärztliches Zeugnis nachzuweisen. Absatz 1 Satz 2, Absatz 3 Satz 1 und 2 und Absatz 4 gelten entsprechend. § 45 des Fünften Buches Sozialgesetzbuch bleibt unberührt.

(6a) Beschäftigte von Arbeitgebern mit in der Regel 15 oder weniger Beschäftigten können bei ihrem Arbeitgeber den Abschluss einer Vereinbarung über eine Pflegezeit nach Absatz 1 Satz 1 oder eine sonstige Freistellung nach Absatz 5 Satz 1 oder Absatz 6 Satz 1 beantragen. Der Arbeitgeber hat den Antrag innerhalb von vier Wochen nach Zugang zu beantworten. Eine Ablehnung des Antrags ist zu begründen. Wird eine Pflegezeit oder sonstige Freistellung nach Satz 1 vereinbart, gelten die Absätze 2, 3 Satz 4 und 6 erster Halbsatz, Absatz 4 Satz 1 sowie Absatz 6 Satz 2 und 4 entsprechend.

(7) Ein Anspruch auf Förderung richtet sich nach den §§ 3, 4, 5 Absatz 1 Satz 1 und Absatz 2 sowie den §§ 6 bis 10 des Familienpflegezeitgesetzes.

§ 4 Dauer der Inanspruchnahme

(1) Die Pflegezeit nach § 3 beträgt für jeden pflegebedürftigen nahen Angehörigen längstens sechs Monate (Höchstdauer). Für einen kürzeren Zeitraum in Anspruch genommene Pflegezeit kann bis zur Höchstdauer verlängert werden, wenn der Arbeitgeber zustimmt. Eine Verlängerung bis zur Höchstdauer kann verlangt werden, wenn ein vorgesehener Wechsel in der Person des Pflegenden aus einem wichtigen Grund nicht erfolgen kann; dies gilt nicht für Fälle des § 3 Absatz 6a. Pflegezeit und Familienpflegezeit nach § 2 des Familienpflegezeitgesetzes dürfen gemeinsam die Gesamtdauer von 24 Monaten je pflegebedürftigem nahen Angehörigen nicht überschreiten. Die Pflegezeit wird auf Berufsbildungszeiten nicht angerechnet.

(2) Ist der nahe Angehörige nicht mehr pflegebedürftig oder die häusliche Pflege des nahen Angehörigen unmöglich oder unzumutbar, endet die Pflegezeit vier Wochen nach Eintritt der veränderten Umstände. Der Arbeitgeber ist über die veränderten Umstände unverzüglich zu unterrichten. Im Übrigen kann die Pflegezeit nur vorzeitig beendet werden, wenn der Arbeitgeber zustimmt.

(3) Für die Betreuung nach § 3 Absatz 5 gelten die Absätze 1 und 2 entsprechend. Für die Freistellung nach § 3 Absatz 6 gilt eine Höchstdauer von drei Monaten je nahem Angehörigen. Für die Freistellung nach § 3 Absatz 6 gelten Absatz 1 Satz 2, 3 und 5 sowie Absatz 2 entsprechend; bei zusätzlicher Inanspruchnahme von Pflegezeit oder einer Freistellung nach § 3 Absatz 5 oder Familienpflegezeit oder einer Freistellung nach § 2 Absatz 5 des Familienpflegezeitgesetzes dürfen die Freistellungen insgesamt 24 Monate je nahem Angehörigen nicht überschreiten.

(4) Der Arbeitgeber kann den Erholungsurlaub, der der oder dem Beschäftigten für das Urlaubsjahr zusteht, für jeden vollen Kalendermonat der vollständigen Freistellung von der Arbeitsleistung um ein Zwölftel kürzen.

§ 4a Erneute Pflegezeit nach Inanspruchnahme einer Freistellung auf Grundlage der Sonderregelungen aus Anlass der COVID-19-Pandemie

(1) Abweichend von § 4 Absatz 1 Satz 2 und 3 können Beschäftigte einmalig nach einer beendeten Pflegezeit zur Pflege oder Betreuung desselben pflegebedürftigen Angehörigen Pflegezeit erneut, jedoch insgesamt nur bis zur Höchstdauer nach § 4 Absatz 1 Satz 1 in Anspruch nehmen, wenn die Gesamtdauer nach § 4 Absatz 1 Satz 4 nicht überschritten wird und die Inanspruchnahme der beendeten Pflegezeit auf der Grundlage der Sonderregelungen aus Anlass der COVID-19-Pandemie erfolgte.

(2) Abweichend von § 3 Absatz 3 Satz 4 muss sich die Familienpflegezeit oder eine Freistellung nach § 2 Absatz 5 des Familienpflegezeitgesetzes nicht unmittelbar an die Pflegezeit anschließen, wenn die Pflegezeit auf Grund der Sonderregelungen aus Anlass der COVID-19-Pandemie in Anspruch genommen wurde und die Gesamtdauer nach § 4 Absatz 1 Satz 4 nicht überschritten wird.

(3) Abweichend von § 3 Absatz 3 Satz 6 muss sich die Pflegezeit nicht unmittelbar an die Familienpflegezeit oder an die Freistellung nach § 2 Absatz 5 des Familienpflegezeitgesetzes anschließen, wenn die Familienpflegezeit oder Freistellung auf Grund der Sonderregelungen aus Anlass der COVID-19-Pandemie erfolgte und die Gesamtdauer nach § 4 Absatz 1 Satz 4 nicht überschritten wird.

§ 5 Kündigungsschutz

(1) Der Arbeitgeber darf das Beschäftigungsverhältnis von der Ankündigung, höchstens jedoch zwölf Wochen vor dem angekündigten Beginn, bis zur Beendigung der kurzzeitigen Arbeitsverhinderung nach § 2 oder der Freistellung nach § 3 nicht kündigen. Im Fall einer Vereinbarung über eine Freistellung nach § 3 Absatz 6a dieses Gesetzes oder nach § 2a Absatz 5a des Familienpflegezeitgesetzes beginnt der Kündigungsschutz mit dem Beginn der Freistellung.

(2) In besonderen Fällen kann eine Kündigung von der für den Arbeitsschutz zuständigen obersten Landesbehörde oder der von ihr bestimmten Stelle ausnahmsweise für zulässig erklärt werden. Die Bundesregierung kann hierzu mit Zustimmung des Bundesrates allgemeine Verwaltungsvorschriften erlassen.

§ 6 Befristete Verträge

(1) Wenn zur Vertretung einer Beschäftigten oder eines Beschäftigten für die Dauer der kurzzeitigen Arbeitsverhinderung nach § 2 oder der Freistellung nach § 3 eine Arbeitnehmerin oder ein Arbeitnehmer eingestellt wird, liegt hierin ein sachlicher Grund für die Befristung des Arbeitsverhältnisses. Über die Dauer der Vertretung nach Satz 1 hinaus ist die Befristung für notwendige Zeiten einer Einarbeitung zulässig.

(2) Die Dauer der Befristung des Arbeitsvertrages muss kalendermäßig bestimmt oder bestimmbar sein oder den in Absatz 1 genannten Zwecken zu entnehmen sein.

(3) Der Arbeitgeber kann den befristeten Arbeitsvertrag unter Einhaltung einer Frist von zwei Wochen kündigen, wenn die Freistellung nach § 4 Abs. 2 Satz 1 vorzeitig endet. Das Kündigungsschutzgesetz ist in diesen Fällen nicht anzuwenden. Satz 1 gilt nicht, soweit seine Anwendung vertraglich ausgeschlossen ist.

(4) Wird im Rahmen arbeitsrechtlicher Gesetze oder Verordnungen auf die Zahl der beschäftigten Arbeitnehmerinnen und Arbeitnehmer abgestellt, sind bei der Ermittlung dieser Zahl Arbeitnehmerinnen und Arbeitnehmer, die nach § 2 kurzzeitig an der Arbeitsleistung verhindert oder nach § 3 freigestellt sind, nicht mitzuzählen, solange für sie auf Grund von Absatz 1 eine Vertreterin oder ein Vertreter eingestellt ist. Dies gilt nicht, wenn die Vertreterin oder der Vertreter nicht mitzuzählen ist. Die Sätze 1 und 2 gelten entsprechend, wenn im Rahmen arbeitsrechtlicher Gesetze oder Verordnungen auf die Zahl der Arbeitsplätze abgestellt wird.

§ 7 Begriffsbestimmungen

(1) Beschäftigte im Sinne dieses Gesetzes sind

1. Arbeitnehmerinnen und Arbeitnehmer,
2. die zu ihrer Berufsbildung Beschäftigten,
3. Personen, die wegen ihrer wirtschaftlichen Unselbständigkeit als arbeitnehmerähnliche Personen anzusehen sind; zu diesen gehören auch die in Heimarbeit Beschäftigten und die ihnen Gleichgestellten.

(2) Arbeitgeber im Sinne dieses Gesetzes sind natürliche und juristische Personen sowie rechtsfähige Personengesellschaften, die Personen nach Absatz 1 beschäftigen. Für die arbeitnehmerähnlichen Personen, insbesondere für die in Heimarbeit Beschäftigten und die ihnen Gleichgestellten, tritt an die Stelle des Arbeitgebers der Auftraggeber oder Zwischenmeister.

(3) Nahe Angehörige im Sinne dieses Gesetzes sind

1. Großeltern, Eltern, Schwiegereltern, Stiefeltern,
2. Ehegatten, Lebenspartner, Partner einer eheähnlichen oder lebenspartnerschaftsähnlichen Gemeinschaft, Geschwister, Ehegatten der Geschwister und Geschwister der Ehegatten, Lebenspartner der Geschwister und Geschwister der Lebenspartner,
3. Kinder, Adoptiv- oder Pflegekinder, die Kinder, Adoptiv- oder Pflegekinder des Ehegatten oder Lebenspartners, Schwiegerkinder und Enkelkinder.

(4) Pflegebedürftig im Sinne dieses Gesetzes sind Personen, die die Voraussetzungen nach den §§ 14 und 15 des Elften Buches Sozialgesetzbuch erfüllen. Pflegebedürftig im Sinne von § 2 sind auch Personen, die die Voraussetzungen nach den §§ 14 und 15 des Elften Buches Sozialgesetzbuch voraussichtlich erfüllen.

§ 8 Unabdingbarkeit

Von den Vorschriften dieses Gesetzes kann nicht zuungunsten der Beschäftigten abgewichen werden.

Gesetz über die Familienpflegezeit (Familienpflegezeitgesetz – FPfZG)

Vom 6. Dezember 2011 (BGBl. I S. 2564)

Zuletzt geändert durch
Viertes Bürokratieentlastungsgesetz
vom 23. Oktober 2024 (BGBl. I Nr. 323)

Inhaltsübersicht

5

§ 1 Ziel des Gesetzes

Durch die Einführung der Familienpflegezeit werden die Möglichkeiten zur Vereinbarkeit von Beruf und familiärer Pflege verbessert.

§ 2 Familienpflegezeit

(1) Beschäftigte sind von der Arbeitsleistung für längstens 24 Monate (Höchstdauer) teilweise freizustellen, wenn sie einen pflegebedürftigen nahen Angehörigen in häuslicher Umgebung pflegen (Familienpflegezeit). Während der Familienpflegezeit muss die verringerte Arbeitszeit wöchentlich mindestens 15 Stunden betragen. Bei unterschiedlichen wöchentlichen Arbeitszeiten oder einer unterschiedlichen Verteilung der wöchentlichen Arbeitszeit darf die wöchentliche Arbeitszeit im Durchschnitt eines Zeitraums von bis zu einem Jahr 15 Stunden nicht unterschreiten (Mindestarbeitszeit). Der Anspruch nach Satz 1 besteht nicht gegenüber Arbeitgebern mit in der Regel 25 oder weniger Beschäftigten ausschließlich der zu ihrer Berufsbildung Beschäftigten.

(2) Pflegezeit und Familienpflegezeit dürfen gemeinsam 24 Monate je pflegebedürftigem nahen Angehörigen nicht überschreiten (Gesamtdauer).

(3) Die §§ 5 bis 8 des Pflegezeitgesetzes gelten entsprechend.

(4) Die Familienpflegezeit wird auf Berufsbildungszeiten nicht angerechnet.

(5) Beschäftigte sind von der Arbeitsleistung für längstens 24 Monate (Höchstdauer) teilweise freizustellen, wenn sie einen minderjährigen pflegebedürftigen nahen Angehörigen in häuslicher oder außerhäuslicher Umgebung betreuen. Die Inanspruchnahme dieser Freistellung ist jederzeit im Wechsel mit der Freistellung nach Absatz 1 im Rahmen der Gesamtdauer nach Absatz 2 möglich. Absatz 1 Satz 2 bis 4 und die Absätze 2 bis 4 gelten entsprechend. Beschäftigte können diesen Anspruch wahlweise statt des Anspruchs auf Familienpflegezeit nach Absatz 1 geltend machen.

§ 2a Inanspruchnahme der Familienpflegezeit

(1) Wer Familienpflegezeit nach § 2 beanspruchen will, muss dies dem Arbeitgeber spätestens acht Wochen vor dem gewünschten Beginn in Textform ankündigen und gleichzeitig erklären, für welchen Zeitraum und in welchem Umfang innerhalb der Gesamtdauer nach § 2 Absatz 2 die Freistellung von der Arbeitsleistung in Anspruch genommen werden soll. Dabei ist auch die gewünschte Verteilung der Arbeitszeit anzugeben. Enthält die Ankündigung keine eindeutige Festlegung, ob die oder der Beschäftigte Pflegezeit nach § 3 des Pflegezeitgesetzes oder Familienpflegezeit in Anspruch nehmen will, und liegen die Voraussetzungen beider Freistellungsansprüche vor, gilt die Erklärung als Ankündigung von Pflegezeit. Wird die Familienpflegezeit nach einer Freistellung nach § 3 Absatz 1 oder Absatz 5 des Pflegezeitgesetzes zur Pflege oder Betreuung desselben pflegebedürftigen Angehörigen in Anspruch genommen, muss sich die Familienpflegezeit unmittelbar an die Freistellung nach § 3 Absatz 1 oder Absatz 5 des Pflegezeitgesetzes anschließen. In diesem Fall soll die oder der Beschäftigte möglichst frühzeitig erklären, ob sie oder er Familienpflegezeit in Anspruch nehmen wird; abweichend von Satz 1 muss die Ankündigung spätestens drei Monate vor Beginn der Familienpflegezeit erfolgen. Wird eine Freistellung nach § 3 Absatz 1 oder Absatz 5 des Pflegezeitgesetzes nach einer Familienpflegezeit in Anspruch genommen, ist diese in unmittelbarem Anschluss an die Familienpflegezeit zu beanspruchen; sie ist dem Arbeitgeber spätestens acht Wochen vor Beginn in Textform anzukündigen.

(2) Arbeitgeber und Beschäftigte haben über die Verringerung und Verteilung der Arbeitszeit eine schriftliche Vereinbarung zu treffen. Hierbei hat der Arbeitgeber den Wünschen der Beschäftigten zu entsprechen, es sei denn, dass dringende betriebliche Gründe entgegenstehen.

(3) Für einen kürzeren Zeitraum in Anspruch genommene Familienpflegezeit kann bis zur Gesamtdauer nach § 2 Absatz 2 verlängert werden, wenn der Arbeitgeber zustimmt. Eine Verlängerung bis zur Gesamtdauer kann verlangt werden, wenn ein vorgesehener Wechsel in der Person der oder des Pflegenden aus einem wichtigen Grund nicht erfolgen kann.

(4) Die Beschäftigten haben die Pflegebedürftigkeit der oder des nahen Angehörigen durch Vorlage einer Bescheinigung der Pflegekasse oder des Medizinischen Dienstes der Krankenversicherung nachzuweisen. Bei in der privaten Pflege-Pflichtversicherung versicherten Pflegebedürftigen ist ein entsprechender Nachweis zu erbringen.

(5) Ist die oder der nahe Angehörige nicht mehr pflegebedürftig oder die häusliche Pflege der oder des nahen Angehörigen unmöglich oder unzumutbar, endet die Familienpflegezeit vier Wochen nach Eintritt der veränderten Umstände. Der Arbeitgeber ist hierüber unverzüglich zu unterrichten. Im Übrigen kann die Familienpflegezeit nur vorzeitig beendet werden, wenn der Arbeitgeber zustimmt.

(5a) Beschäftigte von Arbeitgebern mit in der Regel 25 oder weniger Beschäftigten ausschließlich der zu ihrer Berufsbildung Beschäftigten können bei ihrem Arbeitgeber den Abschluss einer Vereinbarung über eine Familienpflegezeit nach § 2 Absatz 1 Satz 1 bis 3 oder eine Freistellung nach § 2 Absatz 5 Satz 1 beantragen. Der Arbeitgeber hat den Antrag nach Satz 1 innerhalb von vier Wochen nach Zugang zu beantworten. Eine Ablehnung des Antrags ist zu begründen. Wird eine Freistellung nach Satz 1 vereinbart, gelten § 2 Absatz 2 bis 4 sowie § 2a Absatz 1 Satz 4 und 6 erster Halbsatz, Absatz 2 Satz 1, Absatz 3 Satz 1, Absatz 4 und 5 entsprechend.

(6) Die Absätze 1 bis 5 gelten entsprechend für die Freistellung von der Arbeitsleistung nach § 2 Absatz 5.

§ 2b Erneute Familienpflegezeit nach Inanspruchnahme einer Freistellung auf Grundlage der Sonderregelungen aus Anlass der COVID-19-Pandemie

(1) Abweichend von § 2a Absatz 3 können Beschäftigte einmalig nach einer beendeten Familienpflegezeit zur Pflege und Betreuung desselben pflegebedürftigen Angehörigen Familienpflegezeit erneut, jedoch insgesamt nur bis zur Höchstdauer nach § 2 Absatz 1 in Anspruch nehmen, wenn die Gesamtdauer von 24 Monaten nach § 2 Absatz 2 nicht überschritten wird und die Inanspruchnahme der beendeten Familienpflegezeit auf der Grundlage der Sonderregelungen aus Anlass der COVID-19-Pandemie erfolgte.

(2) Abweichend von § 2a Absatz 1 Satz 4 muss sich die Familienpflegezeit nicht unmittelbar an die Freistellung nach § 3 Absatz 1 oder Absatz 5 des Pflegezeitgesetzes anschließen, wenn die Freistellung aufgrund der Sonderregelungen aus Anlass der COVID-19-Pandemie in Anspruch genommen wurde und die Gesamtdauer nach § 2 Absatz 2 von 24 Monaten nicht überschritten wird.

(3) Abweichend von § 2a Absatz 1 Satz 6 muss sich die Freistellung nach § 3 Absatz 1 oder Absatz 5 des Pflegezeitgesetzes nicht unmittelbar an die Familienpflegezeit anschließen, wenn die Inanspruchnahme der Familienpflegezeit aufgrund der Sonderregelungen aus Anlass der COVID-19-Pandemie erfolgte und die Gesamtdauer nach § 2 Absatz 2 von 24 Monaten ab Beginn der ersten Freistellung nicht überschritten wird.

§ 3 Förderung der pflegebedingten Freistellung von der Arbeitsleistung

(1) Für die Dauer der Freistellungen nach § 2 dieses Gesetzes oder nach § 3 des Pflegezeitgesetzes gewährt das Bundesamt für Familie und zivilgesellschaftliche Aufgaben Beschäftigten auf Antrag ein in monatlichen Raten zu zahlendes zinsloses Darlehen nach Maßgabe der Absätze 2 bis 5. Der Anspruch gilt auch für Vereinbarungen über Freistellungen von der Arbeitsleistung nach § 2a Absatz 5a dieses Gesetzes.

(2) Die monatlichen Darlehensraten werden in Höhe der Hälfte der Differenz zwischen den pauschalierten monatlichen Nettoentgelten vor und während der Freistellung nach Absatz 1 gewährt.

(3) Das pauschalierte monatliche Nettoentgelt vor der Freistellung nach Absatz 1 wird berechnet auf der Grundlage des regelmäßigen durchschnittlichen monatlichen Bruttoarbeitsentgelts ausschließlich der Sachbezüge der letzten zwölf Kalendermonate vor Beginn der Freistellung. Das pauschalierte monatliche Nettoentgelt während der Freistellung wird berechnet auf der Grundlage des Bruttoarbeitsentgelts, das sich aus dem Produkt aus der vereinbarten durchschnittlichen monatlichen Stundenzahl während der Freistellung und dem durchschnittlichen Entgelt je Arbeitsstunde ergibt. Durchschnittliches Entgelt je Arbeitsstunde ist das Verhältnis des regelmäßigen gesamten Bruttoarbeitsentgelts ausschließlich der Sachbezüge der letzten zwölf Kalendermonate vor Beginn der Freistellung zur arbeitsvertraglichen Gesamtstundenzahl der letzten zwölf Kalendermonate vor Beginn der Freistellung. Die Berechnung der pauschalierten Nettoentgelte erfolgt entsprechend der Berechnung der pauschalierten Nettoentgelte gemäß § 106 Absatz 1 Satz 5 bis 7 des Dritten Buches Sozialgesetzbuch. Bei einem weniger als zwölf Monate vor Beginn der Freistellung bestehenden Beschäftigungsverhältnis verkürzt sich der der Berechnung zugrunde zu legende Zeitraum entsprechend. Für die Berechnung des durchschnittlichen Entgelts je Arbeitsstunde bleiben Mutterschutzfristen, Freistellungen nach § 2, kurzzeitige Arbeitsverhinderungen nach § 2 des Pflegezeitgesetzes, Freistellungen nach § 3 des Pflegezeitgesetzes sowie die Einbringung von Arbeitsentgelt in und die Entnahme von Arbeitsentgelt aus Wertguthaben nach § 7b des Vierten Buches Sozialgesetzbuch außer Betracht. Abweichend von Satz 6 bleiben auf Antrag für die Berechnung des durchschnittlichen Arbeitsentgelts je Arbeitsstunde in der Zeit vom 1. März 2020 bis zum Ablauf des 30. April 2023 auch Kalendermonate mit einem aufgrund der COVID-19-Pandemie geringeren Entgelt unberücksichtigt.

(4) In den Fällen der Freistellung nach § 3 des Pflegezeitgesetzes ist die monatliche Darlehensrate auf den Betrag begrenzt, der bei einer durchschnittlichen Arbeitszeit während der Familienpflegezeit von 15 Wochenstunden zu gewähren ist.

(5) Abweichend von Absatz 2 können Beschäftigte auch einen geringeren Darlehensbetrag in Anspruch nehmen, wobei die monatliche Darlehensrate mindestens 50 Euro betragen muss.

(6) Das Darlehen ist in der in Absatz 2 genannten Höhe, in den Fällen der Pflegezeit in der in Absatz 4

genannten Höhe, vorrangig vor dem Bezug von bedürftigkeitsabhängigen Sozialleistungen in Anspruch zu nehmen und von den Beschäftigten zu beantragen; Absatz 5 ist insoweit nicht anzuwenden. Bei der Berechnung von Sozialleistungen nach Satz 1 sind die Zuflüsse aus dem Darlehen als Einkommen zu berücksichtigen.

§ 4 Mitwirkungspflicht des Arbeitgebers

Der Arbeitgeber hat dem Bundesamt für Familie und zivilgesellschaftliche Aufgaben für bei ihm Beschäftigte den Arbeitsumfang sowie das Arbeitsentgelt vor der Freistellung nach § 3 Absatz 1 zu bescheinigen, soweit dies zum Nachweis des Einkommens aus Erwerbstätigkeit oder der wöchentlichen Arbeitszeit der die Förderung beantragenden Beschäftigten erforderlich ist. Für die in Heimarbeit Beschäftigten und die ihnen Gleichgestellten tritt an die Stelle des Arbeitgebers der Auftraggeber oder Zwischenmeister.

§ 5 Ende der Förderfähigkeit

(1) Die Förderfähigkeit endet mit dem Ende der Freistellung nach § 3 Absatz 1. Die Förderfähigkeit endet auch dann, wenn die oder der Beschäftigte während der Freistellung nach § 2 den Mindestumfang der wöchentlichen Arbeitszeit aufgrund gesetzlicher oder kollektivvertraglicher Bestimmungen oder aufgrund von Bestimmungen, die in Arbeitsrechtsregelungen der Kirchen enthalten sind, unterschreitet. Die Unterschreitung der Mindestarbeitszeit aufgrund von Kurzarbeit oder eines Beschäftigungsverbotes lässt die Förderfähigkeit unberührt.

(2) Die Darlehensnehmerin oder der Darlehensnehmer hat dem Bundesamt für Familie und zivilgesellschaftliche Aufgaben unverzüglich jede Änderung in den Verhältnissen, die für den Anspruch nach § 3 Absatz 1 erheblich sind, mitzuteilen, insbesondere die Beendigung der häuslichen Pflege der oder des nahen Angehörigen, die Beendigung der Betreuung nach § 2 Absatz 5 dieses Gesetzes oder § 3 Absatz 5 des Pflegezeitgesetzes, die Beendigung der Freistellung nach § 3 Absatz 6 des Pflegezeitgesetzes, die vorzeitige Beendigung der Freistellung nach § 3 Absatz 1 sowie die Unterschreitung des Mindestumfangs der wöchentlichen Arbeitszeit während der Freistellung nach § 2 aus anderen als den in Absatz 1 Satz 2 genannten Gründen.

§ 6 Rückzahlung des Darlehens

(1) Im Anschluss an die Freistellung nach § 3 Absatz 1 ist die Darlehensnehmerin oder der Darlehensnehmer verpflichtet, das Darlehen innerhalb von 48 Monaten nach Beginn der Freistellung nach § 3 Absatz 1 zurückzuzahlen. Die Rückzahlung erfolgt in möglichst gleichbleibenden monatlichen Raten in Höhe des im Bescheid nach § 9 festgesetzten monatlichen Betrags jeweils spätestens zum letzten Bankarbeitstag des laufenden Monats. Für die Rückzahlung gelten alle nach § 3 an die Darlehensnehmerin oder den Darlehensnehmer geleisteten Darlehensbeträge als ein Darlehen.

(2) Die Rückzahlung beginnt in dem Monat, der auf das Ende der Förderung der Freistellung nach § 3 Absatz 1 folgt. Das Bundesamt für Familie und zivilgesellschaftliche Aufgaben kann auf Antrag der Darlehensnehmerin oder des Darlehensnehmers den Beginn der Rückzahlung auf einen späteren Zeitpunkt, spätestens jedoch auf den 25. Monat nach Beginn der Förderung festsetzen, wenn die übrigen Voraussetzungen für den Anspruch nach den §§ 2 und 3 weiterhin vorliegen. Befindet sich die Darlehensnehmerin oder der Darlehensnehmer während des Rückzahlungszeitraums in einer Freistellung nach § 3 Absatz 1, setzt das Bundesamt für Familie und zivilgesellschaftliche Aufgaben auf Antrag der oder des Beschäftigten die monatlichen Rückzahlungsraten bis zur Beendigung der Freistellung von der Arbeitsleistung aus. Der Rückzahlungszeitraum verlängert sich um den Zeitraum der Aussetzung.

§ 7 Härtefallregelung

(1) Zur Vermeidung einer besonderen Härte stundet das Bundesamt für Familie und zivilgesellschaftliche Aufgaben der Darlehensnehmerin oder dem Darlehensnehmer auf Antrag die Rückzahlung des Darlehens, ohne dass hierfür Zinsen anfallen. Als besondere Härte gelten insbesondere der Bezug von Entgeltersatzleistungen nach dem Dritten und dem Fünften Buch Sozialgesetzbuch, Leistungen zur Sicherung des Lebensunterhalts nach dem Zweiten Buch Sozialgesetzbuch und Leistungen nach dem Dritten und Vierten Kapitel des Zwölften Buches Sozialgesetzbuch oder eine mehr als 180 Tage ununterbrochene Arbeitsunfähigkeit. Eine besondere Härte liegt auch vor, wenn sich die Darlehensnehmerin oder der Darlehensnehmer wegen unverschuldeter finanzieller Belastungen vorübergehend in ernsthaften Zahlungsschwierigkeiten befindet oder zu erwarten ist, dass sie oder er durch die Rückzahlung des Darlehens in der vorgesehenen Form in solche Schwierigkeiten gerät.

(2) Für den über die Gesamtdauer der Freistellungen nach § 2 dieses Gesetzes oder nach § 3 Absatz 1 oder 5 des Pflegezeitgesetzes hinausgehenden Zeitraum, in dem die Pflegebedürftigkeit desselben nahen Angehörigen fortbesteht, die Pflege durch die oder den Beschäftigten in häuslicher Umgebung andauert und die Freistellung von der Arbeitsleistung fortgeführt wird, sind auf Antrag die fälligen Rückzahlungsraten zu einem Viertel zu erlassen (Teildarlehenserlass) und die restliche Darlehensschuld für diesen Zeitraum bis zur Beendigung der

häuslichen Pflege auf Antrag zu stunden, ohne dass hierfür Zinsen anfallen, sofern eine besondere Härte im Sinne von Absatz 1 Satz 3 vorliegt.

(3) Die Darlehensschuld erlischt, soweit sie noch nicht fällig ist, wenn die Darlehensnehmerin oder der Darlehensnehmer

1. Leistungen nach dem Dritten und Vierten Kapitel des Zwölften Buches Sozialgesetzbuch oder Leistungen zur Sicherung des Lebensunterhalts nach dem Zweiten Buch Sozialgesetzbuch ununterbrochen seit mindestens zwei Jahren nach dem Ende der Freistellung bezieht oder
2. verstirbt.

(4) Der Abschluss von Vergleichen sowie die Stundung, Niederschlagung und der Erlass von Ansprüchen richten sich, sofern in diesem Gesetz nicht abweichende Regelungen getroffen werden, nach den §§ 58 und 59 der Bundeshaushaltsordnung.

§ 8 Antrag auf Förderung

(1) Das Bundesamt für Familie und zivilgesellschaftliche Aufgaben entscheidet auf schriftlichen Antrag über das Darlehen nach § 3 und dessen Rückzahlung nach § 6.

(2) Der Antrag wirkt vom Zeitpunkt des Vorliegens der Anspruchsvoraussetzungen, wenn er innerhalb von drei Monaten nach deren Vorliegen gestellt wird, andernfalls wirkt er vom Beginn des Monats der Antragstellung.

(3) Der Antrag muss enthalten:

1. Name und Anschrift der oder des das Darlehen beantragenden Beschäftigten,
2. Name, Anschrift und Angehörigenstatus der gepflegten Person,
3. Bescheinigung über die Pflegebedürftigkeit oder im Fall des § 3 Absatz 6 des Pflegezeitgesetzes das dort genannte ärztliche Zeugnis über die Erkrankung des oder der nahen Angehörigen,
4. Dauer der Freistellung nach § 3 Absatz 1 sowie Mitteilung, ob zuvor eine Freistellung nach § 3 Absatz 1 in Anspruch genommen wurde, sowie
5. Höhe, Dauer und Angabe der Zeitabschnitte des beantragten Darlehens.

(4) Dem Antrag sind beizufügen:

1. Entgeltbescheinigungen mit Angabe der arbeitsvertraglichen Wochenstunden der letzten zwölf Monate vor Beginn der Freistellung nach § 3 Absatz 1,
2. in den Fällen der vollständigen Freistellung nach § 3 des Pflegezeitgesetzes eine Bescheinigung des Arbeitgebers über die Freistellung und in den Fällen der teilweisen Freistellung die hierüber getroffene schriftliche Vereinbarung zwischen dem Arbeitgeber und der oder dem Beschäftigten.

§ 9 Darlehensbescheid und Zahlweise

(1) In dem Bescheid nach § 8 Absatz 1 sind anzugeben:

1. Höhe des Darlehens,
2. Höhe der monatlichen Darlehensraten sowie Dauer der Leistung der Darlehensraten,
3. Höhe und Dauer der Rückzahlungsraten und
4. Fälligkeit der ersten Rückzahlungsrate.

Wurde dem Antragsteller für eine vor dem Antrag liegende Freistellung nach § 3 Absatz 1 ein Darlehen gewährt, sind für die Ermittlung der Beträge nach Satz 1 Nummer 3 und 4 das zurückliegende und das aktuell gewährte Darlehen wie ein Darlehen zu behandeln. Der das erste Darlehen betreffende Bescheid nach Satz 1 wird hinsichtlich Höhe, Dauer und Fälligkeit der Rückzahlungsraten geändert.

(2) Die Höhe der Darlehensraten wird zu Beginn der Leistungsgewährung in monatlichen Festbeträgen für die gesamte Förderdauer festgelegt.

(3) Die Darlehensraten werden unbar zu Beginn jeweils für den Kalendermonat ausgezahlt, in dem die Anspruchsvoraussetzungen vorliegen. Monatliche Förderungsbeträge, die nicht volle Euro ergeben, sind bei Restbeträgen bis zu 0,49 Euro abzurunden und von 0,50 Euro an aufzurunden.

§ 10 Antrag und Nachweis in weiteren Fällen

(1) Das Bundesamt für Familie und zivilgesellschaftliche Aufgaben entscheidet auch in den Fällen des § 7 auf schriftlichen oder elektronischen Antrag, der Name und Anschrift der Darlehensnehmerin oder des Darlehensnehmers enthalten muss.

(2) Die Voraussetzungen des § 7 sind nachzuweisen

1. in den Fällen des Absatzes 1 durch Glaubhaftmachung der dort genannten Voraussetzungen, insbesondere durch Darlegung der persönlichen wirtschaftlichen Verhältnisse oder bei Arbeitsunfähigkeit durch Vorlage einer Arbeitsunfähigkeitsbescheinigung der Darlehensnehmerin oder des Darlehensnehmers,
2. in den Fällen des Absatzes 2 durch Vorlage einer Bescheinigung über die fortbestehende Pflegebedürftigkeit der oder des nahen Angehörigen und die Fortdauer der Freistellung von der Arbeitsleistung sowie Glaubhaftmachung der dort genannten Voraussetzungen, insbesondere durch Darlegung der persönlichen wirtschaftlichen Verhältnisse,
3. in den Fällen des Absatzes 3 durch Vorlage der entsprechenden Leistungsbescheide der Darlehensnehmerin oder des Darlehensnehmers oder

durch Vorlage einer Sterbeurkunde durch die Rechtsnachfolger.

(3) Anträge auf Teildarlehenserlass nach § 7 Absatz 2 sind bis spätestens 48 Monate nach Beginn der Freistellungen nach § 2 dieses Gesetzes oder nach § 3 Absatz 1 oder 5 des Pflegezeitgesetzes zu stellen.

§ 11 Allgemeine Verwaltungsvorschriften

Zur Durchführung des Verfahrens nach den §§ 8 und 10 kann das Bundesministerium für Familie, Senioren, Frauen und Jugend allgemeine Verwaltungsvorschriften erlassen.

§ 12 Bußgeldvorschriften

(1) Ordnungswidrig handelt, wer vorsätzlich oder fahrlässig

1. entgegen § 4 Satz 1 eine dort genannte Bescheinigung nicht, nicht richtig, nicht vollständig oder nicht rechtzeitig erstellt,
2. entgegen § 5 Absatz 2 eine Mitteilung nicht, nicht richtig, nicht vollständig oder nicht rechtzeitig macht oder
3. entgegen § 8 Absatz 3 Nummer 4 eine Mitteilung nicht, nicht richtig, nicht vollständig oder nicht rechtzeitig macht.

(2) Verwaltungsbehörde im Sinne des § 36 Absatz 1 Nummer 1 des Gesetzes über Ordnungswidrigkeiten ist das Bundesamt für Familie und zivilgesellschaftliche Aufgaben.

(3) Die Ordnungswidrigkeit kann in den Fällen des Absatzes 1 Nummer 1 mit einer Geldbuße bis zu fünftausend Euro und in den Fällen des Absatzes 1 Nummer 2 mit einer Geldbuße bis zu tausend Euro geahndet werden.

(4) Die Geldbußen fließen in die Kasse des Bundesamtes für Familie und zivilgesellschaftliche Aufgaben. Diese trägt abweichend von § 105 Absatz 2 des Gesetzes über Ordnungswidrigkeiten die notwendigen Auslagen. Sie ist auch ersatzpflichtig im Sinne des § 110 Absatz 4 des Gesetzes über Ordnungswidrigkeiten.

§ 13 Aufbringung der Mittel

Die für die Ausführung dieses Gesetzes erforderlichen Mittel trägt der Bund.

§ 14 Beirat

(1) Das Bundesministerium für Familie, Senioren, Frauen und Jugend setzt einen unabhängigen Beirat für die Vereinbarkeit von Pflege und Beruf ein.

(2) Der Beirat befasst sich mit Fragen zur Vereinbarkeit von Pflege und Beruf, er begleitet die Umsetzung der einschlägigen gesetzlichen Regelungen und berät über deren Auswirkungen. Das Bundesministerium für Familie, Senioren, Frauen und Jugend kann dem Beirat Themenstellungen zur Beratung vorgeben.

(3) Der Beirat legt dem Bundesministerium für Familie, Senioren, Frauen und Jugend alle vier Jahre, erstmals zum 1. Juni 2019, einen Bericht vor und kann hierin Handlungsempfehlungen aussprechen.

(4) Der Beirat besteht aus einundzwanzig Mitgliedern, die vom Bundesministerium für Familie, Senioren, Frauen und Jugend im Einvernehmen mit dem Bundesministerium für Arbeit und Soziales und dem Bundesministerium für Gesundheit berufen werden. Stellvertretung ist zulässig. Die oder der Vorsitzende und die oder der stellvertretende Vorsitzende werden vom Bundesministerium für Familie, Senioren, Frauen und Jugend ernannt. Der Beirat setzt sich zusammen aus sechs Vertreterinnen oder Vertretern von fachlich betroffenen Interessenverbänden, je zwei Vertreterinnen oder Vertretern der Gewerkschaften, der Arbeitgeber, der Wohlfahrtsverbände und der Seniorenorganisationen sowie aus je einer Vertreterin oder einem Vertreter der sozialen und der privaten Pflege-Pflichtversicherung. Des Weiteren gehören dem Beirat zwei Wissenschaftlerinnen oder Wissenschaftler mit Schwerpunkt in der Forschung der Vereinbarkeit von Pflege und Beruf sowie je eine Vertreterin oder ein Vertreter der Konferenz der Ministerinnen und Minister, Senatorinnen und Senatoren für Jugend und Familie, der Konferenz der Ministerinnen und Minister, Senatorinnen und Senatoren für Arbeit und Soziales sowie der kommunalen Spitzenverbände an. Die Besetzung des Beirats muss geschlechterparitätisch erfolgen.

(5) Die Amtszeit der Mitglieder des Beirats und ihrer Stellvertreterinnen oder Stellvertreter beträgt fünf Jahre und kann einmalig um fünf Jahre verlängert werden. Scheidet ein Mitglied oder dessen Stellvertreterin oder Stellvertreter vorzeitig aus, wird für den Rest der Amtszeit eine Nachfolgerin oder ein Nachfolger berufen.

(6) Die Mitglieder des Beirats sind ehrenamtlich tätig. Sie haben Anspruch auf Erstattung ihrer notwendigen Auslagen.

(7) Der Beirat arbeitet auf der Grundlage einer durch das Bundesministerium für Familie, Senioren, Frauen und Jugend zu erlassenden Geschäftsordnung.

§ 15 Übergangsvorschrift

Die Vorschriften des Familienpflegezeitgesetzes in der Fassung vom 6. Dezember 2011 gelten in den Fällen fort, in denen die Voraussetzungen für die Gewährung eines Darlehens nach § 3 Absatz 1 in Verbindung mit § 12 Absatz 1 Satz 1 bis einschließlich 31. Dezember 2014 vorlagen.